太原市统计局编

太原统计年鉴

TAIYUAN STATISTICAL YEARBOOK

2011

（京）新登字 041 号

图书在版编目（CIP）数据

太原统计年鉴. 2011/ 太原市统计局编. ——北京：中国统计出版社，2011.8
ISBN 978-7-5037-6274-1/C.2504

Ⅰ. ①太… ①Ⅱ. 太… Ⅲ. ①统计资料— 太原市—2011—年鉴 Ⅳ. ①C832.251-54
中国版本图书馆 CIP 数据核字（2011）第 143842 号

太原统计年鉴 -2011

作　　者 / 太原市统计局
责任编辑 / 陈越月
责任校对 / 马亚晓　崔　晰　牛效丽
封面设计 / 山西省劳动印刷厂
出版发行 / 中国统计出版社
通信地址 / 北京市西城区月坛南街 57 号
邮　　编 / 100826
办公地址 / 北京市丰台区西三环南路甲 6 号
电　　话 /（010）63376907
E-mail / yearbook@gj.stats.cn
印　　刷 / 山西省劳动印刷厂
经　　销 / 新华书店
开　　本 / 880×1230 毫米　1/16
字　　数 / 1084 千字
印　　张 / 35.25 印张
印　　数 / 1-350 册
版　　别 / 2011 年 8 月第 1 版
版　　次 / 2011 年 8 月第 1 次印刷
书　　号 / ISBN 978-7-5037-6274-1/C·2504
定　　价 / 350.00 元

太原统计年鉴 - 2011
TAIYUAN STATISTICAL YEARBOOK

编辑说明

一、《太原统计年鉴-2011》收录了全市和各县(市、区)2010年经济、社会、科技等方面的统计数据,是一部统计信息密集、综合性强、全面反映太原市国民经济和社会发展情况的资料性年刊。

二、全书内容共分16个篇章,即:1.综合;2.人口、计划生育和社会治安;3.从业人员和劳动报酬;4.固定资产投资、建筑业;5.能源消费与库存;6.物价指数;7.城市居民住户调查;8.农村住户调查;9.公用事业;10.农业;11.工业、交通运输和邮电;12.企业调查;13.国内外贸易和旅游;14.财政、金融、税务和保险;15.科教、文卫、体育和民政;16.县(市、区)经济概况。

三、本年鉴总量指标计算所采用的价格,除注明外均为当年价格。

四、本年鉴资料主要来自年度统计报表、抽样调查和业务部门统计年报。

五、本年鉴表中符号使用说明:

"空格"表示该项统计数据不详、不足计量单位或无。

"#"表示其中主要项。

六、读者在使用历史资料时,凡与本年鉴有出入的,均以本年鉴为准。

七、本年鉴中部分数据合计数由于单位取舍不同而产生的计算误差,均未作机械调整。

八、本年鉴出版发行,受到社会各界的关心和支持,对此深表谢意。欢迎读者对年鉴的内容、编排等方面提出宝贵意见,以进一步改进编辑工作,更好地为读者服务。

太原概况

太原史称晋阳，简称并，山西省省会，是一个具有2500年历史的古城，始建于公元前497年的春秋时期，称为晋阳邑，战国初期为赵国都城。秦代，太原郡为全国36郡之一，西汉又称并州，为全国13州之一，也是太原又称并州的渊源。南北朝以前的前赵、后燕、前燕、前秦及北齐，都以太原为国都。隋朝时，晋阳在全国是仅次于长安、洛阳的第三大城市。唐王朝发祥于晋阳，封晋阳为北都，与京都长安、东都洛阳并称“三都”。五代时期，后唐、后晋、后汉、北汉亦以太原为国都。在两千五百多年的历史中，太原一直是中国北方的军事重镇，史载有“控山带河，踞天下之肩背”的盛誉，郭沫若先生也有“远望太原气势雄”的诗句。到清代，太原已发展成为我国北方重要的商业、手工业城市。民国时期，太原即为省辖市。

太原位于华北地区黄河流域中部，西、北、东三面环山，黄河的重要支流汾河，横贯全市，流经境内约100公里。市区东有太行山阻隔，西有吕梁山屏障，座落在两山间的河谷平原上。属北温带大陆性气候，冬无严寒，夏无酷暑，昼夜温差较大，无霜期较长，日照充足。

太原地处内陆，民风朴实、人杰地灵。历代名人辈出，如：战国名将廉颇，唐代宰相狄仁杰，文学家白行简和他的哥哥大诗人白居易，诗人王翰、王昌龄、王之涣，宋代名将呼延赞、杨延昭，书画家米芾，《三国演义》作者罗贯中等均籍贯并州。市区名胜古迹有晋祠圣母殿、天龙山石窟、龙山道教道场、崇善寺、纯阳宫、白云寺及唐太宗李世民手撰“贞观宝翰”《晋祠铭并序》碑文等。

太原市现辖6区1市3县，共有52个街道办事处，553个社区居委会，52个乡（镇），951个村民委员会，1552个自然村。截止2010年末，全市常住人口420.16万人（太原市第六次人口普查数），其中，市辖区人口为342.65万人，县(市)人口为77.51万人。

太原地形以山地、丘陵为主，中南部为汾河冲积扇平原，汾河自北向南纵贯全境。总面积为6988平方公里，其中：山地约占52.0%，丘陵约占30.3%，平原约占17.7%。在总面积中，耕地面积1167平方公里，占16.7%；园地181平方公里，占2.6 %；林地2783平方公里，占39.8 %；草地1680平方公里，占24.0 %。

太原年降水量为317—395毫米，夏秋两季集中了全年降水量的80%左右，冬春两季降水稀少，仅占年降水量的20%左右。水资源短缺，是我国缺水城市之一。水资源采用总量为5.66亿立方米。

太原矿产资源丰富，品种繁多。金属矿藏主要有铁、锰、铜、铅、铝等，非金属矿藏主要有煤、石膏、硫磺、钒、硝石、粘土、石英、石灰石、白云石等。在诸多矿藏中，以煤、铁、石膏为最。煤不仅储量丰富，而且煤种齐全，铁矿储量较为丰富，分布较广，太原石膏以质地优良而享有盛誉。

太原是新中国成立初期国家重点投资建设的工业基地，经过60多年的发展，已形成了以能源、冶金、机械、化工为支柱，纺织、轻工、医药、电子、食品、建材、精密仪器等门类较齐全的工业体系，同时具备科研机构和大专院校集中及商业物资流通中心的优势。改革开放后、特别是2000年以来，国民经济实现了快速、协调、健康发展，经济实力明显增强，社会事业全面进步。

太原市2010年国民经济和社会发展统计公报

太原市统计局
国家统计局太原调查队

2011年3月18日

2010年，面对复杂多变的国内外经济环境，太原市委、市政府团结带领全市人民以邓小平理论和“三个代表”重要思想为指导，深入贯彻落实科学发展观，按照省委、省政府的决策部署，努力推进经济社会健康发展。经过一年的奋力拼搏，全市经济摆脱了世界金融危机的影响，回归平稳较快增长轨道，各项社会事业取得新的进步，为促进经济社会转型跨越发展奠定了良好的基础。

一、综　合

经济增长：初步统计，2010年全市实现地区生产总值（GDP）1778.05亿元，比上年增长11.0%。其中：第一产业增加值31.37亿元，增长4.9%；第二产业增加值798.49亿元，增长12.0%；第三产业增加值948.19亿元，增长10.5%。第三产业中，交通运输、仓储和邮政业增加值142.47亿元，增长5.5%；批发零售及住宿餐饮业增加值303.44亿元，增长16.4%；金融保险业增加值177.96亿元，增长12.9%；房地产业增加值46.76亿元，增长5.3%。

产业结构：2010年三次产业比重依次为1.8%、44.9%、53.3%，分别拉动经济增长0.1、5.0和5.9个百分点。与上年相比，第一产业比重下降0.1个百分点，第二产业比重提高1.2个百分点，第三产业比重下降1.1个百分点。

图1　2009年、2010年三次产业比重图

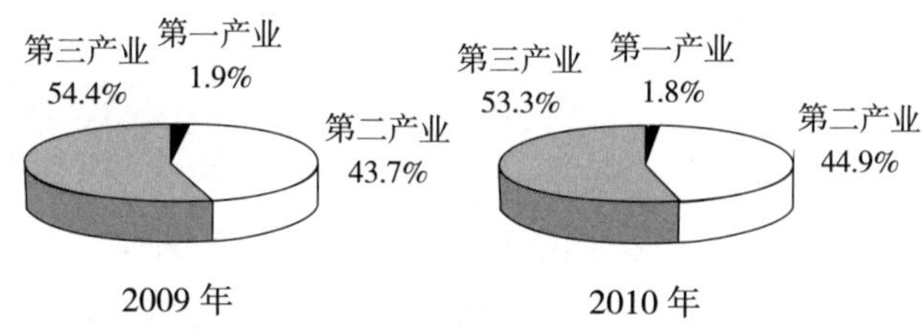

“十一五”时期，全市努力克服世界金融危机等不利因素的影响，实现了“保增长”目标，经济回升速度逐步加快。

表1　“十一五”时期主要经济指标完成情况

指　标	单　位	2006年	2007年	2008年
地区生产总值	亿元	1041.88	1291.77	1526.16
第一产业增加值	亿元	19.44	19.64	22.98
第二产业增加值	亿元	476.13	636.05	736.78
第三产业增加值	亿元	546.31	636.08	766.40
规模以上工业增加值	亿元	335.74	497.59	581.12
全社会固定资产投资	亿元	501.13	576.74	702.84
社会消费品零售总额	亿元	436.47	515.91	626.03
财政总收入	亿元	192.19	240.40	306.88
一般预算收入	亿元	75.33	88.42	116.92
外贸进出口总额	亿美元	41.12	81.07	93.86
其中:出口总额	亿美元	24.26	43.93	59.42
城市居民人均可支配收入	元	11741	13745	15230
农民人均纯收入	元	4917	5561	6355

表 1 续表 1

指　　标	单　位	2009 年	2010 年	2010 年比 2005 年增加
地区生产总值	亿元	1545.24	1778.05	878.47
第一产业增加值	亿元	28.56	31.37	11.18
第二产业增加值	亿元	675.54	798.49	374.44
第三产业增加值	亿元	841.14	948.19	492.85
规模以上工业增加值	亿元	470.14	577.65	295.33
全社会固定资产投资	亿元	782.02	916.48	477.97
社会消费品零售总额	亿元	700.04	825.85	441.82
财政总收入	亿元	279.56	321.89	158.84
一般预算收入	亿元	117.53	138.48	81.53
外贸进出口总额	亿美元	59.12	79.12	45.40
其中:出口总额	亿美元	19.44	31.38	10.21
城市居民人均可支配收入	元	15607	17258	6782
农民人均纯收入	元	6828	7611	3209

表 1 续表 2

指　　标	单　位	2010 年比 2005 年增长%	年均递增%
地区生产总值	亿元	61.8	10.1
第一产业增加值	亿元	4.4	0.9
第二产业增加值	亿元	44.4	7.6
第三产业增加值	亿元	80.5	12.5
规模以上工业增加值	亿元	56.9	9.4
全社会固定资产投资	亿元	109.0	15.9
社会消费品零售总额	亿元	115.0	16.5
财政总收入	亿元	97.4	14.6
一般预算收入	亿元	143.2	19.4
外贸进出口总额	亿美元	134.6	18.6
其中:出口总额	亿美元	48.2	8.2
城市居民人均可支配收入	元	64.7	10.5
农民人均纯收入	元	72.9	11.6

图 2 “十一五”时期地区生产总值及增长速度

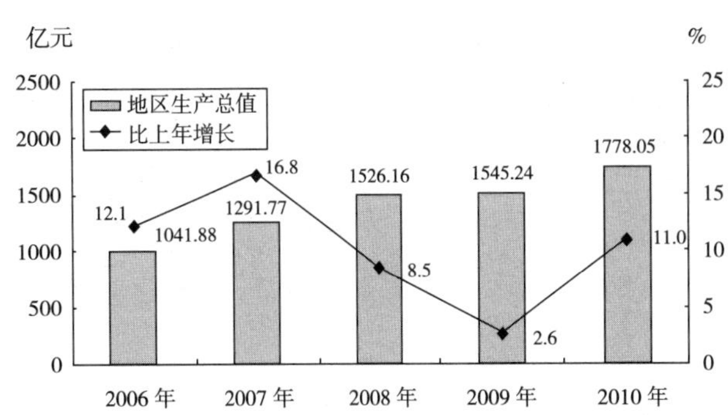

价格:2010 年居民消费价格(CPI)比上年上涨 3.0%，其中食品价格上涨 8.4%，非食品价格上涨 0.4%。服务项目价格上涨 2.4%。商品零售价格上涨 2.6%。工业品出厂价格(PPI)上涨 12.0%。原材料、燃料、动力购进价格上涨 9.2%。

表 2　2010 年居民消费价格涨幅

指　　标	比 2009 年上涨(+)下降(−)(%)
居民消费价格总指数	3.0
食　品	8.4
其中:粮食	8.1
肉禽及其制品	1.5
蛋	6.1
水产品	0.7
鲜菜	15.8
鲜瓜果	24.8
烟酒及用品	2.7
衣　着	−2.8
家庭设备用品及维修服务	0.8
医疗保健和个人用品	2.6
其中:西药	−0.1
中药材及中成药	12.1
医疗保健服务	0.7
交通和通信	−2.3
娱乐教育文化用品及服务	1.8
居　住	1.2
其中:水、电及燃料	0.8
建房及装修材料	−2.4
租房	7.7

就业:年末全市从业人员 176.05 万人，其中:城镇从业人员 126.93 万人，农村从业人员 49.12 万人。城镇新增就业 10.82 万人。4.60 万名下岗失业人员实现再就业，其中就业困难人员再就业 1.34 万人。年末城镇登记失业率控制在 3.4%。

二、农　业

农业产值:2010 年全市农林牧渔业总产值 57.29 亿元,比上年增长 4.9%。其中:农业产值 34.04 亿元,增长 2.6%;林业产值 4.70 亿元,增长 5.5%;牧业产值 16.27 亿元,增长 6.9%;渔业产值 0.36 亿元,增长 19.7%;农林牧渔服务业产值 1.92 亿元,增长 27.0%。

种植面积:全年农作物总播种面积 11.35 万公顷,比上年减少 0.17 万公顷。粮食播种面积 8.48 万公顷,比上年减少 0.07 万公顷。其中:夏粮播种面积 0.26 万公顷,秋粮播种面积 8.22 万公顷。蔬菜种植面积 2.29 万公顷,药材种植面积 0.13 万公顷。

表 3　2010 年主要农产品产量

产品名称	产量(吨)	比 2009 年增长(%)
粮　食	321585	1.0
其中:夏　粮	8321	-41.9
秋　粮	313264	3.0
油　料	2721	-1.2
棉　花	105	-20.7
蔬　菜	1275643	-0.2
水　果	64265	-2.4

畜禽及水产品产量: 年末大牲畜存栏 5.39 万头,猪出栏 49.63 万头。肉类产量 5.00 万吨,增长 7.8%。禽蛋产量 3.64 万吨,下降 5.6%。牛奶产量 9.76 万吨,增长 0.2%。水产品养殖面积 0.23 万公顷,水产品产量 2780 吨,增长 15.4%。

造林: 全年造林面积 1.90 万公顷。零星植树 1000.78 万株。新增育苗面积 0.08 万公顷。

农机及化肥施用:2010 年末全市拥有农业机械总动力 120.29 万千瓦。全年农用化肥施用量(折纯) 26470 吨。

三、工业和建筑业

工业:2010 年全部工业增加值 596.88 亿元,比上年增长 12.5%。规模以上工业增加值 577.65 亿元,增长 15.4%。

图 3　"十一五"时期规模以上工业增加值及增长速度

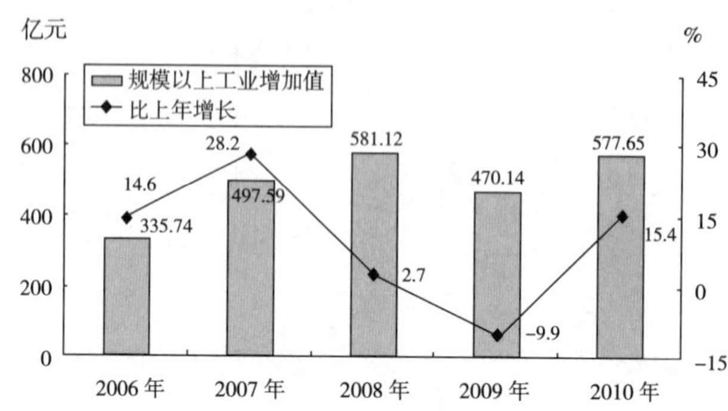

在规模以上工业中: 中央企业增加值 81.40 亿元,增长 13.7%;省属企业增加值 327.24 亿元,增长 8.0%;市属企业增加值 22.12 亿元,增长 31.3%;县属及以下企业(含无主管企业)增加值 146.89 亿元,增长 32.7%。

表 4　2010 年规模以上工业增加值分类情况

指　　标	增加值(亿元)	比 2009 年增长(%)
规模以上工业企业	577.65	15.4
其中:国有控股企业	421.51	9.1
其中:国有企业	13.77	-2.5
集体企业	3.73	9.2
股份合作企业	0.91	14.0
股份制企业	513.48	15.8
外商及港澳台商投资企业	43.12	15.2
其他经济类型企业	2.64	124.3
其中:轻工业	45.82	17.4
重工业	531.83	15.2
其中:私营企业	147.25	36.2

全市十大工业行业中, 增加值比上年增长的有 9 个。

表 5　2010 年规模以上工业十大行业增加值

行　业	增加值（亿元）	比 2009 年增长(%)
煤炭开采和洗选业	180.16	14.3
黑色金属冶炼及压延加工业	131.51	1.4
石油加工、炼焦业	63.09	25.0
通信设备、计算机及其他电子设备制造业	22.68	4.7
通用设备制造业	22.26	28.3
专用设备制造业	20.50	28.2
烟草制品业	20.27	13.0
交通运输设备制造业	15.41	55.1
化学原料及化学制品制造业	13.69	-4.1
非金属矿物制品业	12.45	40.9

全年工业产品销售率为 98.3%，比上年下降 0.2 个百分点。其中：国有控股工业企业产品销售率为 99.2%，非国有工业企业产品销售率为 98.2%。

表 6　2010 年规模以上工业企业主要产品产量

产品名称	单　位	产　量	比 2009 年增长(%)
原　煤	万吨	3774.80	7.8
洗　煤	万吨	3158.68	14.8
发电量	亿千瓦小时	203.80	-1.6
食　醋	万吨	35.03	60.8
白　酒(折 65 度)	千升	3367.00	9.8
啤　酒	千升	6206.48	-39.7
碳酸饮料	万吨	13.54	8.9
卷　烟	亿支	147.50	1.7
家　具	万件	13.45	47.3
机制纸及纸板	万吨	9.90	18.9
焦　炭	万吨	1267.97	17.7
大机焦	万吨	1257.79	18.6
氢氧化钠(折 100%)	万吨	7.26	74.3
化肥(折纯)	万吨	7.70	15.6
橡胶轮胎外胎	万条	173.51	26.3
子午线轮胎外胎	万条	126.81	93.2
水　泥	万吨	525.57	15.5
平板玻璃	万重量箱	190.93	-37.3
生　铁	万吨	677.92	-6.1
粗　钢	万吨	849.92	1.3
钢　材	万吨	271.64	9.5
不锈钢材	万吨	846.70	2.4
金属镁	万吨	5.40	21.7
金属切削机床	台	1695	72.8
数控机床	台	363	65.0
起重设备	万吨	7.69	3.8
采矿设备	万吨	11.52	24.1
金属轧制设备	万吨	6.06	-10.1

全年工业经济效益综合指数为 185.32，比上年提高 25.3 点。利税总额 162.11 亿元，增长 18.9%。利润总额 67.98 亿元，增长 32.0%。亏损企业亏损额 24.12 亿元，下降 19.1%。

建筑业：2010 年全市建筑业增加值 201.60 亿元，比上年增长 10.4%。具有建筑业资质等级的总承包和专业承包建筑业企业总产值 1289.61 亿元，增长 11.6%；利税总额 53.89 亿元，增长 14.9%；利润总额 16.61 亿元，增长 14.8%；上缴税金 37.28 亿元，增长 15.0%。

全市房屋建筑施工面积 3329.78 万平方米，其中：实行招标投标承包工程施工面积 3164.38 万平方米。房屋建筑竣工面积 616.07 万平方米，房屋面积竣工率为 18.5%。

四、固定资产投资

固定资产投资：2010 年全社会固定资产投资 916.48 亿元，比上年增长 17.2%(含年初列入计划的由上级统计部门直接收报的太原铁路枢纽西南环线等 3 个项目的全社会固定资产投资为 948.06 亿元，比上年增长 21.2%)。其中，城镇固定资产投资 852.29 亿元，增长 16.7%；农村固定资产投资 64.19 亿元，增长 24.8%。

图 4　“十一五”时期全社会固定资产投资及增长速度

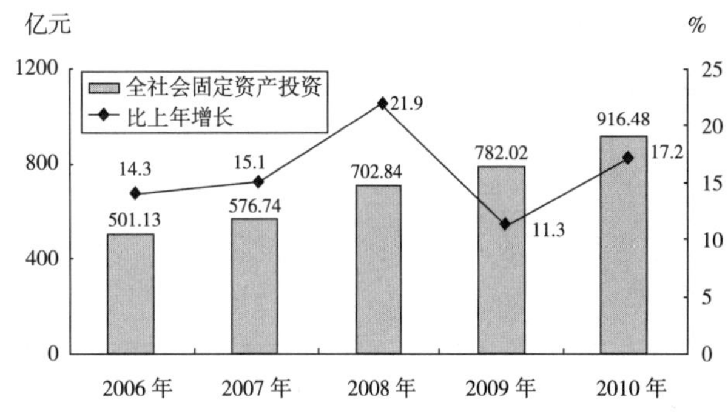

在城镇固定资产投资中：中央项目固定资产投资87.37亿元，增长0.8%；省属项目固定资产投资197.35亿元，增长22.7%；市属项目固定资产投资567.57亿元，增长17.5%。

第一产业投资8.87亿元，增长0.8%；第二产业投资242.34亿元，增长11.8%，其中：工业投资228.05亿元，增长15.4%；第三产业投资601.08亿元，增长19.0%。三次产业投资的比重依次为1.1%、28.4%和70.5%。

国有投资435.61亿元，增长6.0%，非国有投资416.68亿元，增长30.3%。

表7 2010年城镇固定资产投资额

指标	投资额（万元）	比2009年增长（%）
城镇固定资产投资	8522890	16.7
农、林、牧、渔业	88743	0.8
采矿业	409415	95.1
制造业	1418620	11.1
电力、燃气及水的生产和供应业	452491	-7.4
建筑业	142834	-23.8
交通运输、仓储和邮政业	609317	31.0
信息传输、计算机服务和软件业	125082	-50.9
批发和零售业	168160	-37.1
住宿和餐饮业	33742	-21.9
金融业	15819	197.5
房地产业	3152574	31.3
租赁和商务服务业	272343	193.2
科学研究、技术服务和地质勘查业	194526	329.7
水利、环境和公共设施管理业	463589	-48.8
居民服务和其他服务业	20831	480.6
教育	417999	110.6
卫生、社会保障和社会福利业	142049	38.5
文化、体育和娱乐业	322515	38.1
公共管理和社会组织	72241	105.6

注：表中房地产业除包含房地产开发投资外，还包含其他房地产投资。

房地产开发：全年房地产开发投资241.09亿元，比上年增长46.1%。商品住宅投资185.16亿元，增长58.6%，其中：经济适用住房投资14.0亿元，增长192.9%。分户型看，90平方米以下住房投资42.36亿元，占住宅投资的比重为22.9%。

全年商品房竣工面积129.58万平方米，商品房销售额186.37亿元，其中：现房销售额24.29亿元，占13.0%；期房销售额162.09亿元，占87.0%。

建设项目及新增能力：年内城镇新开工项目885个，比上年减少193个。其中亿元以上项目268个，增加36个。城镇以上固定资产投资建成投产项目883个，项目建成投产率为49.7%；新增固定资产325.28亿元，固定资产交付使用率为53.2%。

表8 2010年固定资产投资新增主要生产能力和效益

指标	单位	数量
洗选煤	万吨/年	706.5
热轧钢材	万吨/年	51.3
原煤开采	万吨/年	130
水泥	万吨/年	250
火力发电	万千瓦	60.75
新建改建公路	公里	21
城市公共交通车辆购量	辆	333
输电线路长度（11万伏及以上）	公里	40.2

五、能源

能源生产：2010年全市一次能源生产折标准煤2696.33万吨，比上年增长7.8%；二次能源生产折标准煤4604.28万吨，增长11.7%。

能源投资：全社会能源工业投资98.94亿元，比上年增长15.8%。其中：煤炭工业投资46.23亿元，增长46.2%；焦炭工业投资13.55亿元，增长2.3倍；电力工业投资27.40亿元，下降30.4%。

用电:全年全社会用电量 217.31 亿千瓦时,增长 14.9%。其中:农业用电 1.60 亿千瓦时,增长 19.9%;工业用电 165.10 亿千瓦时,增长 14.5%;建筑业用电 2.40 亿千瓦时,增长 44.9%;第三产业用电 26.92 亿千瓦时,增长 10.2%;城乡居民生活用电 21.11 亿千瓦时,增长 19.5%,城乡居民人均生活用电 577.57 千瓦时。万元 GDP 电耗 1493.66 千瓦时。

六、国内贸易

消费品零售:2010 年全市社会消费品零售总额 825.85 亿元,比上年增长 18.0%。

表 9 2010 年社会消费品零售总额

指 标	总 额(亿元)	比 2009 年增长(%)
社会消费品零售总额	825.85	18.0
分城乡:城镇	805.61	17.9
其中:城区	727.71	18.1
乡村	20.24	21.8
分行业:批发业	42.69	8.7
零售业	722.02	19.3
住宿业	7.91	7.7
餐饮业	53.23	10.0

图 5 "十一五"时期社会消费品零售总额及增长速度

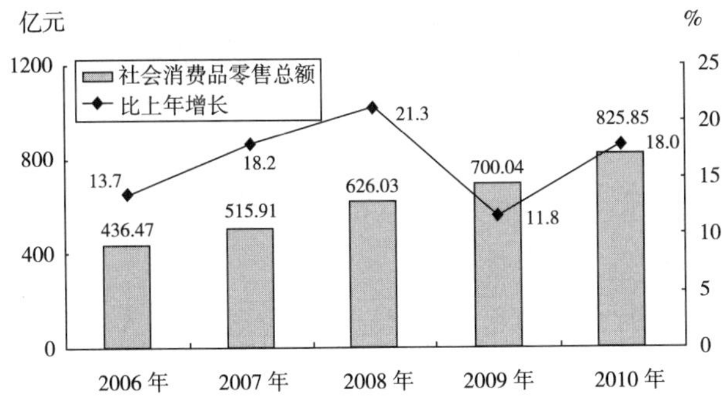

限额以上贸易企业零售额 394.06 亿元,比上年增长 26.8%,在全市社会消费品零售总额中所占比重为 47.7%。

表 10 2010 年限额以上主要批发零售业零售额

指 标	零售额(万元)	比 2009 年增长(%)
汽车类	1574561	19.0
石油及制品类	582997	52.7
文化办公用品类	24595	52.0
通讯器材类	28435	18.5
家用电器和音像器材类	257456	20.1
中西药品类	196225	28.8
建筑及装潢材料类	3602	-37.9
日用品类	85680	49.7
家具类	1884	30.0
粮油、食品、饮料、烟酒类	430991	24.8
服装类	288712	34.5
化妆品类	43477	31.6
金银珠宝类	95340	25.1

七、对外经济

进出口贸易:2010 年全市外贸进出口总额 79.12 亿美元,比上年增长 33.6%。其中:出口额 31.38 亿美元,增长 61.4%;进口额 47.74 亿美元,增长 20.0%。

在出口产品中,煤炭、焦炭、金属镁分别为 3.36、3.76、1.95 亿美元,三类产品占出口总额的比重为 28.9%。不锈钢材、机电产品、高新技术产品分别为 8.00、6.93、3.25 亿美元,三类产品占出口总额的比重为 57.9%。

有贸易往来的国家和地区达到 154 个。其中年进出口额在千万美元以上的国家和地区 47 个,比上年增加 7 个。

招商引资:全年新设立外商及港澳台商直接投资企业 19 家。外商及港澳台商直接投资新签合同(协议)39 项。项目总投资 11.19 亿美元。合同外资额 6.90 亿美元,增长 149.5%。直接到位外资 2.83 亿美元,增长 8.3%。

八、交通、邮电和旅游

交通运输:2010 年末全市公路线路里程 6181 公里,其中高速公路 222 公里。公路密度 88.5 公里/百平方公里。

表 11　2010 年铁路、公路、航空运输量与周转量

指　标	单　位	2010 年	比 2009 年增长(%)
货物运输量	万吨	13851.1	2.2
铁　路	万吨	5064.0	2.2
公　路	万吨	8783.0	2.1
航　空	万吨	4.1	20.6
货物周转量	百万吨公里	45284.4	3.5
铁　路	百万吨公里	34899.0	5.5
公　路	百万吨公里	10385.4	-2.9
旅客运输量	万人次	4799.9	3.7
铁　路	万人次	2209.6	17.3
公　路	万人次	2065.0	-9.4
航　空	万人次	525.3	13.4
旅客周转量	百万人公里	10767.7	3.9
铁　路	百万人公里	5450.8	19.5
公　路	百万人公里	5316.9	-8.3

注:铁路运输为太原地区口径;航空货物运输量为不含旅客行李托运口径。

年末全市民用汽车保有量 60.53 万辆(包括三轮汽车和低速货车 8598 辆),比上年末增长 18.5%,其中私人汽车 46.06 万辆,增长 23.0%。本年新注册汽车 10.34 万辆,增长 15.5%。年末轿车保有量 30.93 万辆,增长 23.9%,其中私人轿车 26.45 万辆,增长 27.1%;本年新注册轿车 6.18 万辆,增长 14.0%。

邮电:全年完成邮电业务总量 145.29 亿元,比上年增长 11.2%,其中邮政业务总量 5.87 亿元,下降 15.8%;电信业务总量 139.42 亿元,增长 12.7%。新增局用电话交换机 0.40 万门,总容量为 145.37 万门。年末市话到达 151.30 万户,其中:无线市话 23.71 万户。农话 6.88 万户。移动电话用户 486.02 万户,增加 76.18 万户。全市固定及移动电话用户总数达到 644.20 万户。每百人拥有电话 176 部,其中:固定电话和移动电话普及率分别达到 43 部/百人和 133 部/百人。计算机互联网用户 102.96 万户,净增加 18.76 万户,其中:宽带网用户 95.91 万户,增加 17.85 万户。

旅游:2010 年全市接待海内外游客 2022.85 万人次,比上年增长 7.2%。其中:国内游客 1994.53 万人次,增长 9.3%;海外游客 28.32 万人次,增长 25.6%。在海外游客中:外国人 19.76 万人次,香港同胞 4.95 万人次,澳门同胞 0.60 万人次,台湾同胞 3.01 万人次。全年旅游总收入 230.40 亿元,增长 18.0%;国内旅游收入 219.27 亿元,增长 17.8%;旅游外汇收入 1.64 亿美元,增长 22.4%。

九、财政、金融和保险

财政:2010 年全市财政总收入 321.89 亿元,比上年增长 15.1%。其中:市级财政完成 186.63 亿元,增长 11.9%;县(区)级财政完成 135.26 亿元,增长 20.0%。

全市一般预算收入 138.48 亿元,增长 17.8%。其中:税收收入 111.55 亿元,增长 19.3%,增值税、营业税、资源税、企业所得税、个人所得税五大税种税收 82.00 亿元。

全年执行一般预算支出 189.64 亿元,比上年增长 18.6%。农业、教育、科技等各项重点支出以及事关民生的支出得到较好保障,其中农林水事务支出 8.81 亿元,增长 21.2%;教育支出 35.95 亿元,增长 25.1%;科学技术支出 4.70 亿元,增长 26.3%;社会保障和就业支出 29.62 亿元,下降 6.8%;医疗卫生支出 10.12 亿元,下降 1.5%;环境保护支出 8.22 亿元,增长 58.7%;文化体育与传媒支出 2.51 亿元,增长

4.2%;城乡社区事务支出26.89亿元,增长25.1%;一般公共服务支出19.75亿元,增长30.3%。

金融:截止2010年末全市金融机构本外币各项存款余额7008.28亿元,比年初增长18.1%;本外币各项贷款余额5125.10亿元,增长21.3%。人民币各项存款余额6965.19亿元,增长18.2%;人民币各项贷款余额5054.75亿元,增长21.7%。在人民币贷款中,中长期贷款余额3511.36亿元,增长36.4%;短期贷款余额1347.13亿元,增长9.6%。全年金融机构现金收入6052.05亿元,现金支出5871.16亿元,净回笼货币180.89亿元。

保险:全年原保险保费收入85.80亿元,增长23.8%。其中:寿险业务保费收入58.49亿元,增长24.0%;健康险保费收入5.08亿元,下降3.2%;意外伤害险业务保费收入1.28亿元,增长19.6%;财产险业务保费收入20.94亿元,增长32.6%。支付各类赔款及给付16.94亿元,下降3.2%。其中:寿险业务给付5.62亿元,下降24.3%;健康险业务赔款及给付2.18亿元,增长21.3%;意外伤害险业务赔款0.31亿元,增长20.0%;财产险业务赔款8.81亿元,增长10.2%。

十、城市建设

基础设施建设:2010年开工重点建设项目118项,改造小街小巷70条。其中,实施城市主次干道工程35项、桥梁工程2项,祥云桥、南中环桥、滨河东路北延、并州东西街改造、平阳路改造等工程全面完工;滨河西路南延、府东街东延、胜利东街打通、长风商务区路网、龙城南北街及其路网等工程顺利推进。实施城市配套工程77项,部分工程建成投用。实施2项防洪治污工程、2项节能减排工程。

截止2010年末全市共完成天然气置换工程36万户,新增天然气用户4万户。集中供热扩网1106万平方米,集中供热普及率达到88.2%。燃气普及率达到98.6%。城市污水处理率达到83.9%,提高13.9个百分点。完成城市公共供水1.9亿立方米。年末公交运营线路网长度635.50公里,年客运量4.15亿人次。

城市绿化:2010年全市建成区共实施园林绿化工程39项,晋商博物馆、陶园、滨河东路北延绿化、长风西大街道路绿化等24项工程全面竣工。创建省级园林化单位3个,省级园林化小区2个,创建市级园林化单位13个,市级园林绿化先进单位25个。全市共有综合性公园26个,专类园11个,带状公园3个,街头游园59个,社区游园43个,街旁绿地46块。建成区绿化覆盖面积8759公顷,园林绿地面积7611公顷,公园绿地面积2576公顷。建城区绿化覆盖率36.8%,绿地率32.0%,人均公园绿地面积9.59平方米。

十一、教育和科学技术

教育:2010年末共有高等院校36所(其中高职院校24所),中等专业学校30所,技工学校(包括技工部)46所,普通中学230所,职业中学22所,小学607所,幼儿园784所。

表12 2010年各类学校学生数

单位:人

指 标	招 生	在校生	毕业生
研究生	6761	19832	5097
普通高等教育	105520	329712	97398
中等职业教育	66607	165201	51277
普通高中	28032	82252	24950
初中	50004	157701	46360
普通小学	42150	267325	52792
特殊教育	160	992	164
学前教育	37656	95352	30919

全市幼儿园入园率保持在94%以上,城区达到98%;小学学龄儿童入学率达100%,巩固率达

101.5%；初中生入学率达94.7%，巩固率保持在96.6%。高中阶段毛入学率为96.0%。

百校兴学：2010年全市"百校兴学"工程项目学校(含校校有标准操场工程)577所。截止年末，已竣工项目学校528所，建筑面积168.98万平方米；在建项目学校49所，建筑面积18.87万平方米。全市确定的390所中小学校舍安全工程项目全部竣工并交付使用。

科学技术：年末共有独立科研机构107所，工作人员1.39万人。全年安排科技发展项目283项，技术市场共登记技术合同577项，成交金额7.65亿元。全年研究与试验发展(R&D)经费支出53.52亿元，比上年增长15.1%，占地区生产总值的比重为3.0%。国家认定企业技术中心达到3家。省级企业技术中心达到29家。按照国家新的高新技术企业认定办法，截至2010年底，全市累计认定高新技术企业达到128家。全年共鉴定422项科技成果，获得国家科技奖励5项，其中国家技术发明奖1项，国家科技进步奖4项。科技成果转化率达到50.4%。全年共申请专利5019件，比上年增加1008件。每10万人专利申请数达到143项，比上年增加28项。高新技术产业增加值占地区生产总值的比重为7.6%。

截止2010年末高新区、经济区、民营区共有入区企业3988家。全年实现科工贸总收入1495亿元，增长23.5%。

十二、文化、卫生和体育

文化：2010年末全市共有艺术表演团体14个，演职人员1448人。群艺文化馆12个，博物馆12个。公共图书馆馆藏图书398万册。国家综合档案馆11个，馆藏档案资料64.55万卷(件、册)。广播电视台3座，广播节目12套，中、短波广播发射台和转播台1座。电视节目22套，一百瓦以上电视发射和转播台10座。全市广播人口覆盖率为99.2%，电视人口覆盖率为99.6%。2010年，晋剧《傅山进京》入选国家十大舞台艺术精品工程剧目并荣获第九届中国艺术节"文华优秀剧目奖"；晋剧《龙兴晋阳》荣获"第三届中国戏剧节·曹禺剧本奖"提名奖；话剧《饭·局》荣获第七届全国戏剧文化奖·话剧"金狮奖"优秀剧目奖；太重鼓乐团在首届全国"韩城杯"锣鼓大赛中，荣获"金鼓王"奖，在"第二届中国(莱芜)长勺鼓乐大赛"，独揽一鼓作气击鼓奖、最佳编导奖、最佳领鼓奖三项大奖。非物质文化遗产保护力度加大，共列入国家级保护项目15项、省级保护项目33项。继续实施农村电影放映工程，全年放映1.2万场次，放映数字化达到100%，实现了一村一月放映一场电影的目标。

卫生：年末共有卫生机构2527个(不含村卫生室)，医疗床位27771张。每千人拥有医疗床位7.6张。各类卫生技术人员39930人，其中：执业(助理)医师16066人，注册护士16469人。每千人拥有医生4.4人。城乡公共卫生体系进一步完善，社区卫生服务网络覆盖率达到99.3%。县乡两级医疗卫生机构基础设施达标率为83.9%。新型农村合作医疗覆盖全市所有行政村，实际参加合作医疗的农民99.71万人，参合率达到98.0%。

体育：2010年在国内外各项体育比赛中，太原选手共获得金牌22枚、银牌23枚、铜牌20枚。全市50%以上的乡镇建成了文体活动广场，87%的行政村建设了体育活动场地。全市共安装620余条全民健身路径。

十三、环境保护和安全生产

环境质量：市区二级以上空气质量天数为304天。全年减排二氧化硫5029吨、化学需氧量1239吨。市区大气中可吸入颗粒物0.089毫克/Nm^2，二氧化硫浓度0.068毫克/Nm^2，二氧化氮浓度0.020毫克/Nm^2，分别下降16.0%、9.3%和9.1%。空气污染综合指数2.27%,下降0.31点。全市饮用水源地水质达标率保持100%,汾河出境断面综合污染指数下降2.3%。市区区域环境噪声年均值53.1分贝、交通噪声年均值65.0分贝,保持全国先进水平。

气温降水和用水量:2010年平均气温为8.3~11.5℃,降水量为317~395mm。地下水水位比上年上升1.7%。全年全社会用水量5.66亿立方米,比上年增长6.7%。其中:生活用水量1.33亿立方米,生产用水量3.80亿立方米,生态用水量0.53亿立方米。

安全生产:2010年亿元GDP生产安全事故死亡率为0.15人,下降11.8%。全年共发生火灾1497起,道路交通事故1617起,分别下降35.0%和11.1%。

十四、人民生活和社会保障

人民生活:2010年城市居民人均可支配收入为17258元,比上年增长10.6%;城市居民人均消费支出12106元,增长3.4%。农村居民人均纯收入7611元,增长11.5%;农民人均生活消费支出3879元,增长5.2%。城市居民与农村居民收入比为2.27∶1。城市居民家庭恩格尔系数为30.6%,农村居民家庭恩格尔系数为33.8%。

图6 "十一五"时期城市居民人均可支配收入及增长速度

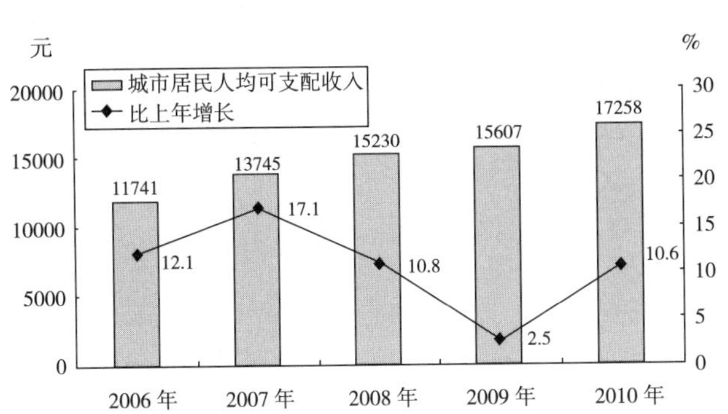

图7 "十一五"时期农村居民人均纯收入及增长速度

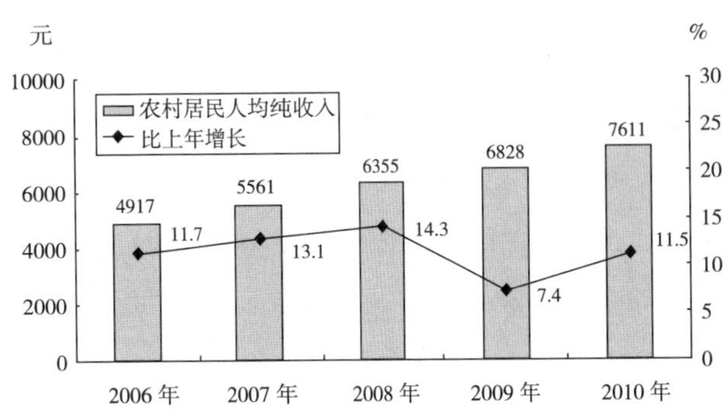

截止2010年末城乡居民储蓄存款余额2386.79亿元,比年初增长14.5%。其中:城镇居民储蓄存款余额2225.97亿元,增长13.8%;农村居民储蓄存款余额160.82亿元,增长24.2%。

城镇住宅施工面积2727.80万平方米,比上年增长32.6%,住宅竣工面积348.13万平方米。城镇居民人均住房建筑面积为27.46平方米,增加1.62平方米。农村新建住宅建筑面积168.62万平方米,农村人均住房面积为35.14平方米,增加1.25平方米。

社会保障:城镇基本社会保障覆盖率达到91.1%,比上年提高0.4个百分点。全市企业职工参加养老保险的人数为73.30万人。参加基本医疗保险的人数为196.80万人。参加失业保险的人数为75.71万人。参加工伤保险的人数为63.00万人,其中参保农民工13.10万人。参加生育保险的职工人数为63.00万人。城市居民最低生活保障继续加强,城市低保覆盖人口达到7.13万人;农村低保覆盖人口达到6.92万人。

年末全市共有各类收养类单位41个,床位4642张,收养3991人。救济农村五保户4491户,农村临时救济人员11342人次。

注：

1. 本公报数据为初步统计数据。

2. 地区生产总值及各产业(行业)增加值指标绝对数按现价计算,增长速度按可比价格计算。

3. 规模以上工业企业是指年主营业务收入500万元及以上的全部法人工业企业；限额以上批发零售企业是指年销售额2000万元及以上批发企业和年销售额500万元及以上零售企业。

4. 邮电业务总量按2010年不变价格计算。

5. 根据国家统计局规定,节能降耗指标单独发布。

6. 由于第六次人口普查尚未结束,2010年全市人口相关数据另行公布。

目　录

第一篇　综　合

第二篇　人口、计划生育和社会治安

第三篇 从业人员和劳动报酬

第四篇 固定资产投资、建筑业

第五篇 能源消费与库存

第六篇 物价指数

第七篇 城市居民住户调查

第八篇 农村住户调查

第九篇 公用事业

第十篇　农业

第十一篇　工业、交通运输和邮电

第十二篇 企业调查

第十三篇 国内外贸易和旅游

第十四篇　财政、金融、税务和保险

第十五篇　科教、文卫、体育和民政

第十六篇　县（市、区）经济概况

第一篇

综　合

ZONG HE

资料整理、审核

马亚晓　　陆建云　　崔　晰
王　平　　郭晓红　　牛效丽
贾常晋　　韩　芸　　常　轶
王晋伟

1-1 太原市县(市、区)及乡镇、办事处名称

县级	乡级
小店区	北格镇、刘家堡乡、西温庄乡、坞城街办、营盘街办、北营街办、平阳街办、黄陵街办、小店街办
迎泽区	郝庄镇、迎泽街办、桥东街办、文庙街办、柳巷街办、老军营街办、庙前街办
杏花岭区	中涧河乡、小返乡、三桥街办、敦化坊街办、巨轮街办、涧河街办、鼓楼街办、杏花岭街办、坝陵桥街办、大东关街办、职工新街街办、杨家峪街办
尖草坪区	向阳镇、阳曲镇、马头水乡、西墕乡、柏板乡、汇丰街办、古城街办、柴村街办、迎新街街办、南寨街办、上兰街办、新城街办、光社街办、尖草坪街办
万柏林区	王封乡、化客头街办、东社街办、千峰街办、下元街办、和平街办、万柏林街办、兴华街办、南寒街办、杜儿坪街办、白家庄街办、长风西街街办、小井峪街办、西铭街办、神堂沟街办
晋源区	金胜镇、晋祠镇、姚村镇、罗城街办、义井街办、晋源街办
古交市	镇城底镇、河口镇、马兰镇、嘉乐泉乡、梭峪乡、常安乡、原相乡、阁上乡、岔口乡、邢家社乡、东曲街办、西曲街办、桃园街办、屯兰街办
清徐县	清源镇、徐沟镇、孟封镇、东于镇、马峪乡、西谷乡、柳杜乡、集义乡、王答乡
阳曲县	黄寨镇、东黄水镇、大盂镇、泥屯镇、侯村乡、凌井店乡、高村乡、杨兴乡、西凌井乡、北小店乡
娄烦县	娄烦镇、杜交曲镇、静游镇、庙湾乡、马家庄乡、盖家庄乡、米峪镇乡、天池店乡

1-2 行 政 区 划

指　标	街道办事处	社区居委会	乡政府	镇政府	村民委员会	自然村
总　计	52	553	31	21	951	1552
小 店 区	6	94	2	1	62	68
迎 泽 区	6	92		1	22	38
杏花岭区	10	108	2		38	46
尖草坪区	9	53	3	2	90	100
万柏林区	14	99	1		53	69
晋 源 区	3	24		3	85	106
清 徐 县		24	5	4	188	203
阳 曲 县		5	6	4	124	360
娄 烦 县		6	5	3	143	219
古 交 市	4	37	7	3	146	343
高 新 区		1				
经 济 区		10				

1-3　自然资源

指标	单位	数量
一、人口、土地		
全市户籍总人口	人	3654990
人口密度（按户籍人口计算）	人/平方公里	523
土地面积	平方公里	6988
二、气候		
平均气温	摄氏度	8.3——11.5
日照时间	小时	2338——2641
无霜期	天	153——181
降水量	毫米	317——395
三、林地		
林地面积	万公顷	39.69
林木蓄积量	万立方米	429
林木绿化率	%	28.02
森林覆盖率	%	16.02
四、水利		
水资源采用总量	万立方米	56575.19
地下水资源采用总量	万立方米	38362.38
地表水资源采用总量	万立方米	18212.81
五、矿产（保有量）		
煤矿	亿吨	171.43
铁矿	万吨	62589.98
溶剂灰岩	万吨	9093.99
水泥灰岩	万吨	11737.97
石膏	万吨	6006.98

注：矿产为初步统计数

1-4 土地状况（2009年）

单位：平方公里

指 标	面 积	占总面积(%)
总面积	6988	100.0
按地形分		
平原	1240	17.7
丘陵	2117	30.3
山地	3631	52.0
按特征分		
农用地	5811	83.1
耕地	1167	16.7
园地	181	2.6
林地	2783	39.8
草地	1680	24.0
建设用地	942	13.5
居民点及工矿	639	9.1
交通运输用地	138	2.0
水利设施用地	165	2.4
其他土地	235	3.4

1-5 取水情况

单位:万立方米

指标	2010	2009
总取水量	56575.19	53012.27
按取水用途分		
生活	13318.16	14457.88
生产	37998.40	34009.19
生态	5258.63	4545.20
按水源分		
河川径流	18212.81	18385.05
河水	18212.81	18162.57
地下水	38362.38	34627.22
# 深层水	26413.84	28647.20
另:污水利用量	9686.77	17909.26

1-6 按行政区划分土地面积及人口密度

指　标	土地面积（平方公里）	常住人口（人）	人口密度（人/平方公里）
总　计	6988	4201591	601
市辖区合计	1460	3426522	2347
小店区	295	804537	2727
迎泽区	117	592007	5060
杏花岭区	170	643587	3786
尖草坪区	285	415705	1459
万柏林区	305	749255	2457
晋源区	288	221431	769
县(市)合计	5528	775069	140
清徐县	609	343861	565
阳曲县	2059	120228	58
娄烦县	1276	105841	83
古交市	1584	205139	130

注:常住人口为第六次人口普查数

1-7 社会经济主要指标人均水平

指 标	单位	1985	1990	1995	2000	2005	2008	2009
一、地区生产总值	元	1905	3648	8331	13021	26294	44054	44319
二、主要产品产量								
原煤	吨	9.92	11.03	11.20	8.36	13.17	11.95	10.05
发电量	千瓦小时	1075.96	1428.63	3122.47	3731.02	4671.15	6172.91	5937.88
粗钢	公斤	659.31	738.01	854.64	821.45	1037.05	2347.55	2414.30
成品钢材	公斤	361.98	384.54	575.72	841.16	1277.96	2403.17	2371.05
水泥	公斤	327.50	287.43	532.81	558.59	925.42	915.85	1304.97
粮食	公斤	131.23	150.63	119.50	96.79	85.75	88.20	91.36
蔬菜	公斤	198.43	229.97	244.44	411.00	420.76	378.46	366.54
猪牛羊肉	公斤	5.17	6.65	12.02	15.64	17.25	11.58	11.76
奶	公斤	8.67	13.61	13.19	15.12	27.25	27.79	27.95
三、社会消费品零售总额	元	771	1381	3111	6224	11282	17866	20699
四、人民生活								
城镇居民可支配收入	元	646	1573	3939	6019	10476	15230	15607
城镇居民消费性支出	元	585	1357	3409	5341	7806	10799	11708
# 食品	元	308	653	1588	1750	2412	3742	3764
衣着	元	112	241	514	564	1050	1258	1313
居住	元		36	194	388	856	1335	1390
农民人均纯收入	元	526	763	1444	2643	4402	6355	6828
城乡居民储蓄存款年末余额	元	486	1894	7064	13788	30110	50010	59800

1-8 国民经济主要比例关系

单位:%

指 标	1985	1990	1995	2000	2005	2008	2009	2010
一、地区生产总值三次产业增加值比例								
第一产业	6.5	6.3	5.1	3.9	2.3	1.5	1.9	1.7
第二产业	66.9	55.5	47.1	41.8	47.1	48.3	43.7	44.9
第三产业	26.6	38.2	47.8	54.3	50.6	50.2	54.4	53.4
二、工业总产值轻重比例（不变价）								
轻工业	25.8	25.0	20.7	18.7	7.6	5.4	7.0	7.9
重工业	74.2	75.0	79.3	81.3	92.4	94.6	93.0	92.1
三、农林牧渔总产值内部比例（不变价）								
农业产值	74.3	69.1	56.9	57.9	51.9	57.6	60.0	59.4
林业产值	6.2	2.7	3.6	2.2	1.5	7.2	8.7	8.9
牧业产值	19.3	27.5	38.7	39.2	39.8	31.4	27.7	27.7
渔业产值	0.2	0.7	0.8	0.7	0.8	0.7	0.6	0.7
农林牧渔服务业					6.0	3.1	3.0	3.3
四、固定资产投资三次产业比例								
第一产业	0.3	0.7	0.1	0.7	0.7	0.6	1.8	1.5
第二产业	61.9	74.2	52.9	48.9	72.5	50.9	31.2	28.4
第三产业	37.8	25.1	47.0	50.4	26.8	48.5	67.0	70.1
五、固定资产投资额占地区生产总值比例	44.0	28.0	30.1	26.4	49.1	46.0	50.6	51.5
六、地方财政收入占地区生产总值比例	11.5	9.8	5.8	5.4	6.4	8.0	7.6	7.2

注:1. 2005年起工业总产值轻重比例为规模以上工业按当年价格计算。
2. 2006年起农林牧渔总产值内部比例按当年价格计算。

1-9 人民物质文化生活提高情况

指 标	单位	1985	1990	1995	2000	2005	2008	2009	2010
一、城乡居民收入									
农民人均纯收入	元	526	763	1444	2643	4402	6355	6828	7611
城镇居民人均可支配收入	元	646	1573	3939	6019	10476	15230	15607	17258
全部在岗职工平均工资	元	1199	2351	5538	8394	18547	29589	33141	38838
二、平均每人居住面积									
城镇居民	平方米	5.63	7.07	8.15	10.13	11.94	12.81	13.38	13.65
农村居民	平方米				26.00	28.60	31.39	32.47	35.14
三、每百户居民拥有耐用消费品（抽样）									
电冰箱									
城镇居民	台	2	52	68	90	96	94	96	98
农民	台		2	12	27	34	39	40	53
彩色电视机									
城镇居民	台	17	84	98	115	119	112	112	110
农民	台	3	9	36	65	85	96	98	105
洗衣机									
城镇居民	台	64	95	88	94	99	98	98	97
农民	台	12	33	50	59	64	67	67	89
四、每千人拥有卫生技术人员和医疗卫生床位数									
每千人拥有卫生技术人员	人	10.4	10.6	10.6	9.6	9.0	9.9	10.6	10.9
每千人拥有医疗卫生床位数	张	7.8	8.8	8.5	8.0	7.0	7.9	7.7	7.6
五、储蓄									
城乡居民储蓄存款年末余额	亿元	11.29	48.76	197.54	419.63	1183.95	1728.92	2085.00	2386.79
城镇居民	亿元	9.08	40.21	171.41	375.88	1109.42	1612.44	1955.50	2225.97
农村居民	亿元	2.21	85.47	26.13	43.75	74.53	116.48	129.50	160.82
平均每人储蓄存款余额	元	486	1894	7064	13788	30110	49804	59571	61943

1-10 主要年份地区生产总值(按当年价格计算)

年 份	地区生产总值(万元)	第一产业	第二产业	#工业	第三产业	人均GDP(元/人)
1952	23254	5462	8478	6693	9314	281
1957	56180	6503	31848	22952	17829	418
1962	57561	5693	32500	30383	19368	389
1965	90129	9243	63524	59517	17362	573
1970	112489	10879	83496	80874	18114	654
1975	143898	15360	102906	99874	25632	752
1978	186758	11036	140152	123482	35570	937
1980	222998	13961	156965	138361	52072	1075
1985	442126	28885	295782	239985	117459	1905
1990	939154	58755	520827	453958	359572	3648
1995	2330302	118405	1098481	916245	1113416	8331
1996	2816550	155484	1297001	1036916	1364065	9879
1997	3270713	155584	1464366	1123811	1650763	11265
1998	3507880	162090	1540109	1185511	1805681	11912
1999	3645620	145302	1558760	1218172	1941558	12242
2000	3962652	154936	1656880	1298969	2150836	13021
2001	4512131	143440	1919746	1486525	2448945	13452
2002	5031377	175155	2080977	1579489	2775245	14915
2003	6136637	179952	2677365	2041164	3279320	18099
2004	7637621	209264	3534977	2697006	3893380	22423
2005	8995771	201903	4240499	3223916	4553369	26294
2006	10418835	194405	4761286	3702587	5463144	30326
2007	12917719	196389	6360520	5192419	6360810	37444
2008	15261555	229807	7367734	5941734	7664014	44054
2009	15452409	285603	6755410	5010410	8411396	44319
2010	17780539	302806	7984887	5968847	9492846	46144

注:1. 2001 年起人均 GDP 为按抽样调查总人口计算,其余年份为按公安户籍人口计算。
2. 2005 年以后为第二次经普调整后数据。
3. 2010 年人均 GDP 按第六次人口普查口径计算。

1-11 主要年份地区生产总值构成

单位:%

年 份	地区生产总值	第一产业	第二产业	#工业	第三产业
1952	100.0	23.5	36.5	28.8	40.0
1957	100.0	11.6	56.7	40.9	31.7
1962	100.0	9.9	56.5	52.8	33.6
1965	100.0	10.3	70.5	66.0	19.2
1970	100.0	9.7	74.2	71.9	16.1
1975	100.0	10.7	71.5	69.4	17.8
1978	100.0	5.9	75.0	66.1	19.1
1980	100.0	6.3	70.4	62.0	23.3
1985	100.0	6.5	66.9	54.3	26.6
1990	100.0	6.3	55.5	48.3	38.2
1995	100.0	5.1	47.1	39.3	47.8
1996	100.0	5.5	46.0	36.8	48.5
1997	100.0	4.8	44.8	34.4	50.4
1998	100.0	4.6	43.9	33.8	51.5
1999	100.0	4.0	42.8	33.4	53.2
2000	100.0	3.9	41.8	32.8	54.3
2001	100.0	3.2	42.5	32.9	54.3
2002	100.0	3.5	41.4	31.4	55.1
2003	100.0	2.9	43.7	33.3	53.4
2004	100.0	2.7	46.3	35.3	51.0
2005	100.0	2.3	47.1	35.8	50.6
2006	100.0	1.9	45.7	35.5	52.4
2007	100.0	1.5	49.2	40.2	49.3
2008	100.0	1.5	48.3	38.9	50.2
2009	100.0	1.9	43.7	32.4	54.4
2010	100.0	1.7	44.9	33.6	53.4

1-12 主要年份地区生产总值指数

单位:%

年份	地区生产总值	第一产业	第二产业	#工业	第三产业
1957	106.7	98.1	111.1	119.0	102.7
1962	92.5	86.6	90.3	94.2	98.8
1965	120.4	97.9	132.6	134.9	98.8
1970	164.3	110.0	198.0	202.1	109.9
1975	116.5	105.5	121.3	120.6	106.0
1978	128.9	89.7	134.2	124.0	126.7
1980	106.5	112.1	102.7	100.3	118.9
1985	105.4	91.7	105.5	106.4	108.2
1990	109.1	126.8	107.9	102.0	109.3
1995	113.0	102.6	113.3	116.0	113.3
1996	112.6	115.9	112.5	108.7	112.6
1997	110.5	103.3	110.0	107.7	112.2
1998	108.8	105.0	110.1	109.7	106.5
1999	107.7	96.9	106.5	108.2	111.2
2000	109.0	106.8	108.1	108.7	111.1
2001	111.8	90.9	110.5	108.2	114.2
2002	112.0	121.0	112.2	111.3	111.3
2003	115.6	104.1	118.8	117.8	113.9
2004	115.9	102.7	119.6	117.7	113.8
2005	115.6	101.1	116.2	117.6	115.8
2006	112.1	93.8	110.5	111.4	114.4
2007	116.8	100.5	120.9	125.6	113.7
2008	108.5	101.4	103.0	101.3	114.0
2009	102.6	104.1	93.8	88.4	110.2
2010	111.0	104.9	112.0	112.5	110.5

1-13 地区生产总值及构成

指 标	绝对额(万元)		构成(%)	
	2010	2009	2010	2009
地区生产总值	17780539	15452409	100.0	100.0
第一产业	302806	285603	1.7	1.9
第二产业	7984887	6755410	44.9	43.7
工业	5968847	5010410	33.6	32.4
建筑业	2016040	1745000	11.3	11.3
第三产业	9492846	8411396	53.4	54.4
交通运输、仓储和邮政业	1424724	1347000	8.0	8.7
批发和零售业	2202442	1794000	12.4	11.6
住宿和餐饮业	831991	767000	4.7	5.0
金融业	1779607	1522999	10.0	9.9
房地产业	467580	424999	2.6	2.7
其他服务业	2786502	2555398	15.7	16.5

1-14 总产出(按当年价格计算)

单位:万元

指标	2010	2009
总计	54443692	46263177
第一产业	549358	503058
第二产业	35382271	29453287
工业	23011286	18745479
建筑业	12370985	10707808
第三产业	18512063	16306832
#交通运输、仓储和邮政业	3173786	2935334
批发和零售业	3593873	2927391

1-15 支出法地区生产总值(按当年价格计算)

单位:万元

指标	2010	2009	为2009年%
总计	17780539	15452409	111.0
一、最终消费	8092500	6948434	113.7
居民消费	5529747	4772480	113.8
农村居民	346334	291720	117.8
城镇居民	5183413	4480760	113.6
政府消费	2562753	2175954	113.3
二、资本形成总额	9640032	8461610	108.6
固定资本形成总额	8858764	8024243	106.2
存货增加	781268	437367	152.2
三、货物和服务净出口	48007	42365	110.0

1-16 支出法地区生产总值构成(按当年价格计算)

单位:%

指 标	2010	2009
总 计	**100.0**	**100.0**
一、最终消费	**45.5**	**45.0**
居民消费	31.1	30.9
农村居民	1.9	1.9
城镇居民	29.2	29.0
政府消费	14.4	14.1
二、资本形成总额	**54.2**	**54.7**
固定资本形成总额	49.8	51.9
存货增加	4.4	2.8
三、货物和服务净出口	**0.3**	**0.3**

1-17 资本形成总额

单位:万元

指 标	2010	2009
总 计	**9640032**	**8461610**
固定资本形成总额	**8858764**	**8024243**
#住宅	2420580	1851974
非住宅建筑物	2606146	2166367
机器和设备	1575279	1428513
存货增加	**781268**	**437367**
#农林牧渔业	-3373	-7202
工业	83330	-243
建筑业	176532	264994
批发零售业	9829	-416121
住宿餐饮业	5484	

1-18 太原市主要年份国民经济主要指标

指 标	1985	1990	1995	2000	2005	2008	2009	2010
年末户籍常住人口（人）	2344452	2612087	2827710	3087491	3403874	3602282	3651151	3654990
按性别分								
男性	1258322	1384876	1490281	1607655	1766902	1850282	1871637	1867963
女性	1086130	1227211	1337429	1479836	1636972	1752000	1779514	1787027
按农业、非农业分								
农业人口	919217	975743	995113	1048251	1014606	995770	1014205	1024831
非农业人口	1425235	1636344	1832597	2039240	2389268	2606512	2636946	2630159
社会从业人员（人）	1377500	1592200	1773000	1611200	1616195	1705400	1673200	1760476
按三次产业分								
第一产业	235500	248400	258000	276800	271587	252200	247500	242519
第二产业	770000	853400	872000	611500	530983	557000	527400	569339
第三产业	372000	490400	643000	722900	813625	896200	898300	948618
按职工、非职工分								
职工	989000	1111000	1124000	884117	757996	791186	803278	846286
# 国有	756000	892000	919000	533148	458206	448902	452391	460685
集体	233000	219000	205000	119411	62939	52511	49346	47730
城镇私营企业和个体从业人员	8000	61000	127000	217056	355324	289773	377300	422952
农村从业人员	351000	385000	434000	503753	502875	487808	492658	491238
全部在岗职工工资总额（万元）	115920	257007	609421	724376	1378220	2320336	2608145	3147504
# 国有单位职工	94900	220674	529353	441159	828598	1302160	1445907	1705528
城镇集体单位职工	21020	35909	67586	60029	54590	72754	72678	83962

注:1.本表地区生产总值、社会消费品零售总额为第二次经济普查调整后口径。
2.工业企业单位数、工业企业总产值2000年以前为乡及乡以上口径,以后为规模以上工业口径,2005年起为当年价。
3.2005—2006年乡镇企业包括农村私营个体企业。
4.2005年起社会消费品总额不含未通过市场直接向消费者出售的产品。
5.2005年以前外商直接投资包括间接投资。
6.教育指标中不包括幼儿园。

1-18 续表 1-1

指　标	1985	1990	1995	2000	2005	2008	2009	2010
全部在岗职工年平均工资（元）	1199	2351	5538	8394	18547	29589	33141	38838
# 国有单位职工	1279	2510	5788	8460	18375	29456	32499	37684
城镇集体单位职工	938	1696	3371	5285	9192	14001	15265	18255
城镇居民人均可支配收入（元）	646	1573	3939	6019	10476	15230	15607	17258
城镇居民人均消费性支出（元）	585	1357	3409	5341	7806	10799	11708	12106
# 食品	308	653	1588	1750	2412	3742	3764	3710
衣着	112	241	514	564	1050	1258	1313	1234
居住		36	194	388	857	1335	1391	1172
农民人均纯收入（元）	526	763	1444	2643	4402	6355	6828	7611
农民人均生活消费支出（元）				1634	2601	3608	3687	3879
# 食品				696	909	1281	1203	1312
衣着				204	350	426	434	493
居住				225	334	580	630	642
地区生产总值（万元）	442126	939154	2330302	3962652	8995771	15261555	15452409	17780539
第一产业	28885	58755	118405	154936	201903	229807	285603	302806
第二产业	295782	520827	1098481	1656880	4240499	7367734	6755410	7984887
工业	239985	453958	916245	1298969	3223916	5941734	5010410	5968847
建筑业	55797	66869	182236	357911	1016583	1426000	1745000	2016040
第三产业	117459	359572	1113416	2150836	4553369	7664014	8411396	9492846
人均地区生产总值（元 / 人）	1905	3648	8331	13021	26294	44054	44319	
地区生产总值指数（%）	105.4	109.1	113.0	109.0	115.6	108.5	102.6	111.0
第一产业	91.7	126.8	102.6	106.8	101.1	101.4	104.1	104.9
第二产业	105.5	107.9	113.3	108.1	116.2	103.0	93.8	112.0
工业	106.4	102.0	116.0	108.7	117.6	101.3	88.4	112.5
建筑业	99.5	150.1	99.9	105.0	112.1	109.5	113.1	110.4
第三产业	108.2	109.3	113.3	111.1	115.8	114.0	110.2	110.5

1-18 续表 1-2

指　标	1985	1990	1995	2000	2005	2008	2009	2010
全社会固定资产投资额（万元）	194510	262924	701894	1047702	4385077	7022072	7820157	9164811
#国有单位（应含房地产）	170776	232285	589344	775038	2136871	3003273	3092451	3211140
集体单位	16430	17796	32212	43074	157656	639509	453934	446869
城乡个人	7304	12843	29436	40680	61091	92979	120836	171755
全社会竣工房屋面积（平方米）	3585900	2870100	2848000	4420700	6064048	8149528	7242678	7795531
#国有单位					1852950	1828486	1477814	2309689
集体单位					423716	2349226	2206622	2076606
城乡个人					1030292	898682	1023274	1087904
全社会新增固定资产（万元）	126292	212335	517719	876782	1193234	3197379	3751537	4114718
#国有单位	111282	187948	453290	636628	679900	1054344	1309267	1814797
集体单位	7706	11544	18238	37975	56441	536225	461419	480362
城乡个人					61091	92979	120836	171755
商品零售价格总指数	112.0	100.7	114.5	96.0	100.2	107.9	99.1	102.6
(以上年价格为100)								
食品类		99.7	124.2	93.8	103.7	120.1	102.8	108.2
服装鞋帽类		106.9	119.1	100.6	96.3	100.3	95.7	96.9
纺织品类		106.9	120.1	94.9	98.0	95.0	97.6	109.6
中西药品及医疗保健用品类		99.1	114.3	101.3	98.7	101.0	103.2	105.8
文化和体育用品类		93.3	104.0	99.3				
文化办公用品类					99.4	99.6	96.7	97.6
体育娱乐用品类					99.1	100.6	98.7	97.9
日用品类		99.8	109.0	98.0	100.7	104.0	99.2	99.0
家用电器类		93.1	102.2	95.6	97.3	100.1	89.2	92.6
燃料类		119.9	105.9	107.6	112.8	117.4	101.9	117.0
建筑装璜材料类	112.0	100.4	102.8	99.4	102.1	111.3	96.4	97.7

1–18 续表 1–3

指 标	1985	1990	1995	2000	2005	2008	2009	2010
居民消费品价格总指数		101.7	116.8	103.6	101.1	107.4	99.9	103.0
(以上年价格为 100)								
食品类		99.7	123.4	93.2	103.8	119.6	102.6	108.4
衣着类		106.9	116.8	99.6	96.2	100.4	95.8	97.2
家庭设备用品及维修服务类		99.8	106.5	98.6	100.0	103.4	99.2	100.8
医疗保健和个人用品类		99.1	113.7	101.1	101.6	101.1	101.0	102.6
交通和通讯类		147.7	94.9	97.8	96.3	99.0	97.1	97.7
娱乐教育文化用品及服务类		93.3	112.3	96.4	101.9	100.0	99.6	101.8
居住类		105.9	111.9	107.0	102.4	105.7	98.0	101.2
服务项目类价格总指数		110.2	107.3	162.1	102.9	101.0	99.4	102.4
(以上年价格为 100)								
农林牧渔业总产值	38744	73925	193432	246156	344060	441816	503058	560634
(万元，按当年价格计算)								
农业产值	28489	47608	120504	163107	199305	254330	302028	336794
林业产值	2266	1877	4382	4020	12088	31765	43714	49426
牧业产值	7942	22069	66859	77344	114172	138819	139317	154140
渔业产值	47	662	1687	1685	2689	2986	3019	3063
农林牧渔服务业产值					15806	13916	14980	17210
农林牧渔业总产值指数	99.6	108.3	102.2	106.9	101.3	103.9	103.1	104.9
(以上年价格为 100)								
农业产值		107.9	95.9	110.1	99.6	100.4	100.3	102.6
林业产值		93.0	106.8	102.4	74.7	131.1	130.6	105.5
牧业产值		110.8	112.8	102.8	104.9	108.5	101.7	106.9
渔业产值		116.5	103.6	103.7	107.6	108.7	99.4	119.7
农林牧渔服务业产值					100.8	100.3	106.6	127.0

1–18 续表 1–4

指　标	1985	1990	1995	2000	2005	2008	2009	2010
主要农作物播种面积（千公顷）	145.34	145.72	139.23	136.82	118.56	115.73	115.16	113.55
粮食	107.61	116.25	107.93	100.35	83.48	85.17	85.48	84.78
棉花	0.23	0.12	0.86	0.83	0.22	0.10	0.10	0.08
油料	22.70	13.52	13.90	11.05	5.05	3.51	3.33	3.11
主要农产品产量								
粮食（吨）	304534	387806	334171	294557	291865	306066	318536	321585
棉花（吨）	133	96	849	998	276	145	133	105
油料（吨）	16756	13882	6636	10557	3845	2816	2753	2721
肉类（吨）	12001	17109	33603	47606	65135	43843	46376	49975
禽蛋（吨）	7428	20003	35272	44361	43165	38278	38578	36412
乡镇企业单位数（个）	3490	31536	50429	3863	28816	6814	7568	8737
乡镇企业总产值（万元）	57301	263420	1702710	2002888	6209292	6507894	5596609	6117768
乡镇企业营业收入（万元）	46730	248820	1523708	1474420	5496418	5946614	5060491	5572698
工业企业单位数（个）	1560	1981	2033	383	489	515	484	480
按经济类型分								
国有经济	289	331	335	178	95	52	46	37
集体经济	1270	1638	1601	89	60	56	44	40
其他	1	12	97	116	334	407	394	403
按轻重工业分								
轻工业	713	877	727	128	111	109	109	107
重工业	847	1104	1306	255	378	406	375	373
工业企业总产值（万元，按1990不变价格计算）	620037	1276457	2588265	3105189	9213954	19207200	15668104	20003397
按经济类型分								
国有经济	536776	1063635	2008511	697609	715540	659118	634839	662004
集体经济	81674	204830	443982	197970	164977	163244	129062	147631
其他	1587	7992	135772	2209610	8333437	18384838	14904203	19193762

1-18 续表 1-5

指　标	1985	1990	1995	2000	2005	2008	2009	2010
按轻重工业分								
轻工业	150649	334579	449580	528811	703205	1038499	1093317	1400948
重工业	469388	941878	2138685	2576378	8510749	18168701	14574787	18602449
主要工业产品产量								
原煤（万吨）	2140	2840	3133	2544	4482	4195	3503	3775
发电量（万千瓦时）	347800	367800	873200	1135500	1594000	2142000	2070300	2038000
粗钢（万吨）	152.73	190.24	238.82	249.90	353.34	814.60	841.77	850.00
生铁（万吨）	110.97	160.00	241.00	292.00	394.22	701.07	721.61	696.90
焦炭（万吨）	152.56	386.33	893.24	836.00	1201.00	1363.16	1077.63	1268.00
水泥（万吨）	76.20	73.94	148.70	170.00	272.65	340.43	511.37	582.50
太原地区铁路货运量（万吨）	2398	3295	3735	4278	6113	6171	4956	5064
太原地区铁路客运量（万人次）	814	878	992	864	1074	1533	1884	2210
公路货运量（万吨）	1852	4458	9249	8600	11593	9798	8600	8783
邮电业务总量（万元）	1470	3890	36723	238105	540873	1044499	1544961	1452903
社会消费品零售总额（万元）	229781	456637	1116123	1894200	3840302	6260281	7000426	8258458
外商直接投资（万美元）	43	141	4500	7280	16490	31225	26163	28343
接待海外旅游人数（人次）	9695	13519	23594	47886	100859	189745	225446	283194
接待国内旅游人数（万人次）	173	277	462	860	1408	1693	1865	1995
地方财政收入（万元）	50872	92130	134263	214828	569525	1169224	1175322	1384809
地方财政支出（万元）	32519	61055	146653	245873	718390	1528553	1599051	1896358

1-18 续表 1-6

指 标	1985	1990	1995	2000	2005	2008	2009	2010
#基本建设支出	4657	4674	11529	5392	25197			
文教科卫支出	7645	15259	35510	53994	141640	400992	451406	431628
#教育事业费支出				35688	92774	259777	287394	359491
学校数（所）	2057	2009	1967	1890	1400	1059	1028	1003
#普通高等学校	9	12	13	12	32	35	36	42
中等专业学校	41	46	48	47	28	32	32	30
普通中学	278	223	235	237	251	237	234	230
小学	1664	1646	1575	1503	1003	663	640	607
在校学生数（人）	451732	442897	518546	649236	980584	1083617	1078381	1154723
#普通高等学校	26976	32463	44480	72689	265535	315892	323321	329712
中等专业学校	17711	29323	43323	83107	53475	82760	81224	76540
普通中学	151704	126591	131401	173635	222462	234816	241158	239953
小学	241219	232653	269039	295062	317752	297819	280224	267325
专任教师数（人）	31419	36427	39028	43109	55733	62602	64514	63377
#普通高等学校	4910	6031	6056	6669	16223	21919	22447	20912
中等专业学校	2369	3221	3543	3373	1623	2335	2996	2266
普通中学	10159	11203	11663	13775	16005	16631	17188	17134
小学	12526	13415	14747	16637	17388	17607	17492	17079
毕业生数（人）	96239	102370	111805	131606	223103	298285	297267	323154
#普通高等学校	4997	8088	12421	12572	53735	87962	92359	97398
中等专业学校	4956	10037	11635	15027	16252	31000	29687	26875
普通中学	36732	40519	32638	44537	64141	72644	69684	71310
小学	45648	37058	45576	48260	49201	58338	54832	52792
卫生机构数（个）	932	998	972	1002	1954	2265	2425	2527
#医院	194	220	221	131	194	203	193	191
卫生机构床位数（张）	18332	22944	24082	24817	23652	27505	26815	27771
#医院	16721	21248	22174	19317	21736	23439	23713	24703
卫生技术人员（人）	24328	27780	30101	28418	29549	34278	37155	39930
#医院	15732	19429	21594	21855	22728	25118	26135	28529

第二篇

人口、计划生育和社会治安

RENKOUJIHUASHENGYUHESHEHUIZHIAN

资料整理、审核

王翠莲　　翟秀东

宋　薇　　刘红芳

2-1 人　口

指　标	年末人口(人)	为上年(%)
户籍常住人口	3654990	100.11
按性别分		
男	1867963	99.8
女	1787027	100.42
按农业、非农业分		
农业人口	1024831	101.05
非农业人口	2630159	99.74
按地区分		
市辖区	2850138	99.95
县（市）	804852	100.66
暂住人口	627882	

注：本表为公安数据。

2-2 户 籍

指 标	合计	按农业、非农业分	
		农业人口	非农业人口
总 计	**3654990**	**1024831**	**2630159**
市辖区合计	**2850138**	**477346**	**2372792**
小 店 区	618426	138583	479843
迎 泽 区	522275	22409	499866
杏花岭区	586415	31054	555361
尖草坪区	359030	100563	258467
万柏林区	563843	68221	495622
晋 源 区	200149	116516	83633
县（市）合计	**804852**	**547485**	**257367**
清 徐 县	313120	259898	53222
阳 曲 县	145729	113442	32287
娄 烦 县	125127	97538	27589
古 交 市	220876	76607	144269

常　住　人　口

单位:人、户

农非比	按性别分		性别比例（女=100）	总户数
	男性人口	女性人口		
0.39	1867963	1787027	104.53	1046700
0.20	1454329	1395809	104.19	760318
0.29	310465	307961	100.81	147103
0.04	253257	269018	94.14	142656
0.06	301288	285127	105.67	166515
0.39	188739	170291	110.83	102083
0.14	299498	264345	113.30	143327
1.39	101082	99067	102.03	58634
2.13	413634	391218	105.73	286382
4.88	156600	156520	100.05	105639
3.51	75645	70084	107.93	57663
3.54	65598	59529	110.20	44456
0.53	115791	105085	110.19	78624

2-3 人 口 自 然

指 标	年平均人数	出生人口合计	男	女	出生婴儿性别比（女=100）
总 计	**3653071**	**48361**	**24207**	**24154**	**100.22**
市辖区合计	**2850868**	**32836**	**16375**	**16461**	**99.48**
小店区	616051	8141	4071	4070	100.02
迎泽区	523178	5191	2580	2611	98.81
杏花岭区	583844	5964	2979	2985	99.80
尖草坪区	363144	4957	2425	2532	95.77
万柏林区	562883	5753	2915	2838	102.71
晋源区	201769	2830	1405	1425	98.60
县（市）合计	**802203**	**15525**	**7832**	**7693**	**101.81**
清徐县	311298	5371	2580	2791	92.44
阳曲县	145514	2332	1194	1138	104.92
娄烦县	124973	2816	1467	1349	108.75
古交市	220418	5006	2591	2415	107.29

注：本表为公安数据。

变 动 情 况

单位:人、‰

出生率	死亡人口合计	男	女	死亡率	自然增加人数	自然增长率
13.24	27278	15426	11852	7.47	21083	5.77
11.52	16411	9431	6980	5.76	16425	5.76
13.21	3301	1902	1399	5.36	4840	7.86
9.92	3424	1960	1464	6.54	1767	3.38
10.22	3500	2001	1499	5.99	2464	4.22
13.65	2107	1233	874	5.80	2850	7.85
10.22	2418	1433	985	4.30	3335	5.92
14.03	1661	902	759	8.23	1169	5.79
19.35	10867	5995	4872	13.55	4658	5.81
17.25	3567	1903	1664	11.46	1804	5.80
16.03	2584	1482	1102	17.76	-252	-1.73
22.53	2230	1222	1008	17.84	586	4.69
22.71	2486	1388	1098	11.28	2520	11.43

2-4 人 口 机 械

指 标	迁入人口合计		
		省内迁入	省外迁入
总 计	**101356**	**73358**	**27998**
市辖区合计	**91282**	**64692**	**26590**
小店区	35963	23344	12619
迎泽区	13444	9866	3578
杏花岭区	9830	7027	2803
尖草坪区	8963	7553	1410
万柏林区	19207	13417	5790
晋源区	3875	3485	390
县(市)合计	**10074**	**8666**	**1408**
清徐县	3574	3183	391
阳曲县	2019	1743	276
娄烦县	1739	1528	211
古交市	2742	2212	530

注:本表为公安数据。

变 动 情 况

单位：人

迁出人口合计			净增（+）净减（-）
	迁往省内	迁往省外	
111050	71858	39192	-9694
101819	64653	37166	-10537
40858	27185	13673	-4895
13173	7946	5227	271
9121	5777	3344	709
15914	9259	6655	-6951
17288	9719	7569	1919
5465	4767	698	-1590
9231	7205	2026	843
2149	1383	766	1425
1364	1135	229	655
1389	1135	254	350
4329	3552	777	-1587

2-5 常住人口及户数(太原市第六次人口普查)

指 标	单 位	2010年
全市常住人口	人	4201591
男	人	2151715
女	人	2049876
年龄构成		
0-14岁	人	566750
15-64岁	人	3301446
65岁及以上	人	333395
受教育程度		
大学(大专以上)	人	988552
高中(含中专)	人	864114
初中	人	1421779
小学	人	632736
家庭户	户	1296288
家庭户人口	人	3670952
平均每个家庭户人口	人	2.83

2-6 常住人口性别比(太原市第六次人口普查)

指　标	2010年常住人口	男	女	性别比
太原市	4201591	2151715	2049876	104.97
小 店 区	804537	410369	394168	104.11
迎 泽 区	592007	288623	303384	95.13
杏花岭区	643587	325301	318286	102.20
尖草坪区	415705	215952	199753	108.11
万柏林区	749255	393480	355775	110.60
晋 源 区	221431	113394	108037	104.96
清 徐 县	343861	177070	166791	106.16
阳 曲 县	120228	63457	56771	111.78
娄 烦 县	105841	55810	50031	111.55
古 交 市	205139	108259	96880	111.75

2-7 计 划 生 育

指 标	育龄妇女人数(15~49)周岁	已婚育龄妇女人数			
		合计	已婚未育	现有一孩	现有二孩
总 计	**1011581**	**701408**	**44592**	**460661**	**163615**
小店区	158443	108118	8954	73968	22421
迎泽区	143810	102355	7128	83331	11147
杏花岭区	157443	109174	7927	89508	10886
尖草坪区	92746	67806	3995	48053	14582
万柏林区	150145	105549	6359	79169	18306
晋源区	51779	36529	1926	18189	14281
古交市	72776	49260	2127	23990	16755
清徐县	89711	62164	2274	21263	31340
阳曲县	40585	25984	1025	10633	11385
娄烦县	39676	25475	1574	8829	8856
经济区	5902	3032	397	1270	1238
高新区	764	636	39	549	42
龙城新区	7801	5326	867	1909	2376

注:2010年,计生委数据从小店区分出龙城新区统计。

综 合 情 况

单位：人、%

现有三孩以上	女性初婚 合计	女性初婚 #23岁以上	女性初婚 晚婚率	领取独生子女证 人数	领取独生子女证 领证率
32536	10416	6494	62.35	553107	41.20
2775	1738	1165	67.03	99131	42.50
749	973	772	79.34	103156	44.10
853	919	723	78.67	129696	43.60
1176	1086	763	70.26	49776	38.91
1711	940	683	72.66	106364	39.80
2133	1099	615	55.96	20748	40.05
6388	758	455	60.03	12689	22.83
7287	1482	607	40.96	15929	39.70
2941	502	268	53.39	8006	32.81
6216	553	256	46.29	4573	23.11
127	169	86	50.89	811	36.54
6	2	2	100.00	879	50.50
174	195	99	50.77	1349	34.36

2-8 节 育

指 标	采取各种节育手术例数							已婚育龄妇女人数
	合 计	男性绝育	女性绝育	宫 内节育器	皮下埋植	人流	取环	
总 计	32285	29	1842	28360	3	318	1733	701408
小 店 区	4110	10	388	3684		1	27	108118
迎 泽 区	3488	3	72	2925		12	476	102355
杏花岭区	3323	2	45	2893		18	365	109174
尖草坪区	2128		142	1885	2	21	78	67806
万柏林区	4454	2	234	4171			47	105549
晋 源 区	2346		163	1857	1	21	304	36529
古 交 市	4126	3	156	3705		61	201	49260
清 徐 县	4347		238	3822		161	126	62164
阳 曲 县	1657		72	1534		9	42	25984
娄 烦 县	1753	8	163	1514		12	56	25475
经 济 区	241	1	61	168		2	9	3032
高 新 区	31		1	30				636
龙城新区	281		107	172			2	5326

情　况

单位：例、人、%

合计	采取各种节育措施人数								综合节育率
	男性绝育	女性绝育	宫内节育器	皮下埋植	口服及注射避孕药	避孕套	外用药	其他	
638465	3017	132095	493437	143	2259	6512	15	987	91.03
97009	110	18087	77271	13	280	1181		67	89.73
92407	52	5567	84617	46	489	1495	6	135	90.28
98067	100	4777	90694	30	481	1411	1	573	89.83
61997	37	11445	49724	14	205	522	2	48	91.43
98192	76	13219	83494	8	70	1311	1	13	93.03
33024	11	10996	21813	20	36	126		22	90.40
45458	1936	15829	27282	8	128	181		94	92.28
58047	18	27432	30341	3	117	125	4	7	93.38
24322	40	11545	12597		89	34	1	16	93.60
23123	630	10063	11962		362	95		11	90.77
2376	4	1114	1235	1	1	21			78.36
588		14	564			9		1	92.45
3855	3	2007	1843		1	1			72.38

2-9 生　　育

指　标	合　计	年　内		
		小计	政策内出生	
			一孩	二孩
总　计	24508	21412	18263	3103
小店区	4009	3690	3133	550
迎泽区	3131	2915	2667	243
杏花岭区	2908	2827	2590	232
尖草坪区	1952	1887	1595	288
万柏林区	2744	2574	2305	262
晋源区	1903	1570	1147	421
古交市	1943	1483	1310	169
清徐县	3303	2399	1850	542
阳曲县	927	846	676	166
娄烦县	1114	743	665	78
经济区	190	176	121	54
高新区	17	16	16	
龙城新区	367	286	188	98

情　　况

单位:人、%

出生人数					
人数	计划生育率	小计	政策外出生人数		
三孩			一孩	二孩	多孩
46	87.37	3096	322	2366	408
7	92.04	319	29	270	20
5	93.10	216	20	175	21
5	97.21	81	9	69	3
4	96.67	65	4	61	
7	93.80	170	17	137	16
2	82.50	333	43	245	45
4	76.33	460	3	396	61
7	72.63	904	167	600	137
4	91.26	81	3	77	1
	66.70	371	18	251	102
1	92.63	14		14	
	94.12	1		1	
	77.93	81	9	70	2

2-10 社会治安情况

指　标	单 位	2010	2009
刑事案件发生数	起	33480	28615
刑事案件综合破案数	起	12250	17904
刑事案件破案率	%	36.6	62.6
火灾发生数	起	1470	2291
火灾死伤人数	人	14	14
火灾损失折款	万元	1015.4	567.9
交通事故发生数	起	1666	1801
交通事故死伤人数	人	2299	2392
# 死亡人数	人	244	227
交通事故损失折款	万元	454.11	387.2

第三篇

从业人员和劳动报酬

CONGYERENYUANHELAODONGBAOCHOU

资料整理、审核

唐　健

3-1 全社会从业人员

单位:万人

指 标	2005	2006	2007	2008	2009	2010
总 计	161.62	166.24	167.94	170.54	167.33	176.05
按三次产业分						
第一产业	27.16	26.93	25.72	25.22	24.75	24.25
第二产业	53.10	54.66	56.93	55.70	52.74	56.93
第三产业	81.36	84.65	85.29	89.62	89.83	94.86
按城乡分						
城镇	111.33	115.84	117.67	121.76	118.06	126.92
农村	50.29	50.40	50.27	48.78	49.27	49.12
按行业分						
农、林、牧、渔业	27.15	26.93	25.72	25.22	24.75	24.25
采矿业	7.93	8.13	8.37	8.36	7.92	8.63
制造业	32.71	34.82	36.11	34.78	32.00	35.22
电力、燃气及水的生产和供应业	1.89	1.58	1.64	1.76	1.67	1.66
建筑业	10.57	10.13	10.81	10.80	11.14	11.42
交通运输、仓储和邮政业	11.08	12.15	13.34	12.78	12.72	13.26
信息传输、计算机服务和软件业	1.44	1.61	2.08	2.15	1.89	2.33
批发和零售业	28.83	28.57	25.28	27.04	28.47	31.34
住宿和餐饮业	3.45	3.81	6.22	6.59	6.31	6.48
金融业	2.08	2.14	2.20	2.24	2.30	2.66
房地产业	0.78	0.94	0.90	0.99	0.96	1.05
租赁和商务服务业	2.51	3.00	2.77	3.25	2.97	3.33
科学研究、技术服务和地质勘查业	3.01	3.18	3.17	3.15	3.55	3.69
水利、环境和公共设施管理业	1.27	1.33	1.48	1.67	1.67	1.71
居民服务和其他服务业	3.13	3.13	3.76	4.87	4.61	4.89
教育	6.77	7.14	7.06	7.60	7.61	7.55
卫生、社会保障和社会福利业	2.59	2.85	2.93	3.12	3.20	3.31
文化、体育和娱乐业	1.51	1.75	1.95	2.08	2.05	1.99
公共管理和社会组织	4.97	5.24	5.22	5.42	5.53	5.72
其他	7.95	7.81	6.93	6.68	5.98	5.54

注:数据来源于市统计局、市工商局

3-2 按国民经济行业分组的单位从业人员

指 标	单位从业人员年末人数(人)			
	总 计	国 有	城镇集体	其他经济类型
总 计	846286	460685	47730	337871
按企事业机关分组				
企业	604409	224556	41982	337871
事业	188558	182810	5748	
机关	53319	53319		
按国民经济行业分组				
农、林、牧、渔业	3290	3233	32	25
采矿业	83954	11635	13	72306
制造业	246853	47950	17131	181772
电力、燃气及水的生产和供应业	15694	14671	186	837
建筑业	80873	40789	6934	33150
交通运输、仓储和邮政业	77130	65206	701	11223
信息传输、计算机服务和软件业	10951	7261		3690
批发和零售业	35098	16994	6005	12099
住宿和餐饮业	19095	6795	1753	10547
金融业	25552	14249	3290	8013
房地产业	5099	3294	25	1780
租赁和商务服务业	14434	10486	3339	609
科学研究、技术服务和地质勘查业	31619	30853	179	587
水利、环境和公共设施管理业	16043	13272	2767	4
居民服务和其他服务业	3905	1972	1135	798
教育	75421	74448	817	156
卫生、社会保障和社会福利业	29380	26180	2925	275
文化、体育和娱乐业	14652	14154	498	
公共管理和社会组织	57243	57243		

3-3 按国民经济行业分组的单位从业人员劳动报酬

指 标	合 计	单位从业人员劳动报酬(万元)		
		国 有	城镇集体	其他经济类型
总 计	**3162775.7**	**1711615.3**	**85799.5**	**1365360.9**
按企事业机关分组				
企业	2337883.3	896908.8	75613.6	1365360.9
事业	609140.4	598954.5	10185.9	
机关	215752.0	215752.0		
按国民经济行业分组				
农、林、牧、渔业	8524.1	8454.0	37.1	33.0
采矿业	557754.6	49974.1	13.9	507766.6
制造业	719568.6	112836.8	26647.9	580083.9
电力、燃气及水的生产和供应业	78845.9	75036.3	312.9	3496.7
建筑业	241041.3	126220.2	8365.0	106456.1
交通运输、仓储和邮政业	341744.3	301872.1	1499.0	38373.2
信息传输、计算机服务和软件业	43768.9	37029.7		6739.2
批发和零售业	73592.7	43029.1	10748.9	19814.7
住宿和餐饮业	32044.3	13145.6	2893.2	16005.5
金融业	214641.1	120950.1	16658.2	77032.8
房地产业	10870.0	7090.7	35.0	3744.3
租赁和商务服务业	35661.7	28146.0	6216.8	1298.9
科学研究、技术服务和地质勘查业	126403.4	124677.3	231.4	1494.7
水利、环境和公共设施管理业	30760.1	27804.7	2948.7	6.7
居民服务和其他服务业	9219.0	5661.0	1600.4	1957.6
教育	278446.8	276409.4	1618.1	419.3
卫生、社会保障和社会福利业	88753.6	82869.4	5246.5	637.7
文化、体育和娱乐业	49022.5	48296.0	726.5	
公共管理和社会组织	222112.8	222112.8		

3-4 按国民经济行业分组的在岗职工人数

指　标	在岗职工年末人数(人)			
	合　计	国　有	城镇集体	其他经济类型
总　计	838199	456949	46041	335209
按企事业机关分组				
企业	598060	222512	40339	335209
事业	186988	181286	5702	
机关	53151	53151		
按国民经济行业分组				
农、林、牧、渔业	3228	3172	32	24
采矿业	83821	11502	13	72306
制造业	244690	47544	16183	180963
电力、燃气及水的生产和供应业	15679	14667	186	826
建筑业	78893	40389	6581	31923
交通运输、仓储和邮政业	76839	65033	684	11122
信息传输、计算机服务和软件业	10678	6989		3689
批发和零售业	34425	16570	5829	12026
住宿和餐饮业	18928	6770	1751	10407
金融业	25504	14210	3290	8004
房地产业	4814	3256	25	1533
租赁和商务服务业	14338	10410	3320	608
科学研究、技术服务和地质勘查业	30949	30233	171	545
水利、环境和公共设施管理业	15845	13074	2767	4
居民服务和其他服务业	3895	1967	1130	798
教育	74969	74104	709	156
卫生、社会保障和社会福利业	29009	25855	2879	275
文化、体育和娱乐业	14534	14043	491	
公共管理和社会组织	57161	57161		

3-5 按国民经济行业分组的在岗职工工资总额

指标	在岗职工工资总额(万元)			
	总计	国有	城镇集体	其他经济类型
总计	**3147504.6**	**1705527.9**	**83962.1**	**1358014.6**
按企事业机关分组				
企业	2325568.0	893732.0	73821.4	1358014.6
事业	606327.1	596186.4	10140.7	
机关	215609.5	215609.5		
按国民经济行业分组				
农、林、牧、渔业	8480.4	8410.3	37.1	33.0
采矿业	557645.5	49865.0	13.9	507766.6
制造业	716782.5	112275.4	25495.8	579011.3
电力、燃气及水的生产和供应业	78814.9	75019.3	312.9	3482.7
建筑业	234594.3	125441.5	8031.2	101121.6
交通运输、仓储和邮政业	340845.8	301178.0	1460.4	38207.4
信息传输、计算机服务和软件业	43351.5	36614.7		6736.8
批发和零售业	73217.2	42992.3	10600.8	19624.1
住宿和餐饮业	31905.7	13124.1	2889.2	15892.4
金融业	214392.0	120725.7	16658.2	77008.1
房地产业	10451.5	7040.7	35.0	3375.8
租赁和商务服务业	35546.1	28042.2	6207.1	1296.8
科学研究、技术服务和地质勘查业	125201.3	123536.9	227.7	1436.7
水利、环境和公共设施管理业	30470.1	27514.7	2948.7	6.7
居民服务和其他服务业	9203.5	5650.5	1595.4	1957.6
教育	277803.4	275863.2	1520.9	419.3
卫生、社会保障和社会福利业	87934.8	82095.8	5201.3	637.7
文化、体育和娱乐业	48875.5	48149.0	726.5	
公共管理和社会组织	221988.6	221988.6		

3-6 按国民经济行业分组的其他从业人员人数

指　标	年末人数(人)			
	总　计	国　有	城镇集体	其他经济类型
总　计	8087	3736	1689	2662
按企事业机关分组				
企业	6349	2044	1643	2662
事业	1570	1524	46	
机关	168	168		
按国民经济行业分组				
农、林、牧、渔业	62	61		1
采矿业	133	133		
制造业	2163	406	948	809
电力、燃气及水的生产和供应业	15	4		11
建筑业	1980	400	353	1227
交通运输、仓储和邮政业	291	173	17	101
信息传输、计算机服务和软件业	273	272		1
批发和零售业	673	424	176	73
住宿和餐饮业	167	25	2	140
金融业	48	39		9
房地产业	285	38		247
租赁和商务服务业	96	76	19	1
科学研究、技术服务和地质勘查业	670	620	8	42
水利、环境和公共设施管理业	198	198		
居民服务和其他服务业	10	5	5	
教育	452	344	108	
卫生、社会保障和社会福利业	371	325	46	
文化、体育和娱乐业	118	111	7	
公共管理和社会组织	82	82		

3-7 按国民经济行业分组的其他从业人员工资总额

指 标	其他从业人员工资总额(万元)			
	总 计	国 有	城镇集体	其他经济类型
总 计	15271.1	6087.4	1837.4	7346.3
按企事业机关分组				
企业	12315.3	3176.8	1792.2	7346.3
事业	2813.3	2768.1	45.2	
机关	142.5	142.5		
按国民经济行业分组				
农、林、牧、渔业	43.7	43.7		
采矿业	109.1	109.1		
制造业	2786.1	561.4	1152.1	1072.6
电力、燃气及水的生产和供应业	31.0	17.0		14.0
建筑业	6447.0	778.7	333.8	5334.5
交通运输、仓储和邮政业	898.5	694.1	38.6	165.8
信息传输、计算机服务和软件业	417.4	415.0		2.4
批发和零售业	375.5	36.8	148.1	190.6
住宿和餐饮业	138.6	21.5	4.0	113.1
金融业	249.1	224.4		24.7
房地产业	418.5	50.0		368.5
租赁和商务服务业	115.6	103.8	9.7	2.1
科学研究、技术服务和地质勘查业	1202.1	1140.4	3.7	58.0
水利、环境和公共设施管理业	290.0	290.0		
居民服务和其他服务业	15.5	10.5	5.0	
教育	643.4	546.2	97.2	
卫生、社会保障和社会福利业	818.8	773.6	45.2	
文化、体育和娱乐业	147.0	147.0		
公共管理和社会组织	124.2	124.2		

3-8 按国民经济行业分组的离岗职工年末人数

指 标	离岗职工年末人数(人)			
	总 计	国有单位	城镇集体单位	其他单位
总 计	110448	56441	15203	38804
按企事业机关分组				
企业	106858	52948	15106	38804
事业	3256	3159	97	
机关	334	334		
按国民经济行业分组				
农、林、牧、渔业	731	731		
采矿业	1587	513	6	1068
制造业	52312	16082	7256	28974
电力、燃气及水的生产和供应业	383	189	68	126
建筑业	18417	14757	513	3147
交通运输、仓储和邮政业	12496	9217	1855	1424
信息传输、计算机服务和软件业	355	351		4
批发和零售业	11427	6103	2534	2790
住宿和餐饮业	1544	1172	156	216
金融业	1537	621	294	622
房地产业	2940	2468	229	243
租赁和商务服务业	2582	782	1695	105
科学研究、技术服务和地质勘查业	1218	1208	5	5
水利、环境和公共设施管理业	53	47	6	
居民服务和其他服务业	673	102	491	80
教育	612	605	7	
卫生、社会保障和社会福利业	400	356	44	
文化、体育和娱乐业	439	395	44	
公共管理和社会组织	742	742		

3-9 按国民经济行业分组的离岗职工生活费总额

指　标	总　计	离岗职工生活费总额(万元)		
		国有单位	城镇集体单位	其他单位
总　计	**118455.8**	**46634.0**	**3571.4**	**68250.4**
按企事业机关分组				
企业	113965.1	42143.3	3571.4	68250.4
事业	3712.8	3712.8		
机关	777.9	777.9		
按国民经济行业分组				
农、林、牧、渔业	194.8	194.8		
采矿业	2406.2	160.6		2245.6
制造业	62625.5	7224.9	447.7	54952.9
电力、燃气及水的生产和供应业	150.3	148.0		2.3
建筑业	19040.2	10276.1	34.0	8730.1
交通运输、仓储和邮政业	16086.6	15708.2	29.2	349.2
信息传输、计算机服务和软件业	1161.6	1155.8		5.8
批发和零售业	4862.4	3215.8	745.0	901.6
住宿和餐饮业	412.4	366.4	6.6	39.4
金融业	3819.3	2140.9	728.9	949.5
房地产业	1343.6	1184.2	89.5	69.9
租赁和商务服务业	1721.9	246.7	1475.2	
科学研究、技术服务和地质勘查业	691.4	691.4		
水利、环境和公共设施管理业	33.6	31.5	2.1	
居民服务和其他服务业	79.9	62.6	13.2	4.1
教育	1355.6	1355.6		
卫生、社会保障和社会福利业	273.9	273.9		
文化、体育和娱乐业	869.8	869.8		
公共管理和社会组织	1326.8	1326.8		

3-10 按国民经济行业分组的在岗职工年平均工资

指 标	总 计	在岗职工年平均工资(元)		
		国有单位	城镇集体单位	其他单位
总 计	**38838**	**37684**	**18255**	**43550**
按企事业机关分组				
企业	40694	40742	18330	43550
事业	32605	33078	17722	
机关	40694	40694		
按国民经济行业分组				
农、林、牧、渔业	26702	26956	11594	13750
采矿业	69943	49017	10692	73015
制造业	31696	23639	15647	35664
电力、燃气及水的生产和供应业	51198	52158	16823	42215
建筑业	30148	32002	12288	31522
交通运输、仓储和邮政业	44666	46776	21104	34020
信息传输、计算机服务和软件业	42167	52344		20502

3-10续表 1-1

指　标	总　计	在岗职工年平均工资(元)		
		国有单位	城镇集体单位	其他单位
批发和零售业	21949	26146	18559	17517
住宿和餐饮业	17242	19266	16463	15992
金融业	85286	84518	50633	101809
房地产业	22486	21968	14000	23807
租赁和商务服务业	24948	27086	18861	21470
科学研究、技术服务和地质勘查业	40696	41100	13316	26804
水利、环境和公共设施管理业	19330	21152	10719	16750
居民服务和其他服务业	23472	28509	14007	24470
教育	36965	37131	21451	28141
卫生、社会保障和社会福利业	30792	32353	17886	23189
文化、体育和娱乐业	33925	34600	14796	
公共管理和社会组织	38875	38875		

3-11 基本养老保险情况

单位:人

指 标	参保职工	缴费人员	离休、退休、退职人员	实发养老金金额(万元)
总 计	708692	638487	284479	424535
一、企业	580489	550772	280183	419354
1. 国有企业	361334	346494	213518	334217
2. 集体企业	82575	75023	51955	65428
3. 其他企业	106274	99558	12857	16851
4. 港澳台及外资企业	30306	29697	1853	2858
二、事业				
三、机关				
四、其他	128203	87715	4296	5181

注:数据来源于市社保中心

3-12 城镇失业人员情况

单位:人

指 标	2010	2009
期末失业人数	41338	43032
上期结转的失业人数	43032	40261
本期新登记的失业人数	52954	59924
# 本期由就业转失业人数	16677	46288
本期失业人员就业人数	54648	57153

注:数据来源于市人社局

第四篇

固定资产投资、建筑业

GUDINGZICHANTOUZIJIANZHUYE

资料整理、审核

苏人龙	王　敏	陆慧敏
米俊峰	苏雯婷	王　琳

4-1 固定资产投资规模

单位:万元

指　标	2010	2009	比2009年增长(%)
总　计	9164811	7820157	17.2
按投资类型分			
城镇固定资产投资	6111944	5655768	8.1
房地产开发投资	2410946	1650122	46.1
农村非农户固定资产投资	470166	393431	19.5
农村私人投资	171755	120836	42.1
按隶属关系分			
中央项目	873650	867036	0.8
省属项目	1976019	1607046	23.0
市属项目	1085037	1223095	-11.3
县（市、区）项目	817601	758531	7.8
其他	4412504	3364449	31.2

4-2 施工及竣工房屋建筑面积

单位:平方米

指　标	全年施工房屋面积	# 住宅	全年竣工房屋面积	# 住宅
总　计	40217794	29762334	7795531	5264235
按投资类型分				
城镇固定资产投资	13469348	8028511	4344816	2487352
房地产开发投资	23665160	19222118	1376317	1090658
农村非农户固定资产投资	1995382	1545619	986494	720139
农村私人投资	1087904	966086	1087904	966086

4-3 城镇固定资产投资额

单位:万元

指　标	本年完成投资	本年新增固定资产
总　计	6111944	3234090
# 住宅	724988	
按登记注册类型分		
内资	5855481	3174235
国有	3211140	1398039
集体	446869	296044
国有独资	381741	72793
其他有限责任公司	676437	414481
股份有限公司	158650	120417

4-3 续表 1-1

单位：万元

指　标	本年完成投资	本年新增固定资产
其他	980644	872461
港澳台商投资	201673	31343
合资经营	40661	16435
独资经营	161012	14908
外商投资	52000	24692
合资经营	40000	12692
外资企业	12000	12000
个体经营	2790	3820
按隶属关系分		
中央项目	872960	331115
地方项目	5238984	2902975
省属	1788690	773600
市属	985784	438026
县（市、区）属	710113	414878
其他	1754397	1276471
按建设性质分		
#新建	2930587	1102944
扩建（改建）	548790	274400
改建和技术改造	1506268	1124500
按构成分		
建筑工程	3412879	
安装工程	520083	
设备工器具购置	1495447	
其他费用	683535	

4-3 续表 1-2

单位:万元

指　标	本年完成投资	本年新增固定资产
按国民经济部门（行业）分		
农、林、牧、渔业	110094	94874
采掘业	408157	163934
制造业	1478640	844109
电力、燃气及水的生产和供应业	453749	268688
建筑业	148634	109851
交通运输、仓储及邮电通信业	546017	107070
信息传输计算机服务和软件业	125082	74640
批发和零售贸易业	168160	215419
住宿餐饮业	33742	6345
金融、保险业	15819	13367
房地产业	743203	484904
租赁和商务服务业	270768	121869
科学研究技术服务和地质勘察业	194006	65242
水利环境和公共设施管理业	453142	282692
居民服务和其它服务业	16831	10926
教育	417999	159098
卫生社会保障和社会福利业	142049	61979
文化、体育和娱乐业	326515	83759
公共管理和社会组织	59337	65324

4-4 固定资产投资资金来源情况

单位:万元

指　标	城镇固定资产投资	房地产开发投资
一、本年资金来源合计	6217325	4331238
1. 上年末结余资金	406935	707296
2. 本年资金来源小计	5810390	3623942
国家预算内资金	1050558	
国内贷款	470639	496979
利用外资	18679	
# 外商直接投资	18679	
自筹资金	3647795	985488
# 企、事业单位自筹	2545077	655259
其他资金	622419	2141475
二、本年各项应付款合计	1121549	591446
# 工程款	928648	313870

4-5 房地产开发投资完成情况

指 标	单 位	合 计		按经济类型分		
			#住 宅	国 有	集 体	其 他
房地产开发投资	万元	2410946	1851642	238080	108026	2064840
本年新增固定资产	万元	585326		132392	210	452724
施工面积	平方米	23665160	19222118	3140333	1418653	19106174
竣工面积	平方米	1376317	1090658	393311	4485	978521
商品房屋销售面积	平方米	2588212	2354865	275529	133140	2179543
商品房销售额	万元	1874939	1669221	101324	84630	1688985

4-6 房地产开发资金来源情况

单位:万元

指 标	合 计	按经济类型分		
		国 有	集 体	其 他
一、本年资金来源合计	4331238	332089	126289	3872860
1. 年末结余资金	707296	59224	10553	637519
2. 本年资金来源小计	3623942	272865	115736	3235341
国内贷款	496979	36500		460479
自筹资金	985488	100453	22035	863000
#自有资金	655259	50274	14645	590340
其他资金来源	2141475	135912	93701	1911862
#个人按揭贷款	491814	5430		486384
定金及预收款	1420818	79289	93701	1247828
二、本年各项应付款	591446	92550	27220	471676
#工程款	313870	57109	5502	251259

4-7 房地产开发单位生产和经营情况

单位：万元

指 标	总 计	按经济类型分		
		国 有	集 体	其 他
一、实收资本合计	1422730	5800	128694	1288236
#国家资本	106545	103345	1000	2200
二、年末资产负债情况				
资产总计	9121378	854365	310287	7956726
固定资产累计折旧	59205	6275	1405	51524
#本年折旧	11471	913	253	10305
负债总计	7631966	720813	244080	6667073
所有者权益合计	1489412	133551	66208	1289653
三、损益及分配				
1. 经营收入总计	868997	119868	13393	735736
(1) 土地转让收入	17226	16526		700

4-7 续表 1-1

单位:万元

指　标	总　计	按经济类型分		
		国　有	集　体	其　他
⑵ 商品房屋销售收入	803647	61813	12540	729293
⑶ 房屋出租收入	4707	1894	67	2746
⑷ 其他收入	43418	39635	786	2997
2. 经营成本	607347	93704	10984	502658
3. 销售费用	42656	1373	2454	38829
4. 经营税金及附加	77413	9005	1179	67229
5. 其他业务利润	13880	3165		10715
6. 管理费及财务费用	87067	10746	3104	73217
7. 投资收益及营业外收入	2359	1574	28	757
8. 营业外支出	9391	675	9	8707
9. 利润总额	61362	9101	–4308	56569

4-8 房地产开发商品房销售与出租情况

单位：平方米

指　标	实际销售	预　售	空　置	出　租	实际销售额（万元）
房屋面积	2588212	2044267	532174	158150	1874939
1. 住宅	2354865	1922367	390709		1669221
#别墅、高档公寓	728	728	27964		804
安居工程	33164		54579		6307
2. 办公楼	40415	3356	52159		27876
3. 商业营业用房	145538	112752	54663	148150	164127
4. 其他	47394	5792	34643	10000	13715

4-9 房地产开发施工、竣工面积及竣工价值

单位：平方米

指　标	施工面积	# 新开工	竣工面积	竣工房屋价值（万元）
房屋建筑面积	23665160	6948331	1376317	385465
按用途分				
1. 住宅	19222118	5612955	1090658	288670
#别墅、高档公寓	94078		31872	8287
安居工程	1892839	658035	259795	49385
2. 办公楼	871539	297906	53000	24539
3. 商业营业用房	2086580	608918	191426	60180
4. 其它	1484923	428552	41233	12076

4-10 农村非农户固定资产投资完成情况

指 标	单 位	2010	2009
实际完成投资	**万元**	**470166**	**393431**
#住宅	万元	178805	55470
按建设性质分			
新建	万元	142521	179033
扩建	万元	86802	53275
改建和技术改造	万元	84507	112881
按构成分			
建筑工程	万元	297061	215181
安装工程	万元	52849	39683
设备工器具购置	万元	79832	112956
其他费用	万元	40424	25611
本年新增固定资产	**万元**	**295302**	**321593**
施工房屋面积	**平方米**	**1995382**	**876700**
#住宅	平方米	1545619	601570
竣工房屋面积	**平方米**	**986494**	**625850**
#住宅	平方米	720139	422482
竣工房屋价值	**万元**	**126492**	**75492**
#住宅	万元	93797	42626

4-11 农村私人固定资产投资情况

指　标	单　位	2010	2009
实际完成投资额	万元	171755	120836
竣工房屋间数	间	65903	57914
#住宅	间	58985	48606
竣工房屋建筑面积	平方米	1087904	1023274
#住宅	平方米	966086	744212
竣工房屋投资额	万元	131931	87809
#住宅	万元	117373	76150
此外：购置生产性固定资产	万元	39824	33027

4-12 建筑业主要经济指标

指 标	单 位	2010	2009
施工单位	个数	864	873
施工产值	万元	13479444	11573079
#建筑工程	万元	12052684	1043871
安装工程	万元	1070800	881785
竣工产值	万元	4657279	2947531
房屋建筑施工面积	万平米	3349	2826
房屋建筑竣工面积	万平米	844	615
年末实有全部职工人数	人	424096	364236
工资总额	万元	1190081	882396
按施工产值计算	万元/人	26	26

4-12 续表 1-1

指　标	单　位	2010	2009
按房屋建筑竣工面积计算	平方米 / 人	16.2	13.9
资产合计	万元	13045236	10338741
负债合计	万元	10766949	8471960
所有者权益	万元	2278287	1866781
实收资本合计	万元	1889405	1554064
# 国家资本	万元	843172	666850
利润总额	万元	251808	144814
亏损企业个数	个	234	291
亏损企业亏损额	万元	12409	17324
利税总额	万元	696224	469451

4-13 建筑施工企业

指 标	单 位	总 计
企业个数	个	821
建筑业总产值	万元	13438542
1. 建筑工程	万元	12052684
2. 安装工程	万元	1070800
3. 其它	万元	315057
竣工产值	万元	4616376
房屋建筑施工面积	平方米	33490248
# 本年新开工面积	平方米	14709208
投标承包面积	平方米	31462115
房屋建筑竣工面积	平方米	8436792
自有机械设备年末总台数	台	75257
自有机械设备面末总功率	万千瓦	265
自有机械设备净值	万元	620829

生产完成情况

按经济类型分			按隶属关系分		
国有	集体	其他	中央	省属	市属
102	51	668	32	63	726
11107477	79054	2252011	8533482	2541198	2363862
10352464	54173	1646048	8176184	2114472	1762029
618895	19582	432324	349456	295158	426186
136119	5298	173640	7843	131568	175647
3477995	48683	1089698	2303291	1066359	1246726
19538301	213273	13738674	5743607	15978273	11768368
8676859	95808	5936541	2665945	6556059	5487204
19036251	147395	12278469	5734498	15555832	10171785
4556162	82868	3797762	806181	3973825	3656786
38360	3294	33603	20519	16077	38661
203	5	57	156	41	68
482243	8268	130318	346360	126662	147807

4-14 建筑业

指标	单位	总计
一、年末资产负债		
流动资产合计	万元	11139378
#存货	万元	2024962
长期投资	万元	654234
固定资产合计	万元	1087812
固定资产原价	万元	1749122
#生产经营用	万元	1537748
累计折旧	万元	719758
#本年折旧	万元	144957
在建工程	万元	30604
无形递延资产合计	万元	116030
#无形资产	万元	81953
资产合计	万元	13032593
流动负债	万元	10452725
长期负债	万元	308703
负债合计	万元	10761428
所有者权益	万元	2271165
实收资本	万元	1882098
国家资本	万元	842304
集体资本	万元	55124
法人资本	万元	420228
个人资本	万元	558721
港澳台资本	万元	5507
外商资本	万元	215

财 务 状 况

按经济类型分			按隶属关系分		
国 有	集 体	其 他	中 央	省 属	市 属
9432592	72058	1634727	7364427	2097517	1677434
1738315	17429	269218	1396233	346757	281972
591503	2802	59929	520777	79118	54339
748459	22508	316846	516867	212909	358037
1262732	30875	455514	911533	322781	514807
1159297	21022	357429	859393	279475	398880
543494	11970	164294	403078	128594	188086
109116	1190	34651	92553	15965	36440
12897	1794	15913	1995	8955	19654
88199	107	27725	79774	10945	25311
56456	107	25390	51125	7511	23317
10889070	98283	2045240	8499614	2411556	2121423
9327863	65341	1059521	7203049	2137720	1111957
279758	725	28220	247598	41326	19779
9607621	66066	1087741	7450647	2179046	1131735
1281449	32217	957500	1048968	232510	989687
1067871	24721	789506	791123	254554	836421
840909		1395	557025	220988	64291
40	24721	30362		14403	40721
225069		195159	234098	10143	175987
1753		556968		9020	549701
100		5407			5507
		215			215

4-14 续表 1-1

指　标	单　位	总　计
二、损益及分配		
工程结算收入	万元	14687443
工程结算成本	万元	13447402
工程结算税金及附加	万元	433091
工程结算利润	万元	780817
其它业务利润	万元	21432
管理费用	万元	585321
税金	万元	10114
财产保险费	万元	2129
劳动待业保险费	万元	25935
财务费用	万元	5584
利息支出	万元	-2642
营业利润	万元	252065
利润总额	万元	251742
三、工资福利费		
本年应付工资总额	万元	1169889
主营业务应付工资额	万元	1160570
本年应付福利费总额	万元	42746
主营业务应付福利费总额	万元	39672
四、亏损企业个数	**个**	**212**
五、亏损额	**万元**	**12208**

按经济类型分			按隶属关系分		
国 有	集 体	其 他	中 央	省 属	市 属
12317652	73871	2295921	9725110	2643178	2319155
11363187	64123	2020092	8988139	2403856	2055407
356641	2389	74061	275003	84864	73225
590697	6460	183660	459634	153895	167288
14455	1703	5274	3655	10071	7706
449405	7750	128166	334895	125166	125261
5511	341	4263	2931	2743	4440
763	92	1275	609	202	1318
21638	108	4190	15847	5878	4211
-3263	31	8815	-8250	9718	4116
-6300	16	3643	-9767	5291	1834
200474	414	51177	182161	24758	45146
200553	564	50625	184473	22190	45079
928439	9604	231846	705546	215582	248761
923580	9553	227438	702518	214858	243194
29792	431	12524	17638	12859	12249
27341	422	11909	16628	11556	11488
20	10	182	2	16	194
2848	319	9041	808	1975	9424

4-15 劳务分包建筑企业生产经营情况

指　标	单　位	总　计	按经济类型分			按隶属关系分		
			国　有	集　体	其　他	中　央	省　属	市　属
企业总收入（营业收入）	万元	40139	49	199	39891	97	11071	28971
税金	万元	1210	2	7	1202	4	322	885
利润	万元	66		2	65		–34	101
计算劳动生产率的平均人数	人	11109	11	80	11018	39	1552	9518
年末从业人数	人	10812	11	82	10719	39	1359	9414
# 管理人员	人	774	4	21	749	10	192	572
工程技术人员	人	658	4	13	641	8	156	494
现场施工人员	人	9670	3	49	9618	21	1000	8649
从业人员劳动报酬	万元	20191	17	93	20082	43	2569	17579
劳动保险	万元	137	6	16	116	16	77	45

第五篇

能源消费与库存

NENGYUANXIAOFEIYUKUCUN

资料整理、审核

苏人龙　　任永刚　　米俊峰

5-1 一、二次能源生产量及构成

指　标	2010	2009
一次能源产量（万吨标准煤）	2696.33	2501.97
主要能源品种占一次能源产量（%）		
原煤	100.0	100.0
二次能源产量（万吨标准煤）	4604.28	4170.71
主要能源品种占二次能源产量（%）		
火电	5.6	6.1
洗精煤	47.7	47.3
焦煤	26.8	25.6

5-2 煤炭、石油制品及焦炭消费量

单位:万吨

指 标	2010	2009
煤炭	**6995.67**	**6617.16**
# 生产建设消费	6812.11	6488.01
# 发电	882.93	918.30
炼焦	1673.32	1455.86
生活用	34.14	40.00
石油制品（标准煤）	**228.50**	**202.88**
# 工业	18.06	18.96
交通	125.49	119.37
农业	15.19	12.32
焦炭	297.39	315.65
工业生产	297.39	315.65

5-3 全社会用电量

单位：万千瓦时

指标	2010	2009
全社会用电量总计	**2173147.51**	**1893300.00**
（包含省返线损、省调厂用电）		
省返线损	24651.00	102675.00
省调厂用电	208700.00	130382.45
全社会实用电总计	**1938096.51**	**1660242.55**
A. 全行业用电合计	1727000.99	1483559.66
第一产业	16035.99	13374.06
第二产业	1441672.52	1225928.64
第三产业	269292.48	244256.97
B. 城乡居民用电合计	211095.52	176682.89
城镇居民	185608.08	148703.89
乡村居民	25487.44	27979.00
全行业用电分类	**1727000.99**	**1483559.66**
一、农、林、牧、渔业	**16035.99**	**13374.05**
01. 农业	4866.07	4629.86
02. 林业	1035.35	870.59
03. 畜牧业	1622.39	1334.90
04. 渔业	86.87	56.42
05. 农、林、牧、渔服务业	8425.31	6482.28
# 排灌	8314.81	6476.56
二、工业	**1417625.50**	**1209329.65**
轻工业	45616.65	41822.45
重工业	1372008.85	1167507.20

5-3 续表 1-1

指　标	2010	2009
（一）采矿业	214078.18	194713.40
01. 煤炭开采和洗选业	162077.34	147369.12
02. 石油和天然气开采业	297.21	241.34
03. 黑色金属矿采选业	45362.43	42033.69
04. 有色金属矿采选业	2493.87	1620.79
05. 非金属矿采选业	3278.59	3141.10
06. 其他采矿业	568.74	307.06
（二）制造业	1058539.64	893905.98
01. 食品、饮料和烟草制造业	12463.92	12240.03
# 农副食品加工业	3601.02	3620.51
02. 纺织业	5013.06	5093.61
03. 服装鞋帽、皮革羽绒及其制品业	262.10	309.95
04. 木材加工及制品和家具制品业	1243.83	955.39
# 轻工业	407.50	331.53
05. 造纸及纸制品业	4444.95	4137.33
06. 印刷业和记录媒介的复制	1394.13	1367.20
07. 文教体育用品制造业	93.13	40.69
08. 石油加工炼焦及核燃料	42317.66	33981.16
09. 化学原料及化学制品制造	92842.63	82618.28
# 轻工业	793.96	2304.82
# 氯碱	31617.98	26214.31
电石	404.15	30.35

5-3 续表 1-2

指　标	2010	2009
肥料	42204.45	44040.03
10. 医药制造业	2635.35	2263.54
11. 化学纤维制造业	1431.79	1289.38
12. 橡胶和塑料制品业	12310.34	8613.19
# 轻工业	520.04	801.62
13. 非金属矿物制品业	69648.89	55760.83
# 轻工业	32.78	13.75
# 水泥制造	51325.82	45338.06
14. 黑色金属冶炼及压延	607707.53	550028.71
# 铁合金冶炼	76711.94	29740.35
15. 有色金属冶炼及压延	58593.53	10186.26
# 铝冶炼	43121.69	309.31
16. 金属制品业	18451.98	11973.18
# 轻工业	2308.71	1016.09
17. 通用及专用设备制造业	71062.11	71825.36
# 轻工业	68.94	64.55
18. 交通运输、电气、电子设备制造业	45201.67	36475.66
# 轻工业	1869.50	1229.11
# 交通运输设备制造业	12019.18	3306.11
19. 工艺品及其他制造业	5341.44	2676.32
20. 废弃资源和废旧材料回收	6079.61	7096.91
（三）电力、煤气及水的生产及供应业	145007.68	115710.27
1. 电力、热力的生产和供应	110500.86	91579.20

5-3 续表 1-3

指　标	2010	2009
# 电厂生产全部耗用电量	22914.06	23324.71
线路损失电量	84761.41	65486.62
抽水蓄能抽水耗用电量	2354.69	2173.79
2. 燃气生产和供应业	15608.43	8151.01
3. 水的生产和供应业	18898.39	15980.06
# 轻工业	6535.36	6642.93
三、建筑业	**24047.02**	**16598.99**
四、交通运输、仓储和邮政业	**77720.46**	**69516.92**
1. 交通运输业	31989.50	24048.71
# 城市公共交通	968.16	1000.82
管道运输业	17239.19	10416.91
电气化铁路	4923.37	8588.27
2. 仓储业	43856.04	43595.94
3. 邮政业	1874.92	1872.27
五、信息传输、计算机服务和软件业	**9526.47**	**8482.24**
1. 电信和其他信息传输服务业	9004.97	8151.02
2. 计算机服务和软件业	521.50	331.22
六、商业、住宿和餐饮业	**49731.49**	**40211.39**
1. 批发和零售业	29145.45	26381.51
2. 住宿和餐饮业	20586.04	13829.88

5-3 续表 1-4

指　标	2010	2009
七、金融、房地产、商务及居民服务业	56536.10	44449.82
1. 金融业	2975.57	2646.69
2. 房地产业	16734.24	13118.96
3. 租赁和商务服务业、居名服务和其他服务业	36826.29	28684.17
八、公共事业及管理组织	75777.96	81596.60
1. 科学研究、技术服务和地质勘察业	7158.50	6582.32
# 地质勘察业	582.35	596.36
2. 水利、环境和公共设施管理业	10020.47	8852.74
# 水利管理业	3222.14	3054.18
公共照明业	3332.50	5341.35
3. 教育、文化、体育和娱乐业	14981.56	24335.24
# 教育	5010.18	12946.41
4. 卫生、社会保障和社会福利业	11241.27	10492.22
5. 公共管理和社会组织、国际组织	32376.16	31334.08

5-4 规模以上工业企业能源

指 标	单 位	年初库存量	购进量		合 计
			实物量	金额（万元）	
原煤	吨	1251408.32	23067220.23	14220061.67	51854779.98
# 1.无烟煤	吨	472.80	6747.59	3699.81	6277.59
2.炼焦烟煤	吨	739079.59	9800912.86	6863836.50	39103788.32
3.一般烟煤	吨	511855.93	13172796.78	7295695.29	12657951.07
4.褐煤	吨		86763.00	56830.00	86763.00
洗精煤	吨	969459.58	10983683.69	14707755.28	16667625.49
其它洗煤	吨	41667.00	256948.70	77519.30	1414625.04
煤制品	吨	839.06	19663.26	8555.13	19709.02
焦炭	吨	170974.16	827568.21	1342720.83	2973892.43
其它焦化产品	吨	13789.66	275059.64	1030892.00	287191.33
焦炉煤气	万立方米		42874.21	267989.66	292506.66
高炉煤气	万立方米		15.00	85.50	1026836.00
转炉煤气	万立方米				63452.00
天然气（气态）	万立方米		19000.22	353477.28	24194.73
液化天然气（液态）	吨		147.73	871.35	147.73
汽油	吨	124.41	19979.41	131133.24	19898.85
煤油	吨	205.78	5172.21	35670.66	5318.43
柴油	吨	5213.63	75435.93	489009.37	75131.90
燃料油	吨	4716.92	16781.85	60016.11	14169.30
液化石油气	吨	1.00	7726.40	50051.47	7726.40
润滑油	吨		5.00	30.50	5.00
石油焦	吨	6061.00	22069.00	32370.00	24187.00
其它石油制品	吨	60.53	10168.53	27978.11	10206.29
热力	百万千焦		4388321.67	217469.04	23333958.37
电力	万千瓦时		1174504.81	6010373.39	1516784.77
煤矸石用于燃料	吨		70993.00	3131.00	640662.45
余热余压	百万千焦				11574863.65
其它燃料	吨标准煤		2221.03	15064.20	2221.03
能源合计	吨标准煤				66025292.00

购进、消费与库存情况

消费量				期末库存量
1. 工业生产消费	用于原材料	2. 非工业生产消费	合计中：运输工具消费	
51759771.34	324400.25	95008.64		1616527.40
6229.59		48.00		842.80
39080744.32	281335.00	23044.00		509615.56
12586034.43	43065.25	71916.64		1106069.04
86763.00				
16661016.84		6608.65		851284.08
1407139.75	39.00	7485.29		52277.00
15894.91		3814.11		790.18
2973748.00	4267.00	144.43		121300.94
287191.33	145568.33			6691.47
290922.11	503.00	1584.55		
1026836.00				
63452.00				
18772.04		5422.69		13.30
128.00		19.73		
11175.70	2371.46	8723.16		194.52
5089.29	241.07	229.14	6857.83	59.63
59017.87	197.00	16114.02	8702.88	5372.19
14169.30				7329.56
7707.00		19.40		
5.00				
24187.00				3943.00
10166.30	10020.66	39.99		18.91
21749285.12		1584673.25		
1475850.39		40934.39		
640662.45				
11574863.65				
2221.03				
65732648.42		292643.58		

5-5 规模以上工业企业能源

指 标	单 位	工业生产消费量	加工转换投入合计
原煤	吨	50842031.13	48895247.74
炼焦烟煤	吨	39080559.32	38577551.49
一般烟煤	吨	11674708.81	10230933.25
褐煤	吨	86763.00	86763.00
洗精煤	吨	16648076.43	16648076.43
其它洗煤	吨	1365943.34	1324966.97
煤制品	吨	1307.00	
焦炭	吨	2792413.00	
其它焦化产品	吨	212983.33	
焦炉煤气	万立方米	270608.45	60134.76
高炉煤气	万立方米	1026821.00	520289.00
转炉煤气	万立方米	63452.00	7337.00
天然气（气态）	万立方米	17458.51	3016.58
汽油	吨	4372.32	
煤油	吨	4567.71	
柴油	吨	45297.01	
燃料油	吨	5706.00	
石油焦	吨	24187.00	24187.00
热力	百万千焦	17707722.28	
电力	万千瓦时	1001482.08	
煤矸石用于燃料	吨	640662.45	640662.45
余热余压	百万千焦	11574863.65	11574863.65
能源合计	吨标准煤	63885476.36	55444961.84

加工转换投入产出情况

火力发电	供 热	原煤入洗	炼 焦	能源加工转换产出	回收利用
7738642.12	1789646.16	39293468.46	73491.00		
651787.07	165511.63	37686761.79	73491.00		
7086855.05	1624134.53	1519943.67			
		86763.00			
			16648076.43	24839323.65	
1090607.97	222727.00		11632.00	5688384.04	
				12681959.04	
				437719.82	
14320.76	36043.00		9771.00	386317.20	
61591.00	290455.00		168243.00		1045439.00
			7337.00		63660.00
3016.58					
			24187.00		
				34343612.70	
				2043197.18	
609790.05	30872.40			568808.45	
11574863.65					20549650.65
6583504.52	1855428.23	31016649.30	15989379.81	46545822.80	2052325.90

5-6 规模以上工业企业主要能源

指　标	原　煤（吨）	无烟煤（吨）	炼焦烟煤（吨）	一般烟煤（吨）	褐　煤（吨）	洗精煤（吨）
全部工业企业	51854779.98	6277.59	39103788.32	12657951.07	86763.00	16667625.49
一、按工业行业门类分						
（一）轻工业						5931.00
（二）重工业	3403992.00			3403992.00		
（三）制造业	900.00			900.00		5931.00
造纸及纸制品业						3460.00
印刷业和记录媒介的复制						
化学原料及化学制品制造业						
医药制造业						2471.00
化学纤维制造业						
非金属矿物制品业	900.00			900.00		
黑色金属冶炼及压延加工业						
有色金属冶炼及压延加工业						
电气机械及器材制造业						
（四）电力、燃气及水的生产和供应业	3403092.00			3403092.00		
电力、热力的生产和供应业	3403092.00			3403092.00		

按工业行业分组消费量(一)

其它洗煤（吨）	煤制品（吨）	焦炭（吨）	其它焦化产品（吨）	焦炉煤气（万立方米）	高炉煤气（万立方米）	转炉煤气（万立方米）	天然气（气态）（万立方米）
1414625.04	19709.02	2973892.43	287191.33	292506.66	1026836.00	63452.00	24194.73
5186.00	3001.00						
		69342.06	52341.00				
5186.00	3001.00	69342.06	52341.00				
5186.00							
	136.00						
		57772.20	52341.00				
	2865.00						
		11569.86					

5-6 规模以上工业企业主要能源

指 标	液化天然气（液态）（吨）	汽油（吨）	煤油（吨）	柴油（吨）	燃料油（吨）	液化石油气（吨）
全部工业企业	147.73	19898.85	5318.43	75131.90	14169.30	7726.40
一、按工业行业门类分						
（一）轻工业		33.04		227.65		
（二）重工业		176.30	1.23	453.84	5706.00	
（三）制造业		158.08		358.30		
造纸及纸制品业		6.00		217.00		
印刷业和记录媒介的复制		5.44		3.34		
化学原料及化学制品制造业		52.77		49.35		
医药制造业		21.60		7.31		
化学纤维制造业						
非金属矿物制品业						
黑色金属冶炼及压延加工业		54.00		61.00		
有色金属冶炼及压延加工业		10.70		15.75		
电气机械及器材制造业		7.57		4.55		
（四）电力、燃气及水的生产和供应业		51.26	1.23	323.19	5706.00	
电力、热力的生产和供应业		51.26	1.23	323.19	5706.00	

按工业行业分组消费量(二)

润滑油（吨）	石油焦（吨）	其它石油制品（吨）	热力（百万千焦）	电力（万千瓦时）	煤矸石用于燃料（吨）	余热余压（百万千焦）	其他燃料（吨标准煤）
5.00	24187.00	10206.29	23333958.37	1516784.77	640662.45	11574863.65	2221.03
			78245.50	5351.18	71854.00		
			629546.11	86297.88			2030.45
			707791.61	23961.39	71854.00		2030.45
				3808.00	71854.00		
				42.90			
			629546.11	9907.35			2030.45
			78245.50	1060.28			
				440.00			
				290.00			
				8041.69			
				238.15			
				–93.51			
				39.51			
				67687.67			
				67687.67			

5-7 “十一五”节能减排情况

年 份	单位 GDP 能耗（吨标准煤 / 万元）	当年单位GDP 能耗下降幅度（%）	完成目标进度（%）	累计下降幅度（%）
2006	2.29	2.62	8.44	2.62
2007	2.15	6.02	28.17	8.48
2008	1.96	8.93	57.89	16.65
2009	1.83	6.73	80.03	22.26
2010	1.71	6.28	100.64	27.15

5-8 1949 年以来能源工业固定资产投资及构成

年 份	全社会固定资产投资（万元）	# 能源工业投资				能源工业投资构成(%)		
		合 计	# 煤 炭	电 力	焦 炭	煤 炭	电 力	焦 炭
1949	43							
1950	1278	14	13		1	92.86		7.14
1951	2662	128	49	79		38.28	61.72	
1952	6335	215	129	69	17	60.00	32.09	7.91
1953	13861	1383	115	1258	10	8.32	90.96	0.72
1954	19852	5296	857	4421	18	16.18	83.48	0.34
1955	13878	3203	768	2264	171	23.98	70.68	5.34
1956	32901	4928	1810	3118		36.73	63.27	

5-7 续表 1-1

年 份	全社会固定资产投资（万元）	# 能源工业投资				能源工业投资构成(%)		
		合 计	# 煤 炭	电 力	焦 炭	煤 炭	电 力	焦 炭
1957	37299	5612	1891	3721		33.70	66.30	
1958	62552	7116	5177	1870	69	72.75	26.28	0.97
1959	62839	6369	5283	932	154	82.95	14.63	2.42
1960	55929	8253	4884	3358	11	59.18	40.69	
1961	16865	4380	3305	1075		75.46	24.54	
1962	7854	2190	1883	307		85.98	14.02	
1963	10807	2368	1673	695		70.65	29.35	
1964	14095	2504	1706	797	1	68.13	31.83	
1965	18622	1348	666	682		49.41	50.59	
1966	28255	2140	358	1780	1	16.73	83.18	
1967	10855	1140	80	1049	11	7.02	92.02	0.96
1968	17788	1870	88	1776	6	4.71	94.97	0.32
1969	11546	384	123	253	8	32.03	65.89	2.08
1970	20218	1009	52	957		5.15	94.85	

5-7 续表 1-2

年 份	全社会固定资产投资(万元)	# 能源工业投资				能源工业投资构成(%)		
		合 计	# 煤 炭	电 力	焦 炭	煤 炭	电 力	焦 炭
1971	25293	2291	1174	1117		51.24	48.76	
1972	23480	2212	927	1285		41.91	58.09	
1973	26636	2532	1276	1256		50.39	49.61	
1974	19757	2260	1604	656		70.97	29.03	
1975	16884	1820	1018	802		55.93	44.07	
1976	15310	1417	1034	383		72.97	27.03	
1977	20398	2622	1889	723	10	72.04	27.57	0.38
1978	38930	4759	3794	965		79.72	20.28	
1979	49443	8264	7657	504	81	92.65	6.10	0.98
1980	61316	10609	9942	604	51	93.71	5.69	0.48
1981	66329	15640	13867	1710	52	88.66	10.93	0.33
1982	88769	18878	17746	1088		94.00	5.76	
1983	108722	32438	27433	1420	3492	84.57	4.38	10.77
1984	147907	50138	41994	2796	5331	83.76	5.58	10.63

5-7 续表 1-3

年 份	全社会固定资产投资（万元）	# 能源工业投资				能源工业投资构成(%)		
		合 计	# 煤 炭	电 力	焦 炭	煤 炭	电 力	焦 炭
1985	194510	52750	46010	3086	3617	87.22	5.85	6.86
1986	212774	64087	58409	3180	2422	91.14	4.96	3.78
1987	228535	47454	40854	4065	2535	86.09	8.57	5.34
1988	250602	63606	42294	19768	1489	66.49	31.08	2.34
1989	242409	84093	55145	26041	2771	65.58	30.97	3.30
1990	262924	98809	61195	35944	1566	61.93	36.38	1.58
1991	309434	104534	70720	32012	1402	67.65	30.62	1.34
1992	460913	139321	71679	57846	8336	51.45	41.52	5.98
1993	672115	182333	80821	88639		44.33	48.61	
1994	731619	143252	66561	67258	1305	46.46	46.95	0.91
1995	701894	139667	98796	23911	5076	70.74	17.12	3.63
1996	823902	193105	132367	33933	5587	68.55	17.57	2.89
1997	977429	270884	137407	120027	7477	50.73	44.31	2.76
1998	1093638	261055	95856	147601	4215	36.72	56.54	1.61

5-7 续表 1-4

年份	全社会固定资产投资（万元）	# 能源工业投资				能源工业投资构成(%)		
		合计	# 煤炭	电力	焦炭	煤炭	电力	焦炭
1999	917167	150674	35082	87721	1659	23.28	58.22	1.10
2000	1047702	140866	48973	87320	2315	34.77	61.99	1.64
2001	1227804	247617	57132	112246	45836	23.07	45.33	18.51
2002	1475955	249245	46749	120320	50786	18.76	48.27	20.38
2003	2044542	362697	112859	78596	95343	31.12	21.67	26.29
2004	3476681	687685	126505	216218	293877	18.40	31.44	42.73
2005	4385077	713589	267156	280121	123924	37.44	39.26	17.37
2006	5011273	787176	355268	298134	98559	45.13	37.87	12.52
2007	5767355	1064025	437367	289922	146505	41.10	27.25	13.77
2008	7022072	1320743	493574	656202	21776	37.20	49.70	1.70
2009	7820157	853252	312664	394037	41184	36.60	46.20	4.80
2010	9164811	871847	462297	274024	135526	53.03	31.43	15.54

第六篇

物价指数

WUJIAZHISHU

资料整理、审核

汪力敏　　焦昱红　　张锦龙

李玉琴　　梁雅琼　　孙　燕

6-1 城市居民消费价格指数(以上年同期为 100)

指　标	2010	2009
居民消费价格总指数	103.0	99.9
一、食品	108.4	102.6
1. 粮食	108.1	106.6
2. 淀粉	108.0	105.6
3. 干豆类及豆制品	109.1	100.2
4. 油脂	100.9	85.4
5. 肉禽及其制品	101.5	88.7
6. 蛋	106.1	101.3
7. 水产品	100.7	97.5
8. 菜	116.4	114.9
9. 调味品	106.1	105.6
10. 糖	103.8	103.1
11. 茶及饮料	103.7	104.2
12. 干鲜瓜果	120.3	110.6
13. 糕点饼干	108.0	105.6
14. 液体乳及乳制品	101.9	101.8
15. 在外用膳食品	106.3	102.6
16. 其他食品	96.8	103.7
二、烟酒及用品	102.7	104.4
1. 烟草	102.6	102.7
2. 酒	103.2	109.0
3. 吸烟、饮酒用品	100.7	99.3
三、衣着	97.2	95.8
1. 服装	98.7	94.6
2. 衣着材料	103.5	104.3

6-1 续表 1-1

指 标	2010	2009
3. 鞋帽袜	92.8	98.4
4. 衣着加工服务费	101.2	100.5
四、家庭设备用品及维修服务	100.8	99.2
1. 耐用消费品	99.6	97.5
2. 室内装饰品	90.3	88.1
3. 床上用品	113.1	92.5
4. 家庭日用杂品	99.6	99.2
5. 家庭服务及加工维修服务	106.0	118.0
五、医疗保健和个人用品	102.6	101.0
1. 医疗保健	102.8	101.5
2. 个人用品及服务	102.1	99.6
六、交通和通信	97.7	97.1
1.交通	101.1	98.0
2. 通信	95.8	96.3
七、娱乐教育文化用品及服务	101.8	99.6
1. 文娱用耐用消费品及服务	92.2	89.8
2. 教育	106.3	100.9
3. 文化娱乐类	99.3	103.7
4. 旅游	98.0	97.8
八、居住	101.2	98.0
1. 建房及装修材料	97.6	98.8
2. 租房	107.7	100.0
3. 自有住房	105.4	91.3
4. 水、电、燃料	100.8	100.9

6-2 商品零售价格指数(以上年同期为 100)

指 标	2010	2009
商品零售价格指数	**102.6**	**99.1**
一、食品	108.2	102.8
1. 粮食	108.1	106.6
2. 淀粉	108.0	105.6
3. 干豆类及豆制品	109.1	100.2
4. 油脂	100.9	85.4
5. 肉禽及其制品	101.5	88.7
6. 蛋	106.1	101.3
7. 水产品	100.7	97.5
8. 菜	116.4	114.9
9. 调味品	106.1	105.6
10. 糖	103.8	103.1
11. 干鲜瓜果	120.3	110.6
12. 糕点饼干面包	108.0	105.6
13. 液体乳及乳制品	101.9	101.8
14. 在外用膳食品	106.3	102.6
15. 其他食品	96.8	103.7
二、饮料、烟酒	103.0	103.9
1. 茶及饮料	103.7	103.6
2. 烟草	102.6	102.7
3. 酒	103.2	109.0
三、服装、鞋帽	96.9	95.7
1. 服装	98.7	94.6
2. 鞋帽袜	92.8	98.4
3. 其他	75.5	107.7
四、纺织品	109.6	97.6
1. 衣着材料	103.5	104.3
2. 床上用品	113.1	92.5
五、家用电器及音像器材	92.6	89.2
1. 家庭设备	97.8	93.4
2. 文娱用耐用消费品	84.5	82.0

6-2 续表 1-1

指　标	2010	2009
3. 音像器材	94.6	93.1
六、文化办公用品	97.6	96.7
七、日用品	99.0	99.2
1. 日用百货	100.1	100.8
2. 日用杂品	100.2	101.0
3. 洗涤用品	96.0	101.6
4. 其他日用品	99.9	92.6
八、体育娱乐用品	97.9	98.7
1. 体育用品	98.7	111.3
2. 娱乐用品	96.6	88.0
九、交通、通信用品	89.3	90.1
1. 交通运输机械	98.6	95.9
2. 通信器材	79.3	83.3
十、家具	103.8	107.3
十一、化妆品	99.7	102.0
十二、金银珠宝	108.4	95.0
十三、中西药品及医疗保健用品	105.8	103.2
1. 医疗器具及用品	113.0	108.6
2. 中药材及中成药	112.1	105.2
3. 西药	99.9	101.3
4. 保健器具及用品	101.9	99.9
十四、书报杂志及电子出版物	103.3	105.7
1. 教材及参考书	105.5	104.0
2. 书报杂志	100.1	112.2
3. 电子音像制品	98.8	99.2
十五、燃料	117.0	101.9
1. 煤炭及制品	129.5	129.2
2. 石油及制品	109.0	90.5
十六、建筑材料及五金电料	97.7	96.4
1. 建筑装璜材料	99.3	96.2
2. 五金电料	93.7	97.1

6-3 工业产品出厂价格指数(以上年同期为 100)

指 标	2010	2009
全部工业品	120.0	89.1
#轻工业	102.6	97.7
以农产品为原料	104.7	96.1
以非农产品为原料	101.5	98.5
#重工业	113.0	87.8
采掘	115.4	120.0
原料	111.9	92.3
加工	113.5	75.4
按行业分		
煤碳开采和洗选业	115.9	116.7
农副食品加工业	105.0	92.4
食品制造业	106.9	105.5
饮料制造业	101.0	101.1
烟草制造业	100.0	97.7
纺织业	122.6	66.0
纺织服装、鞋帽制造业	102.8	104.8
家具制造业	100.0	100.3
造纸及纸制品业	117.3	92.2
印刷业和记录媒介的复制	109.3	95.8
石油加工、炼焦及核燃料加工业	110.0	80.3
化学原料及化学制品制造业	109.5	89.4

6-3 续表 1-1

指 标	2010	2009
医药制造业	101.6	89.6
化学纤维制造业	127.2	81.1
橡胶制品业	98.7	86.7
塑料制品业	100.3	95.0
非金属矿物制品业	101.8	109.9
黑色金属冶炼及压延加工业	118.3	71.9
有色金属冶炼及压延加工业	109.5	77.9
金属制品业	104.3	99.4
通用设备制造业	100.9	102.7
专用设备制造业	101.4	95.2
交通运输设备制造业	99.1	101.0
电器机械及器材制造业	101.5	98.9
通信设备、计算机及其它电子设备制造业	95.2	92.1
仪器仪表及文化、办公用机械制造业	98.6	96.0
工艺品及其他制造业	122.5	93.4
电力、热力的生产和供应业	108.0	111.4
燃气生产和供应业	102.6	100.0
水的生产和供应业	99.9	108.0

6-4 原材料、燃料、动力购进价格指数(以上年同期为100)

指　标	2010	2009
全部原材料	109.2	95.2
(一) 燃料、动力类	108.0	104.4
(二) 黑色金属材料类	105.0	86.5
# 钢材	104.6	87.0
其他	113.5	74.7
(三) 有色金属材料和电线类	113.9	91.6
(四) 化工原料类	121.9	83.7
(五) 木材及纸浆类	108.8	94.1
(六) 建筑材料及非金属矿类	100.5	105.6
(七) 其他工业原材料及半成品类	109.1	102.4
(八) 农副产品类	118.6	105.6
(九) 纺织原料类	133.2	85.8
按行业分		
煤炭开采和洗选业	109.7	90.0
农副食品加工业	104.0	91.1
食品制造业	112.1	90.4
饮料制造业	105.4	109.1
烟草制造业	99.7	122.4
纺织业	119.8	63.9
纺织服装、鞋帽制造业	95.8	101.5

6-4 续表 1-1

指 标	2010	2009
家具制造业	102.3	95.0
造纸及纸制品业	117.5	83.3
印刷业和记录媒介的复制	103.0	94.5
石油加工、炼焦及核燃料加工业	112.6	86.7
化学原料及化学制品制造业	111.3	89.3
医药制造业	114.0	91.9
化学纤维制造业	120.3	98.2
橡胶制品业	117.7	87.2
塑料制品业	106.0	95.1
非金属矿物制品业	105.2	99.3
黑色金属冶炼及压延加工业	112.1	88.6
有色金属冶炼及压延加工业	111.5	86.5
金属制品业	98.6	95.0
通用设备制造业	100.3	84.3

6-4 续表 1-2

指　标	2010	2009
专用设备制造业	102.5	93.9
交通运输设备制造业	104.5	100.2
电器机械及器材制造业	106.7	86.4
通信设备、计算机及其它电子设备制造业	102.7	90.2
仪器仪表及文化、办公用机械制造业	105.5	98.8
工艺品及其他制造业	115.0	101.4
电力、热力的生产和供应业	106.9	105.5
燃气生产和供应业	109.7	108.7
水的生产和供应业	105.2	103.5

6-5　土地交易价格指数(以上年同期为 100)

指　标	2010	2009
总　计	**105.2**	**102.0**
一、居民用地	105.3	101.7
普通住宅用地	105.3	101.7
二、工业用地	103.7	101.9
三、商业营业用地	105.1	102.8

6-6 房屋销售价格指数(以上年同期为 100)

项 目	2010	2009
总 计	**103.6**	**100.6**
一、新建房	**102.8**	**101.5**
(一) 住宅	103.2	101.6
1. 经济适用房	99.9	
2. 普通住宅	103.6	101.8
(1) 多层住宅	102.0	99.0
(2) 高层住宅	103.7	102.1
3. 高档住宅	100.2	100.6
(1) 别墅	103.1	100.9
(2) 高档公寓	99.4	100.5
(二) 非住宅	100.0	100.9
1. 办公楼	101.6	101.1
2. 商业营业用房	99.4	100.7
二、二手房	**106.5**	**98.6**
住宅	106.5	98.6

第七篇

城市居民住户调查

CHENGSHIJUMINZHUHUDIAOCHA

资料整理、审核

于明娟　　田　冰

7-1 城市住户家庭基本情况

项 目	单 位	2010	2009	为2009年%
调查户数	户	300	300	100.0
家庭人口数	人	798	813	98.2
平均每户家庭人口	人	2.66	2.71	98.2
就业人数	人	339	357	95.0
平均每户就业人数	人	1.13	1.19	95.0
平均每个就业者负担人数	人	2.35	2.28	103.1
人均年可支配收入	元	17258	15607	110.6
人均月可支配收入	元	1438	1301	110.5
人均年消费性支出	元	12106	11708	103.4
人均月消费性支出	元	1009	976	103.4

7-2 城市住户基本情况

项 目	单 位	2010	2009
调查户数	**户**	**300**	**300**
家庭人口数	**人**	**798**	**813**
（一）有收入者人数	**人**	**588**	**588**
1. 就业人口数	人	339	357
(1) 国有经济单位职工人数	人	234	258
(2) 城镇集体经济单位职工人数	人	18	9
(3) 其他各种经济类型单位职工人数	人	6	15
(4) 个体经营者人数	人	21	24
(5) 个体被雇者人数	人	36	36
(6) 离退休再就业者人数	人	3	
(7) 其他就业者人数	人	21	15
2. 离退休者人数	人	228	210
3. 其他有收入者人数	人	21	18
（二）无收入者人数	**人**	**210**	**231**

7–3 城市住户住房情况

项　目	单　位	2010	2009
1. 家庭人口	人 / 户	2.66	2.71
2. 现住房总建筑面积	平方米 / 人	26.21	25.70
3. 房屋产权（合计）			
租赁公房	%	11.86	12.50
租赁私房	%	4.17	4.93
原有私房	%	1.28	1.32
房改私房	%	71.47	77.63
商品房	%	5.45	3.62
4. 住宅建筑式样（合计）			
四居室	%	1.28	2.63
三居室	%	22.44	25.33
二居室	%	65.38	61.51
一居室	%	5.45	5.26
普通楼房	%	1.60	1.97
平房及其他	%	3.85	3.29
5. 饮水情况（合计）			
自来水	%	99.04	98.03
纯净水	%	0.96	1.97

7-3 续表 1-1

项 目	单 位	2010	2009
6. 用水情况			
独用自来水	%	98.08	98.36
公用自来水	%	1.92	1.64
7. 卫生设备（合计）			
无卫生设备	%	2.56	2.96
有厕所浴室	%	64.74	67.11
有厕所无浴室	%	30.77	28.62
公用	%	1.92	1.32
8. 取暖设备（合计）			
暖气	%	97.44	97.70
其他	%	2.56	2.30
9. 炊用燃料使用情况（合计）			
煤炭	%	2.88	2.96
罐装液化石油气	%	10.58	9.54
管道液化石油气	%	3.21	
管道煤气	%	22.12	34.21
管道天然气	%	59.29	53.29
10. 信息化调查			
（1）接入互联网的移动电话	部 / 百户	21.15	25
（2）接入有线电视网络的电视机	部 / 百户	83.33	91
（3）接入互联网的计算机	台 / 百户	35.58	36

7-4 城市住户家庭年人均现金收入情况(300户抽样调查)

单位:元

项　目	2010	2009
一、期初手存现金	1251	934
二、家庭总收入	18712	16911
# 可支配收入	17258	15607
(一) 工薪收入	10303	9726
1. 工资及补贴收入	9871	9062
2. 其他劳动收入	431	664
(二) 经营净收入	660	784
(三) 财产性收入	126	185
利息收入	39	80
股利与红利收入	17	44
保险收益		6
出租房屋收入	59	38
知识产权收入		5
其他财产性收入	3	13
(四) 转移性收入	7624	6215
养老金或离退休金	6571	5266
社会救济收入	65	59
赔偿收入	0.44	39
保险收入	1	4

7-4 续表 1-1

单位:元

项　目	2010	2009
#失业保险金		0.34
赡养收入	463	249
捐赠收入	381	386
提取住房公积金		66
记帐补贴	90	66
其他转移性收入	52	80
三、出售财物收入	**59**	**197**
出售住房收入		196
出售其他物品收入	59	1
四、借贷收入	**11235**	**3882**
提取储蓄存款	10798	3005
借入款	267	672
收回借出款	10	140
收回储蓄性保险本金	6	0.86
住房贷款		2
其他贷款	0.83	35
其他借贷收入	153	28

7-5 城市住户家庭年人均现金支出情况(300户抽样调查)

单位:元

项　目	2010	2009
一、家庭总支出	15823	15759
(一) 消费支出	12106	11708
#服务性消费支出	3432	3526
食品	3710	3764
衣着	1234	1313
家庭设备用品及服务	636	572
医疗保健	1283	1277
交通和通信	2080	1497
教育文化娱乐服务	1583	1549
居住	1172	1390
其他商品和服务	408	346
(二) 购房与建房支出	280	854
购房	280	854
建房	0.25	0.1
(三) 转移性支出	2119	1982
交纳的个人收入税	60	42
捐赠支出	1576	1224
购买彩票	1	6
赡养支出	351	569
#在外就学子女费用	193	296
各种非储蓄性保险支出	111	102
#车辆保险支出	82	52
其他转移性支出	21	38

7-5 续表 1-1

单位:元

项 目	2010	2009
(四) 财产性支出	14	18
非生产性利息支出	10	14
其他	3	3
(五) 社会保障支出	1304	1196
个人交纳的养老基金	552	503
个人交纳的住房公积金	515	443
个人交纳的医疗基金	196	196
个人交纳的失业基金	33	40
其他社会保障支出	8	14
二、借贷支出	**14207**	**4553**
存入储蓄款	13918	4062
借出款	4	115
归还借款	86	173
储蓄性保险支出	54	55
购买有价证券		12
其他投资支出	34	3
归还住房贷款	38	50
归还汽车贷款	38	14
归还教育贷款		18
其他借贷支出	36	51
三、期末手存现金	**1245**	**1613**

7-6 城市住户家庭年人均消费支出情况(300户抽样调查)

单位:元

项 目	2010	2009
消费支出	12106	11708
# 服务性消费支出	3432	3526
一、食品	3710	3764
1. 粮油类	656	617
2. 肉禽蛋水产品类	779	739
3. 蔬菜类	432	395
4. 调味品	65	51
5. 糖烟酒饮料类	394	432
6. 干鲜瓜果类	376	293
7. 糕点、奶及奶制品	336	376
8. 其他食品	41	49
9. 饮食服务	631	812
二、衣着	1234	1313
1. 服装	105	113
2. 衣着材料	10	12
3. 鞋类	105	108
4. 其他衣着用品	30	42
5. 衣着加工服务费	6	5
三、家庭设备用品及服务	636	572
1. 耐用品消费品	224	255
2. 室内装饰品	12	15
3. 床上用品	46	38
4. 家庭日用杂品	256	177
5. 家具材料	0.4	15

7-6 续表 1-1

单位:元

项目	2010	2009
6. 家庭服务	97	71
四、医疗保健	**1283**	**1277**
1. 医疗器具	13	27
2. 保健器具	28	14
3. 药品费	571	562
4. 滋补保健品	170	110
5. 医疗费	492	544
6. 其他	9	21
五、交通和通讯	**2080**	**1497**
1. 交通	1366	768
2. 通讯	714	729
六、教育文化娱乐服务	**1583**	**1549**
1. 文化娱乐用品	360	326
2. 文化娱乐服务	454	382
3. 教育	770	841
七、居住	**1172**	**1390**
1. 住房	258	569
2. 水电燃料及其他	872	766
3. 居住服务费	42	55
八、其它商品和服务	**408**	**346**
1. 杂项商品	214	153
2. 服务	193	193

7-7 城市住户每百户家庭主要消费品拥有量

项 目	单 位	2010	2009
调查户数	**户**	**300**	**300**
摩托车	辆	4	5
助力车	辆	21	17
家用汽车	辆	11	8
洗衣机	台	97	98
电冰箱	台	98	96
彩色电视机	台	110	112
家用电脑	台	63	57
组合音响	套	14	13
摄像机	架	9	6
照相机	架	46	44
钢琴	架	3	4
其他中高档乐器	件	3	4
微波炉	台	50	51
空调器	台	35	31
淋浴热水器	台	65	67
消毒碗柜	台	2	3
洗碗机	台	1	1
健身器材	套	4	3
固定电话	部	85	87
移动电话	部	141	137

7-8 城市居民各月可支配收入(平均每人)

单位:元

月份	2010	2009
全年	17258	15607
一月	1425	1481
二月	1648	1457
三月	1299	1186
四月	1334	1153
五月	1296	1174
六月	1287	1226
七月	1302	1237
八月	1394	1291
九月	1438	1276
十月	1528	1353
十一月	1574	1317
十二月	1737	1457

7-9 城市居民各月消费性支出(平均每人)

单位:元

月份	2010	2009
全年	12106	11708
一月	1116	1089
二月	1287	1056
三月	630	755
四月	830	903
五月	825	908
六月	715	808
七月	919	971
八月	1037	904
九月	1339	980
十月	1301	1070
十一月	1063	905
十二月	1040	1359

第八篇

农村住户调查

NONGCUNZHUHUDIAOCHA

资料整理、审核

冀晓洁

8-1 农村住户人口与就业情况

指　标	单　位	总　计
一、调查户数	**户**	**800**
二、家庭常住人口	**人**	**2942**
1. 6 岁及以下	人	76
2. 7～15 岁	人	340
3. 16～60 岁	人	2285
4. 61 岁以上	人	241
三、在校学生人数	**人**	**618**
# 7～15 岁以下在校学生人数	人	331
四、整半劳动力数	**人**	**2077**
# 整劳动力	人	1252
五、劳动力文化程度		
1. 不识字或识字很少	人	45
2. 小学程度	人	329
3. 初中程度	人	1285
4. 高中程度	人	309
5. 中专	人	53
6. 大专及以上	人	56
六、劳动力就业情况		
1. 一产业就业劳动力	人	938
（1）农业	人	907
（2）林业	人	11
（3）牧业	人	18
（4）渔业	人	2
2. 非农产业就业劳动力	人	980

8-1 续表 1-1

指　标	单　位	总　计
A. 二产业就业劳动力	人	223
（1）采矿业	人	12
（2）制造业	人	120
（3）电力煤气及水的生产供应业	人	50
（4）建筑业	人	41
B. 三产业就业劳动力	人	757
（1）交通运输仓储及邮电通讯业	人	141
（2）批发和零售贸易	人	82
（3）住宿和餐饮业	人	37
（4）居民服务和其他服务业	人	181
（5）教育	人	30
（6）卫生、社会保障和社会福利业	人	17
（7）文化、体育和娱乐业	人	2
（8）其他	人	267
七、劳动力就业地点		
1. 乡内	人	1789
2. 县内乡外	人	80
3. 省内县外	人	40
4. 省外	人	10
八、劳动力年内从事各种行业的时间		
1. 从事农业的时间	月	6329
2. 从事非农产业的时间	月	10799

8-2 农村住户总收入与总支出

单位:元

指 标	总 计	人 均
一、总收入	26769981.7	9099.2
(一) 工资性收入	10226270.2	3476.0
1. 在非企业组织中劳动得到收入	1390144.5	472.5
2. 在本乡地域内劳动得到收入	7858249.6	2671.1
(1) 在企业中劳动得到收入	4380778.4	1489.0
(2) 在国家投资基建项目得到收入	13760.2	4.7
(3) 提供其他劳务收入	3463711.0	1177.3
3. 外出从业得到收入	977876.0	332.4
(1) 在乡外县内从业得到收入	694149.0	235.9
(2) 在县外省内从业得到收入	255855.4	87.0
(3) 在省外国内从业得到收入	27871.7	9.5
(二) 家庭经营收入	12429442.5	4224.8
1. 第一产业收入	5541524.5	1883.6
(1) 农业收入	2920811.1	992.8
(2) 林业收入	78729.5	26.8
(3) 牧业收入	2541983.8	864.0
2. 第二产业收入	372891.5	126.7
(1) 工业收入	76885.9	26.1
(2) 建筑业收入	296005.6	100.6
3. 第三产业收入	6515026.6	2214.5
①交通、运输、邮电业收入	4107324.8	1396.1

8-2 续表 1-1

单位:元

指　标	总　计	人　均
②批零贸易业、饮食业收入	1012952.5	344.3
③社会服务业收入	1221554.4	415.2
④文教卫生业收入	20034.8	6.8
(三) 财产性收入	2783110.9	946.0
1. 利息	36935.0	12.6
2. 集体分配股息和红利	115466.0	39.2
3. 其他股息和红利	14791.3	5.0
4. 租金 (包括农业机械)	1274463.4	433.2
5. 土地征用补偿收入	1108953.3	376.9
6. 转让承包土地经营权收入	52275.8	17.8
7. 其他投资收益	6656.7	2.3
8. 其他	173569.3	59.0
(四) 转移性收入	1331158.1	452.5
#1. 家庭非常住人口寄回和带回收入	120626.7	41.0
2. 城市亲友赠送收入	68406.5	23.3
3. 农村亲友赠送收入	108384.2	36.8
4. 退耕还林还草补贴收入	34884.1	11.9
5. 粮食直接补贴收入	72202.5	24.5
二、总支出	**15951606.1**	**5422.0**
(一) 家庭经营费用支出	3935921.7	1337.8
1. 第一产业生产费用支出	2005060.6	681.5
(1) 农业生产费用支出	488628.7	166.1
(2) 林业生产费用支出	15237.9	5.2
(3) 牧业生产费用支出	1501194.0	510.3

8-2 续表 1-2

单位:元

指 标	总 计	人 均
2. 第二产业生产费用支出	41110.8	14.0
(1) 工业生产费用支出	13289.4	4.5
(2) 建筑业生产费用支出	27821.4	9.5
3. 第三产业生产费用支出	1889750.2	642.3
(1) 交通运输邮电业生产费用支出	1092366.9	371.3
(2) 批零贸易餐饮业生产费用支出	451713.9	153.5
(3) 社会服务业生产费用支出	337253.0	114.6
(4) 文教卫生业生产费用支出	4455.2	1.5
(5) 其他行业生产费用支出	3961.3	1.3
(二) 购置生产性固定资产支出	43890.3	14.9
(三) 建、造生产性固定资产雇工支出	16992.4	5.8
(四) 税费支出	23.4	
第一产业税	23.4	
(五) 生活消费支出	11412072.7	3879.0
1. 食品消费支出	3859930.8	1312.0
A. 食品消费品支出	3515715.6	1195.0
(1) 谷物	716116.8	243.4
(2) 薯类	93185.4	31.7
(3) 豆类	33833.9	11.5
(4) 食用油	167926.2	57.1

8-2 续表 1-3

单位:元

指　标	总　计	人　均
(5) 蔬菜及制品	361439.5	122.9
(6) 肉、禽、蛋、奶及制品	724905.1	246.4
(7) 水产品及制品	42554.0	14.5
(8) 烟、酒	660748.8	224.6
(9) 茶叶、饮料	58604.2	19.9
(10) 其他类食品	656401.7	223.1
B. 食品消费服务性支出	344215.2	117.0
2. 衣着消费支出	1450313.3	493.0
3. 居住消费支出	1888222.9	641.8
4. 家庭设备、用品消费支出	637303.2	216.6
5. 交通和通讯消费支出	1279610.6	434.9
6. 文化教育、娱乐消费支出	1113005.2	378.3
7. 医疗保健消费支出	885588.4	301.0
8. 其他商品和服务消费支出	298098.3	101.3
(六) 财产性支出	4597.4	1.6
1. 承包其他农户转让费	568.9	0.2
2. 承包其他农户转让费	3130.5	1.1
3. 其他	898.1	0.3
(七) 转移性支出	538108.3	182.9
#1. 寄给带给家庭非常人口	147557.1	50.2
2. 赠送农村亲友	144702.4	49.2
3. 赠送城市亲友	17639.9	6.0
三、全年可支配收入	**21950328.2**	**7461.0**
四、全年纯收入	**22391587.8**	**7611.0**

8-3 农村住户现金收入与支出

单位:元

指标	总计	人均
一、期内现金收入	**25844027.77**	**8784.51**
(一) 工资性收入	10164701.61	3455.03
1. 在非企业组织中劳动得到收入	1389169.16	472.19
2. 在本乡地域内劳动得到收入	7797741.61	2650.49
(1) 在企业中劳动得到收入	4380778.45	1489.05
(2) 在国家投资基建项目得到收入	13760.18	4.68
(3) 提供其他劳务收入	3403202.99	1156.77
3. 外出从业得到收入	977790.84	332.36
(1) 在乡外县内从业得到收入	694063.79	235.92
(2) 在县外省内从业得到收入	255855.39	86.97
(3) 在省外国内从业得到收入	27871.67	9.47
(二) 家庭经营收入	11712522.31	3981.14
1. 第一产业现金收入	4824604.25	1639.91
(1) 农业现金收入	2235787.19	759.95
(2) 林业现金收入	78472.42	26.67
(3) 牧业现金收入	2510344.63	853.28
2. 第二产业现金收入	372891.48	126.75
(1) 工业收入	76885.89	26.13
(2) 建筑业收入	296005.59	100.61
3. 第三产业现金收入	6515026.58	2214.49
a. 交通、运输、邮电业收入	4107324.84	1396.10
b. 批零贸易业、饮食业收入	1012952.48	344.31

8-3 续表 1-1

单位:元

指　标	总　计	人　均
c. 社会服务业收入	1221554.40	415.21
d. 文教卫生业收入	20034.77	6.81
(三) 财产性收入	2761095.60	938.51
1. 利息	36935.02	12.55
2. 集体分配股息和红利	115466.02	39.25
3. 其他股息和红利	14791.32	5.03
4. 租金（包括农业机械）	1274463.44	433.20
5. 土地征用补偿收入	1108953.27	376.94
6. 转让承包土地经营权收入	52275.79	17.77
7. 其他投资收益	6656.75	2.26
8. 其他	151553.99	51.51
(四) 转移性收入	1205708.25	409.83
1. 家庭非常住人口寄回和带回	120626.72	41.00
2. 城市亲友赠送	48690.20	16.55
3. 农村亲友赠送	94985.73	32.29
4. 离退休金、养老金	269100.35	91.47
5. 城市亲友支付赡养费	526.74	0.18
6. 农村亲友支付赡养费	21305.00	7.24
7. 救济金	40255.76	13.68
8. 抚恤金	5312.86	1.81
9. 救灾款	28675.79	9.75
10. 报销医疗费	32867.03	11.17

8-3 续表 1-2

单位:元

指　标	总　计	人　均
11. 退税	3606.39	1.23
12. 退耕还林还草补贴	34884.10	11.86
13. 无偿扶贫或扶持款	1477.85	0.50
14. 得到赔款	117.83	0.04
15. 其他	503275.89	171.07
# 粮食直接补贴收入	72202.55	24.54
良种补贴收入(粮食种植)	2169.78	0.74
二、非收入现金所得	**1649695.10**	**560.74**
(一) 非借贷性现金所得	522519.07	177.61
1. 出售财物	59168.82	20.11
2. 出售役畜、产品畜	635.60	0.22
3. 调查补贴	53148.48	18.07
4. 一次性工伤补贴	6938.02	2.36
5. 婚、丧、嫁、娶礼金	386768.40	131.46
6. 其他（包括赌博所得）	15859.75	5.39
(二) 借贷性现金所得	1127176.03	383.13
1. 借入款	464210.63	157.79
2. 收回借出款	88562.13	30.10
3. 取回存款	571582.47	194.28
4. 收回其他投资款	187.08	0.06
5. 其他	2633.72	0.90
三、期内现金支出	**15699386.01**	**5336.30**
(一) 生产费用支出	3951121.57	1343.01

8-3 续表 1-3

单位:元

指　标	总　计	人　均
1. 家庭经营费用支出	3890238.88	1322.31
(1) 第一产业生产费用支出	1959377.82	666.00
①农业生产费用支出	466985.72	158.73
②林业生产费用支出	15237.95	5.18
③牧业生产费用支出	1477154.16	502.09
(2) 第二产业生产费用支出	41110.82	13.97
①工业生产费用支出	13289.40	4.52
②建筑业生产费用支出	27821.42	9.46
(3) 第三产业生产费用支出	1889750.24	642.34
①交通运输邮电业生产费用支出	1092366.86	371.30
②批零贸易餐饮业生产费用支出	451713.90	153.54
③社会服务业生产费用支出	337253.02	114.63
④文教卫生业生产费用支出	4455.19	1.51
⑤其他行业生产费用支出	3961.27	1.35
2. 购置生产性固定资产支出	43890.28	14.92
(1) 购置建筑生产用建筑物材料	10237.27	3.48
(2) 购买役畜、产品畜	1983.75	0.67
(3) 购买农林牧渔业机械	7329.81	2.49
(4) 购买运输机械	14222.33	4.83
(5) 购买其他生产性固定资产	10117.12	3.44
3. 建.造生产性固定资产雇工支出	16992.41	5.78
(二) 税费支出	23.43	0.01
第一产业税	23.43	0.01

8–3 续表 1–4

单位:元

指　标	总　计	人　均
(三) 生活消费支出	11206948.04	3809.30
(四) 财产性支出	4597.45	1.56
1. 承包其他农户转让	568.88	0.19
2. 承包其他农户转让	3130.49	1.06
3. 其他	898.07	0.31
(五) 转移性支出	536695.56	182.43
1. 寄给带给家庭非常人口现金	147557.14	50.16
2. 赠送农村亲友	143357.15	48.73
3. 赠送城市亲友	17572.49	5.97
4. 交纳医疗保险	16126.34	5.48
5. 交纳社会保障基金	58132.96	19.76
6. 购买非储蓄性保险	55282.62	18.79
7. 赡养费	23859.40	8.11
8. 其他直接税	352.49	0.12
9. 捐赠	3230.53	1.10
10. 罚款、赔款	5223.37	1.78
11. 其他	66001.06	22.43
四、非消费性支出	**5673786.24**	**1928.55**
(一) 非借贷性支出	1896600.07	644.66
1. 购买彩票	360.16	0.12

8-3 续表 1-5

单位：元

指　标	总　计	人　均
2. 婚、丧、嫁、娶支出	1831695.39	622.60
3. 交纳党费、团费	451.74	0.15
4. 迷信、宗教活动捐赠	1076.12	0.37
5. 其他	63016.67	21.42
（二）储蓄、借贷性支出	3777186.17	1283.88
1. 归还银行、信用社	29789.21	10.13
2. 借出款	21389.69	7.27
3. 归还借款	124159.38	42.20
4. 存款	3600092.67	1223.69
5. 购买储蓄性保险	1484.02	0.50
6. 其他	271.21	0.09
五、期末金融资产余额	**28991980.64**	**9854.51**
1. 手存现金	6692894.38	2274.95
2. 存款余额	22181736.74	7539.68
3. 其他金融资产价值其他	117349.53	39.89
六、期末债务余额	**13908.86**	**4.73**
个人借（欠）款	13908.86	4.73

8-4 农村住户生活消费现金支出

单位:元

指 标	总 计	人 均
1. 食品消费支出	**3859930.8**	**1312.0**
A. 购买食品支出	3515715.6	1195.0
(1) 谷物	716116.8	243.4
(2) 薯类	93185.4	31.7
(3) 豆类	33833.9	11.5
(4) 食用油	167926.2	57.1
(5) 蔬菜及制品	361439.5	122.9
(6) 肉、禽、蛋、奶及制品	724905.1	246.4
(7) 水产品及制品	42554.0	14.5
(8) 烟、酒	660748.8	224.6
(9) 茶叶、饮料	58604.2	19.9
(10) 其它类食品	656401.7	223.1
B. 食品消费服务性支出	344215.2	117.0
2. 衣着	**1450313.3**	**493.0**
A. 购买衣着支出	1448718.7	492.4
(1) 服装	1079773.0	367.0
(2) 服装材料	33003.5	11.2
(3) 鞋类	295517.0	100.4
(4) 其他	40425.1	13.7
B. 衣着消费服务性支出	1594.6	0.5
3. 居住消费支出	**1888222.9**	**641.8**
A. 居住消费品支出	1261341.9	428.7
(1) 建筑生活用房材料	133574.2	45.4
(2) 维修生活用房材料	84036.1	28.6

8-4 续表 1-1

单位:元

指　标	总　计	人　均
(3) 装修生活用房材料	123009.0	41.8
(4) 生活用房	1767.4	0.6
(5) 生活用燃料	918955.1	312.4
B. 居住消费服务性支出	626881.0	213.1
(1) 建筑、维修生活用房雇工工资	87067.1	29.6
(2) 房租	34000.5	11.6
(3) 生活用水	13878.5	4.7
(4) 生活用电	427621.1	145.4
(5) 清洁费、卫生费	269.5	0.1
(6) 其他服务性支出	64044.3	21.8
4. 家庭设备、用品及服务	**637303.2**	**216.6**
A. 家庭设备用品消费品支出	613625.7	208.6
(1) 日用品	279286.2	94.9
(2) 床上用品	47506.9	16.1
(3) 室内装饰品	8753.7	3.0
(4) 家俱类	143150.3	48.7
(5) 机电设备	134928.7	45.9
B. 家庭设备用品服务性消费支出	23677.4	8.0
(1) 家庭设备修理费	9093.1	3.1
(2) 日杂用品加工修理费	5573.2	1.9
(3) 家政服务费	2582.7	0.9
(4) 其他服务性支出	6428.4	2.2
5. 交通和通讯消费支出	**1279610.6**	**434.9**
A. 交通和通讯用品支出	565111.5	192.1

8-4 续表 1-2

单位:元

指　标	总　计	人　均
(1) 交通工具	354062.2	120.3
(2) 交通工具用燃料	144014.5	49.0
(3) 交通工具用零配件	15884.8	5.4
(4) 通讯工具	50341.9	17.1
(5) 通讯工具用零配件	808.0	0.3
B. 交通和通讯服务消费支出	714499.2	242.9
(1) 交通消费服务支出	107630.0	36.6
①交通客运费	62823.8	21.4
②生活物品货运费	26.9	0.0
③交通工具修理费	24220.9	8.2
④其他（过路过桥费等）服务性支出	20558.4	7.0
(2) 通讯消费服务支出	606869.2	206.3
①邮寄费	596.0	0.2
②通讯费	604552.6	205.5
③通讯工具修理费	1121.8	0.4
④其他	598.8	0.2
6. 文化教育、娱乐消费支出	**1113005.2**	**378.3**
A. 文化教育、娱乐用品消费支出	227892.1	77.5
B. 教育服务消费支出	690961.6	234.9
C.文化、体育、娱乐服务消费支出	194151.5	66.0

8-4 续表 1-3

单位:元

指　标	总　计	人　均
(1) 旅游	132959.8	45.2
(2) 休闲娱乐费	14501.4	4.9
(3) 文化、体育、娱乐用品修理费	329.1	0.1
(4) 其他服务性支出	46361.1	15.8
7. 医疗保健消费支出	**885588.4**	**301.0**
A. 医疗保健用品	257633.6	87.6
(1) 医疗卫生用品	231514.1	78.7
(2) 保健用品	26119.5	8.9
B. 医疗保健服务消费支出	627954.7	213.4
8. 其他商品和服务消费支出	**298098.3**	**101.3**
A. 购买其他商品支出	190817.2	64.9
(1) 首饰	6638.0	2.3
(2) 手表	2220.1	0.8
(3) 化妆品	33502.8	11.4
(4) 迷信、宗教用品	23265.2	7.9
(5) 其他	125191.0	42.6
B. 其他消费服务支出	107281.1	36.5
(1) 旅馆住宿费	4597.7	1.6
(2) 美容美发	31980.5	10.9
(3) 殡殓费	30708.7	10.4
(4) 生活消费借贷利息	40.4	0.0
(5) 其他服务性支出	39953.8	13.6

8-5 农村住户食品消费情况

单位:公斤

指 标	总 计	人 均
一、粮食消费量	**342648.66**	**116.47**
(一)谷物消费量	321906.13	109.42
1. 小麦	197627.95	67.17
2. 稻谷	57598.80	19.58
3. 玉米	25297.81	8.60
(二)薯类消费量	12646.23	4.30
1. 红薯	1212.15	0.41
2. 马铃薯	10582.81	3.60
3. 其他薯类	851.26	0.29
(三)豆类消费量	8096.30	2.75
1. 大豆	3593.27	1.22
2. 其他豆类	4503.03	1.53
二、油脂类消费量	**15829.26**	**5.38**
1. 植物油	15666.66	5.33
2. 动物油	162.60	0.06

8-5 续表 1-1

单位:公斤

指　标	总　计	人　均
三、烟叶消费量	11.10	
四、豆制品	4926.06	1.67
五、蔬菜及菜制品消费量	168691.94	57.34
六、 瓜类	28514.23	9.69
1. 西瓜	28029.66	9.53
2. 其他瓜果	484.57	0.16
七、水果类	58242.93	19.80
八、消费茶叶	563.70	0.19
九、坚果消费量	3275.67	1.11
十、肉禽及其制品	25490.40	8.66
1. 猪肉	16127.69	5.48
2. 牛肉	267.05	0.09

8-5 续表 1-2

单位:公斤

指　标	总　计	人　均
3. 羊肉	1683.89	0.57
4. 家禽	1889.97	0.64
5. 其他肉禽及制品	5521.79	1.88
十一、蛋类及蛋制品	**19016.30**	**6.46**
十二、奶和奶制品	**25783.53**	**8.76**
十三、水产品	**2937.35**	**1.00**
1. 鱼类	2457.44	0.84
2. 虾、贝、蟹类	126.97	0.04
3. 藻类	70.90	0.02
4. 其他	282.03	0.10
十四、食糖	**1675.25**	**0.57**
十五、酒	**10621.48**	**3.61**
#1. 白酒	5514.41	1.87
2. 啤酒	5040.27	1.71
3. 果酒	46.58	0.02

8-6 县(市、区)农村

地 区	总收入	工资性收入	家庭经营收入	财产性收入	转移性收入
太原市	**9099.2**	**3476.0**	**4224.8**	**946.0**	**452.5**
小店区	13007.1	2778.1	7141.3	2350.9	736.8
迎泽区	10472.2	4239.9	551.2	5316.2	365.0
杏花岭区	9198.6	5552.1	2543.2	993.4	110.0
尖草坪区	9191.3	3736.6	4570.1	754.8	129.8
万柏林区	11243.2	5002.2	2438.4	3329.0	473.7
晋源区	8134.1	3210.8	2826.2	1010.6	1086.4
清徐县	9927.6	4175.8	5286.5	258.3	207.0
阳曲县	4636.5	2090.8	2266.8	54.8	224.2
娄烦县	3246.9	1790.7	1055.7	93.0	307.6
古交市	11822.7	4163.9	6858.8	30.6	769.4

住户基本情况

单位:元/人

总支出	家庭经营费用支出	生活消费支出	食品消费支出	全年家庭纯收入	期内现金收入	期内现金支出
5422.0	1337.8	3879.0	1312.0	7611.0	8784.5	5336.3
9118.6	2376.5	6453.5	1753.3	10322.7	12720.4	8944.6
5802.2	73.2	5445.9	1571.2	9958.5	10472.2	5802.8
6243.4	310.4	5675.2	2864.1	8787.2	9198.1	6243.4
5939.4	1736.6	4058.7	1490.0	7286.2	9145.6	5927.8
7009.8	400.4	6274.5	1922.3	10671.1	11173.6	7009.8
4290.0	597.2	3518.9	965.9	7209.3	8063.8	4272.4
4430.6	1120.5	3112.2	967.0	8792.0	9641.9	4430.4
2899.4	661.1	2148.2	771.8	3896.2	4407.8	2899.4
2092.2	112.6	1941.8	1028.3	3108.7	2711.0	1878.4
8229.3	4161.7	3690.5	1711.9	7481.1	10635.3	9155.5

8-7 农村住户总收入

指 标	3000元以下	3000-5000元	5000-6000元
一、总收入	2652.33	4599.75	6827.59
(一) 工资性收入	1470.00	2165.97	3199.08
1. 在非企业组织中劳动得到收入	84.48	269.20	68.60
2. 在本乡地域内劳动得到收入	1224.42	1674.11	2623.37
(1) 在企业中劳动得到收入	418.41	874.95	1582.64
(2) 在国家投资基建项目得到收入	1.70	13.40	
(3) 提供其他劳务收入	804.31	785.76	1040.73
3. 外出从业得到收入	161.09	222.66	507.11
(1) 在乡外县内从业得到收入	110.13	157.63	411.32
(2) 在县外省内从业得到收入	50.96	65.03	45.80
(3) 在省外国内从业得到收入			49.99
(二) 家庭经营收入	855.97	1909.73	3055.96
1. 第一产业收入	672.21	1478.79	1731.11
(1) 农业收入	593.75	942.74	847.97
(2) 林业收入	0.41	12.24	13.96
(3) 牧业收入	78.06	523.81	869.17
2. 第二产业收入	73.71	83.65	
(1) 工业收入	1.14	2.77	
(2) 建筑业收入	72.57	80.88	
3. 第三产业收入	110.04	347.29	1324.86
#①交通.运输.邮电业收入	29.67	202.37	473.45
②批零贸易业.饮食业收入	70.49	63.92	528.88

按人均纯收入分组

单位：元 / 人

6000-7000 元	7000-8000 元	8000-9000 元	9000-10000 元	10000-12000 元	12000 元以上
6794.04	8516.02	9552.28	10047.84	12370.59	25931.15
4391.52	3951.79	4171.29	5400.72	3945.33	4482.93
850.65	355.40	547.10	330.96	921.72	1037.71
3044.48	3396.67	3406.81	4025.74	2851.72	3234.92
1231.78	2124.56	1790.18	1916.82	1556.35	1833.06
		23.59			
1812.70	1272.11	1593.04	2108.93	1295.36	1401.85
496.39	199.72	217.38	1044.01	171.89	210.31
415.64	199.72	75.95	631.81	157.66	179.68
80.75		107.11	412.20	14.23	30.63
		34.32			
1696.04	4024.15	3905.94	3068.16	5615.91	18153.39
1259.41	1477.55	2015.64	990.44	1877.32	8916.27
1042.46	1129.90	1367.63	884.47	1825.65	1135.42
13.56	10.55		7.33	22.92	142.22
203.39	337.09	648.00	98.64	28.75	7638.64
	92.04	33.74	112.14	56.92	385.86
	4.56	33.74			215.75
	87.49		112.14	56.92	170.11
436.63	2454.56	1856.57	1965.58	3681.67	8851.26
285.88	2351.88	1261.46	1599.83	2704.47	5623.87
63.39		227.67	131.38	594.01	1228.72

8-7 续表 1-1

指　标	3000 元以下	3000-5000 元	5000-6000 元
③社会服务业收入	1.17	74.73	322.53
④文教卫生业收入		0.08	
（三）财产性收入	152.32	230.17	369.57
1. 利息	1.82	50.98	14.85
2. 集体分配股息和红利	2.51	2.40	15.37
3. 其他股息和红利		2.54	
4. 租金（包括农业机械）	95.87	90.20	178.62
5. 土地征用补偿收入	9.52	67.92	137.33
6. 转让承包土地经营权收入		0.60	4.12
7. 其他投资收益		5.04	1.16
8. 其他	42.60	10.49	18.12
（四）转移性收入	174.04	293.88	202.98
#1. 家庭非常住人口寄回和带回收入	0.98	2.73	1.27
2. 城市亲友赠送收入	14.85	5.53	11.75
3. 农村亲友赠送收入	35.25	95.93	8.69
4. 退耕还林还草补贴收入	6.92	11.77	57.11
二、总支出	**2432.32**	**3863.79**	**4589.26**
（一）家庭经营费用支出	208.31	663.57	1196.54
1. 第一产业生产费用支出	141.08	455.79	784.62
（1）农业生产费用支出	114.98	142.16	141.54
（2）林业生产费用支出	1.37	3.74	0.13
（3）牧业生产费用支出	24.74	309.90	642.94

单位:元/人

6000–7000 元	7000–8000 元	8000–9000 元	9000–10000 元	10000–12000 元	12000 元以上
77.54		204.59	144.49	331.34	1858.23
					29.51
330.96	268.95	923.69	951.67	2055.56	2192.96
	0.89	0.09	0.13	15.48	0.67
15.37	21.05	46.56	96.80	61.89	76.00
		14.25	15.73	5.80	8.37
126.84	230.04	678.69	612.30	795.18	883.71
141.93		160.62	182.61	1137.32	858.68
37.77	8.23		16.19	24.16	103.94
9.05	8.74	23.47	27.91	15.73	261.59
375.53	271.13	551.35	627.30	753.80	1101.85
3.79		38.86	71.13	143.60	87.24
6.61	16.95	7.64	30.62	11.85	96.53
3.82	42.73	18.53	11.79	10.81	34.63
85.30		6.01			2.48
3530.65	5084.82	5743.73	4860.51	6345.30	16532.17
261.07	827.20	956.96	434.86	1297.72	8395.83
180.52	216.56	559.39	146.17	254.49	5247.28
111.10	195.90	206.27	129.64	249.27	241.60
0.25			0.03	0.11	31.14
69.17	20.67	353.13	16.51	5.11	4974.54

8-7 续表 1-2

指　标	3000 元以下	3000-5000 元	5000-6000 元
2. 第二产业生产费用支出	13.81	5.83	2.12
(1) 工业生产费用支出	0.51	1.26	
(2) 建筑业生产费用支出	13.30	4.57	2.12
3. 第三产业生产费用支出	53.41	201.95	409.81
(1) 交通运输邮电业生产费用支出	2.88	79.41	80.42
(2) 批零贸易餐饮业生产费用支出	50.08	24.55	211.35
(3) 社会服务业生产费用支出	0.39	96.64	117.95
(4) 文教卫生业生产费用支出		0.19	
(5) 其他行业生产费用支出	0.06	1.16	0.10
(二) 购置生产性固定资产支出	6.51	23.69	2.88
(三) 建.造生产性固定资产雇工支出		1.02	
(四) 税费支出			
第一产业税			
(五) 生活消费支出	2117.74	3101.14	3308.97
1. 食品消费支出	1031.08	1040.98	1039.36
A. 食品消费品支出	962.06	976.89	968.33
(1) 谷物	229.34	219.58	208.25
(2) 薯类	25.58	28.44	30.10
(3) 豆类	9.17	7.07	10.34
(4) 食用油	51.96	45.73	55.33
(5) 蔬菜及制品	84.16	104.81	98.45
(6) 肉.禽.蛋.奶及制品	191.85	209.61	202.19

单位:元 / 人

6000-7000 元	7000-8000 元	8000-9000 元	9000-10000 元	10000-12000 元	12000 元以上
	0.25	0.84	37.70	23.34	42.19
	0.04	0.84			37.82
	0.22		37.70	23.34	4.38
80.55	610.38	396.72	250.99	1019.90	3106.35
32.27	607.12	364.87	224.40	817.15	1813.36
37.74		5.80	5.42	170.95	777.21
7.67		25.98	20.77	31.36	507.36
					6.48
2.87	3.26	0.07	0.40	0.44	1.94
0.14	39.16		2.84	32.31	28.63
				0.80	32.50
	0.03				
	0.03				
3139.62	4021.41	4640.38	4114.71	4750.23	7644.87
1115.09	1419.39	1351.30	1445.42	1755.92	3127.79
1038.22	1309.76	1186.77	1220.96	1606.65	2923.36
203.92	254.24	242.29	252.49	238.25	1440.58
30.33	46.13	29.78	36.28	33.20	36.40
11.27	18.39	13.81	14.29	14.88	17.80
57.98	69.67	61.15	61.88	66.42	72.60
102.29	108.66	125.00	115.40	155.78	194.58
235.86	239.65	267.10	250.82	286.58	368.39

8-7 续表 1-3

指　标	3000 元以下	3000-5000 元	5000-6000 元
（7）水产品及制品	9.67	8.38	13.57
（8）烟.酒	173.69	165.48	159.44
（9）茶叶.饮料	6.77	12.34	15.50
（10）其他类食品	179.86	175.44	175.17
B. 食品消费服务性支出	69.02	64.09	71.03
2. 衣着消费支出	236.02	399.53	442.98
3. 居住消费支出	254.56	567.87	985.81
4. 家庭设备.用品消费支出	107.59	162.14	149.68
5. 交通和通讯消费支出	136.15	359.48	221.53
6. 文化教育.娱乐消费支出	187.85	202.29	265.20
7. 医疗保健消费支出	129.08	264.67	121.40
8. 其他商品和服务消费支出	35.40	104.19	83.02
（六）财产性支出		2.46	
2. 承包其他农户转让费		1.85	
3. 其他			
（七）转移性支出	99.76	71.90	80.88
# 1. 寄给带给家庭非常人口	1.17	6.71	12.66
2. 赠送农村亲友	66.81	32.98	25.28
3. 赠送城市亲友	0.89		4.50
三、全年可支配收入	**2262.51**	**3836.10**	**5480.08**
四、全年纯收入	**2327.03**	**3814.53**	**5552.26**

单位：元／人

6000-7000 元	7000-8000 元	8000-9000 元	9000-10000 元	10000-12000 元	12000 元以上
16.40	13.36	17.62	14.78	18.19	29.32
164.15	288.65	194.03	215.91	451.55	381.34
16.88	26.58	13.23	24.11	34.91	35.80
199.13	244.42	222.75	235.00	306.89	346.54
76.87	109.63	164.54	224.47	149.27	204.43
563.91	506.46	559.14	477.42	539.63	825.87
358.83	389.90	667.52	826.88	1012.71	1120.05
114.36	222.79	223.37	211.51	242.29	447.75
294.69	763.67	500.91	483.45	605.61	679.58
339.23	364.07	656.52	478.54	329.31	613.11
266.70	255.58	532.01	93.04	170.06	654.67
86.80	99.55	149.60	98.44	94.70	176.04
				2.00	3.33
				0.21	3.33
				1.79	
129.82	197.02	146.39	308.09	262.24	427.03
28.44	74.48	7.57	92.99	100.79	155.95
36.48	32.69	77.75	56.31	41.25	106.66
	6.08	4.89	21.87	6.17	13.11
6351.79	7352.48	8380.68	9233.76	10555.25	16803.73
6477.79	7506.77	8508.54	9531.07	10809.25	17212.80

8-8 农村住户现金

指　标	3000元以下	3000-5000元	5000-6000元
一、期内现金收入	**2497.65**	**4265.27**	**6597.80**
（一）工资性收入	1470.00	2155.45	3192.64
1. 在非企业组织中劳动得到收入	84.48	268.45	68.60
2. 在本乡地域内劳动得到收入	1224.42	1664.34	2616.93
⑴ 在企业中劳动得到收入	418.41	874.95	1582.64
⑵ 在国家投资基建项目得到收入	1.70	13.40	
⑶ 提供其他劳务收入	804.31	775.99	1034.30
3. 外出从业得到收入	161.09	222.66	507.11
⑴ 在乡外县内从业得到收入	110.13	157.63	411.32
⑵ 在县外省内从业得到收入	50.96	65.03	45.80
⑶ 在省外国内从业得到收入			49.99
（二）家庭经营现金收入	778.46	1614.34	2887.13
1. 第一产业现金收入	594.70	1183.40	1562.28
⑴ 农业现金收入	521.51	714.67	701.74
⑵ 林业现金收入		12.24	13.96
⑶ 牧业现金收入	73.19	456.48	846.58
2. 第二产业现金收入	73.71	83.65	
⑴ 工业收入	1.14	2.77	
⑵ 建筑业收入	72.57	80.88	
3. 第三产业现金收入	110.04	347.29	1324.86
#a. 交通.运输.邮电业收入	29.67	202.37	473.45
b. 批零贸易业.饮食业收入	70.49	63.92	528.88

收支按人均纯收入分组

单位:元/人

6000–7000 元	7000–8000 元	8000–9000 元	9000–10000 元	10000–12000 元	12000 元以上
6465.43	8237.30	9113.44	9717.83	11960.18	25536.23
4373.40	3935.19	4152.74	5379.94	3945.33	4406.87
850.65	355.40	547.10	330.96	921.72	1037.71
3026.37	3380.07	3388.26	4005.50	2851.72	3158.85
1231.78	2124.56	1790.18	1916.82	1556.35	1833.06
		23.59			
1794.59	1255.51	1574.48	2088.69	1295.36	1325.79
496.39	199.72	217.38	1043.47	171.89	210.31
415.64	199.72	75.95	631.27	157.66	179.68
80.75		107.11	412.20	14.23	30.63
		34.32			
1417.12	3815.20	3572.20	2825.16	5243.70	17893.24
980.49	1268.60	1681.89	747.44	1505.11	8656.12
767.83	924.09	1037.61	643.15	1455.72	877.36
13.56	10.55		7.33	22.92	141.93
199.09	333.95	644.29	96.97	26.48	7636.84
	92.04	33.74	112.14	56.92	385.86
	4.56	33.74			215.75
	87.49		112.14	56.92	170.11
436.63	2454.56	1856.57	1965.58	3681.67	8851.26
285.88	2351.88	1261.46	1599.83	2704.47	5623.87
63.39		227.67	131.38	594.01	1228.72

8-8 续表 1-1

指　标	3000元以下	3000-5000元	5000-6000元
c. 社会服务业收入	1.17	74.73	322.53
d. 文教卫生业收入		0.08	
（三）财产性收入	130.58	226.69	355.13
1. 利息	1.82	50.98	14.85
2. 集体分配股息和红利	2.51	2.40	15.37
3. 其他股息和红利		2.54	
4. 租金（包括农业机械）	95.87	90.20	178.62
5. 土地征用补偿收入	9.52	67.92	137.33
6. 转让承包土地经营权收入		0.60	4.12
7. 其他投资收益		5.04	1.16
8. 其他	20.86	7.00	3.68
（四）转移性收入	118.62	268.79	162.89
1. 家庭非常住人口寄回和带回	0.98	2.73	1.27
2. 城市亲友赠送	8.54	2.00	4.45
3. 农村亲友赠送	22.77	93.42	6.37
4. 离退休金.养老金	28.55	16.82	3.44
5. 城市亲友支付赡养费	0.41		
6. 农村亲友支付赡养费	2.58	15.91	11.07
7. 救济金	13.98	60.42	2.69
8. 救灾款			9.32
9. 报销医疗费		6.63	
10. 退税			

单位:元／人

6000-7000 元	7000-8000 元	8000-9000 元	9000-10000 元	10000-12000 元	12000 元以上
77.54		204.59	144.49	331.34	1858.23
					29.51
323.66	260.38	900.22	938.05	2048.08	2191.03
	0.89	0.09	0.13	15.48	0.67
15.37	21.05	46.56	96.80	61.89	76.00
		14.25	15.73	5.80	8.37
126.84	230.04	678.69	612.30	795.18	883.71
141.93		160.62	182.61	1137.32	858.68
37.77	8.23		16.19	24.16	103.94
1.75	0.18		14.29	8.25	259.66
351.25	226.53	488.28	574.69	723.08	1045.09
3.79		38.86	71.13	143.60	87.24
1.74	1.80	1.84	11.21	4.94	88.74
3.25	41.04		7.22	10.81	32.89
95.58	5.35	80.18	96.57	156.51	330.61
9.91					5.08
7.80	5.55		5.90		3.29
	10.39				60.75
	12.27		15.77	15.04	36.64
				12.71	

8-8 续表 1-2

指　标	3000 元以下	3000-5000 元	5000-6000 元
11. 退耕还林还草补贴	6.92	11.77	57.11
12. 无偿扶贫或扶持款			
13. 得到赔款			
14. 其他	33.89	59.10	67.16
二、非收入现金所得	**560.85**	**627.49**	**623.52**
(一) 非借贷性现金所得	89.73	141.58	28.85
1. 保险赔款			
2. 出售财物	2.53	19.44	0.21
3. 出售役畜.产品畜			4.29
4. 调查补贴	25.93	16.24	13.40
5. 一次性工伤补贴			
6. 婚.丧.嫁.娶礼金	52.71	103.47	10.94
7. 其他(包括赌博所得)	8.56	2.44	
(二) 借贷性现金所得	471.12	485.91	594.67
1. 借入款	15.91	362.66	38.77
2. 收回借出款	12.45	22.25	0.48
3. 取回存款	442.76	100.43	555.43
4. 其他			
三、期内现金支出	**2365.35**	**3798.37**	**4522.92**
(一) 生产费用支出	205.94	683.35	1192.58
1. 家庭经营费用支出	199.43	658.64	1189.71

单位:元/人

6000–7000 元	7000–8000 元	8000–9000 元	9000–10000 元	10000–12000 元	12000 元以上
85.30		6.01			2.48
0.70					2.39
		0.47			
143.18	148.10	360.93	366.89	379.46	382.30
152.67	424.26	918.72	561.82	605.49	1319.79
57.05	29.88	145.06	470.39	61.51	517.63
	3.85	2.58	112.14	0.28	17.26
18.74	26.03	16.61	29.79	15.60	31.91
			1.00	0.57	13.35
38.31		125.87	323.95	44.66	450.55
			3.50	0.39	4.56
95.62	394.38	773.66	91.44	543.98	802.16
62.52	110.19	284.90	49.10	125.95	181.78
			17.23	118.76	26.68
27.27	284.19	488.76	25.11	299.27	593.71
5.84					
3447.54	4985.27	5583.92	4768.63	6265.67	16443.70
246.68	851.56	873.15	412.06	1317.05	8439.81
246.54	812.40	8	409.21	1283.93	8378.69

8-8 续表 1-3

指　标	3000 元以下	3000-5000 元	5000-6000 元
(1) 第一产业生产费用支出	132.21	450.86	777.78
①农业生产费用支出	110.34	137.44	136.39
②林业生产费用支出	1.37	3.74	0.13
③牧业生产费用支出	20.49	309.69	641.26
(2) 第二产业生产费用支出	13.81	5.83	2.12
①工业生产费用支出	0.51	1.26	
②建筑业生产费用支出	13.30	4.57	2.12
(3) 第三产业生产费用支出	53.41	201.95	409.81
①交通运输邮电业生产费用支出	2.88	79.41	80.42
②批零贸易餐饮业生产费用支出	50.08	24.55	211.35
③社会服务业生产费用支出	0.39	96.64	117.95
④文教卫生业生产费用支出		0.19	
⑤其他行业生产费用支出	0.06	1.16	0.10
2. 购置生产性固定资产支出	6.51	23.69	2.88
(1) 购置建筑生产用建筑物材料		1.59	
(2) 购买役畜.产品畜			
(3) 购买农林牧渔业机械		0.04	
(4) 购买运输机械		19.62	2.88
(5) 购买其他生产性固定资产	6.51	2.45	
3. 建.造生产性固定资产雇工支出		1.02	

单位:元/人

6000-7000元	7000-8000元	8000-9000元	9000-10000元	10000-12000元	12000元以上
165.99	201.77	475.58	120.52	240.70	5230.14
100.80	187.66	189.06	114.16	238.41	230.11
0.25			0.03	0.11	31.14
64.94	14.10	286.52	6.33	2.18	4968.89
	0.25	0.84	37.70	23.34	42.19
	0.04	0.84			37.82
	0.22		37.70	23.34	4.38
80.55	610.38	396.72	250.99	1019.90	3106.35
32.27	607.12	364.87	224.40	817.15	1813.36
37.74		5.80	5.42	170.95	777.21
7.67		25.98	20.77	31.36	507.36
					6.48
2.87	3.26	0.07	0.40	0.44	1.94
0.14	39.16		2.84	32.31	28.63
	32.34		0.78	0.03	3.01
					5.06
0.14			2.07	32.28	7.82
					0.84
	6.82				11.90
				0.80	32.50

8-8 续表 1-4

指　标	3000 元以下	3000-5000 元	5000-6000 元
（二）税费支出			
第一产业税			
（三）生活消费支出	2059.83	3040.91	3250.11
（四）财产性支出		2.46	
1. 承包其他农户转让		1.85	
2. 其他			
（五）转移性支出	99.57	71.65	80.23
1. 寄给带给家庭非常人口现金	1.17	6.71	12.66
2. 赠送农村亲友	66.81	32.73	24.63
3. 赠送城市亲友	0.70		4.50
4. 交纳医疗保险	1.70	3.69	1.44
5. 交纳社会保障基金	11.94	10.42	13.36
6. 购买非储蓄性保险	2.47	3.95	9.88
7. 赡养费	0.16	5.39	
8. 其他直接税	0.07		
9. 捐赠	0.32	0.93	
10. 罚款.赔款	9.85	1.16	0.82
11. 其他	4.39	6.67	12.93

单位:元/人

6000-7000 元	7000-8000 元	8000-9000 元	9000-10000 元	10000-12000 元	12000 元以上
	0.03				
	0.03				
3071.77	3936.66	4566.07	4051.18	4684.38	7573.54
				2.00	3.33
				0.21	3.33
				1.79	
129.09	197.02	144.71	305.39	262.24	427.03
28.44	74.48	7.57	92.99	100.79	155.95
35.75	32.69	76.07	53.62	41.25	106.66
	6.08	4.89	21.87	6.17	13.11
2.55	5.00	6.69	8.16	5.07	10.62
19.97	43.36	15.78	28.85	32.76	31.91
14.56	14.36	1.88	15.64	40.88	68.74
3.39	4.97	10.56	9.10	13.99	19.29
0.09	0.03			0.66	
2.20	0.50	0.38	3.11		2.39
			0.30	0.95	0.84
22.16	15.54	20.88	71.76	19.71	17.50

8-8 续表 1-5

指　标	3000 元以下	3000-5000 元	5000-6000 元
四、非消费性支出	549.06	981.18	1432.16
（一）非借贷性支出	364.58	462.73	337.70
1. 购买彩票			
2. 婚.丧.嫁.娶支出	364.55	458.31	337.70
3. 交纳党费.团费			
4. 迷信.宗教活动捐赠		0.17	
5. 其他	0.03	4.25	
（二）储蓄.借贷性支出	184.48	518.45	1094.45
1. 归还银行.信用社		1.13	
2. 借出款		16.65	
3. 归还借款		11.25	83.64
4. 存款	184.06	486.38	1009.58
5. 购买储蓄性保险	0.42	2.04	1.23
6. 其他		1.00	
五、期末金融资产余额	6529.80	6443.27	8528.59
1. 手存现金	1623.04	1514.28	1965.68
2. 存款余额	4906.76	4928.98	6562.91
六、期末债务余额	32.82		
个人借（欠）款	32.82		

单位:元/人

6000-7000 元	7000-8000 元	8000-9000 元	9000-10000 元	10000-12000 元	12000 元以上
1129.24	2331.79	2117.81	3021.47	2389.52	4896.30
432.86	852.44	620.71	820.32	797.43	1226.71
0.21	1.46				0.10
420.61	631.14	620.41	816.87	796.26	1224.79
0.70	0.27		0.93	0.26	0.05
	0.38	0.30	1.67	0.47	0.24
11.36	219.19		0.86	0.44	1.52
696.37	1479.35	1497.10	2201.14	1592.09	3669.59
					46.19
1.74				3.90	15.16
27.86		70.27	17.23	15.81	120.13
666.78	1477.96	1426.83	2183.91	1572.38	3488.09
	1.38				
					0.03
6822.08	10038.48	12279.58	10745.34	13001.54	18487.01
2120.78	2841.75	2298.76	2577.21	3308.44	4010.36
4701.30	7087.62	9980.82	8168.13	9652.89	14345.18
				6.70	
				6.70	

8-9 农村住户食品

指　标	3000元以下	3000-5000元	5000-6000元
一、粮食消费量	103.94	103.40	106.34
（一）谷物消费量	98.36	98.00	99.74
1. 小麦	57.99	63.68	61.49
2. 稻谷	16.29	18.27	16.19
3. 玉米	6.91	3.27	4.29
（二）薯类消费量	3.43	3.75	4.24
1. 红薯	0.12	0.38	0.57
2. 马铃薯	3.13	3.09	3.41
3. 其他薯类	0.18	0.29	0.26
（三）豆类消费量	2.14	1.65	2.37
1. 大豆	1.18	0.67	0.84
2. 其他豆类	0.97	0.98	1.52
二、油脂类消费量	5.04	4.50	5.11
1. 植物油	4.85	4.34	5.09
2. 动物油	0.18	0.16	0.02
三、烟叶消费量			
四、豆制品	2.08	1.46	1.28
五、蔬菜及菜制品消费量	38.57	49.45	51.92
1. 鲜菜	36.16	47.30	51.12
2. 干菜	0.53	0.81	0.53
3. 菜制品	1.86	1.25	0.16
4. 鲜菌	0.03	0.08	0.11
5. 干菌			

消费按人均纯收入分组

单位：公斤

6000-7000元	7000-8000元	8000-9000元	9000-10000元	10000-12000元	12000元以上
97.13	121.90	110.63	115.80	110.06	791.76
90.06	112.32	103.36	107.22	102.02	782.54
58.62	73.80	71.19	73.15	75.76	95.62
15.74	20.42	19.05	18.66	15.21	31.36
0.14	6.91	2.18	2.71	0.31	644.29
4.32	5.41	4.04	5.39	4.49	4.77
0.36	1.48	0.41	0.28	0.48	0.55
3.81	3.54	2.98	4.94	3.78	3.77
0.16	0.40	0.65	0.16	0.23	0.46
2.75	4.17	3.23	3.20	3.55	4.45
1.51	2.26	1.93	1.63	1.78	1.79
1.24	1.91	1.29	1.57	1.78	2.66
5.60	6.88	5.99	5.88	6.58	7.38
5.57	6.87	5.94	5.83	6.57	7.34
0.03	0.01	0.05	0.05	0.01	0.03
	0.01		0.01		
1.19	1.56	2.30	1.87	1.98	2.28
57.27	60.57	60.48	47.93	69.24	77.42
56.57	58.96	59.67	47.62	68.23	76.41
0.28	0.52	0.56	0.18	0.35	0.58
0.32	1.00	0.17	0.08	0.58	0.26
0.10	0.09	0.07	0.05	0.08	0.12
					0.04

8-9 续表 1-1

指　标	3000 元以下	3000-5000 元	5000-6000 元
六、瓜类	**13.90**	**8.73**	**10.01**
1. 西瓜	13.49	8.58	9.85
2. 其他瓜果	0.41	0.15	0.16
七、水果类	**15.13**	**15.11**	**18.16**
八、消费茶叶	**0.01**	**0.04**	**0.04**
九、坚果消费量	**1.50**	**0.90**	**1.02**
十、肉禽及其制品	**6.99**	**7.81**	**6.72**
1. 猪肉	4.45	4.89	4.42
2. 牛肉	0.06	0.05	0.08
3. 羊肉	0.56	0.59	0.39
4. 家禽	0.55	0.81	0.43
5. 其他肉禽及制品	1.37	1.48	1.40
十一、蛋类及蛋制品	**5.77**	**5.16**	**5.55**
十二、奶和奶制品	**5.02**	**6.06**	**7.93**
十三、水产品	**0.67**	**0.61**	**0.93**
1. 鱼类	0.62	0.49	0.84
2. 虾、贝、蟹类	0.03	0.02	0.01
3. 藻类	0.01	0.03	0.01
4. 其他	0.01	0.08	0.07
十四、食糖	**0.39**	**0.51**	**0.51**
十五、酒	**4.17**	**2.92**	**3.58**
# 1. 白酒	3.02	1.82	1.86
2. 啤酒	1.15	1.04	1.71
3. 果酒	0.00	0.06	0.02

单位:公斤

6000-7000 元	7000-8000 元	8000-9000 元	9000-10000 元	10000-12000 元	12000 元以上
11.87	10.46	8.50	11.83	9.64	11.13
11.80	10.33	8.26	11.56	9.53	10.92
0.07	0.13	0.25	0.27	0.10	0.21
15.61	22.05	24.23	23.27	28.37	31.15
0.11	0.33	0.07	0.15	0.39	0.72
1.03	0.88	1.12	1.31	1.48	1.66
8.43	7.66	9.19	10.09	9.35	12.04
5.61	4.65	5.60	5.73	5.80	7.60
0.03	0.11	0.06	0.10	0.13	0.17
0.30	0.55	0.57	0.54	0.74	1.09
0.82	0.82	0.77	0.46	0.43	0.55
1.66	1.53	2.19	3.26	2.25	2.63
6.98	7.16	7.42	7.22	7.92	8.36
10.11	7.77	7.56	7.01	12.89	13.40
1.35	1.07	1.43	0.98	1.14	1.63
1.22	0.96	1.29	0.72	0.99	1.29
0.02	0.02	0.07	0.05	0.08	0.12
0.01	0.02	0.03	0.03	0.04	0.04
0.10	0.07	0.04	0.18	0.02	0.18
0.72	0.92	0.39	0.78	0.78	0.65
3.12	3.82	3.69	3.76	6.35	5.72
1.67	2.75	1.93	2.30	3.15	2.01
1.38	0.96	1.76	1.46	3.19	3.70
0.07					

8-10 农村住户粮食收支

单位:公斤

指标	总计	人均
一、期内粮食收入合计	**1119691.1**	**380.6**
(一) 家庭经营生产粮食	762889.1	259.3
(二) 购入粮食	324411.6	110.3
(三) 其他粮食收入	32390.4	11.0
二、期内粮食支出合计	**911207.1**	**309.7**
(一) 主食用粮	342648.7	116.5
(二) 出售粮食	498111.8	169.3
(三) 种籽用粮食	17883.0	6.1
(四) 饲料用粮食	52085.7	17.7
(五) 其他粮食支出	478.0	0.2
四、期末粮食结存滚存计算数	**1158811.9**	**393.9**
五、期末粮食结存实际调查数	**889347.0**	**302.3**
(一) 谷物	776913.7	264.1
(二) 薯类	85652.5	29.1
(三) 豆类	26780.7	9.1

第九篇

公用事业

GONGYONGSHIYE

资料整理、审核

苏人龙

9-1 城市设施水平

指　标	单　位	2010	2009
人均日生活用水量	升	157	133
用水普及率	%	100.00	100.00
燃气普及率	%	98.60	98.30
每万人拥有公交车辆	标台	7.78	6.59
人均道路面积	平方米	8.10	7.90
排水管道密度	公里 / 平方公里	6.38	5.18
污水处理率	%	84.00	70.00
# 污水处理厂处理率	%	84.00	70.00
人均公共绿地面积	平方米	9.60	9.09
建城区绿地率	%	32.0	30.1
建城区绿化覆盖率	%	36.8	34.8
生活垃圾无害化处理率	%	94.8	94.8
水冲公厕比率	%	66.9	47.3

9-2 城市供水

指　标	单　位	2010	2009
综合生产能力	万立方米 / 日	125.6	136.3
# 地下水	万立方米 / 日	55.1	56.3
供水管道长度	公里	1592.25	906.83
供水总量	万立方米	29663.73	27226.87
售水量	万立方米	27187.56	25270.57
生产运营用水	万立方米	13270.99	8395.69
公共服务用水	万立方米	1476.85	1073.93
居民生活用水	万立方米	9741.73	13357.46
其他用水	万立方米	2697.99	2443.49
用水户数	户	393284	275583
# 家庭用户	户	376495	224524
用水人口	万人	330.80	297.29

9-3 城市公共汽车、出租汽车

指　标	单 位	2010	2009
公共汽车、电车			
营运车辆数	辆	2213	1878
#公共汽车	辆	2080	1742
无轨电车	辆	133	136
标准营运车数	标台	2376	2126
营运线路网长度	公里	1107	1157
客运总量	万人次	44128	33947
#公共汽车	万人次	38480	30999
无轨电车	万人次	3053	2947
营运收入	万元	37509	41028
财政补贴	万元	8491	7970
从业人员	人	8338	8316
出租汽车			
出租车数量	辆	8652	8292
客运总量	万人次	19866	19105

9-4 市政设施

指　标	单　位	2010	2009
道路长度	公里	2122.3	1780
道路面积	万平方米	2849.1	2357
#人行道	万平方米	627.8	458
公路桥梁	座	185	105
#永久性	座	185	105
路灯数	盏	105328	90300
下水道长度	公里	1767	1270
城市污水			
污水处理厂	座	7	7
污水处理能力	万立方米/日	47.9	55.6
污水处理量	万立方米	15685	14846
污水再生利用总量	万立方米	6742	2912
年末市政工程工人	人	2360	2573

9-5 城市公园及绿化

指　标	单　位	2010	2009
公园数	个	40	38
# 动物园	个	1	1
公园面积	公顷	2252	2070
小游园面积	公顷	133.62	126.48
陵园面积	公顷	42.37	42.37
苗圃面积	市亩	17004	17004
# 市园林局管辖的苗圃面积	市亩	2548	2548
绿化覆盖面积	公顷	9089	8519
# 建成区	公顷	8759	8519
园林绿地面积	公顷	8243	7372
# 建成区	公顷	7611	7372
公共绿地面积	公顷	2576	2442
植树道路长度	公里	1723.4	1694.4
植树株数	万株	28.07	29.71
# 成活率	%	98	98
园林年末固定职工	人	1855	1767

9-6 城市供电

指　标	单　位	2010	2009
用电总量	**万千瓦小时**	**2173148**	**1660243**
农、林、牧、渔、水利业	万千瓦小时	16036	13374
工业	万千瓦小时	1652677	1209329
建筑业	万千瓦小时	24047	16599
交通运输业、邮电仓储业	万千瓦小时	77720	69517
信息传输计算机服务软件业	万千瓦小时	9526	8482
商业、住宿和餐饮业	万千瓦小时	49731	40212
金融、房地产、商务及居民服务业	万千瓦小时	56536	44450
公共事业及管理组织	万千瓦小时	75778	81597
城市居民生活用电	万千瓦小时	211096	176683
# 乡村	万千瓦小时	185608	27979
城市	万千瓦小时	25487	148704
每一居民平均生活用电	**千瓦小时**	**577.56**	**483.96**
发电总量	**万千瓦小时**	**2043197**	**1948136**
# 自备电量	万千瓦小时	195178	147138

9-7 城市集中供热

指　标	单　位	2010	2009
供热能力	兆瓦	3993	3600
#热电厂供热	兆瓦	2199	3000
锅炉房供热	兆瓦	1493	600
供热总量	万吉焦	2359	1264
#热电厂供热	万吉焦	1037	834
锅炉房供热	万吉焦	1162	370
供热面积	万平方米	8317	6377
#住宅	万平方米	3580	4950
管道长度	公里	881	567

9-8 城市住宅

指　标	单　位	2010	2009
住宅建筑面积	万平方米	6516	6188
住宅竣工面积	万平方米	348	371
住宅居住面积	万平方米	3361	3192
居住人数	万人	237	239
人均住房建筑面积	平方米	27.46	25.84
每人平均居住面积	平方米	14.18	13.38

9-9 城市环境卫生

指　标	单　位	2010	2009
道路清扫保洁面积	万平米	3551	3550
生活垃圾清运量	万吨	116	104
#机械化	万平米	2481	2480
生活垃圾清运量	万吨	116	104
无害化处理厂	座	2	2
#卫生填埋	座	2	2
无害化处理能力	吨/日	3000	6600
无害化处理量	万吨	110	98.6
公厕数	座	476	476
#水冲式	座	370	255
市容环境专用车辆	台	1844	1844
环卫从业人员	人	14843	14545

9-10 城市煤气

指　标	单　位	2010	2009
人工煤气			
生产能力	万立方米/日	150	157
自制气量	万立方米	25031	25332
供气管道长度	公里	2510	2017
储气能力	万立方米	28.0	44.2
外购气量	万立方米	29709	26027
供气总量	万立方米	49764	46690
用气户数	户	331255	331400
#家庭用户	户	326044	290100
用气人口	万人	107	110
液化石油气			
储气能力	吨	1589	2500
外购气量	吨	32540	24000
供气总量	吨	32728	47000
用气户数	户	105830	80000
#居民家庭	户	99460	80000
用气人口	万人	77.11	58.29

注：煤气管道长度包括置换成天然的管道

9-11 城市天然气

指　标	单　位	2010	2009
管道长度	公里	109	13
外购气量	万立方米	33879	29219
供气总量	万立方米	32323	27754
销售气量	万立方米	32320	27633
# 家庭用量	万立方米	5020	8218
燃气损失量	万立方米	1617.00	1388
用气户数	户	398090	263000
# 家庭用气户数	户	396316	262000
用气人口	万人	138	125
天然气汽车加气站	个	2	2

9-12 企事业污染治理

指　标	单　位	2010	2009
企事业污染治理资金投资来源合计	万元	41307.5	74405.3
排污费补助	万元	4014	3497
政府其他补助	万元	460	438
企业自筹	万元	36833.5	70470.3
企事业污染治理资金			
本年完成投资额	万元	41307.5	74405.3
治理废水	万元	6792.7	11832.7
治理废气	万元	22789.5	55864.5
治理固体废物	万元	7439.4	3933.5
其他	万元	4285.9	2541.6
本年施工项目个数	个	93	82
当年竣工项目个数	个	86	76
新增处理废水能力	吨 / 日	23998	70755
新增处理废气能力	万标立方米 / 时	1267.62	675.04

9-13 城市“三废”排放处理及综合利用

指　标	单　位	2010	2009
废水排放总量	**万吨**	**16603.52**	**16440.70**
# 工业废水	万吨	2557.15	2483.39
# 经过处理达标的	万吨	2489.50	2416.85
工业废水中			
镉及其化合物	吨	0.01	0.01
六价铬化合物	吨	0.12	0.22
砷及其化合物	吨	0.02	0.05
铅及其无机化合物	吨	0.14	0.13
酚	吨	4.79	4.68
氰化物	吨	0.64	0.79
石油类	吨	17.43	24.21
废气排放总量	**万标立方米**	**42430611**	**36051074**
# 燃料燃烧过程中废气排放量	万标立方米	14796095	13793593
生产工艺过程中废气排放量	万标立方米	27634516	22257481
废气中的二氧化硫排放量	吨	94233.29	90486.54
烟尘排放量	吨	34813.75	38607.28
工业粉尘排放量	**吨**	**27852.27**	**30460.56**
工业粉尘去除量	**吨**	**897276.34**	**873954.45**
工业固体废物产生量	万吨	2554.58	2410.27
工业固体废物处置量	万吨	1179.08	1192.53
工业固体废物综合利用量	万吨	1335.35	1171.64
# 冶炼废渣	万吨	423.34	384.50
粉煤灰	万吨	230.86	216.97
炉渣	万吨	70.58	69.71
煤矸石	万吨	553.51	456.80
其他	万吨	57.06	43.66
工业固体废物排放量	万吨	7.88	9.29
工业固体废物贮存量	万吨	32.28	38.67
锅炉	**台 / 蒸吨**	**366/19376.9**	**388/17380.4**
# 烟尘排放达标的	台 / 蒸吨	365/18349.9	384/17272.4
工业炉窑	**座**	**395**	**384**
# 烟尘排放达标的	座	395	380

第十篇

农　业

NONG YE

资料整理、审核

纪知明　　冀晓洁　　李建华

郭　波　　赵　霞　　姜　颖

朱凤琴

10-1 农村基本情况

指 标	单位	1995	2000	2005	2007	2008	2009	2010
农村基层组织								
乡镇政府	个	83	83	79	86	85	52	49
#镇政府	个	22	24	21	18	21	21	18
村民委员会	个	1285	1287	1017	1009	974	973	965
乡村户数、人口、劳动力								
乡村户数	户	267535	289188	305763	319863	310600	326636	337761
乡村人口	人	1004788	1056552	1060881	1063388	1009063	1026448	1037667
乡村从业人员数(实有劳动力)	人	454648	481186	502875	502666	487808	492658	491238
男劳动力	人	250465	266935	278965	280445	272547	272197	269930
女劳动力	人	204183	214251	223910	222221	215261	220461	221308
按行业分								
农林牧渔业	人	251582	271173	260224	246142	240744	239212	233253
工业	人	92130	78455	82464	84646	83157	80951	78812
建筑业	人	12394	15903	20951	22348	22011	22627	23708
交通运输、仓储、邮电通信、信息传输、计算机业	人	39266	42795	52039	53996	51090	50415	55320
批发和零售贸易业、住宿及餐饮业	人	18125	29092	40666	43367	38753	40792	44792
其他行业	人	41151	43768	46531	52167	52053	58661	55353

注:2009年起乡镇政府口径,不包括农业街办。

10-2 农业生

指　标	单　位	合　计	小店区	迎泽区	杏花岭区
一、农村基层组织情况					
乡镇个数（不含城关镇）	个	49	3	1	2
# 镇个数（不含城关镇）	个	18	1	1	
村委会个数	个	965	61	28	38
二、农村基础设施					
自来水受益村数	个	869	61	28	37
通汽车村数	个	965	61	28	38
通电话村数	个	965	61	28	38
三、乡村人口与从业人员					
乡村户数	户	337761	35720	8494	10822
乡村人口数	人	1037667	113091	23192	30663
乡村劳动力资源数	人	544582	62084	15014	17210
# 劳动年龄内	人	502286	57850	13955	16416
乡村从业人员数	人	491238	57353	12644	15710
# 劳动年龄内	人	453112	55011	11232	15242
(一) 按性别分					
男	人	269930	29780	7099	8554
女	人	221308	27573	5545	7156
(二) 按国民经济行业分					
1. 农业从业人员	人	233253	30061	1425	3810
2. 工业从业人员	人	78812	5590	1534	3964
3. 建筑业从业人员	人	23708	2791	611	1101

产条件

尖草坪区	万柏林区	晋源区	清徐县	阳曲县	娄烦县	古交市
5	1	3	8	9	7	10
2		3	3	3	2	3
90	54	90	192	124	142	146
88	36	90	192	103	107	127
90	54	90	192	124	142	146
90	54	90	192	124	142	146
35720	17381	38517	85821	40947	28891	35448
111183	55491	123751	260634	112948	104534	102180
63187	34856	75131	124441	55225	58858	38576
59009	31505	67437	115956	50410	53688	36060
55929	29080	63428	117585	52889	51442	35178
54345	27596	59164	111545	48699	36316	33962
30061	15804	35331	62264	29959	29576	21502
25868	13276	28097	55321	22930	21866	13676
19678	4947	26376	69307	27824	32883	16942
9077	3454	11892	20580	5576	6753	10392
3429	1378	4145	5033	2746	1955	519

10-2 续表 1-1

指　标	单位	合计	小店区	迎泽区	杏花岭区
4. 交运仓储和邮政业从业人员	人	50361	6260	1863	2197
5. 信息传输、计算机服务和软件业	人	4959	648	598	112
6. 批发与零售业从业人员	人	31610	4010	2496	2083
7. 住宿和餐饮业从业人员	人	13182	1281	721	701
8. 其他行业从业人员	人	55353	6712	3396	1742
四、农业主要能源及物耗					
1. 农村用电量	万千瓦时	48404.4	4455.0	1480.2	3192.0
农用化肥施用量（实物量）	吨	90523.0	9185.0	84.0	98.0
#（1）氮肥	吨	40346.2	3134.0	52.0	61.0
（2）磷肥	吨	23804.8	1974.0	2.0	18.0
（3）钾肥	吨	3354.0	253.0	14.0	
（4）复合肥	吨	23018.0	3824.0	16.0	19.0
2. 农用化肥施用量（折纯量）	吨	26469.8	3213.0	28.2	27.1
#（1）氮肥	吨	9659.1	814.0	12.5	14.7
（2）磷肥	吨	3904.1	341.0	0.4	2.9
（3）钾肥	吨	1495.3	96.0	7.3	
（4）复合肥	吨	11411.3	1962.0	8.0	9.5
3. 农用塑料薄膜使用量	吨	3064.9	176.5	1.0	3.7
# 地膜使用量	吨	1767.7	59.5	1.0	3.7
地膜覆盖面积	公顷	18421.9	752.0	2.0	27.7
4. 农用柴油使用量	吨	13054.1	2564.5	16.0	41.5
5. 农药使用量	吨	739.9	52.0	1.0	11.3
附：城关镇个数	个	3			

尖草坪区	万柏林区	晋源区	清徐县	阳曲县	娄烦县	古交市
7927	3990	8644	8796	4380	3121	3183
596	685	912	479	341	281	307
4398	4599	3841	4020	2673	1912	1578
2229	1796	1692	1065	1587	1040	1070
8595	8231	5926	8305	7762	3497	1187
3243.0	4067.5	4699.5	19623.0	3483.6	703.8	3456.8
5199.8	58.0	3830.6	43074.0	23889.2	2438.6	2665.8
2471.8	1.0	1423.9	18402.0	11516.0	1345.5	1939.0
667.0		980.7	13081.0	6224.2	428.1	429.8
204.0		270.0	1457.0	817.0	146.0	193.0
1857.0	57.0	1156.0	10134.0	5332.0	519.0	104.0
1719.2	24.5	1198.1	11977.0	6755.6	758.5	768.6
493.7	0.5	341.7	4417.0	2705.5	322.9	536.6
87.7		156.9	2083.0	1082.1	77.1	73.0
114.5		121.5	663.0	317.0	73.0	103.0
1023.3	24.0	578.0	4814.0	2651.0	285.5	56.0
204.0	2.5	126.7	1532.3	781.5	93.7	143.0
58.0	1.0	50.0	647.6	737.7	93.7	115.5
424.7	11.0	526.0	5772.7	8678.7	823.1	1404.0
534.8	29.6	275.3	6178.0	2070.3	190.0	1154.1
36.9	1.8	51.0	440.6	113.7	14.0	17.6
			1	1	1	

10-3 主要农业

指　标	单位	合计	小店区	迎泽区	杏花岭区
一、农业机械总动力	**千瓦**	**1202930.5**	**167301**	**10038.5**	**17310**
柴油发动机	千瓦	943490	143235	3060	13100
汽油发动机	千瓦	134587	13299	2727	3460
电动机	千瓦	124853.5	10767	4251.5	750
二、耕作机械					
大中型拖拉机	台	3128	546	5	63
动力	千瓦	120011	25171	177	1160
小型拖拉机	台	4902	555	7	88
动力	千瓦	43102.6	5084	39.6	250
三、拖拉机配套农具					
大中型	部	3617	552	38	50
小型	部	7011	652	112	100
四、收获机械					
联合收割机	台	200	69		1
机动割晒机	台	92			
脱粒机	台	637	146	11	
五、运输机械					
农用运输车	台	26010	4809	115	390
#三轮运输车	台	14491	3273	115	163
六、农田基本建设机械	**台**	531	83	1	

机械拥有量

尖草坪区	万柏林区	晋源区	清徐县	阳曲县	娄烦县	古交市
35431	38770	178575	322607	150427	97179	185292
24052	36673	155780	229786	128313	64794	144697
9	20	1065	48296	5621	24585	35505
11370	2077	21730	44525	16493	7800	5090
183	96	137	686	552	624	236
5645	2566	4632	31501	16967	25758	6434
242		125	741	2153	632	359
2039		1271	7164	17817	5857	3581
170	34	118	1270	731	272	382
522	54	54	1170	3374	417	556
13		4	103	8		2
				4	3	85
97		54	241	88		
1130	1889	2243	5642	5858	1262	2672
695	1133	675	1898	4554	800	1185
13	24	50	59	33	220	48

10-4 农作物

指　标	合计	小店区	迎泽区	杏花岭区
农作物总播种面积	113549.8	16648.8	389.9	726.2
一、粮食作物播种面积	84781.4	10933.5	372.8	654.3
（一）夏收粮食	2611.3	763.3		
（二）秋收粮食	82170.1	10170.2	372.8	654.3
谷　物	68828.1	10249.3	278.3	581.4
1. 稻谷	246.4			
2. 小麦	2611.3	763.3		
冬小麦	2611.3	763.3		
3. 玉米	51759.5	9107.5	130.6	330.5
4. 谷子	7173.4	42.3	77.8	97.1
5. 高粱	2203.4	310.8	2.7	12.3
6. 其他谷物	4834.1	25.4	67.2	141.5
秋杂谷物	4834.1	25.4	67.2	141.5
# 燕麦	888.1		0.1	64.0
荞麦	776.2		62.3	44.1
豆类合计	8141.3	673.2	39.3	50.5
1. 大豆	6295.8	114.5	27.8	41.4
2. 杂豆	1845.5	558.7	11.5	9.1

播种面积

单位:公顷

尖草坪区	万柏林区	晋源区	清徐县	阳曲县	娄烦县	古交市
6376.6	1243.2	5668.5	31140.9	29019.5	11830.4	10505.8
4931.3	929.9	3561.6	20839.1	23766.9	10172.7	8619.3
		156.0	1692.0			
4931.3	929.9	3405.6	19147.1	23766.9	10172.7	8619.3
4398.8	791.9	3364.4	19872.8	20288.0	5000.0	4003.2
		246.4				
		156.0	1692.0			
		156.0	1692.0			
3819.2	596.7	2830.9	16878.9	15962.5	1223.7	879.0
392.3	134.9	11.0	10.0	2976.1	2149.7	1282.2
99.0		120.1	1214.7	283.5	113.3	47.0
88.3	60.3		77.2	1065.9	1513.3	1795.0
88.3	60.3		77.2	1065.9	1513.3	1795.0
				38.3	174.7	611.0
14.3				330.5	127.0	198.0
406.6	8.0	161.9	853.7	2231.1	1853.7	1863.3
385.7		134.5	819.2	1774.7	1590.4	1407.6
20.9	8.0	27.4	34.5	456.4	263.3	455.7

10-4 续表 1-1

指　标	合计	小店区	迎泽区	杏花岭区
秋杂豆	1845.5	558.7	11.5	9.1
#绿豆	225.8		2.1	1.0
红小豆	166.1		9.4	1.0
薯类(折粮)	7812.0	11.0	55.2	22.4
1. 马铃薯	7629.0		55.2	22.4
2. 红薯	183.0	11.0		
二、油料作物	**3113.7**	**10.8**	**1.9**	**4.0**
1. 花生	34.9	1.3		
2. 胡麻籽	1183.9		0.3	2.0
3. 向日葵籽	1516.6	9.5	1.6	2.0
4. 其他油料	378.3			
三、棉花	**76.8**	**3.0**		
四、药材类合计	**1266.1**		**14.8**	
五、蔬菜（含菜用瓜）	**22890.0**	**5685.3**	**0.4**	**67.1**
六、瓜果类	**394.4**	**16.2**		
#西瓜	221.6	16.2		
甜瓜	172.8			
七、其他农作物	**1027.4**			**0.8**
#青饲料	466.1			

单位：公顷

尖草坪区	万柏林区	晋源区	清徐县	阳曲县	娄烦县	古交市
20.9	8.0	27.4	34.5	456.4	263.3	455.7
13.0		5.0	34.5	74.5	95.7	
7.9		22.4		10.7	114.7	
125.9	130.0	35.3	112.6	1247.8	3319.0	2752.8
87.8	130.0	26.2	13.3	1222.3	3319.0	2752.8
38.1		9.1	99.3	25.5		
58.5	1.0		86.7	836.4	1231.4	883.0
			8.7	24.9		
				273.9	671.7	236.0
57.8	1.0		78.0	451.0	390.7	525.0
0.7				86.6	169.0	122.0
			73.8			
45.7	2.0		14.7	856.9		332.0
1290.2	253.3	2106.9	9734.4	2798.6	336.3	617.5
46.0			132.2	110.0	90.0	
0.7			125.5	29.2	50.0	
45.3			6.7	80.8	40.0	
4.9	57.0		260.0	650.7		54.0
	57.0		100.0	259.1		50.0

10-5 农作物

指　标	合　计	小店区	迎泽区	杏花岭区
一、粮食总产量	321585.4	72689.4	365.7	641.7
（一）夏收粮食	8321.5	2982.4		
（二）秋收粮食	313263.9	69707.0	365.7	641.7
谷　物	300234.3	71251.0	280.4	555.3
1. 稻谷	1217.5			
2. 小麦	8321.5	2982.4		
冬小麦	8321.5	2982.4		
3. 玉米	263239.3	65972.9	160.8	347.3
4. 谷子	9440.0	44.3	78.8	91.5
5. 高粱	13931.3	2215.2	1.8	14.0
6. 其他谷物	4084.7	36.2	39.0	102.5
秋杂谷物	4084.7	36.2	39.0	102.5
# 燕麦	139.5			50.0
荞麦	459.6		39.0	33.0
豆类全计	9305.4	1372.4	17.2	49.0
1. 大豆	6549.4	300.0	9.1	40.7
2. 杂豆	2756.0	1072.4	8.1	8.3
秋杂谷	2756.0	1072.4	8.1	8.3
# 绿豆	186.7		1.6	1.0
红小豆	164.4		6.5	1.0
薯类(折粮)	12045.7	66.0	68.1	37.4
1. 马铃薯	11159.0		68.1	37.4
2. 红薯	886.7	66.0		
二、油料合计	2720.5	8.8	1.4	4.0
1. 花生	28.3	0.3		
2. 胡麻籽	997.6		0.2	2.1
3. 向日葵籽	1450.2	8.5	1.2	1.9
4. 其他油料	244.4			
三、棉花	105.1	5.0		
四、药材类合计	3366.3			
# 甘草	75.0			
枸杞	12.0			
五、蔬菜（含菜用瓜）	1275642.5	311800.0	236.0	1508.6
六、瓜果类	6821.4	595.0		
# 西瓜	4822.2	595.0		
甜瓜	1999.2			

总 产 量

单位：吨

尖草坪区	万柏林区	晋源区	清徐县	阳曲县	娄烦县	古交市
13508.2	334.7	20383.8	122310.4	66464.4	14585.2	10301.9
		701.9	4637.2			
13508.2	334.7	19681.9	117673.2	66464.4	14585.2	10301.9
12503.1	297.4	20147.8	120540.3	62543.2	6875.4	5240.4
		1217.5				
		701.9	4637.2			
		701.9	4637.2			
11703.2	247.8	17736.4	105904.3	56174.5	3332.2	1659.9
659.4	40.5	21.2	23.0	4302.1	2439.4	1739.8
100.0		470.8	9832.8	1105.8	142.9	48.0
40.5	9.1		143.0	960.8	960.9	1792.7
40.5	9.1		143.0	960.8	960.9	1792.7
				33.0	56.5	
8.1				281.6	97.9	
439.4	1.2	172.6	1293.3	2283.1	2186.6	1490.6
418.3		121.0	1239.9	1328.3	1966.0	1126.1
21.1	1.2	51.6	53.4	954.8	220.6	364.5
21.1	1.2	51.6	53.4	954.8	220.6	364.5
13.4		4.0	53.4	39.7	73.6	
7.7		47.6		2.2	99.4	
565.7	36.1	63.4	476.8	1638.1	5523.2	3570.9
279.7	36.1	48.2	29.8	1565.6	5523.2	3570.9
286.0		15.2	447.0	72.5		
45.9	3.0		166.7	587.5	1163.2	740.0
			14.0	14.0		
				231.6	570.7	193.0
45.9	3.0		152.7	276.6	473.4	487.0
				65.3	119.1	60.0
			100.1			
150.5	9.0		7.0	3076.2		123.6
				69.0		6.0
			6.0			6.0
72597.2	9321.5	144829.0	609233.5	75011.4	8436.0	42669.3
616.6			2304.5	1661.3	1644.0	
30.0			2196.5	909.7	1091.0	
586.6			108.0	751.6	553.0	

10-6 农作物

指　标	太原市	小店区	迎泽区	杏花岭区
一、粮食总产量	**3793.1**	**6648.3**	**981.0**	**980.7**
（一）夏收粮食	**3186.7**	**3907.2**		
（二）秋收粮食	**3812.4**	**6854.0**	**981.0**	**980.7**
谷　物	4362.1	6951.8	1007.5	955.1
1. 稻谷	4941.2			
2. 小麦	3186.7	3907.2		
冬小麦	3186.7	3907.2		
3. 玉米	5085.8	7243.8	1231.2	1050.8
4. 谷子	1316.0	1047.3	1012.9	942.3
5. 高粱	6322.6	7127.4	666.7	1138.2
6. 其他谷物	845.0	1425.2	580.4	724.4
秋杂谷物	845.0	1425.2	580.4	724.4
# 燕麦	157.1			781.3
荞麦	592.1		626.0	748.3
豆类全计	1143.0	2038.6	437.7	970.3
1. 大豆	1040.3	2620.1	327.3	983.1
2. 杂豆	1493.4	1919.5	704.3	912.1
秋杂谷	1493.4	1919.5	704.3	912.1
# 绿豆	826.8		761.9	1000.0
红小豆	989.8		691.5	1000.0
薯类(折粮)	1541.9	6000.0	1233.7	1669.6
1. 马铃薯	1462.7		1233.7	1669.6
2. 红薯	4845.4	6000.0		
二、油料合计	**873.7**	**814.8**	**736.8**	**1000.0**
1. 花生	810.9	230.8		
2. 胡麻籽	842.6		666.7	1050.0
3. 向日葵籽	956.2	894.7	750.0	950.0
4. 其他油料	646.0			
三、棉花	**1368.5**	**1666.7**		
四、药材类合计	**2658.8**			
五、蔬菜（含菜用瓜）	**55729.2**	**54843.2**	**590000**	**22482.9**
六、瓜果类	**17295.6**	**36728.4**		
# 西瓜	21760.8	36728.4		
甜瓜	11569.4			

单 产 量

单位:公斤 / 公顷

尖草坪区	万柏林区	晋源区	清徐县	阳曲县	娄烦县	古交市
2739.3	359.9	5723.2	5869.3	2796.5	1433.8	1195.2
		4499.4	2740.7			
2739.3	359.9	5779.3	6145.7	2796.5	1433.8	1195.2
2842.4	375.6	5988.5	6065.6	3082.8	1375.1	1309.1
		4941.2				
		4499.4	2740.7			
		4499.4	2740.7			
3064.3	415.3	6265.3	6274.4	3519.2	2723.1	1888.4
1680.9	300.2	1927.3	2300.0	1445.5	1134.8	1356.9
1010.1		3920.1	8094.8	3900.5	1261.3	1021.3
458.7	150.9		1852.3	901.4	635.0	998.7
458.7	150.9		1852.3	901.4	635.0	998.7
				861.6	323.4	
566.4				852.0	770.9	
1080.7	150.0	1066.1	1514.9	1023.3	1179.6	800.0
1084.5		899.6	1513.5	748.5	1236.2	800.0
1009.6	150.0	1883.2	1547.8	2092.0	837.8	799.9
1009.6	150.0	1883.2	1547.8	2092.0	837.8	799.9
1030.8		800.0	1547.8	532.9	769.1	
974.7		2125.0		205.6	866.6	
4493.2	277.7	1796.0	4234.5	1312.8	1664.1	1297.2
3185.6	277.7	1839.7	2240.6	1280.9	1664.1	1297.2
7506.6		1670.3	4501.5	2843.1		
784.6	3000.0		1922.7	702.4	944.6	838.1
			1609.2	562.2		
				845.6	849.6	817.8
794.1	3000.0		1957.7	613.3	1211.7	927.6
				754.0	704.7	491.8
			1356.4			
3293.2	4500.0		476.2	3589.9		372.3
56268.2	36800.2	68740.3	62585.6	26803.2	25084.7	69100.1
13404.3			17431.9	15102.7	18266.7	
42857.1			17502.0	31154.1	21820.0	
12949.2			16119.4	9302.0	13825.0	

10-7 水 果 生

指 标		太原市	小店区	迎泽区	杏花岭区
一、茶叶	茶园面积	11.33			
	产量	2.00			
二、园林水果	果园面积	10558.86	574.53	151.33	695.07
	产量	64265.46	1636.49	152.50	1129.00
1. 苹果	果园面积	4139.54	98.53	32.47	461.87
	产量	9468.73	316.79	23.50	670.00
#红富士苹果	果园面积	1927.40	8.20	0.40	99.20
	产量	3835.44	39.13	1.50	169.00
国光苹果	果园面积	1358.61	53.87	32.07	362.67
	产量	2619.15	172.91	22.00	498.00
嘎啦苹果	果园面积	3.20	2.13		
	产量	35.05	28.75		
2. 梨	果园面积	1574.41	163.93	63.67	54.00
	产量	12104.58	464.25	58.00	125.00
#雪花梨	果园面积	227.00	8.67		21.53
	产量	1014.34	55.25		46.00
鸭梨	果园面积	106.47			13.60
	产量	271.02			42.00
酥梨	果园面积	919.93	102.20	63.67	3.93
	产量	9818.39	342.50	58.00	29.00
3. 桃	果园面积	721.53	67.60		37.67
	产量	2965.67	284.50		114.00
4. 葡萄	果园面积	2048.19	50.20	10.53	41.60
	产量	35830.19	56.00	66.00	73.00
5. 红枣（鲜枣）	果园面积	908.35	159.40	44.67	12.27
	产量	1815.56	468.05	5.00	49.00
6. 柿子	果园面积	13.40			0.20
	产量	42.98			1.00
7. 沙果	果园面积	44.20			4.00
	产量	136.36			51.00
8. 其他园林水果	果园面积	1109.28	34.87		83.47
	产量	1898.09	46.90		46.00

产情况

单位:公顷 / 吨

尖草坪区	万柏林区	晋源区	清徐县	阳曲县	娄烦县	古交市
			10.00			1.33
						2.00
1570.47	60.13	522.60	2913.93	3030.00	448.13	592.67
17030.66	254.00	2111.30	38027.25	3072.04	365.83	486.39
675.73	12.93	121.87	190.47	2190.27	184.00	171.40
3700.23	12.00	897.30	1872.87	1596.82	161.10	218.12
478.87	4.60	66.80	99.53	1116.80	43.00	10.00
1187.30	7.00	493.20	1040.69	825.33	12.29	60.00
86.33	5.00	20.87	15.00	735.60	14.67	32.53
1204.00	5.00	61.00	83.00	503.26	10.69	59.29
0.20				0.67	0.20	
3.00				3.00	0.30	
89.80	10.67	25.87	724.20	282.27	107.80	52.20
784.65	12.00	92.50	10071.80	387.94	94.64	13.80
1.60		13.93	53.93	118.67	2.00	6.67
21.00		21.50	713.80	146.49	2.30	8.00
	10.67	5.27	30.13	46.80		
	12.00	15.00	137.00	65.02		
78.80			593.73	77.60		
598.45			8688.00	102.44		
54.20	1.80	77.00	352.73	74.80	23.00	32.73
613.10	2.00	359.20	1389.40	153.97	18.68	30.82
549.80	22.33	74.13	1171.93	108.87	5.00	13.80
11244.70	208.20	504.50	23344.47	265.93	18.69	48.70
80.27		118.87	258.20	195.67	29.47	9.53
110.43		128.80	715.70	325.84	12.74	
	5.33		7.80		0.07	
	2.00		39.90		0.08	
23.00				17.20		
15.06				70.30		
97.67	7.07	104.87	208.60	160.93	98.80	313.00
562.50	17.80	129.00	593.10	271.24	56.60	174.95

10-8 畜 牧 业

指 标		单 位	太原市	小店区	迎泽区	杏花岭区
畜禽存栏	猪	头	319745	27456	5445	15437
	能繁母猪	头	37719	3621	577	1251
	牛	头	43780	9101	17	54
	1. 肉 牛	头	16146	347		38
	2. 奶 牛	头	23993	8734	10	16
	3. 役用牛	头	3641	20	7	
	羊	只	309308	11597	3549	5397
	1. 山羊	只	108770	144	152	24
	2. 绵羊	只	200538	11453	3397	5373
	家禽	万只	381.5	88.8	3.5	6.9
	蛋鸡	万只	285.6	75.7	2.6	6.7
畜禽出栏	猪	头	496323	54869	4800	18732
	牛	头	18960	1664		33
	羊	只	204757	16997	2200	4066
	1. 山羊	只	52284			
	2. 绵羊	只	152473	16997	2200	4066
	家禽	万只	416.2	115.7	1.4	5.5
畜禽产品产量	猪肉	吨	36878	4219	351	1407
	牛肉	吨	3168	357		4
	羊肉	吨	3424	311	33	66
	1. 山羊肉	吨	857			
	2. 绵羊肉	吨	2567	311	33	66
	禽肉	吨	6198	2082	21	69
	禽蛋	吨	36412	10232	105	582
	牛奶	吨	97583	35158		54

生产情况

尖草坪区	万柏林区	晋源区	清徐县	阳曲县	娄烦县	古交市
27253	11342	25240	123824	56541	8102	19105
2692	1193	2149	16367	6427	1616	1826
1277	749	3063	12156	10036	3873	3454
154	586	304	7286	2233	3873	1325
900	163	2745	4870	6504		51
223		14		1299		2078
13869	2613	18772	62164	82448	53541	55358
1847	1000	2559	3277	28281	33963	37523
12022	1613	16213	58887	54167	19578	17835
17.9	4.4	47.6	81.3	67.2	7.4	56.5
13.3	4.4	37.2	49.0	64.2	4.2	28.4
46275	8513	39738	224108	72741	11087	15460
156	1063	13	13270	1057	1184	520
13424	786	13020	53476	37483	31432	31873
50	40	375	1282	8136	19734	22667
13374	746	12645	52194	29347	11698	9206
15.4	0.6	72.9	131.7	40.8	5.8	26.4
3656	766	2793	16188	5572	832	1095
24	149	2	2242	153	166	71
221	13	194	986	599	519	480
1	1	6	18	168	322	341
220	12	188	968	432	198	139
277	9	928	1763	585	87	378
2168	310	6425	7499	6859	348	1884
4572	376	13038	21658	22615		112

10-8 续表 1-1

指标		单位	太原市	小店区	迎泽区	杏花岭区
大牲畜(除牛外)	年末存栏	头	10087	23	11	71
	当年出栏	头	1169			
	肉产量	吨	137.24			
# 役用畜	年末存栏	头	6924	23	11	71
# 1. 马	年末存栏	头	570			
	当年出栏	头	57			
	肉产量	吨	7.35			
2. 驴	年末存栏	头	5456	6	6	12
	当年出栏	头	804			
	肉产量	吨	91.74			
3. 骡	年末存栏	头	4057	17	5	59
	当年出栏	头	308			
	肉产量	吨	38.15			
4. 骆驼	年末存栏	头	4			
兔	年末存栏	头	5.16	0.43		
	当年出栏	头	10.63	0.97		
	肉产量	吨	170.08	17.00		
其他肉产量		吨				
其他奶产量		吨	40.00			
山羊毛产量		吨	30.91			0.01
绵羊毛产量		吨	222.60	10.20	2.00	5.30
细羊毛		吨	6.92			
半细羊毛		吨	34.38			5.30
羊绒产量		吨	10.99			
蜂蜜产量		吨	100.29			
其他禽蛋产量		吨	2.25			
肉类总产量		吨	49975	6986	405	1546

尖草坪区	万柏林区	晋源区	清徐县	阳曲县	娄烦县	古交市
132		46	301	5474	2551	1478
6	13		15	440	393	302
0.85	1.30		2.25	52.16	47.26	33.42
130			178	4227	1644	640
29		30	62	429	12	8
				51	4	2
				6.53	0.58	0.24
35		5	88	3117	1588	599
			2	294	308	200
			0.30	33.56	36.18	21.70
68		7	151	1928	951	871
6	13		13	95	81	100
0.85	1.30		1.95	12.07	10.50	11.48
		4				
			3.39	0.63	0.09	0.62
0.18		0.12	7.29	1.58	0.09	0.40
4.00		2.00	114.79	26.87	1.42	4.00
			40.00			
0.05		0.51	0.53	8.37	10.19	11.25
11.08		11.18	57.05	90.49	24.02	11.28
3.58				3.34		
7.50		11.18		10.40		
				2.77	3.39	4.83
1.89			58.43	35.97	4.00	
			2.25			
4183	938	3919	21296	6988	1653	2061

10-9 农林牧渔

指标	太原市		小店区	
	按现行价格	按可比价格	按现行价格	按可比价格
农林牧渔业总产值	560633.9	522641.6	123980.3	114662.7
一、农业产值	336794.3	310446.1	86630	80164.4
（一）谷物及其他作物	83986.8	81164.5	16189.6	15167.6
1. 谷物	66914.0	65368.4	15356.3	14487.1
# 小麦	1581.1		606	
稻谷	237.4			
玉米	48477.3		11875.1	
2. 薯类	9236.6	7050.8	53.6	32.5
3. 油料	1373.1	1153.9	4.1	3.9
# 花生	17.1		0.2	
4. 豆类	4342.7	3877.0	756.7	630.6
# 大豆	2619.8		120	
5. 棉花	446.2	329.3	18.9	13.5
6. 其他农作物	3385.1	3385.1		
# 饲料作物	466.1			
（二）蔬菜、园艺作物	228669.7	206336.2	69984.1	64682.1
1. 蔬菜（含菜用瓜）	226995.4	204674.1	69960.4	64658.4
2. 花卉	141.5	141.5	15	15
3. 其他园艺作物	1532.8	1520.6	8.7	8.7
（三）水果、坚果、饮料及香料作物	21066.3	19873.9	456.3	314.7
1. 水果、坚果（含果用瓜）	20266.3	19119.2	456.3	314.7
# 苹果	1893.7		63.4	
梨	2542.0		102.1	
2. 茶及其他饮料	800.0	727.3		
# 茶	800.0			
（四）中药材	3071.5	3071.5		
二、林业产值	49426.4	46713.8	4505.7	4124.6
（一）林木的培育和种植	46993.3	44610.5	4505.7	4124.6
1. 育种育苗	3465.1	3465.1	622.6	593
2. 造林	4276.1	2576.0	34.8	33.1
3. 抚育和管理	39252.1	38569.4	3848.3	3498.5

业总产值（一）

单位：万元

迎泽区		杏花岭区		尖草坪区		万柏林区	
按现行价格	按可比价格	按现行价格	按可比价格	按现行价格	按可比价格	按现行价格	按可比价格
7729.9	7667.2	7463.9	7239.2	41352.8	40076.4	13578.4	12984.1
241.7	216.8	691.4	640.5	24351.3	23215.5	2242.9	1910.3
139.6	124.1	186.6	176.3	3473.7	3258.3	118	98.7
79.7	77.4	135.3	126.4	2719.9	2615.3	68.7	59.7
28.1		62.5		2106.6		44.6	
49.9	37	26.7	26.4	407.4	299.6	25.9	15.7
0.7	0.7	2.2	1.8	20.1	19	1.6	1.6
9.3	9	22.4	21.7	196.3	194.4	0.7	0.6
3.7		16.3		167.3			
				130	130	21.1	21.1
						21.1	
67.7	59.9	318.4	308.9	15849.7	15241	2005.3	1699.4
67.7	59.9	246.9	237.4	15800.2	15192.5	2005.3	1699.4
		71.5	71.5	49	48		
				0.5	0.5		
34.4	32.8	186.4	155.3	4651.6	4347.3	80	76.2
34.4	32.8	186.4	155.3	4651.6	4347.3	80	76.2
4.9		100.5		740		2.6	
12.2		19.3		133.4		2.7	
				376.3	368.9	39.6	36
6586.1	6586.1	3696.1	3682.3	7063	6975.8	6537	6535.2
6584.3	6584.3	3632.9	3619.1	5737	5675.8	6488.8	6488.8
393.6	393.6	60	46.2	268.8	266.1	748.3	748.3
47.7	47.7	2273.5	2273.5	446.4	437.6	407.5	407.5
6143	6143	1299.4	1299.4	5021.8	4972.1	5333	5333

10-9 续表 1-1

指　标	太原市		小店区	
	按现行价格	按可比价格	按现行价格	按可比价格
（二）竹木采用	186.3	177.4		
#村及村以下	186.3		56	
（三）林产品	2246.8	1925.9		
三、牧业产值	**154139.8**	**144950.0**	**29834.6**	**27451.2**
（一）牲畜饲养	54688.4	51403.8	13240.7	12204.8
1. 牛的饲养	13262.5	12394.9	1414.4	1285.8
2. 羊的饲养	13548.7	12557.9	1274.8	1062.3
3. 其他牲畜饲养	450.8	369.5		
4. 奶产品	27099.8	25809.3	10547.4	9852.8
#牛奶	27092.6		10547.4	
5. 毛绒产品	326.6	272.2	4.1	3.9
#羊毛	139.6		4.1	
羊绒	187.0			
（二）猪的饲养	66387.3	63214.9	7158.1	6757.5
1. 肉猪	65843.9	62674.7	7078.1	6677.5
2. 猪的副产品	543.4	540.2	80	80
（三）家禽饲养	32287.5	29554.7	9406.7	8463.8
1. 肉禽	7711.4	7206.9	2749.5	2411.8
2. 禽蛋	24576.1	22347.8	6657.2	6052
（四）狩猎和捕捉动物	392.0	392.0		
（五）其他禽牧业	384.6	384.6	29.1	25.1
# 兔	223.2	223.2	29.1	
四、渔业产值	**3063.0**	**3510.6**	**110**	**107**
养殖	3063.0	3510.6	110	107
鱼类	3063.0	3510.6	110	107
五、农林牧渔服务业	**17210.4**	**17021.1**	**2900**	**2815.5**

单位：万元

迎泽区		杏花岭区		尖草坪区		万柏林区	
按现行价格	按可比价格	按现行价格	按可比价格	按现行价格	按可比价格	按现行价格	按可比价格
				4.5			
1.8	1.8	63.2	63.2	1326	1300	48.2	46.4
862.5	**817.7**	**3076.4**	**2916.4**	**9363.5**	**9317.9**	**2082**	**1948.6**
139.6	133	302.4	277	2014.9	1987	752.2	657.4
		19.8	16.5	78	76.5	611.2	531.5
138.6	132	264.3	244.7	738.1	723.6	50.6	47.3
				3.6	3.6	3.9	3.4
		16.2	13.7	1188.7	1176.9	86.5	75.2
		16.2		1188.7		86.5	
1	1	2.1	2.1	6.5	6.4		
1		2.1		6.5			
629.8	599.8	2273.1	2225.5	5623.8	5622.4	1096.2	1096.2
629.8	599.8	2247.8	2225.5	5553	5553	1082.9	1082.9
		25.3		70.8	69.4	13.3	13.3
93.1	84.9	500.9	413.9	1617.1	1601	233.6	195
23.8	20.7	93.5	82.7	207.9	205.8	10.4	9
69.3	64.2	407.4	331.2	1409.2	1395.2	223.2	186
				80	80		
				27.7	27.5		
				4.5			
39.6	**46.6**			**115**	**129.1**	**16.5**	**18.6**
39.6	46.6			115	129.1	16.5	18.6
39.6	46.6			115	129.1	16.5	18.6
				460	**438.1**	**2700**	**2571.4**

10-9 农林牧渔

指标	晋源区		清徐县	
	按现行价格	按可比价格	按现行价格	按可比价格
农林牧渔业总产值	**49992.7**	**48567.7**	**210454.2**	**195525.8**
一、农业产值	**28753**	**27781**	**143190**	**133364.8**
（一）谷物及其他作物	4748.2	4330.8	30575.3	29291.4
1. 谷物	4428	4217.1	27776.2	26878.5
# 小麦	147.4		1020.2	
稻谷	267.9			
玉米	3369.9		19486.4	
2. 薯类	46.4	33.1	393.1	244.5
3. 油料			80.2	67.1
# 花生			7	
4. 豆类	83.8	80.6	661.8	560.8
# 大豆	50.8		570.4	
5. 棉花			425	301.5
6. 其他农作物	190		1239	1239
# 饲料作物			75	
（二）蔬菜、园艺作物	23544.8	23082.2	98685.3	89376.8
1. 蔬菜（含菜用瓜）	23511.2	23050.2	97772.2	88481.6
2. 花卉	2	1.9		
3. 其他园艺作物	31.6	30.1	913.1	895.2
（三）水果、坚果、饮料及香料作物	460	368	13907.8	14684.6
1. 水果、坚果（含果用瓜）	460	368	13907.8	14684.6
# 苹果	204.5		449.5	
梨	20.6		2316.5	
2. 茶及其他饮料				
# 茶				
（四）中药材			21.6	12
二、林业产值	**3870.4**	**3870.4**	**3526.7**	**2966.9**
（一）林木的培育和种植	3863.7	3863.7	3194.4	2681.4
1. 育种育苗	258.5	258.5	225	225
2. 造林	503.2	503.2	143.9	105.3
3. 抚育和管理	3102	3102	2825.5	2351.1

业总产值（二）

单位：万元

阳曲县		娄烦县		古交市	
按现行价格	按可比价格	按现行价格	按可比价格	按现行价格	按可比价格
60230.7	**58049**	**18918.2**	**17726.9**	**26932.8**	**24137.8**
28778.1	**27192.8**	**9218.6**	**8136.9**	**12697.3**	**11546.9**
16359.3	15384.6	7375	6541.1	4821.5	4672.9
13071.8	12815.5	2163.9	2163.9	1542.9	1483.6
9830.5		626.5		282.2	
1114	732.9	3667.4	2957.6	1495.5	1459
284.1	195.9	575.3	479.4	333.7	324
8.4					
1057.8	832.9	968.4	940.2	779.4	749.4
504.8		796.2		585.6	
831.6	807.4			670	656.9
46.6				20	
8659.9	8407.9	1455.1	1164.1	6231.7	5418.9
8640.3	8388.6	1455.1	1164.1	6231.7	5418.9
4	3.8				
15.6	15.5				
951.9	743.7	388.5	431.7	1522.6	1455.1
951.9	743.7	388.5	431.7	202.6	135.1
271.5		35.4		130.9	
77.6		19.4		3.6	
				1320	1320
				1320	
2807	2656.6			121.5	
4757.3	**4569.8**	**4061.5**	**4021.2**	**4822.6**	**4763.1**
4377.7	4190.5	4035.5	3995.6	4815.4	4763.1
321.9	321.8	225.4	223.2	208.3	194.7
650.7	625.7	619.2	613.1	522.6	483.9
3405.1	3243	3190.9	3159.3	4084.5	4084.5

10-9 续表 2-1

指　标	晋源区		清徐县	
	按现行价格	按可比价格	按现行价格	按可比价格
（二）竹木采用	6.7	6.7	87.5	87.5
#村及村以下	6.7		87.5	
（三）林产品			244.8	198
三、牧业产值	**15478.1**	**14923.3**	**57661.5**	**52885.8**
（一）牲畜饲养	4706.2	4513.6	18966.5	17290
1. 牛的饲养	8.1	8	9023.6	8359.8
2. 羊的饲养	779.7	737.7	4252.4	3456.7
3. 其他牲畜饲养			8.6	8.6
4. 奶产品	3911.4	3761	5641.5	5424.5
#牛奶	3911.4		5631.1	
5. 毛绒产品	7	6.9	40.4	40.4
#羊毛	7		40.4	
羊绒				
（二）猪的饲养	5418.2	5584.1	30782.7	28340.7
1. 肉猪	5364.6	5530.5	30478.7	28036.7
2. 猪的副产品	53.6	53.6	304	304
（三）家禽饲养	5329.3	4801.2	7545.6	6911.8
1. 肉禽	1297.6	1201.5	2370.6	2107.2
2. 禽蛋	4031.7	3599.7	5175	4804.6
（四）狩猎和捕捉动物	22	22	90	90
（五）其他禽牧业	2.4	2.4	276.7	253.3
# 兔	2.4		145.8	
四、渔业产值	**1311.2**	**1429.9**	**1276**	**1508.3**
养殖	1311.2	1429.9	1276	1508.3
鱼类	1311.2	1429.9	1276	1508.3
五、农林牧渔服务业	**580**	**563.1**	**4800**	**4800**

单位：万元

阳曲县		娄烦县		古交市	
按现行价格	按可比价格	按现行价格	按可比价格	按现行价格	按可比价格
15.3	15	5	5		
15.3		5			
364.3	364.3	21	20.6	7.2	
24904.5	24525.9	4681.4	4622	6195.3	5334.7
9394.3	9297.8	2865.1	2857.5	2306.5	2166.4
533.8	528.5	769.6	762	280.8	260
2658.9	2632.1	1880.9	1880.9	1799.8	1697.9
101.1	101.1	157.2	157.2	100.8	100.8
5993	5933.7			34.7	32.4
5993				34.7	
107.5	102.4	57.4	57.4	90.4	75.3
43.1		14.9		13.6	
64.4		42.5		76.8	
9898.4	9898.4	1419.1	1391.3	2009.8	1607.8
9892.8	9892.8	1419.1	1391.3	2009.8	1607.8
5.6	5.6				
5410	5135.4	342.2	331.4	1809	1500.5
677.3	670.6	116	116	396	370.1
4732.7	4464.8	226.2	215.4	1413	1130.4
100	95.2	40	40	60	50
101.8	99.1	15	1.8	10	10
39.5		1.8		10	
30.8	35	106.7	174.1	57.2	62
30.8	35	106.7	174.1	57.2	62
30.8	35	106.7	174.1	57.2	62
1760	1725.5	850	772.7	3160.4	2431.1

10-10 农林牧

指标	太原市	小店区	迎泽区	杏花岭区
农林牧渔业中间消耗合计	**257828**	**57133**	**3729**	**3510**
一、农业中间消耗合计	**148634**	**37394**	**104**	**317**
（一）物质消耗	115739	27394	79	282
1. 用种量	17156	2277	18	71
2. 役畜用饲料、饲草	4022	21		18
3. 肥料	34675	3575	15	9
4. 燃料	13861	2018	2	54
5. 农药	4908	80	9	16
6. 农用塑料薄膜	1838	195	1	3
7. 用电量	8209	1228	8	45
8. 小农机具购置	7970	57133	8	9
9. 办公用品购置	10648	37394	6	22
10. 其他物质消耗	12452	8000	12	35
（二）生产服务支出	32895	10000	25	35
二、林业中间消耗合计	**23156**	**2098**	**3180**	**1718**
（一）物质消耗	20851	2078	3120	1518
1. 用种量	13795	1828	2804	688
2. 肥料	222	67	8	6
3. 燃料	546	139	3	11
4. 农药	147	24		6
5. 用电量	1399	20	150	207

渔业中间消耗

单位:万元

尖草坪区	万柏林区	晋源区	清徐县	阳曲县	娄烦县	古交市
18826	6237	23229	94610	28511	9370	12673
10961	979	13015	61792	13502	4517	6053
6061	829	10515	47492	13317	4317	5453
1455	205	1365	7481	1677	1453	1154
41		11	130	2414	779	608
1626	9	5099	17664	4418	1134	1126
704	9	856	7058	2140	160	860
89	4	80	4340	233	25	32
153	2	64	536	658	122	104
113	330	501	4893	317	274	500
420	50	704	2015	250	170	344
600	110	820	2000	630	100	360
860	110	1015	1375	580	100	365
4900	150	2500	14300	185	200	600
3281	3039	1818	1609	2282	1884	2247
2361	2859	1683	1589	1922	1694	2027
1043	1812	668	1004	1285	1358	1305
30	3	8	25	47	20	8
22	1	260	18	9	4	79
		27	70	6	10	4
56	303	325	112	2	23	201

10–10 续表 1–1

指　标	太原市	小店区	迎泽区	杏花岭区
6. 小农机具购置	1515		35	150
7. 办公用品购置	1531		50	150
8. 其他	1696		70	300
(二) 生产服务支出	2305	20	60	200
三、牧业中间消耗合计	77388	16396	429	1475
(一) 物质消耗	75928	15896	424	1445
1. 用种量	360	89	2	4
2. 饲料、饲草	68947	13350	368	1383
3. 燃料	1093	387	4	33
4. 用电量	2675	970	25	
5. 畜牧用药品	1368	300	21	
6. 其他	341		2	
(二) 生产服务支出	1460	500	5	30
四、渔业中间消耗合计	1338	45	16	
(一) 物质消耗	1148	45	12	
1. 饲料	424	30		
2. 燃料	155	4	1	
3. 用电量	323	10	5	
4. 办公用品购置	106	1	3	
5. 其他	140		3	
(二) 生产服务支出	190		4	
五、农林牧渔服务业中部消耗合计	7312	1200		

单位:万元

尖草坪区	万柏林区	晋源区	清徐县	阳曲县	娄烦县	古交市
580	220	165	30	105	120	110
350	280	110	180	210	51	150
280	240	120	150	258	108	170
920	180	135	20	360	190	220
4354	1063	7584	28615	11956	2551	2965
4319	1033	7289	28395	11661	2551	2915
7		57	105	46	6	44
3606	833	6110	27455	10799	2420	2623
319	8	15	101	50	105	71
282	107	327	634	203	20	107
45	50	560	50	300		42
15	20	110	30	140		24
35	30	295	220	295		50
45	6	562	578	14	48	24
29	6	484	491	14	48	19
	3	130	224	7	30	
2	1	24	104	4	6	9
6	2	175	103	3	12	7
6		85	10			1
15		70	50			2
16		78	87			5
185	1150	250	2016	757	370	1384

10-11 林业渔业

指　标	单　位	合　计	小店区	迎泽区
林业生产情况				
一、当年造林面积	公顷	18979	158	159
（一）按造林方式分				
1. 人工造林	公顷	8853	158	159
2. 飞播造林		10126		
（二）按林种用途分				
1. 经济林	公顷	3026	110	27
2. 防护林	公顷	15356	48	106
二、零星植树	万株	1000.78	109.00	121.26
三、育苗面积	公顷	1788.9	333.0	20.0
# 本年新育	公顷	815.2	106.7	13.3
四、村及村以下木材采伐量	立方米	4141	659	
渔业生产情况				
1. 养殖面积	公顷	2369	22	167
2. 水产品产量	吨	2780	100	36

生 产 情 况

杏花岭区	尖草坪区	万柏林区	晋源区	清徐县	阳曲县	娄烦县	古交市
393	1000	1662	1609	461	3273	4922	4342
60	720	1195	1209	261	907	2275	1909
333	280	467	400	200	2366	2647	2433
60	220	133	453	43	297	963	720
333	780	1529	1156	400	2483	3932	3589
124.94	90.36	132.04	61.04	113.56	82.72	74.36	91.50
33.0	213.3	60.0	300.0	240.0	220.0	153.3	216.3
20.0	120.0	33.3	107.0	100.0	120.0	98.0	96.9
	101		67	2915	305	94	
	151	11	603	397	37	966	15
	100	15	842	1160	28	97	52

10-12 农民主要

指 标	单 位	太原市	小店区	迎泽区	杏花岭区
洗衣机	台	88.93	98.75	102.5	101.25
电冰箱	台	53.07	68.75	85	76.25
空调机	台	6	6.25	16.25	10
抽油烟机	台	16.9	21.25	58.75	42.5
吸尘器	台	2.13	1.25	3.75	
微波炉	台	8.18	11.25	28.75	15
热水器	台	17.47	17.5	43.75	21.25
# 太阳能热水器	台	6.74	2.5	12.5	3.75
自行车	辆	128.65	178.75	87.5	102.5
# 电动自行车	辆	22.37	17.5	17.5	46.25
摩托车	台	23.35	3.75	40	46.25
汽车(生活用)	台	9.98	11.25	12.5	10
固定电话机	部	75.32	85	92.5	100
移动电话	部	109.68	130.25	172.5	111.25
# 入互联网的	部	21.33		6.25	1.25
彩色电视机	台	104.62	130	128.75	107.5
# 接入有线电视网的	台	54.29	23.75	10	63.75
黑白电视机	台	5.51	5		
# 接入有线电视网的	台	3.23			
摄像机	台	0.92		7.5	6.25
影碟机	台	25.85	48.75	53.75	12.5
照相机	架	14.77	21.25	38.75	33.75
家用计算机	台	18.97	21.25	47.5	26.25
接入互联网的	台	11.59	5	31.25	18.75
中高档乐器	件	1.51		2.5	2.5

生 活 用 品（农村抽样每百户均数）

尖草坪区	万柏林区	晋源区	清徐县	阳曲县	娄烦县	古交市
101.25	101.25	105	97.5	88.75	12.5	86.25
83.75	95	82.5	50	5	10	28.75
5	17.5	7.5	8.75			
47.5	51.25	11.25	2.5	3.75	12.5	
5		2.5			11.25	
13.75	27.5	8.75	2.5	6.25	2.5	
26.25	31.25	21.25	20	1.25	17.5	
6.25	2.5	18.75	12.5		2.5	
171.25	120	121.25	181.25	132.5	30	18.75
33.75	23.75	38.75	33.75	10		1.25
25	16.25	22.5	51.25	21.25	2.5	
2.5	11.25	28.75	15			2.5
82.5	81.25	66.25	80	78.75	33.75	76.25
113.75	106.25	143.75	123.75	45	47.5	125
	6.25	8.75	83.75			
103.75	117.5	121.25	106.25	72.5	68.75	103.75
93.75	45	27.5	81.25	2.5	55	87.5
10			3.75		26.25	3.75
5			3.75		18.75	
2.5	5					
42.5	52.5	12.5	30	13.75	1.25	1.25
27.5	48.75	11.25	12.5			
20	21.25	37.5	23.75	3.75	5	3.75
20	6.25	15	21.25		5	1.25
	2.5				12.5	

10-13 农村经济

指　标	单　位	太原市	小店区	迎泽区	杏花岭区
一、农村经济总收入	**万元**	**5885591.93**	**173496.2**	**909442.41**	**237164.2**
#出售产品收入	万元	2820831.5	52040	399568.9	115073
1. 农业收入	万元	320033.28	942.9	101785	529.8
2. 林业收入	万元	18516.3		5296	3.5
3. 牧业收入	万元	123947.83	3145.4	16822.55	1027.4
4. 渔业收入	万元	1254			
5. 工业收入	万元	3094557.15	91468	342078.95	47250.4
6. 建筑业收入	万元	272239.72	18943	45468.62	4229.8
7. 运输业收入	万元	610821.27	28936	62612.5	8143.2
8. 商饮业收入	万元	818296.27	16161.9	107551.3	141522.6
9. 服务业收入	万元	369847.06	12492	155299.76	25247
10. 其他收入	万元	256079.05	1407	72527.73	9210.5
二、总费用	**万元**	**4694195.4**	**137222.8**	**700490.98**	**198183.5**
三、净收入	**万元**	**1191396.53**	**36273.4**	**208951.43**	**38980.7**
四、投资收益	**万元**	**3644.4**	**654**	**374**	**74**
五、农民外出劳务收入	**万元**	**99044.67**	**5408.1**	**11680.7**	**5203**
六、可分配净收入总额	**万元**	**1294085.6**	**42335.5**	**221006.13**	**44257.7**
1. 国家税金	万元	256783.03	3162	14718.15	4608.8
2. 上交有关部门	万元	6605.48	25	555	31
3. 外来投资分利	万元	16387.1	50	1495.2	938.9
4. 外来人员带走劳务收入	万元	127778.78	3180.5	49793.78	14038.5
5. 企业各项留利	万元	48423.9	1083.4	2998.6	1713
6. 乡村集体所得	万元	30332.4	646	15551.3	298.1
7. 农民经营所得	万元	807774.91	34188.6	135894.1	22629.4
七、农民从乡镇集体企业得到收入	**万元**	**2324**			
八、农民从集体再分配得到收入	**万元**	**44085.41**	**242.3**	**17310.05**	**556.1**
九、农民所得总额	**万元**	**854184.32**	**34430.9**	**153204.15**	**23185.5**
十、农民人均所得	**元**	**7664**	**8841**	**10176**	**9959**

收益分配

尖草坪区	万柏林区	晋源区	古交市	阳曲县	清徐县	娄烦县
394379.8	805910.37	507958	940470	218142	1627689.85	70939.1
107077	185646.6	126224	692295	67731	1058586	16590
17458.61	3089.97	35348	8849	21998	117400	12632
789.1	216.7	2365	4923	1596	1851	1476
10757.28	1337.2	10702	7033	19604	50596	2923
		1024		4	110	116
169713.8	147918	192900	778058	116110	1180359	28701
18834.3	50090	45445	1615	11391	69864	6359
70195.57	69507	96751	100022	22721	145329	6604
73390.22	337499	63213	28704	15608	31170.25	3476
16077.3	110958	18214	10455	4943	13807	2363
17163.62	85294.5	41996	811	4176	17203.6	6289.1
305286.52	672706.1	406510	767001	149468	1314442.1	42884.4
89093.28	133204.27	101448	173469	68674	313247.75	28054.7
710	986.4	609			237	
13974.76	7593.61	4808	10221	11387	22884.5	5884
103778.04	141784.28	106865	183690	80061	336369.25	33938.7
17496.08	11196	13752	85096	26147	79563	1044
274.2	1137.28	910	1650	430	1573	20
339	4425	416	3428	2258	2487	550
6456	26824.3	3374	8775	3514	10807	1015.7
5254.9	3161	3713	9540	4279	16565	116
1400.4	10958.6	1222	59	53	144	
72557.46	84082.1	83478	75142	43380	225230.25	31193
43	2281					
7670.59	6895.07	5766	885	438	2304	2018.3
80271.05	93258.17	89244	76027	43818	227534.25	33211.3
7239	10671	7209	7456	3884	8792	3130

10-14 乡镇企业主要经济指标

单位:个、人、万元

指标	企业个数	从业人员	增加值	总产值	营业收入	利润总额	上交税金	劳动者报酬
总 计	**8737**	**209196**	**1464109**	**6117768**	**5572698**	**296567**	**283663**	**241395**
一、按登记注册类型分组								
1. 内资企业小计	8736	208667	1460388	6101848	5556774	296149	283445	240266
(1) 集体企业	279	11359	83125	370478	350516	19341	8139	13055
(2) 股份合作企业	166	2923	23259	84939	74464	6286	1741	2465
(3) 联营企业	6	763	1982	6149	3876	583	238	630
(4) 有限责任公司	1812	33061	332253	1293899	1154238	67606	51616	44361
(5) 股份有限公司	361	6762	28357	163752	166426	13180	3793	5913
(6) 私营企业	6112	153799	991412	4182631	3807254	189153	217918	173842
2. 外商投资企业	1	529	3721	15920	15924	418	218	1129
二、按国民经济行业分组								
1. 农业企业	107	2467	7636	77392	38870	3781	2335	1659
2. 工业	3090	109676	1078026	4215803	3941136	224872	240083	175251
# 采矿业	85	4492	40912	138224	141190	10202	10738	4545
制造业	2975	104952	1035276	4170220	3793295	214404	229210	170429
电力、燃气及水的生产和供应业	30	232	1838	7359	6651	266	135	277
3. 建筑业	346	9263	62477	263907	241215	14258	5375	9744
# 资质等级以外企业	38	1150	15547	59307	58673	2602	1055	1933
4. 交通运输仓储业	1156	9153	40434	201349	167477	8240	4289	8275
5. 批发零售业	2385	60483	172271	810676	718832	28354	16227	26923
6. 住宿及餐饮业	576	8045	44541	194136	208627	9766	6421	8942
# 餐饮业	352	4654	18322	87548	86350	3714	2642	4310
7. 居民服务、其他服务业和娱乐业	976	8976	47092	190367	199249	5276	7328	9360
8. 其他	101	1133	11632	64138	57292	2020	1605	1241

第十一篇

工业、交通运输和邮电

GONGYEJIAOTONGYUNSHUHEYOUDIAN

资料整理、审核

李春宝　　亢会明　　高　宏

孟国丽　　张　越　　张明敏

11-1 全市工业企业单位数

单位:个

指标	2010	2009
全部工业企业单位数总计	**4227**	**4078**
# 规模以上工业企业数	480	484
在总计中：国有及国有控股	83	95
（一）按隶属关系分		
中央企业	25	29
省属企业	35	38
市属企业	37	43
县及县以下	383	374
（二）按轻重工业分		
轻工业	107	109
重工业	373	375
（三）按登记注册类型分组:		
国有企业	37	46
集体企业	40	44
股份合作企业	2	1
联营企业		
有限责任公司	126	131
股份有限公司	21	22
私营企业	223	207
其他企业	2	2
港、澳、台商投资企业	5	5
外商投资企业	24	26
（四）按企业规模分		
大型企业	25	22
中型企业	83	81
小型企业	372	381

11-2 全社会主要工业产品产量

指　标	单　位	2010	2009
原煤	万吨	3774.80	3502.70
洗煤	万吨	3158.70	2726.47
#洗精煤	万吨	2424.20	2133.21
生铁	万吨	696.90	735.61
粗钢	万吨	850.00	841.77
钢材	万吨	847.50	827.21
焦炭	万吨	1268.00	1077.63
水泥	万吨	582.50	511.37
氢氧化钠（烧碱）（折100%）	万吨	7.30	4.16
机制纸及纸板	万吨	9.90	8.60
白酒（折65度，商品量）	千升	3367	5772
饮料酒	千升	9573	13363
精制食用植物油	万吨	3.70	2.35
食醋	万吨	35.00	21.80
乳制品	万吨	15.80	13.20
软饮料	万吨	13.60	13.70

11-3 规模以上工业企业主要产品产量

指 标	单 位	2010	2009
原煤	万吨	3774.80	3502.70
洗煤	万吨	3115.70	2726.47
# 洗精煤	万吨	2424.30	2133.21
发电量	亿千瓦小时	203.80	207.03
小麦粉	万吨	2.68	2.74
配混合饲料	万吨	24.01	18.86
精制食用植物油	万吨	3.72	2.22
白酒（折65度，商品量）	千升	3367	3067
啤酒	千升	6206.50	10296.40
软饮料	万吨	13.57	13.71
卷烟	亿支	147.50	145.00
家具	万件	13.45	9.14
机制纸及纸板	万吨	9.90	8.60
焦炭	万吨	1267.97	1077.63
合成氨	万吨	12.22	9.50
烧碱（折100%）	万吨	7.26	4.16
涂料（油漆）	万吨	4.82	3.53

11-3 续表 1-1

指　标	单　位	2010	2009
橡胶轮胎外胎	万条	173.51	137.38
水泥	万吨	525.57	454.99
商品混凝土	万立方米	300.63	130.32
平板玻璃	万重量箱	190.93	304.31
生铁	万吨	677.92	721.61
粗钢	万吨	849.92	841.77
钢材	万吨	846.70	826.69
铁合金	万吨	17.59	15.94
原铝（电解铝）	万吨	4.29	
金属镁	万吨	5.40	4.43
钕铁硼	吨	4804.74	3191.61
铝材	万吨	1.12	1.54
工业锅炉	蒸发量吨	952.17	1176.65
金属切削机床	台	1695	981
起重机	吨	76904	74117
采矿专用设备	吨	115239.30	92896.55
交流电动机	万千瓦	66.40	63.66
变压器	万千伏安	11.24	10.38

11-4 规模以上工业主要产品生产能力

指　标	单　位	生产能力
原煤	吨	45690000
发电设备容量总计 / 发电量	万千瓦 / 万千瓦小时	363
卷烟	万支	5620000
化学纤维	吨	17200
棉纺锭 / 纺纱量	锭 / 吨	5000
焦炭	吨	18807573
农用氮、磷、钾化学肥料总计（折纯）	吨	88543
水泥	吨	10810000
水泥熟料	吨	5620000
# 窑外分解窑熟料	吨	5440000
平板玻璃	重量箱	2580000
# 浮法玻璃	重量箱	2580000
生铁	吨	6400000
粗钢	吨	8233800
钢材	吨	10169400
铁合金	吨	270000
原铝（电解铝）	吨	100000
金属切削机床	台	2016
汽车	辆	15000

11-5 规模以上工业

指　标	企业单位数(个)	亏损企业	工业总产值（当年价格）	工业销售产值（当年价格）	出口交货值
总　计	480	128	20003396.9	19758764.7	1387274.5
一、按登记注册类型分组:					
内资企业	451	118	18417934.0	18215320.4	1044223.8
国有企业	37	13	662004.1	659452.9	5445.0
中央企业	7	2	387885.6	392082.0	
地方企业	30	11	274118.5	267370.9	5445.0
集体企业	40	11	147630.9	143862.0	
股份合作企业	2		6065.7	5122.7	
有限责任公司	126	35	14357583.6	14259392.8	998779.8
国有独资公司	12		11147334.1	11052631.8	849095.7
其他有限责任公司	114	35	3210249.5	3206761.0	149684.1
股份有限公司	21	5	910497.7	912903.4	5560.2
私营企业	223	54	2319692.1	2220587.5	34438.8
私营独资企业	15	5	87174.9	81352.0	
私营合作企业	2		3942.0	3938.9	
私营有限责任公司	194	47	2143642.5	2046021.4	34438.8
私营股份有限公司	12	2	84932.7	89275.2	
其他企业	2		14459.9	13999.1	
港、澳、台商投资企业	5	1	52667.1	52616.0	2654.9
合资经营企业（港或澳、台资）	2	1	11005.8	11776.8	2654.9
港澳台商独资经营企业	3		41661.3	40839.2	
外商投资企业	24	9	1532795.8	1490828.3	340395.8
中外合资经营企业	15	6	672863.0	652300.1	

主要经济指标（一）

单位：万元

资产总计	流动资产合计	应收帐款	存货	产成品	固定资产合计	固定资产原价	累计折旧	固定资产净值
30056543.9	**14134972.3**	**2732858.2**	**3610201.2**	**1090881.6**	**11017246.3**	**16488342.5**	**6848463.2**	**9639879.3**
28030227.7	13222696.2	2482509.9	3379644.7	1034405.0	10058497.8	15203064.1	6459311.5	8743752.6
1549756.7	657496.3	104622.7	134269.9	47527.6	796096.3	1322032.4	653017.4	669015.0
715770.6	259689.7	62067.4	60286.0	7550.6	432494.5	788583.8	430970.9	357612.9
833986.1	397806.6	42555.3	73983.9	39977.0	363601.8	533448.6	222046.5	311402.1
107492.8	79150.6	22864.5	16239.7	7944.2	25287.7	39313.3	16294.9	23018.4
6144.8	4567.4	3430.0	561.4	35.4	1477.4	2556.0	1078.6	1477.4
21984418.4	9893180.8	1904474.2	2646624.7	752637.9	7600923.6	12081150.4	5386148.2	6695002.2
17066099.8	7327193.0	1509065.2	1912334.6	504665.7	5610646.4	9452140.7	4350916.9	5101223.8
4918318.6	2565987.8	395409.0	734290.1	247972.2	1990277.2	2629009.7	1035231.3	1593778.4
1607172.9	818775.8	90252.4	132625.3	41397.5	747391.7	725739.0	144045.5	581693.5
2744082.0	1742336.7	350315.5	441919.2	184862.4	883349.6	1026965.4	257193.7	769771.7
96069.5	68240.0	24684.0	24437.2	12960.4	18619.5	24454.4	6697.9	17756.5
3941.0	2786.8	781.0	656.1	605.7	1154.2	1345.4	375.3	970.1
2552444.5	1639369.8	312819.9	402002.1	165856.6	807966.0	920507.8	224018.9	696488.9
91627.0	31940.1	12030.6	14823.8	5439.7	55609.9	80657.8	26101.6	54556.2
31160.1	27188.6	6550.6	7404.5		3971.5	5307.6	1533.2	3774.4
38625.5	20120.0	8323.1	1915.7	646.7	14106.0	20253.4	6234.3	14019.1
28050.5	16674.9	6163.6	1363.8	347.0	7448.8	10995.3	3623.9	7371.4
10575.0	3445.1	2159.5	551.9	299.7	6657.2	9258.1	2610.4	6647.7
1987690.7	892156.1	242025.2	228640.8	55829.9	944642.5	1265025.0	382917.4	882107.6
713462.5	395815.2	61627.6	98081.1	26377.8	24	374421.9	140991.7	23

11-5 续表 1-1

指　标	企业单位数(个)	亏损企业	工业总产值（当年价格）	工业销售产值（当年价格）	出口交货值
外资企业	7	3	705240.6	684759.0	340346.0
外商投资股份有限公司	2		154692.2	153769.2	
二、按经济组织类型分组					
独资企业	102	32	1643711.8	1610265.1	345791.0
国有企业	37	13	662004.1	659452.9	5445.0
集体企业	40	11	147630.9	143862.0	
私营独资企业	15	5	87174.9	81352.0	
港澳台商独资经营企业	3		41661.3	40839.2	
外资企业	7	3	705240.6	684759.0	340346.0
合作、合伙企业	6		24467.6	23060.7	
股份合作企业	2		6065.7	5122.7	
私营合伙企业	2		3942.0	3938.9	
其他企业（内资）	2		14459.9	13999.1	
股份有限公司	35	7	1150122.6	1155947.8	5560.2
股份有限公司（内资）	21	5	910497.7	912903.4	5560.2
私营股份有限公司	12	2	84932.7	89275.2	
外商投资股份有限公司	2		154692.2	153769.2	
有限责任公司	337	89	17185094.9	16969491.1	1035923.3
国有独资公司	12		11147334.1	11052631.8	849095.7
私营有限责任公司	194	47	2143642.5	2046021.4	34438.8
合资经营企业（港或澳、台资）	2	1	11005.8	11776.8	2654.9
中外合资经营企业	15	6	672863.0	652300.1	49.8

单位:万元

资产总计	流动资产合计	应收帐款	存货	产成品	固定资产合计	固定资产原价	累计折旧	固定资产净值
1220688.3	483236.7	178294.5	124772.2	29243.5	666410.1	855915.9	235552.3	620363.6
53539.9	13104.2	2103.1	5787.5	208.6	28313.8	34687.2	6373.4	28313.8
2984582.3	1291568.7	332625.2	300270.9	97975.4	1513070.8	2250974.1	914172.9	1336801.2
1549756.7	657496.3	104622.7	134269.9	47527.6	796096.3	1322032.4	653017.4	669015.0
107492.8	79150.6	22864.5	16239.7	7944.2	25287.7	39313.3	16294.9	23018.4
96069.5	68240.0	24684.0	24437.2	12960.4	18619.5	24454.4	6697.9	17756.5
10575.0	3445.1	2159.5	551.9	299.7	6657.2	9258.1	2610.4	6647.7
1220688.3	483236.7	178294.5	124772.2	29243.5	666410.1	855915.9	235552.3	620363.6
41245.9	34542.8	10761.6	8622.0	641.1	6603.1	9209.0	2987.1	6221.9
6144.8	4567.4	3430.0	561.4	35.4	1477.4	2556.0	1078.6	1477.4
3941.0	2786.8	781.0	656.1	605.7	1154.2	1345.4	375.3	970.1
31160.1	27188.6	6550.6	7404.5		3971.5	5307.6	1533.2	3774.4
1752339.8	863820.1	104386.1	153236.6	47045.8	831315.4	841084.0	176520.5	664563.5
1607172.9	818775.8	90252.4	132625.3	41397.5	747391.7	725739.0	144045.5	581693.5
91627.0	31940.1	12030.6	14823.8	5439.7	55609.9	80657.8	26101.6	54556.2
53539.9	13104.2	2103.1	5787.5	208.6	28313.8	34687.2	6373.4	28313.8
25278375.9	11945040.7	2285085.3	3148071.7	945219.3	8666257.0	13387075.4	5754782.7	7632292.7
17066099.8	7327193.0	1509065.2	1912334.6	504665.7	5610646.4	9452140.7	4350916.9	5101223.8
2552444.5	1639369.8	312819.9	402002.1	165856.6	807966.0	920507.8	224018.9	696488.9
28050.5	16674.9	6163.6	1363.8	347.0	7448.8	10995.3	3623.9	7371.4
713462.5	395815.2	61627.6	98081.1	26377.8	249918.6	374421.9	140991.7	233430.2

11-5 续表 1-2

指　标	企业单位数(个)	亏损企业	工业总产值（当年价格）	工业销售产值（当年价格）	出口交货值
其他有限责任公司	114	35	3210249.5	3206761.0	149684.1
三、在总计中：亏损企业	128	128	2610336.9	2532495.5	102310.3
在总计中：国有控股企业	83	24	14426613.0	14329951.1	979279.2
在总计中：农村工业	9	4	45185.0	42451.9	
在总计中：轻工业	107	19	1400948.1	1362959.1	4416.8
重工业	373	109	18602448.8	18395805.6	1382857.7
在总计中：大型企业	25	7	13692367.8	13598382.4	1213162.8
中型企业	83	26	4080544.0	3988232.1	126589.1
小型企业	372	95	2230485.1	2172150.2	47522.6
四、按行业分组：					
煤炭开采和洗选业	37	11	2714431.0	2666618.8	
黑色金属矿采选业	6	3	67094.6	54596.1	
农副食品加工业	15	2	229022.4	235314.1	690.8
食品制造业	13	1	254997.9	241207.4	51.7
饮料制造业	6		80043.3	78077.0	
烟草制品业	1		263105.5	260647.4	
纺织业	3	2	25441.3	22821.3	2654.9
纺织服装、鞋、帽制造业	2	2	38343.1	38336.8	
木材加工及木、竹、藤、棕、草制品业	2		9934.2	11445.6	
家具制造业	4		6518.0	6719.5	
造纸及纸制品业	5		37056.8	33730.2	
印刷业和记录媒介的复制	12	5	48471.0	44848.0	
文教体育用品制造业	1		23610.6	23610.6	

单位：万元

资产总计	流动资产合计	应收帐款	存货	产成品	固定资产合计	固定资产原价	累计折旧	固定资产净值
4918318.6	2565987.8	395409.0	734290.1	247972.2	1990277.2	2629009.7	1035231.3	1593778.4
5277101.9	2729702.1	335254.8	651440.0	224262.5	2214216.5	3211927.1	1250783.5	1961143.6
22638092.2	9924855.0	1898113.1	2526890.8	738939.3	8369664.9	13190828.6	5952306.9	7238521.7
44811.8	30755.8	6168.5	19458.0	6243.6	13857.9	16843.3	3138.6	13704.7
1498672.2	761078.9	105740.9	190427.5	73402.8	567556.0	714935.5	225347.8	489587.7
28557871.7	13373893.4	2627117.3	3419773.7	1017478.8	10449690.3	15773407.0	6623115.4	9150291.6
21889852.4	9522847.0	1860577.2	2359249.2	627820.5	8081206.3	12704183.7	5569143.4	7135040.3
5366616.4	2993912.8	487458.7	795763.6	308991.3	2036104.3	2669314.6	949964.2	1719350.4
2800075.1	1618212.5	384822.3	455188.4	154069.8	899935.7	1114844.2	329355.6	785488.6
4435317.5	2535090.2	243714.8	188913.1	68025.2	1425051.1	2421993.5	1405016.9	1016976.6
64411.6	23388.5	9627.4	4760.8	1658.6	25798.2	36266.4	11136.1	25130.3
228055.5	114364.4	9189.9	20671.0	8106.1	93516.4	99271.7	16333.4	82938.3
180890.0	79309.3	13879.9	31174.2	7055.4	73530.4	87695.0	19792.7	67902.3
67397.8	27743.1	2368.9	16095.8	9104.4	36447.0	59382.8	23938.1	35444.7
243126.2	149101.5	10685.9	29295.5	3623.7	93458.9	107496.1	33298.9	74197.2
48193.2	37435.0	6259.7	16937.8	10637.7	6910.2	10047.4	3214.6	6832.8
15980.7	11326.6	1997.8	3137.4	1271.5	4599.1	7008.9	2483.6	4525.3
12714.9	3996.9	1381.8	1475.0	740.7	6733.0	6287.9	484.5	5803.4
11877.3	5591.4	1450.4	2826.9	97.8	6175.9	6187.4	1884.0	4303.4
39331.9	15455.4	4702.5	4255.6	1038.8	19626.8	27099.0	7557.3	19541.7
78000.3	38286.5	6835.4	7765.4	2940.0	28679.9	51500.2	26813.1	24687.1
5485.1	5060.5	4219.4	457.0	457.0	424.6	458.5	33.9	424.6

11-5 续表 1-3

指　标	企业单位数(个)	亏损企业	工业总产值（当年价格）	工业销售产值（当年价格）	出口交货值
石油加工、炼焦及核燃料加工业	18	13	2077376.7	2013664.9	24587.1
化学原料及化学制品制造业	29	6	877856.1	870834.8	13105.8
医药制造业	19	5	99486.1	93529.7	896.8
化学纤维制造业	2		9777.9	10065.5	
橡胶制品业	3	2	225864.0	247594.2	58308.5
塑料制品业	16	2	95121.7	88369.4	1834.0
非金属矿物制品业	41	11	389556.1	379669.8	
黑色金属冶炼及压延加工业	21	8	6913026.3	6950070.2	731999.7
有色金属冶炼及压延加工业	17	12	198526.9	194839.0	348.7
金属制品业	33	8	190701.7	187174.6	23.0
通用设备制造业	58	14	261892.5	251510.5	4908.7
专用设备制造业	39	6	2034569.3	1957244.7	135272.3
交通运输设备制造业	22	3	980847.8	973305.1	59903.1
电气机械及器材制造业	11	2	118002.1	115355.6	5112.8
通信设备、计算机及其他电子设备制造业	20	3	841167.3	819504.5	346734.2
仪器仪表及文化、办公用机械制造业	15	1	180100.1	176690.1	842.4
工艺品及其他制造业	1		5114.0	5045.8	
电力、热力的生产和供应业	5	5	460480.1	460480.1	
燃气生产和供应业	1		196571.9	196571.9	
水的生产和供应业	2	1	49288.6	49271.5	

单位:万元

资产总计	流动资产合计	应收帐款	存货	产成品	固定资产合计	固定资产原价	累计折旧	固定资产净值
3571200.8	1930706.2	161807.5	367805.5	141698.0	1542806.6	1694211.6	477728.4	1216483.2
1356507.0	595570.1	117856.8	120214.3	58269.4	591076.3	847977.9	307184.7	540793.2
165461.5	90599.1	13989.7	27259.8	15471.5	56905.2	76663.0	28642.3	48020.7
5368.9	4787.3	787.8	1549.5	1194.2	581.6	478.6	19.7	458.9
273946.2	147165.8	27118.0	62907.4	35967.4	126410.0	99482.0	17195.9	82286.1
132340.6	70598.6	9405.8	13534.7	8160.8	46624.0	51517.1	16008.6	35508.5
604055.4	278117.4	67459.4	63300.3	22910.8	293797.2	379384.9	118719.8	260665.1
10019316.6	2973286.2	420667.1	1455337.1	350837.2	3617197.7	6240440.8	2637109.9	3603330.9
226383.8	136957.5	18782.1	50737.3	11774.6	82615.1	129991.6	50138.2	79853.4
152874.7	118901.4	30488.7	56453.7	21270.2	30395.4	46048.4	19738.5	26309.9
397757.8	307016.3	65581.8	147281.7	60612.6	75669.4	102632.1	37479.7	65152.4
3094760.5	2355228.2	938355.7	486723.4	145842.5	482727.4	615827.1	238884.8	376942.3
1041732.1	578057.2	153244.2	152326.9	47353.3	389721.7	489417.9	161285.2	328132.7
133295.5	88114.5	29526.4	22121.6	10706.1	29876.8	36845.7	14296.7	22549.0
1538631.2	722080.8	227974.0	180392.2	32592.6	722983.3	965653.1	282618.1	683035.0
352291.8	232749.5	78743.1	39655.7	10585.8	93829.0	130443.5	36967.8	93475.7
2935.9	2378.2	1807.8	309.0	257.7	378.3	609.8	231.5	378.3
1025201.3	312988.1	47226.1	33186.8		688093.3	1398571.7	800450.9	598120.8
308173.7	62228.4	4166.8	796.3	618.6	245945.3	156066.3	19129.6	136936.7
223526.6	81292.2	1555.6	542.5	1.4	78661.2	105384.6	32645.8	72738.8

11-5 规模以上工业

指标	负债合计	流动负债合计	应付账款	长期负债合计
总计	19556947.3	13176891.9	3863628.8	5893112.1
一、按登记注册类型分组:				
内资企业	18330961.8	12071834.8	3526663.8	5784535.5
国有企业	1244306.7	532754.6	198661.6	554610.1
中央企业	641742.7	167950.0	130401.5	473792.7
地方企业	602564.0	364804.6	68260.1	80817.4
集体企业	79987.7	75710.7	35252.3	1681.0
股份合作企业	2376.1	2266.1	1710.7	110.0
有限责任公司	13680560.4	8618832.6	2647481.9	4763962.3
国有独资公司	10445177.0	6670737.2	2017206.8	3758603.3
其他有限责任公司	3235383.4	1948095.4	630275.1	1005359.0
股份有限公司	1316038.2	984399.8	174416.2	330338.4
私营企业	1985841.6	1836019.9	465818.5	133833.7
私营独资企业	72328.6	65762.5	16293.9	1018.4
私营合作企业	1977.2	1977.2	540.0	
私营有限责任公司	1836625.8	1713533.7	438831.6	112651.8
私营股份有限公司	74910.0	54746.5	10153.0	20163.5
其他企业	21851.1	21851.1	3322.6	
港、澳、台商投资企业	20935.4	19503.4	10025.2	1431.8
合资经营企业（港或澳、台资）	13649.1	13560.2	5111.5	88.7
港澳台商独资经营企业	7286.3	5943.2	4913.7	1343.1
外商投资企业	1205050.1	1085553.7	326939.8	107144.8
中外合资经营企业	406231.5	341753.0	79905.8	53706.6

主要经济指标（二）

单位：万元

所有者权益合计	实收资本	国家资本	集体资本	法人资本	个人资本	港澳台资本
10393572.8	4336071.4	1483512.1	33411.4	1722303.6	581367.2	332343.6
9593287.0	3723387.6	1479699.3	32061.4	1653536.1	554990.8	3100.0
305449.7	110534.4	77454.8	264.1	32815.5		
74027.9	32962.2	8598.0		24364.2		
231421.8	77572.2	68856.8	264.1	8451.3		
27490.7	17029.3		13897.9	2915.4	216.0	
3768.7	3000.0				3000.0	
8268993.6	2661766.0	1068685.9	13541.0	1386163.9	191375.2	2000.0
6620922.5	1697943.8	883260.0		814683.8		
1648071.1	963822.2	185425.9	13541.0	571480.1	191375.2	2000.0
290898.0	535920.1	330291.4	1527.5	91692.2	111309.0	1100.0
687377.3	388057.8	3267.2	2830.9	134949.1	247010.6	
23740.6	15765.2			3071.6	12693.6	
1963.8	600.0			100.0	500.0	
644956.0	350793.8	3267.2	2830.9	115211.7	229484.0	
16716.9	20898.8			16565.8	4333.0	
9309.0	7080.0			5000.0	2080.0	
17690.1	20223.6	876.4	1350.0	11643.6		6353.6
14401.4	14320.0	876.4	1350.0	11643.6		450.0
3288.7	5903.6					5903.6
782595.7	592460.2	2936.4		57123.9	26376.4	322890.0
307214.4	147266.4	2936.4		53635.7	26376.4	12365.0

11-5 续表 2-1

指　标	负债合计	流动负债合计	应付账款	长期负债合计
外资企业	786501.0	733364.1	243130.4	53136.9
外商投资股份有限公司	12317.6	10436.6	3903.6	301.3
二、按经济组织类型分组				
独资企业	2190410.3	1413535.1	498251.9	611789.5
国有企业	1244306.7	532754.6	198661.6	554610.1
集体企业	79987.7	75710.7	35252.3	1681.0
私营独资企业	72328.6	65762.5	16293.9	1018.4
港澳台商独资经营企业	7286.3	5943.2	4913.7	1343.1
外资企业	786501.0	733364.1	243130.4	53136.9
合作、合伙企业	26204.4	26094.4	5573.3	110.0
股份合作企业	2376.1	2266.1	1710.7	110.0
私营合伙企业	1977.2	1977.2	540.0	
其他企业(内资)	21851.1	21851.1	3322.6	
股份有限公司	1403265.8	1049582.9	188472.8	350803.2
股份有限公司（内资）	1316038.2	984399.8	174416.2	330338.4
私营股份有限公司	74910.0	54746.5	10153.0	20163.5
外商投资股份有限公司	12317.6	10436.6	3903.6	301.3
有限责任公司	15937066.8	10687679.5	3171330.8	4930409.4
国有独资公司	10445177.0	6670737.2	2017206.8	3758603.3
私营有限责任公司	1836625.8	1713533.7	438831.6	112651.8
合资经营企业（港或澳、台资）	13649.1	13560.2	5111.5	88.7
中外合资经营企业	406231.5	341753.0	79905.8	53706.6

单位:万元

所有者权益合计	实收资本	国家资本	集体资本	法人资本	个人资本	港澳台资本
434187.2	430522.8			472.5		310525.0
41194.1	14671.0			3015.7		
794156.9	579755.3	77454.8	14162.0	39275.0	12909.6	316428.6
305449.7	110534.4	77454.8	264.1	32815.5		
27490.7	17029.3		13897.9	2915.4	216.0	
23740.6	15765.2			3071.6	12693.6	
3288.7	5903.6					5903.6
434187.2	430522.8			472.5		310525.0
15041.5	10680.0			5100.0	5580.0	
3768.7	3000.0				3000.0	
1963.8	600.0			100.0	500.0	
9309.0	7080.0			5000.0	2080.0	
348809.0	571489.9	330291.4	1527.5	111273.7	115642.0	1100.0
290898.0	535920.1	330291.4	1527.5	91692.2	111309.0	1100.0
16716.9	20898.8			16565.8	4333.0	
41194.1	14671.0			3015.7		
9235565.4	3174146.2	1075765.9	17721.9	1566654.9	447235.6	14815.0
6620922.5	1697943.8	883260.0		814683.8		
644956.0	350793.8	3267.2	2830.9	115211.7	229484.0	
14401.4	14320.0	876.4	1350.0	11643.6		450.0
307214.4	147266.4	2936.4		53635.7	26376.4	12365.0

11-5 续表 2-2

指　标	负债合计	流动负债合计	应付账款	长期负债合计
其他有限责任公司	3235383.4	1948095.4	630275.1	1005359.0
三、在总计中：亏损企业	4579531.2	3062277.5	737057.8	1081982.8
在总计中：国有控股企业	14219434.1	8860448.6	2650176.7	5174511.9
在总计中：农村工业	24753.1	22634.0	10412.4	682.6
在总计中：轻工业	719963.2	614514.9	186165.1	101132.3
重工业	18836984.1	12562377.0	3677463.7	5791979.8
在总计中：大型企业	13819109.3	9007355.1	2685117.8	4795917.3
中型企业	3803180.3	2678592.9	690493.3	706686.3
小型企业	1934657.7	1490943.9	488017.7	390508.5
四、按行业分组：				
煤炭开采和洗选业	2752929.4	1907213.8	623163.5	838380.4
黑色金属矿采选业	39379.7	39269.7	21130.1	110.0
农副食品加工业	110283.0	92665.0	14221.9	17559.0
食品制造业	72722.7	61780.6	13608.5	10942.1
饮料制造业	41583.6	37457.8	11759.7	4125.8
烟草制品业	61392.8	61392.8	53301.6	
纺织业	33833.6	33744.7	5222.7	88.7
纺织服装、鞋、帽制造业	10725.2	10725.2	876.8	
木材加工及木、竹、藤、棕、草制品业	3067.6	3067.6	452.9	
家具制造业	3541.6	3541.6	695.0	
造纸及纸制品业	30566.3	28159.3	7681.7	2406.9
印刷业和记录媒介的复制	43244.7	39264.9	12034.8	3969.8
文教体育用品制造业	4709.4	4709.4	4709.4	

单位：万元

所有者权益合计	实收资本	国家资本	集体资本	法人资本	个人资本	港澳台资本
1648071.1	963822.2	185425.9	13541.0	571480.1	191375.2	2000.0
656794.5	1077248.8	357506.4	11496.4	310406.8	281538.9	10000.0
8387539.3	2897181.3	1470821.3	2325.7	1319073.4	82300.9	1100.0
20058.7	7923.4		2022.0	5885.4	16.0	
746073.4	332922.2	31321.9	6480.2	157343.3	86524.5	8768.6
9647499.4	4003149.2	1452190.2	26931.2	1564960.3	494842.7	323575.0
8070742.8	2884708.4	1403533.7	2061.6	981762.2	102016.4	298440.0
1491214.2	848881.5	54187.3	7853.3	540707.0	167243.3	15135.0
831615.8	602481.5	25791.1	23496.5	199834.4	312107.5	18768.6
1682313.7	832249.2	29410.3	3371.5	756239.1	43228.3	
24774.8	4950.0			4950.0		
91186.5	41682.9	3229.2	3667.0	7687.0	22280.0	415.0
106086.4	39117.5	638.8		19283.4	7540.0	
25571.6	21550.3	1875.0		3076.8	5362.5	5000.0
181733.4	61319.6			61319.6		
14359.6	14820.0	876.4		12143.6	1800.0	
5255.4	977.7		489.3	488.4		
9647.2	3000.0			1980.0	1020.0	
8335.5	3996.2	467.2	186.9	1034.1	2308.0	
8765.4	8960.5				8960.5	
34465.6	21758.4	7529.9	522.9	9110.1	4595.5	
775.6	500.0				500.0	

11-5 续表 2-3

指　标	负债合计	流动负债合计	应付账款	长期负债合计
石油加工、炼焦及核燃料加工业	2598450.8	2216694.0	441912.2	381756.8
化学原料及化学制品制造业	805971.5	673708.0	148290.9	131683.0
医药制造业	117863.1	108986.1	14771.0	6201.1
化学纤维制造业	3301.2	1866.0	309.5	1435.2
橡胶制品业	201543.6	94658.0	48684.3	106885.5
塑料制品业	95302.6	90298.3	16641.0	1288.9
非金属矿物制品业	372191.9	270500.8	112633.9	96058.6
黑色金属冶炼及压延加工业	6195233.2	3241614.3	647886.5	2942023.4
有色金属冶炼及压延加工业	204045.5	179943.7	28852.5	23791.8
金属制品业	93466.9	89027.8	30469.6	1180.1
通用设备制造业	292899.0	260070.2	62100.3	31678.3
专用设备制造业	1983434.1	1726537.2	847989.7	242358.5
交通运输设备制造业	573348.8	418289.8	177241.9	139385.6
电气机械及器材制造业	82871.9	70810.2	39847.0	10489.7
通信设备、计算机及其他电子设备制造业	1083935.6	796740.8	266711.1	42362.5
仪器仪表及文化、办公用机械制造业	205877.1	185454.4	43297.3	3361.2
工艺品及其他制造业	1462.2	119.1	93.4	1343.1
电力、热力的生产和供应业	1091527.7	342501.2	148170.3	592084.7
燃气生产和供应业	250192.5	39001.6	6688.1	211190.9
水的生产和供应业	96048.5	47078.0	12179.7	48970.5

单位:万元

所有者权益合计	实收资本	国家资本	集体资本	法人资本	个人资本	港澳台资本
932564.8	689810.9	364562.2		112215.5	189943.0	12085.0
550534.8	205848.4	136387.0	167.6	28756.6	18323.7	
44819.4	49326.6	276.9		33664.7	11557.0	2000.0
2067.7	1700.0			500.0	1200.0	
72402.6	58619.9	551.5		58068.4		
36978.9	29576.9	103.2	1847.1	3598.8	7270.0	611.6
231862.5	122321.2	12220.6	2845.3	66544.6	39210.7	
3824033.0	796237.2	649371.9	6492.0	66230.0	74143.3	
22338.2	57518.7	1362.5		30721.2	23770.8	
59404.4	25595.0	2703.3	3375.3	6751.6	12764.8	
104652.6	80720.2	26066.2	7397.2	21316.1	23953.2	
1079600.4	259831.3	107489.7	50.0	103085.0	35358.2	10000.0
468113.8	233239.2	93994.7	847.8	127262.5	7384.2	
49740.3	26036.6	5436.1	200.0	2169.0	18231.5	
454698.3	477937.5	5733.4	424.0	66663.6	8682.0	299540.0
145883.8	39073.4	5519.8	1527.5	18536.1	11540.0	1950.0
1473.7	742.0					742.0
-66326.4	73178.8	6381.0		66797.8		
57981.2	37550.0	5000.0		32110.0	440.0	
127478.1	16325.3	16325.3				

11-5 规模以上工业

指　标	外商资本	主营业务收入	主营业务成本	主营业务税金及附加	其他业务收入
总　计	183133.5	20577851.7	17479738.3	238281.0	843481.2
一、按登记注册类型分组：					
内资企业		18956734.3	16007348.2	236812.5	797552.3
国有企业		656162.6	647486.3	4510.7	32232.3
中央企业		393480.8	423215.1	2378.3	21063.3
地方企业		262681.8	224271.2	2132.4	11169.0
集体企业		142638.0	130374.9	1078.3	4743.4
股份合作企业		5099.2	4044.8	45.1	18.2
有限责任公司		15015295.5	12421585.6	203797.4	730533.2
国有独资公司		11751200.0	9767926.1	72505.1	672650.5
其他有限责任公司		3264095.5	2653659.5	131292.3	57882.7
股份有限公司		850928.1	738235.4	7024.6	13862.5
私营企业		2272805.5	2053811.8	20290.2	14706.4
私营独资企业		80814.7	76684.4	162.9	148.8
私营合作企业		3938.9	3056.8	98.8	
私营有限责任公司		2097265.5	1890682.8	19922.8	14138.1
私营股份有限公司		90786.4	83387.8	105.7	419.5
其他企业		13805.4	11809.4	66.2	1456.3
港、澳、台商投资企业		51952.1	48729.7		2.9
合资经营企业（港或澳、台资）		8854.2	7650.2		
港澳台商独资经营企业		43097.9	41079.5		2.9
外商投资企业	183133.5	1569165.3	1423660.4	1468.5	45926.0
中外合资经营企业	51952.9	700944.4	604846.2	1317.1	15779.3

主要经济指标（三）

单位：万元

其他业务利润	营业费用	管理费用	税金	财务费用	利息支出	营业利润	投资收益
52394.4	443457.1	1692603.0	88487.1	371260.0	358698.3	851732.6	-26406.2
33216.2	402436.0	1581090.3	75819.4	369423.7	344540.7	760073.0	-11556.2
23641.4	13496.5	60120.7	2538.1	38827.8	38979.3	-66178.5	6841.0
20656.3	3965.6	15591.7	1139.1	26362.1	26209.7	-47660.8	75.7
2985.1	9530.9	44529.0	1399.0	12465.7	12769.6	-18517.7	6765.3
437.9	1282.4	13020.3	191.8	71.4	50.3	-742.9	0.1
15.0	319.2	609.6	11.6	1.1		202.5	
2631.6	271311.9	1324751.4	47315.8	263280.2	243123.2	767090.1	28492.5
1159.4	189703.5	1052576.8	28431.5	214701.2	197430.0	640665.9	45820.1
1472.2	81608.4	272174.6	18884.3	48579.0	45693.2	126424.2	-17327.6
1169.5	37649.1	63540.8	11209.8	31166.0	31163.2	9532.9	-18697.6
4848.0	78235.6	118068.7	14539.1	35719.6	30897.2	49244.2	-28192.2
14.8	561.8	1843.3	42.3	833.0	732.2	2233.4	-1396.8
	31.1	104.8	1.5			647.4	
4414.3	76243.8	112231.8	13857.7	33682.3	29010.7	43625.9	-26795.4
418.9	1398.9	3888.8	637.6	1204.3	1154.3	2737.5	
472.8	141.3	978.8	13.2	357.6	327.5	924.7	
0.9	171.9	3343.3	921.6	902.3	801.6	2527.5	
	127.0	555.5	47.9	901.0	800.7	-413.5	
0.9	44.9	2787.8	873.7	1.3	0.9	2941.0	
19177.3	40849.2	108169.4	11746.1	934.0	13356.0	89132.1	-14850.0
712.2	28022.7	45296.8	6320.2	9535.5	8702.9	58971.7	-1

11-5 续表 3-1

指　标	外商资本	主营业务收入	主营业务成本	主营业务税金及附加	其他业务收入
外资企业	119525.3	712123.3	684867.8	148.6	29615.9
外商投资股份有限公司	11655.3	156097.6	133946.4	2.8	530.8
二、按经济组织类型分组					
独资企业	119525.3	1634836.5	1580492.9	5900.5	66743.3
国有企业		656162.6	647486.3	4510.7	32232.3
集体企业		142638.0	130374.9	1078.3	4743.4
私营独资企业		80814.7	76684.4	162.9	148.8
港澳台商独资经营企业		43097.9	41079.5		2.9
外资企业	119525.3	712123.3	684867.8	148.6	29615.9
合作、合伙企业		22843.5	18911.0	210.1	1474.5
股份合作企业		5099.2	4044.8	45.1	18.2
私营合伙企业		3938.9	3056.8	98.8	
其他企业（内资）		13805.4	11809.4	66.2	1456.3
股份有限公司	11655.3	1097812.1	955569.6	7133.1	14812.8
股份有限公司（内资）		850928.1	738235.4	7024.6	13862.5
私营股份有限公司		90786.4	83387.8	105.7	419.5
外商投资股份有限公司	11655.3	156097.6	133946.4	2.8	530.8
有限责任公司	51952.9	17822359.6	14924764.8	225037.3	760450.6
国有独资公司		11751200.0	9767926.1	72505.1	672650.5
私营有限责任公司		2097265.5	1890682.8	19922.8	14138.1
合资经营企业（港或澳、台资）		8854.2	7650.2		
中外合资经营企业	51952.9	700944.4	604846.2	1317.1	15779.3

单位:万元

其他业务利润	营业费用	管理费用	税金	财务费用	利息支出	营业利润	投资收益
18462.8	7715.2	52542.5	2940.6	-8708.8	4589.6	20615.9	6.3
2.3	5111.3	10330.1	2485.3	107.3	63.5	9544.5	
42557.8	23100.8	130314.6	6586.5	31024.7	44352.3	-41131.1	5450.6
23641.4	13496.5	60120.7	2538.1	38827.8	38979.3	-66178.5	6841.0
437.9	1282.4	13020.3	191.8	71.4	50.3	-742.9	0.1
14.8	561.8	1843.3	42.3	833.0	732.2	2233.4	-1396.8
0.9	44.9	2787.8	873.7	1.3	0.9	2941.0	
18462.8	7715.2	52542.5	2940.6	-8708.8	4589.6	20615.9	6.3
487.8	491.6	1693.2	26.3	358.7	327.5	1774.6	
15.0	319.2	609.6	11.6	1.1		202.5	
	31.1	104.8	1.5			647.4	
472.8	141.3	978.8	13.2	357.6	327.5	924.7	
1590.7	44159.3	77759.7	14332.7	32477.6	32381.0	21814.9	-18697.6
1169.5	37649.1	63540.8	11209.8	31166.0	31163.2	9532.9	-18697.6
418.9	1398.9	3888.8	637.6	1204.3	1154.3	2737.5	
2.3	5111.3	10330.1	2485.3	107.3	63.5	9544.5	
7758.1	375705.4	1482835.5	67541.6	307399.0	281637.5	869274.2	-13159.2
1159.4	189703.5	1052576.8	28431.5	214701.2	197430.0	640665.9	45820.1
4414.3	76243.8	112231.8	13857.7	33682.3	29010.7	43625.9	-26795.4
	127.0	555.5	47.9	901.0	800.7	-413.5	
712.2	28022.7	45296.8	6320.2	9535.5	8702.9	58971.7	-14856.3

11-5 续表 3-2

指　标	外商资本	主营业务收入	主营业务成本	主营业务税金及附加	其他业务收入
其他有限责任公司		3264095.5	2653659.5	131292.3	57882.7
三、在总计中：亏损企业	106300.3	2545201.7	2497204.6	21219.9	60977.1
在总计中：国有控股企业	21560.0	15022073.5	12512824.9	208788.5	764379.6
在总计中：农村工业		36394.6	33162.8	154.4	212.6
在总计中：轻工业	42483.7	1383530.4	1052400.5	115283.0	10651.7
重工业	140649.8	19194321.3	16427337.8	122998.0	832829.5
在总计中：大型企业	96894.5	14280816.9	12038983.7	93351.8	770030.4
中型企业	63755.6	4070279.0	3459911.7	132004.1	45153.1
小型企业	22483.4	2226755.8	1980842.9	12925.1	28297.7
四、按行业分组：					
煤炭开采和洗选业		2607598.1	1602227.5	58771.2	75024.6
黑色金属矿采选业		54538.3	43565.7	1817.1	46.3
农副食品加工业	4404.7	231270.7	211578.0	287.6	71.5
食品制造业	11655.3	239063.7	184718.2	544.5	583.8
饮料制造业	6236.0	102898.0	84297.0	385.5	
烟草制品业		263637.3	100865.5	112123.3	164.1
纺织业		20495.5	17691.8	42.7	
纺织服装、鞋、帽制造业		37633.5	37470.0	335.1	3048.0
木材加工及木、竹、藤、棕、草制品业		11644.7	9162.1	7.4	2.1
家具制造业		6936.5	5305.2	30.9	24.1
造纸及纸制品业		32977.9	29897.0	142.1	
印刷业和记录媒介的复制		48456.3	41942.6	218.6	1614.7
文教体育用品制造业		22614.6	19177.0	112.0	

单位：万元

其他业务利润	营业费用	管理费用	税金	财务费用	利息支出	营业利润	投资收益
1472.2	81608.4	272174.6	18884.3	48579.0	45693.2	126424.2	-17327.6
27521.7	69540.9	193625.1	24720.8	107774.7	105725.8	-185996.6	-45996.4
26833.5	273319.1	1314122.8	40263.8	287007.0	269865.7	687118.6	54387.2
43.5	1267.2	5188.7	203.2	39.1	12.3	82.9	
2014.7	53582.9	88149.3	6303.2	9861.2	10137.7	96416.0	5612.0
50379.7	389874.2	1604453.7	82183.9	361398.8	348560.6	755316.6	-32018.2
39840.1	243486.7	1291984.0	50366.1	262042.8	258025.5	647286.0	32903.6
7975.9	134555.6	270839.3	24263.8	88830.3	85203.8	142195.1	-56033.3
4578.4	65414.8	129779.7	13857.2	20386.9	15469.0	62251.5	-3276.5
427.2	40730.4	520850.4	11012.8	36836.3	35216.8	333434.8	814.9
	2746.9	5070.6	1530.4	149.2	67.0	2138.6	
63.8	5367.4	6675.7	69.7	1882.3	1994.0	10582.0	
37.1	18215.5	14934.7	2176.7	1079.2	933.2	25537.2	
	9814.9	6497.7	1126.7	253.0	315.2	4868.8	
28.6	3552.1	18965.8	665.3	-423.7	-423.7	28582.8	
	887.1	1480.4	47.7	879.9	778.8	-70.1	-1396.8
	31.9	2897.7	10.3	-4.8	-5.3	-1186.5	
	64.9	160.3	2.7	50.6	49.1	2201.4	
14.9	609.4	490.1	5.2	32.3	23.6	482.9	
	205.0	944.5	70.6	736.9	736.2	1202.5	
360.9	241.7	5903.1	122.1	808.3	658.5	1230.1	171.3
	1.6	173.3	20.0	-0.6		3425.6	

11-5 续表 3-3

指　　标	外商资本	主营业务收入	主营业务成本	主营业务税金及附加	其他业务收入
石油加工、炼焦及核燃料加工业	11005.2	1989827.9	1755151.2	25103.3	46481.7
化学原料及化学制品制造业	22213.5	946844.1	844057.7	1702.8	3984.0
医药制造业	1828.0	87996.8	73443.1	260.1	3609.9
化学纤维制造业		10065.5	9325.1	27.0	195.1
橡胶制品业		232322.9	217277.0	423.9	1597.7
塑料制品业	16146.2	87761.0	78580.7	174.8	521.3
非金属矿物制品业	1500.0	372304.2	319572.1	2282.9	9812.6
黑色金属冶炼及压延加工业		7660679.4	6857150.7	12245.6	587902.9
有色金属冶炼及压延加工业	1664.2	225854.3	215524.0	2389.8	4056.4
金属制品业		180876.9	164186.7	576.8	214.5
通用设备制造业	1987.5	247153.4	209126.5	1318.0	9354.2
专用设备制造业	3848.4	1986781.3	1665025.8	9713.5	11714.9
交通运输设备制造业	3750.0	1011465.0	898990.0	2299.6	23956.7
电气机械及器材制造业		121725.4	100029.1	409.5	810.7
通信设备、计算机及其他电子设备制造业	96894.5	862483.1	821910.4	383.1	31014.5
仪器仪表及文化、办公用机械制造业		178214.3	132278.8	1165.0	3419.2
工艺品及其他制造业		5312.6	5021.8		2.9
电力、热力的生产和供应业		453587.1	524741.4	2101.7	23912.0
燃气生产和供应业		187570.9	160116.1	589.5	
水的生产和供应业		49260.5	40332.5	296.1	340.8

单位：万元

其他业务利润	营业费用	管理费用	税金	财务费用	利息支出	营业利润	投资收益
−519.2	87439.3	162563.9	33243.4	50187.1	46589.1	21718.6	−75359.2
1370.5	16650.1	51740.2	1343.7	7090.4	6858.1	18678.7	158.7
647.7	4859.3	9263.0	1363.3	1013.7	799.3	1416.7	76.9
	62.8	255.7		265.8	263.3	132.1	
379.7	7504.5	2847.8	41.2	1682.9	1604.5	2766.4	
180.7	2168.4	3803.3	80.5	−28.3	510.8	5379.0	195.5
3680.9	9937.4	22601.2	964.9	3520.0	3084.1	22280.3	3.7
−1023.7	122725.5	468559.8	16612.5	172410.9	154152.5	248049.7	40876.0
915.6	1716.0	7539.2	677.9	4813.0	4346.6	−2445.5	−2332.6
79.9	2240.1	13315.7	597.9	561.8	487.3	3417.0	
2056.7	8048.1	20436.7	848.3	2179.6	2007.3	3262.2	0.1
1182.0	51239.7	130291.6	5259.9	18339.0	17342.9	131203.1	1284.8
2327.1	14296.5	81747.4	3571.1	5445.2	6242.7	42078.1	411.8
281.0	3322.0	11176.8	327.2	457.0	318.4	7139.5	
18460.7	9407.6	73724.9	4493.1	4802.8	17482.9	1091.6	529.2
125.1	4691.5	20505.1	552.7	2026.2	1981.6	20235.0	341.7
0.9	38.6	296.0	21.6	1.4	0.9	891.3	
20975.5		13670.1	1127.1	42684.6	42372.7	−96065.7	
	11896.5	4242.5	136.4	8780.1	8780.1	6969.8	1215.9
340.8	2744.4	8977.8	364.2	2747.9	3129.8	1104.6	6601.9

11-5 规模以上工业

指　标	补贴收入	营业外收入	营业外支出	利润总额	应交所得税
总　计	30542.4	19412.1	57440.8	816091.2	181062.4
一、按登记注册类型分组：					
内资企业	27490.1	49732.2	53485.6	757733.7	166001.4
国有企业	8984.0	10842.4	2014.0	-57008.4	1616.7
中央企业		2954.1	530.4	-45237.1	758.7
地方企业	8984.0	7888.3	1483.6	-11771.3	858.0
集体企业	925.9	1636.0	244.8	773.4	413.9
股份合作企业	8.2	30.3	2.1	230.7	43.8
有限责任公司	15032.9	33425.0	46400.2	754421.6	152870.3
国有独资公司	9099.5	34816.6	31756.2	643726.3	108921.0
其他有限责任公司	5933.4	-1391.6	14644.0	110695.3	43949.3
股份有限公司	385.1	1139.1	178.7	10493.3	4673.7
私营企业	1785.3	2659.3	4635.3	47908.8	6185.4
私营独资企业		1.6	144.4	2090.6	137.1
私营合作企业			15.8	631.6	66.1
私营有限责任公司	1724.2	2492.0	4470.7	42252.8	5653.0
私营股份有限公司	61.1	165.7	4.4	2933.8	329.2
其他企业	368.7	0.1	10.5	914.3	197.6
港、澳、台商投资企业		-1487.5	99.6	940.4	26.5
合资经营企业（港或澳、台资）		0.2	9.7	-423.0	1.6
港澳台商独资经营企业		-1487.7	89.9	1363.4	24.9
外商投资企业	3052.3	-28832.6	3855.6	57417.1	15034.5
中外合资经营企业	2202.3	-8895.9	-239.1	50457.1	11383.7

主要经济指标（四）

单位：万元

亏损企业亏损总额	利税总额	本年应付工资总额	本年应付福利费总额	本年应交增值税	本年进项税额	本年销项税额	全部从业人员年平均人数（人）
201793.6	1749298.9	1907285.4	61215.8	694926.7	2568764.3	3146843.2	335791
189085.4	1664173.4	1696594.5	44562.7	669627.2	2424166.4	2976738.6	271850
69840.0	-30926.8	74864.8	2908.6	21570.9	52566.4	75385.5	19645
52813.3	-34136.4	34228.0	409.4	8722.4	30961.6	39416.7	6340
17026.7	3209.6	40636.8	2499.2	12848.5	21604.8	35968.8	13305
1450.7	8940.1	16418.5	1356.4	7088.4	16911.7	24366.3	8258
	572.8	301.6	23.5	297.0	586.7	883.7	152
75994.8	1496777.5	1404187.2	33433.7	538558.5	1982037.2	2461388.9	195640
	1108767.9	1147313.4	19072.6	392536.5	1665760.1	2014061.6	134143
75994.8	388009.6	256873.8	14361.1	146022.0	316277.1	447327.3	61497
19926.6	44271.6	65118.9	1447.4	26753.7	105952.2	131359.3	13626
21873.3	143258.2	135121.7	5384.5	75059.2	264404.7	281329.4	34027
232.6	3822.8	3801.7	137.6	1569.3	8793.3	10282.0	1787
	1140.4	131.2	16.4	410.0	395.8	533.4	83
20204.4	134442.0	126314.4	4935.6	72266.4	245762.0	260997.9	30710
1436.3	3853.0	4874.4	294.9	813.5	9453.6	9516.1	1447
	1280.0	581.8	8.6	299.5	1707.5	2025.5	502
467.5	1914.6	1622.6	32.4	974.2	1421.6	1605.8	413
467.5	50.7	627.3	17.6	473.7	896.6	1012.2	224
	1863.9	995.3	14.8	500.5	525.0	593.6	189
12240.7	83210.9	209068.3	16620.7	24325.3	143176.3	168498.8	63528
4348.0	73574.9	35643.7	1753.9	21800.7	68732.3	99945.4	6937

11-5 续表 4-1

指　标	补贴收入	营业外收入	营业外支出	利润总额	应交所得税
外资企业	850.0	-15091.2	3757.9	2597.8	3170.3
外商投资股份有限公司		-4845.5	336.8	4362.2	480.5
二、按经济组织类型分组					
独资企业	10759.9	-4098.9	6251.0	-50183.2	5362.9
国有企业	8984.0	10842.4	2014.0	-57008.4	1616.7
集体企业	925.9	1636.0	244.8	773.4	413.9
私营独资企业		1.6	144.4	2090.6	137.1
港澳台商独资经营企业		-1487.7	89.9	1363.4	24.9
外资企业	850.0	-15091.2	3757.9	2597.8	3170.3
合作、合伙企业	376.9	30.4	28.4	1776.6	307.5
股份合作企业	8.2	30.3	2.1	230.7	43.8
私营合伙企业			15.8	631.6	66.1
其他企业（内资）	368.7	0.1	10.5	914.3	197.6
股份有限公司	446.2	-3540.7	519.9	17789.3	5483.4
股份有限公司（内资）	385.1	1139.1	178.7	10493.3	4673.7
私营股份有限公司	61.1	165.7	4.4	2933.8	329.2
外商投资股份有限公司		-4845.5	336.8	4362.2	480.5
有限责任公司	18959.4	27021.3	50641.5	846708.5	169908.6
国有独资公司	9099.5	34816.6	31756.2	643726.3	108921.0
私营有限责任公司	1724.2	2492.0	4470.7	42252.8	5653.0
合资经营企业（港或澳、台资）		0.2	9.7	-423.0	1.6
中外合资经营企业	2202.3	-8895.9	-239.1	50457.1	11383.7

单位：万元

亏损企业亏损总额	利税总额	本年应付工资总额	本年应付福利费总额	本年应交增值税	本年进项税额	本年销项税额	全部从业人员年平均人数（人）
7892.7	4690.8	171436.5	14825.7	1944.4	66595.4	59179.1	56184
	4945.2	1988.1	41.1	580.2	7848.6	9374.3	407
79416.0	-11609.2	267516.8	19243.1	32673.5	145391.8	169806.5	86063
69840.0	-30926.8	74864.8	2908.6	21570.9	52566.4	75385.5	19645
1450.7	8940.1	16418.5	1356.4	7088.4	16911.7	24366.3	8258
232.6	3822.8	3801.7	137.6	1569.3	8793.3	10282.0	1787
	1863.9	995.3	14.8	500.5	525.0	593.6	189
7892.7	4690.8	171436.5	14825.7	1944.4	66595.4	59179.1	56184
	2993.2	1014.6	48.5	1006.5	2690.0	3442.6	737
	572.8	301.6	23.5	297.0	586.7	883.7	152
	1140.4	131.2	16.4	410.0	395.8	533.4	83
	1280.0	581.8	8.6	299.5	1707.5	2025.5	502
21362.9	53069.8	71981.4	1783.4	28147.4	123254.4	150249.7	15480
19926.6	44271.6	65118.9	1447.4	26753.7	105952.2	131359.3	13626
1436.3	3853.0	4874.4	294.9	813.5	9453.6	9516.1	1447
	4945.2	1988.1	41.1	580.2	7848.6	9374.3	407
101014.7	1704845.1	1566772.6	40140.8	633099.3	2297428.1	2823344.4	233511
	1108767.9	1147313.4	19072.6	392536.5	1665760.1	2014061.6	134143
20204.4	134442.0	126314.4	4935.6	72266.4	245762.0	260997.9	30710
467.5	50.7	627.3	17.6	473.7	896.6	1012.2	224
4348.0	73574.9	35643.7	1753.9	21800.7	68732.3	99945.4	6937

11-5 续表 4-2

指　标	补贴收入	营业外收入	营业外支出	利润总额	应交所得税
其他有限责任公司	5933.4	-1391.6	14644.0	110695.3	43949.3
三、在总计中：亏损企业	12479.8	-636.4	15429.7	-201793.6	1547.8
在总计中：国有控股企业	22956.8	48721.9	39244.1	696938.1	152123.0
在总计中：农村工业	15.0	250.6	7.3	326.2	226.7
在总计中：轻工业	1998.4	-2755.4	1922.6	92550.3	13736.4
重工业	28544.0	22167.5	55518.2	723540.9	167326.0
在总计中：大型企业	10852.9	26571.6	41038.6	632819.0	132703.6
中型企业	15762.5	378.2	11183.1	132477.7	39782.1
小型企业	3927.0	-7537.7	5219.1	50794.5	8576.7
四、按行业分组：					
煤炭开采和洗选业	7724.0	15193.7	18032.1	330596.4	86641.2
黑色金属矿采选业		31.0	1436.8	732.8	369.2
农副食品加工业	512.4	70.7	70.6	11074.8	581.6
食品制造业		-3460.1	380.2	21696.9	2044.7
饮料制造业		-480.7	287.3	4100.8	898.0
烟草制品业		600.4	308.9	28874.3	7074.8
纺织业	143.5		15.0	-85.1	61.4
纺织服装、鞋、帽制造业	639.4	793.1	96.3	-489.7	35.0
木材加工及木、竹、藤、棕、草制品业	43.0	8.1		2244.5	5.9
家具制造业			1.8	481.1	119.6
造纸及纸制品业	20.0	20.3	95.4	1127.4	7.9
印刷业和记录媒介的复制	5.0	53.8	160.9	1123.0	379.7
文教体育用品制造业		0.3		3425.9	44.7

单位:万元

亏损企业亏损总额	利税总额	本年应付工资总额	本年应付福利费总额	本年应交增值税	本年进项税额	本年销项税额	全部从业人员年平均人数（人）
75994.8	388009.6	256873.8	14361.1	146022.0	316277.1	447327.3	61497
201793.6	-97912.0	202025.0	5407.3	82661.7	302268.7	331623.8	50654
121459.0	1449340.6	1448400.4	35753.5	543614.0	1950749.1	2436326.3	203174
511.5	1365.4	5751.4	100.5	884.8	3158.6	3930.0	2392
4222.7	260029.7	88265.0	3505.8	52196.4	125318.9	174067.1	25203
197570.9	1489269.2	1819020.4	57710.0	642730.3	2443445.4	2972776.1	310588
81493.7	1214762.7	1528716.2	44330.0	488591.9	1893086.6	2322948.6	236944
87661.0	411027.1	267535.0	11074.6	146545.3	445334.2	546381.1	58006
32638.9	123509.1	111034.2	5811.2	59789.5	230343.5	277513.5	40841
1256.4	641696.8	683075.2	2821.8	252329.2	291322.3	538640.1	75488
680.7	7283.3	2621.8	155.9	4733.4	3805.3	8491.6	751
506.1	13161.4	7817.6	188.8	1799.0	19396.4	21088.5	2879
75.6	25993.9	11889.2	210.6	3752.5	19013.6	24511.9	3848
	7087.1	6774.6	638.8	2600.8	8136.8	10255.1	1996
	169304.3	14902.9	1019.4	28306.7	18407.4	44891.9	1192
495.0	672.3	1780.9	63.1	714.7	2658.3	3012.1	697
489.7	2078.7	3280.2	254.3	2233.3	4331.6	6620.3	1709
	2354.4	217.9		102.5		102.5	170
	675.1	566.0	1.9	163.1	3845.9	4263.2	402
	2418.8	1087.5	9.4	1149.3	4312.4	5461.7	927
727.5	2601.9	5630.2	470.6	1260.3	5115.9	7103.8	2427
	3642.9	209.1	1.5	105.0	3739.5	3844.5	80

11-5 续表 4-3

指　标	补贴收入	营业外收入	营业外支出	利润总额	应交所得税
石油加工、炼焦及核燃料加工业	871.7	2324.2	5425.3	19448.5	18565.1
化学原料及化学制品制造业	80.4	6640.4	913.5	24628.2	7972.1
医药制造业	202.4	693.3	-184.3	2471.7	599.0
化学纤维制造业			13.5	118.6	1.1
橡胶制品业	89.5	123.1	23.3	2866.2	0.2
塑料制品业	120.0	-735.3	274.3	4369.4	271.4
非金属矿物制品业	215.8	2884.6	1213.8	23990.7	3907.6
黑色金属冶炼及压延加工业	84.0	7926.4	9338.5	246637.6	25243.8
有色金属冶炼及压延加工业	22.1	637.1	15.0	-1823.4	313.4
金属制品业		646.7	159.1	3904.6	747.3
通用设备制造业	1208.9	1467.3	492.1	4382.1	1138.2
专用设备制造业	2306.9	-2513.1	6762.7	122257.3	8229.3
交通运输设备制造业	4945.9	-10484.5	724.2	30869.4	6149.5
电气机械及器材制造业	1883.1	37.3	299.3	6877.5	484.2
通信设备、计算机及其他电子设备制造业	75.2	-12352.0	10062.0	-21208.1	3261.2
仪器仪表及文化、办公用机械制造业	2753.5	713.2	288.6	20659.6	3245.2
工艺品及其他制造业		-718.6	24.5	148.2	18.6
电力、热力的生产和供应业	6195.7	8801.2	451.3	-87715.8	392.4
燃气生产和供应业		49.0	6.2	7012.6	2258.6
水的生产和供应业	400.0	441.2	252.6	1293.2	0.5

单位:万元

亏损企业亏损总额	利税总额	本年应付工资总额	本年应付福利费总额	本年应交增值税	本年进项税额	本年销项税额	全部从业人员年平均人数（人）
35465.7	154069.5	168355.2	7523.9	109517.7	259293.7	321361.1	31144
8470.2	42507.3	71474.2	2574.2	16176.3	44181.2	53081.0	18814
1494.2	4753.3	8266.8	116.9	2021.5	9156.6	10009.8	3087
	383.0	434.8	24.3	237.4	1521.7	1749.2	302
279.6	4602.8	8131.3	429.0	1312.7	56884.3	58195.6	2865
42.4	5869.3	6701.3	168.6	1325.1	7023.1	7363.3	1829
4299.7	42522.5	28101.5	1332.2	16248.9	29488.8	40302.4	10909
13876.2	370687.2	327623.0	14275.8	111804.0	1283530.5	1365623.8	32758
4253.4	3089.1	21111.7	541.2	2522.7	32012.1	33245.4	4012
1328.1	8897.9	20750.7	1999.1	4416.5	24179.6	27679.1	7595
762.4	12767.4	24347.6	804.0	7067.3	34052.4	39162.7	10867
3223.4	210429.4	128822.5	4033.4	78458.6	199647.9	277725.4	25094
3576.0	48918.4	59232.5	3410.4	15749.4	43079.6	57625.0	15292
2412.9	9249.0	11719.1	722.1	1962.0	17135.6	19845.2	2403
30258.6	-17697.8	190033.9	15766.4	3127.2	73653.5	67829.5	61130
98.3	26195.7	31350.1	432.0	4371.1	13458.7	18003.9	5229
	156.7	604.6	14.8	8.5	513.0	580.7	105
87715.8	-73784.1	43038.8	585.5	11830.0	36570.5	42240.2	6803
	12164.5	8454.3	416.4	4562.4	19296.1	23975.1	580
5.7	4546.9	8878.4	209.5	2957.6		2957.6	2407

11-6 国有控股工业

指　标	企业单位数(个)	亏损企业	工业总产值（当年价格）	工业销售产值（当年价格）	出口交货值
总　计	83	24	14426613.0	14329951.1	979279.2
煤炭开采和洗选业	4		2395651.2	2331039.3	
农副食品加工业	1		2778.6	2711.1	690.8
食品制造业	1		1768.2	1635.5	
饮料制造业	1		3564.0	2480.0	
烟草制品业	1		263105.5	260647.4	
印刷业和记录媒介的复制	7	3	30543.8	26977.0	
石油加工、炼焦及核燃料加工业	2	1	620486.7	629716.8	
化学原料及化学制品制造业	7	1	722481.2	717905.2	917.7
医药制造业	2		12972.9	12719.2	
橡胶制品业	3	2	225864.0	247594.2	58308.5
塑料制品业	3		8750.0	9202.7	
非金属矿物制品业	9	4	101241.6	94553.5	
黑色金属冶炼及压延加工业	1		6605965.8	6624502.7	731999.7
有色金属冶炼及压延加工业	2		43733.0	43809.3	348.7
金属制品业	2	1	15862.3	15821.4	23.0
通用设备制造业	6	3	105065.4	101099.2	154.0
专用设备制造业	10	1	1780991.7	1715007.0	115672.6
交通运输设备制造业	6	1	660713.7	669907.4	59903.1
电气机械及器材制造业	2	1	17200.1	17622.1	4990.2
通信设备、计算机及其他电子设备制造业	3	1	63228.2	64063.6	5428.5
仪器仪表及文化、办公用机械制造业	3		47502.3	43810.8	842.4
电力、热力的生产和供应业	4	4	451282.3	451282.3	
燃气生产和供应业	1		196571.9	196571.9	
水的生产和供应业	2	1	49288.6	49271.5	

企业主要经济指标

单位：万元

资产总计	流动资产合计				固定资产合计	固定资产原价	累计折旧	固定资产净值
		应收帐款	存货	产成品				
22638092.2	9924855.0	1898113.1	2526890.8	738939.3	8369664.9	13190828.6	5952306.9	7238521.7
4026765.8	2277098.0	169327.1	145317.7	52951.4	1347587.8	2307669.2	1364081.8	943587.4
2881.3	2016.6	26.2	1737.2	1728.4	844.8	1143.4	298.6	844.8
3200.0	1874.9	3.0	1644.8	140.0	1158.4	1908.9	1001.1	907.8
13414.8	10463.5		7753.6	4530.2	2841.2	4080.8	1447.2	2633.6
243126.2	149101.5	10685.9	29295.5	3623.7	93458.9	107496.1	33298.9	74197.2
56414.7	25355.2	3666.2	6305.3	2819.5	20873.6	37876.4	20018.1	17858.3
1362081.6	560978.0	57032.9	71370.3	19460.0	785268.6	835376.0	285917.4	549458.6
1210825.0	490208.8	90720.4	93560.6	47011.0	561631.8	792565.0	276272.0	516293.0
24666.6	14384.9	2868.7	4428.6	3486.1	5744.0	12791.2	7047.8	5743.4
273946.2	147165.8	27118.0	62907.4	35967.4	126410.0	99482.0	17195.9	82286.1
6026.4	2909.6	471.5	1935.8	1013.1	3116.8	4540.9	1424.1	3116.8
224733.2	118399.9	25526.1	16183.2	4160.7	88312.0	157183.7	72762.4	84421.3
9423716.7	2687964.8	401108.3	1315068.8	319212.4	3404241.9	6001285.9	2597044.0	3404241.9
24970.3	18364.7	2501.8	8567.2	766.4	4922.1	10718.1	5796.0	4922.1
32425.8	25972.9	9225.5	11880.6	4522.6	5509.9	7750.2	5325.0	2425.2
213551.4	172467.8	20239.0	112732.0	52618.3	35402.8	45015.6	16371.6	28644.0
2809781.6	2157731.4	869585.9	440421.6	129757.2	418069.7	524089.1	197780.5	326308.6
822458.2	438789.5	106925.9	112937.8	41108.9	333520.5	423201.9	147726.1	275475.8
33641.1	24881.6	10189.3	8616.8	4563.7	8759.4	14493.7	6863.0	7630.7
154546.9	82172.3	14709.2	27807.5	1694.8	69434.3	90226.1	30530.6	59695.5
128221.7	66031.5	25234.2	11892.9	7183.5	44074.6	63326.6	19252.0	44074.6
1014996.4	307001.2	45225.6	33186.8		683875.3	1387156.9	793077.4	594079.5
308173.7	62228.4	4166.8	796.3	618.6	245945.3	156066.3	19129.6	136936.7
223526.6	81292.2	1555.6	542.5	1.4	78661.2	105384.6	32645.8	72738.8

11-6 续表 1-1

指　标	负债合计	流动负债合计	应付账款	长期负债合计
总　计	**14219434.1**	**8860448.6**	**2650176.7**	**5174511.9**
煤炭开采和洗选业	2506414.0	1681061.6	560483.8	825352.3
农副食品加工业	2658.7	2477.6	1062.9	181.1
食品制造业	2147.5	2022.5	1368.4	125.0
饮料制造业	12268.5	12208.5	3461.2	60.0
烟草制品业	61392.8	61392.8	53301.6	
印刷业和记录媒介的复制	28946.7	27201.3	8704.5	1745.4
石油加工、炼焦及核燃料加工业	838820.8	604305.5	82481.5	234515.3
化学原料及化学制品制造业	715455.2	602839.2	132348.4	112616.0
医药制造业	6678.0	5951.9	1210.9	726.0
橡胶制品业	201543.6	94658.0	48684.3	106885.5
塑料制品业	4041.2	3759.6	247.1	281.6
非金属矿物制品业	87699.1	63695.1	18956.8	24004.0
黑色金属冶炼及压延加工业	5678362.0	3019547.5	551180.4	2658814.4
有色金属冶炼及压延加工业	13168.6	10460.3	2815.8	2708.3
金属制品业	30467.0	30220.8	8315.7	246.2
通用设备制造业	174717.0	147779.1	25064.8	26937.8
专用设备制造业	1790508.8	1575633.0	797348.9	214874.8
交通运输设备制造业	430823.1	318403.8	138783.2	100725.6
电气机械及器材制造业	30429.2	23773.8	11769.3	6655.3
通信设备、计算机及其他电子设备制造业	100267.1	96034.9	22001.4	4232.1
仪器仪表及文化、办公用机械制造业	79075.7	62660.2	23739.1	579.1
电力、热力的生产和供应业	1077308.5	328282.0	137978.9	592084.7
燃气生产和供应业	250192.5	39001.6	6688.1	211190.9
水的生产和供应业	96048.5	47078.0	12179.7	48970.5

单位:万元

所有者权益合计	实收资本	国家资本	集体资本	法人资本	个人资本	港澳台资本
8387539.3	**2897181.3**	**1470821.3**	**2325.7**	**1319073.4**	**82300.9**	**1100.0**
1520351.8	773149.8	29089.3	22.0	742910.1	1128.4	
222.6	292.8	292.8				
880.5	638.8	638.8				
1146.3	1875.0	1875.0				
181733.4	61319.6			61319.6		
27178.0	16235.5	7529.9		8610.1	95.5	
523260.8	527989.9	364562.2		83427.7	80000.0	
495369.8	177387.0	136387.0		21000.0		
17888.5	17525.9	276.9		17249.0		
72402.6	58619.9	551.5		58068.4		
1985.1	1885.3	103.2	264.1	1518.0		
137033.8	33563.9	12220.6		19843.3		
3745354.6	649371.9	649371.9				
11801.7	5871.2	562.5		5121.2	187.5	
1958.8	2703.3	2703.3				
38834.4	32733.8	26066.2	2039.6	4568.0		
988731.4	186806.3	107489.7		79253.4	63.2	
391620.3	189571.9	93994.7		95577.2		
3211.9	2997.4	2636.1			361.3	
54279.8	26724.6	5733.4		19866.2	25.0	1100.0
49146.0	5863.4	1030.0		4833.4		
-62312.1	70178.8	6381.0		63797.8		
57981.2	37550.0	5000.0		32110.0	440.0	
127478.1	16325.3	16325.3				

11-6 续表 1-2

指 标	外商资本	主营业务收入	主营业务成本	主营业务税金及附加	其他业务收入
总 计	**21560.0**	**15022073.5**	**12512824.9**	**208788.5**	**764379.6**
煤炭开采和洗选业		2259750.1	1334370.5	53368.4	74664.9
农副食品加工业		2711.1	2697.1		37.2
食品制造业		1284.9	887.7	5.3	53.0
饮料制造业		2480.0	1868.8	336.0	
烟草制品业		263637.3	100865.5	112123.3	164.1
印刷业和记录媒介的复制		31180.1	26900.0	121.6	808.7
石油加工、炼焦及核燃料加工业		582917.1	462886.7	13430.4	28129.2
化学原料及化学制品制造业	20000.0	790979.7	708364.5	1378.0	1833.0
医药制造业		10879.4	7541.1	90.5	3029.4
橡胶制品业		232322.9	217277.0	423.9	1597.7
塑料制品业		6660.7	5691.5	17.7	
非金属矿物制品业	1500.0	91803.7	75806.5	1021.6	5522.6
黑色金属冶炼及压延加工业		7335238.1	6548057.2	11799.9	579305.2
有色金属冶炼及压延加工业		46227.0	43748.9	57.3	947.1
金属制品业		14762.9	12880.4	28.0	
通用设备制造业	60.0	94358.3	77717.5	248.8	5649.3
专用设备制造业		1739097.1	1447511.1	8780.3	11297.0
交通运输设备制造业		689141.7	607873.3	2050.9	23235.7
电气机械及器材制造业		17722.4	14495.8	22.3	537.7
通信设备、计算机及其他电子设备制造业		74002.4	65477.8	34.2	
仪器仪表及文化、办公用机械制造业		54308.6	35874.9	517.2	3315.0
电力、热力的生产和供应业		443776.6	513582.5	2047.3	23912.0
燃气生产和供应业		187570.9	160116.1	589.5	
水的生产和供应业		49260.5	40332.5	296.1	340.8

单位：万元

其他业务利润	营业费用	管理费用	税金	财务费用	利息支出	营业利润	投资收益
26833.5	273319.1	1314122.8	40263.8	287007.0	269865.7	687118.6	54387.2
439.4	22815.0	490169.5	8519.4	32512.6	32022.0	307365.2	3314.9
35.2	105.3	151.6	27.1	-1.0		-206.7	
43.7	77.4	327.6	16.0	28.0	28.0	2.6	
	11.1	202.0		51.2		10.8	
28.6	3552.1	18965.8	665.3	-423.7	-423.7	28582.8	
309.2	71.7	4003.5	104.7	378.9	372.4	1111.3	170.9
-1523.5	23850.9	45448.3	4502.0	4536.1	5290.9	38112.7	32.2
69.9	8726.6	45836.9	1241.6	5806.0	5767.7	12493.4	
513.8	1515.3	1553.7	57.8	19.2	17.9	309.9	74.6
379.7	7504.5	2847.8	41.2	1682.9	1604.5	2766.4	
	462.0	314.5	10.6	54.6	54.6	84.3	
900.7	5099.0	11322.3	461.7	-369.6	-431.7	-1587.9	3.7
	120074.7	458387.0	16286.6	166948.5	151330.8	251629.5	40876.0
217.0	327.4	1307.6	38.6	22.4	54.4	2111.5	
	462.6	1468.2	297.8	-4.1		-217.4	
900.2	4426.6	12173.2	579.3	915.2	893.5	-388.6	
1150.4	44815.6	105433.1	2394.0	15990.8	15045.8	118371.3	1285.0
1726.3	12042.5	65143.4	2191.4	3864.2	3219.0	9716.4	411.8
285.8	1201.7	4720.8	189.7	33.6	26.9	-2395.9	
	229.0	8849.2	546.9	329.2	302.8	544.2	58.6
40.8	1307.2	8975.9	469.7	471.6	459.5	4869.5	341.7
20975.5		13300.6	1121.8	42632.4	42320.5	-94241.1	
	11896.5	4242.5	136.4	8780.1	8780.1	6969.8	1215.9
340.8	2744.4	8977.8	364.2	2747.9	3129.8	1104.6	6601.9

11-6 续表 1-3

指　标	补贴收入	营业外收入	营业外支出	利润总额	应交所得税
总　计	**22956.8**	**48721.9**	**39244.1**	**696938.1**	**152123.0**
煤炭开采和洗选业	7709.0	15042.0	17217.7	305189.5	79638.2
农副食品加工业	211.7	0.9		5.9	
食品制造业			1.7	0.9	0.4
饮料制造业		8.0	14.7	4.1	
烟草制品业		600.4	308.9	28874.3	7074.8
印刷业和记录媒介的复制		56.8	29.2	1138.9	356.6
石油加工、炼焦及核燃料加工业		1258.9	4306.7	35064.9	17830.6
化学原料及化学制品制造业		6288.0	763.0	18018.4	6764.2
医药制造业		24.6	160.3	174.2	3.0
橡胶制品业	89.5	123.1	23.3	2866.2	0.2
塑料制品业			1.7	82.6	6.9
非金属矿物制品业	176.2	1718.8	686.6	−555.7	1291.8
黑色金属冶炼及压延加工业		7215.3	7242.0	251602.8	24025.9
有色金属冶炼及压延加工业		171.3	6.7	2276.1	307.3
金属制品业		115.3	20.3	−122.4	2.5
通用设备制造业	100.0	922.4	281.9	351.9	53.9
专用设备制造业	1469.9	4601.3	6642.2	116360.4	7445.4
交通运输设备制造业	4799.4	−29.6	673.5	9013.3	2325.1
电气机械及器材制造业	1805.4	14.3	11.8	−2393.4	0.5
通信设备、计算机及其他电子设备制造业		731.5	81.6	1194.1	183.3
仪器仪表及文化、办公用机械制造业		567.2	135.9	5300.8	2160.9
电力、热力的生产和供应业	6195.7	8801.2	375.6	−85815.5	392.4
燃气生产和供应业		49.0	6.2	7012.6	2258.6
水的生产和供应业	400.0	441.2	252.6	1293.2	0.5

单位：万元

亏损企业亏损总额	利税总额	本年应付工资总额	本年应付福利费总额	本年应交增值税	本年进项税额	本年销项税额	全部从业人员年平均人数（人）
121459.0	1449340.6	1448400.4	35753.5	543614.0	1950749.1	2436326.3	203174
	587981.9	671879.2	1560.6	229424.0	257163.8	483884.1	71989
	5.9	69.4			327.9	171.2	61
	58.2	198.1		52.0	166.1	218.4	178
	439.0	416.1		98.9	338.1	437.0	382
	169304.3	14902.9	1019.4	28306.7	18407.4	44891.9	1192
345.5	1941.2	3442.1	322.2	680.7	3152.7	4573.0	1547
16101.6	98544.9	94115.3	6434.5	50049.6	55619.2	107668.8	17756
7859.7	32052.4	64408.6	2205.4	12656.0	25381.0	32422.8	16453
	985.1	1557.9	11.1	720.4	1591.7	2292.2	682
279.6	4602.8	8131.3	429.0	1312.7	56884.3	58195.6	2865
	196.7	448.6	7.4	96.4	931.9	1028.3	266
3416.5	7494.7	11548.6	852.0	7028.8	5610.3	12038.9	4462
	367140.1	317878.4	14079.3	103737.4	1239611.4	1311671.7	29973
	2938.1	4997.0	219.0	604.7	7278.4	7761.3	203
130.3	210.4	1913.7	33.4	304.8	1725.2	2534.0	893
212.6	2984.9	11782.2	363.9	2384.2	13563.5	15940.1	4600
26.7	197793.9	114153.0	3263.5	72653.2	179849.7	252937.2	20495
3387.5	23841.4	47386.3	2734.3	12777.2	22180.7	23350.9	12228
2395.4	-2166.3	2222.8	520.7	204.8	2679.5	2884.2	1315
1482.4	1429.2	7841.8	419.4	200.9	246.9	261.1	3401
	7258.3	9528.9	87.5	1440.3	3403.1	3566.2	2654
85815.5	-72407.9	42245.5	565.0	11360.3	35340.2	40664.7	6592
	12164.5	8454.3	416.4	4562.4	19296.1	23975.1	580
5.7	4546.9	8878.4	209.5	2957.6		2957.6	2407

11-7 集体工业企业

指　标	企业单位数（个）	亏损企业	工业总产值(当年价格)	工业销售产值（当年价格）
总　计	40	11	147630.9	143862.0
煤炭开采和洗选业	2	1	10500.8	10210.8
纺织服装、鞋、帽制造业	2	2	38343.1	38336.8
印刷业和记录媒介的复制	1		4709.2	4653.0
化学原料及化学制品制造业	2		4152.1	3675.1
塑料制品业	2	1	1578.2	1637.7
非金属矿物制品业	3	1	4545.2	4345.2
黑色金属冶炼及压延加工业	2		2812.0	2792.3
金属制品业	8	1	33677.5	33458.1
通用设备制造业	15	4	42324.5	39995.8
专用设备制造业	1		759.2	759.2
交通运输设备制造业	2	1	4229.1	3998.0

主要经济指标

单位：万元

资产总计	流动资产合计				固定资产合计	固定资产原价	累计折旧	固定资产净值
		应收帐款	存货					
				产成品				
107492.8	79150.6	22864.5	16239.7	7944.2	25287.7	39313.3	16294.9	23018.4
11226.8	9161.6	1193.0	2275.7	2185.7	2050.1	1976.5	1032.8	943.7
15980.7	11326.6	1997.8	3137.4	1271.5	4599.1	7008.9	2483.6	4525.3
3412.1	3007.6	540.1	197.8	120.5	404.4	1257.9	853.5	404.4
2179.6	1830.0	1332.9	232.6	112.5	169.3	251.3	82.0	169.3
4688.8	2207.4	254.2	1384.2	1174.5	2481.4	2892.2	410.8	2481.4
4255.7	1489.9	266.6	551.6	421.9	1811.7	2277.6	465.9	1811.7
7104.5	3177.9	529.8	315.8	245.9	3926.6	4763.0	836.4	3926.6
18052.9	14020.9	2034.6	3307.5	1643.4	3785.0	6211.0	3426.8	2784.2
33682.0	27494.0	12106.9	4290.6	767.5	4585.2	10076.4	5579.5	4496.9
2446.7	1634.9	838.1	54.8		811.7	976.5	164.8	811.7
4463.0	3799.8	1770.5	491.7	0.8	663.2		958.8	663.2

11-7 续表 1-1

指　标	负债合计	流动负债合计	应付账款
总　计	**79987.7**	**75710.7**	**35252.3**
煤炭开采和洗选业	9894.9	9584.4	3689.7
纺织服装、鞋、帽制造业	10725.2	10725.2	876.8
印刷业和记录媒介的复制	2675.3	2675.3	2607.2
化学原料及化学制品制造业	1785.0	1204.6	-138.5
塑料制品业	4438.8	4209.8	1178.5
非金属矿物制品业	2143.9	1771.8	595.1
黑色金属冶炼及压延加工业	3837.4	3837.4	899.5
金属制品业	12789.0	10606.6	5438.1
通用设备制造业	26636.3	26033.7	18150.0
专用设备制造业	2381.7	2381.7	514.4
交通运输设备制造业	2680.2	2680.2	1441.5

单位:万元

长期负债合计	所有者权益合计	实收资本	集体资本	法人资本	个人资本
1681.0	27490.7	17029.3	13897.9	2915.4	216.0
310.5	1331.9	1180.0	1180.0		
	5255.4	977.7	489.3	488.4	
	736.8	522.9	522.9		
	394.6	120.0	120.0		
229.0	250.0	230.0	210.0	20.0	
372.1	2111.8	1569.1	1230.0	323.1	16.0
	3267.1	515.0	515.0		
166.8	5263.9	4122.1	3375.3	746.8	
602.6	7031.5	6894.7	5357.6	1337.1	200.0
	64.9	50.0	50.0		
	1782.8	847.8	847.8		

11-7 续表 1-2

指　标	主营业务收入	主营业务成本	主营业务税金及附加	其他业务收入
总　计	**142638.0**	**130374.9**	**1078.3**	**4743.4**
煤炭开采和洗选业	9488.5	8480.6	87.4	
纺织服装、鞋、帽制造业	37633.5	37470.0	335.1	3048.0
印刷业和记录媒介的复制	3927.4	3145.1	59.4	781.8
化学原料及化学制品制造业	3675.2	3424.1	13.8	
塑料制品业	1679.8	1558.9	3.3	
非金属矿物制品业	4345.2	3058.9	89.2	119.8
黑色金属冶炼及压延加工业	2792.3	2527.8	35.5	
金属制品业	32445.0	28010.9	203.8	35.9
通用设备制造业	41977.4	38936.2	210.9	754.3
专用设备制造业	759.2	708.6	1.1	
交通运输设备制造业	3914.5	3053.8	38.8	3.6

单位：万元

其他业务利润	营业费用	管理费用	税金	财务费用	利息支出	营业利润	投资收益
437.9	1282.4	13020.3	191.8	71.4	50.3	–742.9	0.1
	392.2	384.0		18.0	20.0	–183.7	
	31.9	2897.7	10.3	–4.8	–5.3	–1186.5	
51.7		759.7		–12.9		27.7	
	223.8	89.8		12.3	0.3	77.1	
	62.7	78.7	0.3			–22.0	
66.7	198.6	720.6	0.7	14.7	8.7	615.9	
	44.8	121.1	3.2			63.1	
0.7	144.3	3989.1	29.1	32.2	12.9	65.7	
315.2	161.2	3043.2	147.5	23.5	25.1	–127.0	0.1
		43.1				6.2	
3.6	22.9	893.3	0.7	–11.6	–11.4	–79.4	

11-7 续表 1-3

指　标	补贴收入	营业外收入	营业外支出	利润总额	应交所得税
总　计	**925.9**	**1636.0**	**244.8**	**773.4**	**413.9**
煤炭开采和洗选业	15.0			-183.7	5.7
纺织服装、鞋、帽制造业	639.4	793.1	96.3	-489.7	35.0
印刷业和记录媒介的复制		46.0	5.5	68.2	17.0
化学原料及化学制品制造业	80.4		1.1	156.4	
塑料制品业		0.5	0.6	-22.1	1.1
非金属矿物制品业		48.4	26.7	637.6	179.0
黑色金属冶炼及压延加工业				63.1	5.7
金属制品业		403.2	43.9	425.0	84.5
通用设备制造业	44.6	300.2	69.4	148.5	82.6
专用设备制造业				6.2	2.2
交通运输设备制造业	146.5	44.6	1.3	-36.1	1.1

单位：万元

亏损企业亏损总额	利税总额	本年应付工资总额	本年应付福利费总额	本年应交增值税	本年进项税额	本年销项税额	全部从业人员年平均人数（人）
1450.7	8940.1	16418.5	1356.4	7088.4	16911.7	24366.3	8258
206.3	666.4	301.2	42.0	762.7	1249.4	1901.1	112
489.7	2078.7	3280.2	254.3	2233.3	4331.6	6620.3	1709
	471.3	897.3	41.2	343.7	323.6	667.3	363
	334.2	171.1	5.1	164.0	900.5	897.2	102
27.8	12.1	83.5	4.4	30.9	267.9	288.8	121
77.6	765.6	701.9	29.2	38.8	113.7	165.4	709
	138.9	193.7	17.6	40.3	302.8	343.1	91
429.2	2227.6	4578.7	409.5	1598.8	3636.1	5267.5	2037
167.6	1901.1	5021.7	250.6	1541.7	5214.0	6810.2	2604
	16.0	84.5	3.3	8.7	221.3	129.1	36
52.5	328.2	1104.7	299.2	325.5	350.8	1276.3	374

11-8 私营工业企业

指标	企业单位数(个)	亏损企业	工业总产值(当年价格)	工业销售产值(当年价格)	出口交货值
总计	223	54	2319692.1	2220587.5	34438.8
煤炭开采和洗选业	27	8	215377.4	224605.0	
黑色金属矿采选业	3	2	43996.6	34182.6	
农副食品加工业	8	1	134261.5	138504.1	
食品制造业	6		57569.3	54271.3	
饮料制造业	2		7491.7	6878.8	
纺织业	2	1	15561.1	12170.1	
木材加工及木、竹、藤、棕、草制品业	1		8079.1	9705.6	
家具制造业	4		6518.0	6719.5	
造纸及纸制品业	5		37056.8	33730.2	
印刷业和记录媒介的复制	4	2	13218.0	13218.0	
文教体育用品制造业	1		23610.6	23610.6	
石油加工、炼焦及核燃料加工业	10	9	785227.3	731140.4	24587.1
化学原料及化学制品制造业	12	1	63746.5	61911.6	
医药制造业	8	2	17401.9	16503.7	896.8
化学纤维制造业	1		5749.9	5912.6	
塑料制品业	7	1	35922.6	31797.4	
非金属矿物制品业	19	5	170569.0	170411.6	
黑色金属冶炼及压延加工业	10	2	90240.2	83913.0	
有色金属冶炼及压延加工业	9	7	143093.8	140120.2	
金属制品业	16	4	107991.0	105901.6	
通用设备制造业	29	6	87397.7	83503.5	4663.9
专用设备制造业	13	1	43639.9	41292.1	
交通运输设备制造业	4	1	27730.5	26135.6	
电气机械及器材制造业	7	1	92625.3	89156.8	122.6
通信设备、计算机及其他电子设备制造业	10		67175.8	56208.6	4168.4
仪器仪表及文化、办公用机械制造业	5		18440.6	19083.0	

主要经济指标

单位：万元

资产总计	流动资产合计	应收帐款	存货	产成品	固定资产合计	固定资产原价	累计折旧	固定资产净值
2744082.0	1742336.7	350315.5	441919.2	184862.4	883349.6	1026965.4	257193.7	769771.7
232949.6	177964.4	66303.3	38407.5	12395.7	45546.0	60955.2	18339.2	42616.0
23642.6	11510.2	7862.6	2356.3	1118.8	12130.5	17633.4	5502.9	12130.5
139599.2	73047.1	5035.6	12503.9	3497.5	65911.2	73128.1	9516.4	63611.7
46603.5	27521.1	7516.6	13071.1	3894.6	15286.3	15582.1	2550.4	13031.7
12835.6	8040.5	1937.2	2920.7	2055.7	2875.2	5753.1	2877.9	2875.2
23414.6	22779.2	96.1	15599.4	10316.1	635.4	845.8	210.4	635.4
8996.7	2626.3	1108.8	1278.6	690.1	4819.5	4957.7	197.4	4760.3
11877.3	5591.4	1450.4	2826.9	97.8	6175.9	6187.4	1884.0	4303.4
39331.9	15455.4	4702.5	4255.6	1038.8	19626.8	27099.0	7557.3	19541.7
18173.5	9923.7	2629.1	1262.3		7401.9	12365.9	5941.5	6424.4
5485.1	5060.5	4219.4	457.0	457.0	424.6	458.5	33.9	424.6
1242060.1	782462.5	79561.3	164355.3	77028.7	440985.4	428746.4	72972.3	355774.1
52394.0	32950.3	10550.4	12320.5	5112.8	15300.8	15387.3	4679.5	10707.8
37475.6	21371.2	4872.2	6465.1	1739.9	12756.1	16963.9	4207.8	12756.1
2064.2	1990.4	-10.9	1222.4	1104.0	73.8	30.8		30.8
73110.5	50485.6	6337.1	7253.0	5127.4	7712.4	10826.5	3520.5	7306.0
156718.9	79648.5	30000.1	21712.3	10039.3	67912.9	97398.0	31154.6	66243.4
72520.4	56166.2	8983.6	23774.7	9156.3	12013.4	23738.7	12676.1	11062.6
159094.6	90318.7	10979.7	37812.6	10478.2	64869.7	100786.6	38661.4	62125.2
57462.4	45390.0	14182.5	17540.9	9864.3	9827.9	12683.2	2855.3	9827.9
92728.1	61588.4	22089.3	19875.2	6214.1	25892.2	34039.5	10850.0	23189.5
61496.9	39005.6	18080.1	8942.0	1185.6	15017.6	17452.7	4760.3	12692.4
26369.6	16741.3	2156.1	7464.9	4635.4	7184.4	8134.7	2075.5	6059.2
89775.3	60912.0	18936.6	12029.1	5329.5	14313.3	20547.1	7117.9	13429.2
34350.7	25000.0	10929.8	5706.4	2007.5	5599.2	10841.3	5405.0	5436.3
23551.1	18786.2	9806.0	505.5	277.3	3057.2	4422.5	1646.2	2776.3

11-8 续表 1-1

指　标	负债合计	流动负债合计		长期负债合计
			应付账款	
总　计	**1985841.6**	**1836019.9**	**465818.5**	**133833.7**
煤炭开采和洗选业	178075.4	162511.6	60350.0	8228.7
黑色金属矿采选业	16442.6	16442.6	16118.2	
农副食品加工业	64537.6	50695.7	5304.1	13782.9
食品制造业	23165.8	21975.7	3141.1	1190.1
饮料制造业	2589.8	2589.8	554.7	
纺织业	21422.1	21422.1	135.8	
木材加工及木、竹、藤、棕、草制品业	1947.2	1947.2	651.9	
家具制造业	3541.6	3541.6	695.0	
造纸及纸制品业	30566.3	28159.3	7681.7	2406.9
印刷业和记录媒介的复制	11622.7	9388.3	723.1	2224.4
文教体育用品制造业	4709.4	4709.4	4709.4	
石油加工、炼焦及核燃料加工业	932003.3	891204.5	183177.9	40798.8
化学原料及化学制品制造业	28507.8	28354.3	7093.3	153.4
医药制造业	26041.6	23138.0	4729.2	2060.1
化学纤维制造业	1525.4	90.2	56.8	1435.2
塑料制品业	59629.4	57626.5	9527.3	379.5
非金属矿物制品业	115097.4	100144.9	45999.7	12995.8
黑色金属冶炼及压延加工业	72301.7	55657.3	16358.6	16644.4
有色金属冶炼及压延加工业	163431.3	142347.8	18850.3	21083.5
金属制品业	34257.5	32707.0	11820.6	307.1
通用设备制造业	57232.8	51944.5	11885.0	4137.9
专用设备制造业	42045.7	41502.6	12402.9	20.0
交通运输设备制造业	13581.2	13581.2	1767.3	
电气机械及器材制造业	46773.2	42587.8	25011.4	3775.5
通信设备、计算机及其他电子设备制造业	25604.7	24027.1	11127.4	1036.5
仪器仪表及文化、办公用机械制造业	9188.1	7722.9	5945.8	1173.0

单位：万元

所有者权益合计	实收资本	国家资本	集体资本	法人资本	个人资本
687377.3	**388057.8**	**3267.2**	**2830.9**	**134949.1**	**247010.6**
54799.9	39452.4			12829.0	26623.4
7198.3	1450.0			1450.0	
48495.6	18537.0			1337.0	17200.0
21528.9	10880.0			8000.0	2880.0
10104.3	6100.0			1000.0	5100.0
1992.5	2300.0			500.0	1800.0
7049.5	1000.0				1000.0
8335.5	3996.2	467.2	186.9	1034.1	2308.0
8765.4	8960.5				8960.5
6550.8	5000.0			500.0	4500.0
775.6	500.0				500.0
269871.7	76955.0			22200.0	54755.0
23885.6	14170.0			3750.0	10420.0
11434.0	9614.4			6614.4	3000.0
538.8	500.0			500.0	
13481.1	9001.8		23.0	1708.8	7270.0
41621.1	42974.9		1020.0	21128.2	20826.7
218.5	12112.3		977.0	6900.0	4235.3
-4336.7	36652.9			22146.0	14506.9
23204.5	9846.0			2380.0	7466.0
35303.3	23220.2			8811.0	14409.2
18343.1	13282.6			2995.0	10287.6
12788.3	4700.0			875.0	3825.0
42318.8	20500.0	2800.0	200.0	2169.0	15331.0
8745.9	12395.6		424.0	6121.6	5850.0
14363.0	3956.0				3956.0

11-8 续表 1-2

指　标	主营业务收入	主营业务成本	主营业务税金及附加	其他业务收入
总　计	2272805.5	2053811.8	20290.2	14706.4
煤炭开采和洗选业	239022.6	213804.0	3437.4	359.7
黑色金属矿采选业	34182.6	27087.7	1124.2	46.3
农副食品加工业	131776.9	124030.0	62.8	
食品制造业	50585.7	34633.5	251.5	
饮料制造业	6878.8	4573.6	42.1	
纺织业	12652.7	10813.0	42.7	
木材加工及木、竹、藤、棕、草制品业	9904.7	7702.9	6.7	
家具制造业	6936.5	5305.2	30.9	24.1
造纸及纸制品业	32977.9	29897.0	142.1	
印刷业和记录媒介的复制	13348.8	11897.5	37.6	24.2
文教体育用品制造业	22614.6	19177.0	112.0	
石油加工、炼焦及核燃料加工业	767080.5	718127.1	10628.4	2729.9
化学原料及化学制品制造业	61487.7	53123.9	195.6	554.8
医药制造业	15814.2	12915.9	53.4	
化学纤维制造业	5912.6	5569.7	16.2	195.1
塑料制品业	31887.3	28221.1	147.5	64.6
非金属矿物制品业	169665.3	152830.6	810.9	4064.3
黑色金属冶炼及压延加工业	78562.0	73569.1	125.5	351.4
有色金属冶炼及压延加工业	154306.1	147841.0	1248.2	2580.8
金属制品业	106815.9	98484.7	293.3	139.6
通用设备制造业	83397.2	69420.6	718.4	1323.2
专用设备制造业	39545.8	34476.1	185.1	20.0
交通运输设备制造业	26973.2	24012.8	87.7	
电气机械及器材制造业	86802.7	70930.2	274.6	
通信设备、计算机及其他电子设备制造业	65516.3	62500.3	77.6	2228.4
仪器仪表及文化、办公用机械制造业	18156.9	12867.3	137.8	

单位：万元

其他业务利润	营业费用	管理费用	税金	财务费用	利息支出	营业利润	投资收益
4848.0	78235.6	118068.7	14539.1	35719.6	30897.2	49244.2	-28192.2
-12.2	15150.9	8590.4	2439.1	3279.5	2148.4	4112.0	-2500.0
	2746.9	1815.3	400.0	13.0	12.5	1371.7	
	1574.8	2023.6	11.2	1629.0	1601.4	7402.7	
	5797.2	1677.6	93.1	252.7	155.4	9499.2	
	375.2	506.7		22.0	24.7	1358.0	
	760.4	1037.8		18.2	17.4	396.9	-1396.8
	55.5	102.6	2.7	17.4	16.9	2019.6	
14.9	609.4	490.1	5.2	32.3	23.6	482.9	
	205.0	944.5	70.6	736.9	736.2	1202.5	
	170.0	1139.9	17.4	442.3	286.1	91.1	0.4
	1.6	173.3	20.0	-0.6		3425.6	
624.2	32454.6	57468.6	9079.9	17680.7	15698.0	-13150.3	-22525.0
407.6	3328.6	2514.6	30.2	682.3	601.3	3750.5	16.5
	1208.0	1571.4	155.3	279.4	267.6	1156.4	
	62.8	176.9		78.6	78.2	8.4	
29.5	1096.6	1478.0	1.1	19.2	-1.1	676.4	195.5
2659.3	2606.3	5341.7	183.9	1746.3	1385.3	10061.4	
114.7	484.7	1639.9	40.0	2416.6	1917.6	135.5	
736.4	1231.2	4820.4	639.3	4395.4	4292.2	-2857.8	-2332.6
46.4	1251.0	2971.0	37.4	174.0	122.0	3684.1	
197.4	3171.2	3262.4	74.8	793.0	711.7	2331.2	
19.6	860.5	2715.4	78.2	193.2	162.2	1073.4	-0.2
	250.3	1083.6	21.3	214.7	208.6	152.2	
	1852.5	6096.2	134.1	308.9	280.5	7558.6	
11.7	530.6	5071.9	1004.1	258.5	131.1	1585.5	350.0
-1.5	399.8	3354.9	0.2	36.1	19.4	1716.5	

11-8 续表 1-3

指　标	补贴收入	营业外收入	营业外支出	利润总额	应交所得税
总　计	**1785.3**	**2659.3**	**4635.3**	**47908.8**	**6185.4**
煤炭开采和洗选业		63.9	419.6	3756.3	516.8
黑色金属矿采选业		31.0	1400.0	2.7	86.1
农副食品加工业	285.0	2.3	54.7	7631.3	510.2
食品制造业		384.0	47.3	9835.9	389.2
饮料制造业			80.0	1278.0	319.4
纺织业	143.5		14.5	382.4	61.4
木材加工及木、竹、藤、棕、草制品业	35.0			2054.6	
家具制造业			1.8	481.1	119.6
造纸及纸制品业	20.0	20.3	95.4	1127.4	7.9
印刷业和记录媒介的复制	5.0	-49.0	126.2	-84.1	6.1
文教体育用品制造业		0.3		3425.9	44.7
石油加工、炼焦及核燃料加工业	40.7	272.2	772.3	-13650.4	701.2
化学原料及化学制品制造业		181.7	134.5	3797.7	222.9
医药制造业	25.0	16.0	2.3	1170.1	108.3
化学纤维制造业			4.1	4.3	1.1
塑料制品业	120.0	255.7	136.1	796.0	3.6
非金属矿物制品业	24.6	987.8	355.0	10718.8	578.0
黑色金属冶炼及压延加工业	84.0	4.5	19.3	120.7	209.7
有色金属冶炼及压延加工业	22.1	371.8	6.4	-2492.4	0.5
金属制品业		98.8	79.6	3703.3	593.9
通用设备制造业	72.7	242.3	116.3	2457.2	720.8
专用设备制造业	300.0	102.8	53.2	1423.0	211.2
交通运输设备制造业		70.0	-55.3	277.5	0.7
电气机械及器材制造业	77.7	15.4	191.3	7382.7	483.7
通信设备、计算机及其他电子设备制造业	48.0	-440.2	450.3	695.0	115.8
仪器仪表及文化、办公用机械制造业	482.0	27.7	130.4	1613.8	172.6

单位：万元

亏损企业亏损总额	利税总额	本年应付工资总额	本年应付福利费总额	本年应交增值税	本年进项税额	本年销项税额	全部从业人员年平均人数（人）
21873.3	143258.2	135121.7	5384.5	75059.2	264404.7	281329.4	34027
905.2	20935.2	3960.3	493.1	13741.5	29194.7	36798.6	1648
588.8	4543.3	1230.3	139.9	3416.4	2278.5	5422.7	275
17.3	7932.9	2793.4	79.5	238.8	14866.5	14915.5	1022
	10753.0	4602.9	117.2	665.6	2197.4	2845.0	1210
	1320.1	138.0	8.4				84
27.5	754.3	1259.0	47.5	329.2	1823.9	2150.9	522
	2163.8	52.2		102.5		102.5	53
	675.1	566.0	1.9	163.1	3845.9	4263.2	402
	2418.8	1087.5	9.4	1149.3	4312.4	5461.7	927
382.0	189.4	1290.8	107.2	235.9	1639.6	1863.5	517
	3642.9	209.1	1.5	105.0	3739.5	3844.5	80
14098.7	32085.6	46173.4	875.8	35107.6	99512.1	90533.4	7473
116.0	5448.4	4406.8	142.8	1455.1	5574.7	6591.7	1239
68.2	1670.2	1758.1	54.2	446.7	1239.4	1800.8	738
	182.7	258.8	6.9	162.2	886.0	1038.3	192
14.6	1242.0	3786.2	126.6	298.5	2800.3	2993.1	920
776.2	18069.7	8576.5	263.7	6540.0	8288.8	10205.0	3203
1351.0	1239.4	3059.3	88.4	993.2	10223.0	11494.8	1001
2544.7	565.5	15590.5	322.2	1809.7	21153.3	22945.7	3551
468.5	5977.2	9269.7	1501.3	1980.6	16084.3	16618.9	2476
341.6	5067.8	5540.0	162.7	1892.2	10870.4	11017.6	2356
19.5	2655.1	3294.1	262.8	1047.0	6377.9	7259.5	1053
136.0	703.8	1086.6	66.8	338.6	1566.7	1861.5	789
17.5	8934.2	8927.4	201.4	1276.9	12827.3	14650.6	867
	1532.1	2842.3	111.7	759.5	2265.6	2721.6	1021
	2555.7	3362.5	191.6	804.1	836.5		408

11-9 外商投资和港澳台商投资

指标	企业单位数(个)	亏损企业	工业总产值（当年价格）	工业销售产值（当年价格）	出口交货值
总计	29	10	1585462.9	1543444.3	343050.7
农副食品加工业	2		37023.5	37913.5	
食品制造业	1		119389.2	118466.2	
饮料制造业	2		67943.4	67664.2	
纺织业	1	1	9880.2	10651.2	2654.9
石油加工、炼焦及核燃料加工业	3	1	238906.2	227300.3	
化学原料及化学制品制造业	2		122558.3	122425.6	
医药制造业	1	1	4097.1	4097.1	
塑料制品业	3		46920.9	43897.6	
非金属矿物制品业	1		3077.9	2908.8	
有色金属冶炼及压延加工业	3	3	3500.1	2970.1	
通用设备制造业	2	1	1395.3	1843.6	140.6
专用设备制造业	2	2	15013.4	10277.2	3117.9
交通运输设备制造业	2		225600.2	214633.2	
通信设备、计算机及其他电子设备制造业	2	1	630298.1	618604.8	337137.3
仪器仪表及文化、办公用机械制造业	1		54745.1	54745.1	
工艺品及其他制造业	1		5114.0	5045.8	

工业企业主要经济指标

单位：万元

资产总计	流动资产合计	应收帐款	存货	产成品	固定资产合计	固定资产原价	累计折旧	固定资产净值
2026316.2	**912276.1**	**250348.3**	**230556.5**	**56476.6**	**958748.5**	**1285278.4**	**389151.7**	**896126.7**
15687.2	7959.6	879.7	4108.7	1461.8	7492.8	11237.9	3745.1	7492.8
42785.9	7781.3	545.7	2587.1	208.6	22882.7	28090.4	5207.7	22882.7
40362.6	8831.0	424.3	5306.1	2504.5	30384.9	48719.1	19128.9	29590.2
24778.6	14655.8	6163.6	1338.4	321.6	6274.8	9201.6	3004.2	6197.4
371673.8	222502.3	7384.3	57571.5	22547.3	95869.0	137104.3	46528.9	90575.4
142515.9	41768.1	13796.1	5081.1	1280.1	91160.1	154901.1	63829.0	91072.1
21093.1	12262.0	801.2	892.1	244.3	6928.8	1887.9	1255.0	632.9
43842.9	11464.0	2098.0	2776.7	776.8	32173.4	31784.5	10320.2	21464.3
6409.8	1743.4	62.1			2977.9	6347.7	3369.8	2977.9
20837.0	10749.5	1731.9	2656.4		9499.5	12337.3	2847.7	9489.6
3731.0	2770.2	392.5	614.3	122.0	960.8	2063.3	1102.5	960.8
24949.5	10907.2	3514.7	5741.5	2066.0	14042.3	15938.1	11139.7	4798.4
126998.6	82122.0	30351.6	21239.1	123.3	33750.0	38575.7	4825.7	33750.0
1112691.8	454135.0	173864.5	113770.0	22061.1	601396.0	782998.7	211649.3	571349.4
25022.6	20246.5	6530.3	6564.5	2501.5	2577.2	3481.0	966.5	2514.5
2935.9	2378.2		309.0	257.7	378.3	609.8	231.5	378.3

11-9 续表 1-1

指 标	负债合计	流动负债合计		长期负债合计
			应付账款	
总 计	1225985.5	1105057.1	336965.0	108576.6
农副食品加工业	6758.1	4963.1	2299.5	1795.0
食品制造业	7795.2	7493.9	3903.6	301.3
饮料制造业	26334.0	22268.2	7709.6	4065.8
纺织业	12411.5	12322.6	5086.9	88.7
石油加工、炼焦及核燃料加工业	248749.0	223814.6	45733.4	24934.4
化学原料及化学制品制造业	47359.5	47359.5	10641.9	
医药制造业	18859.0	18859.0	340.4	
塑料制品业	22951.2	22552.4	5602.1	398.8
非金属矿物制品业	3877.4	3877.4	96.3	
有色金属冶炼及压延加工业	10431.6	10431.6	3687.3	
通用设备制造业	801.3	801.3	697.5	
专用设备制造业	10356.6	1984.7	1279.7	
交通运输设备制造业	94275.9	52696.2	19187.2	37600.0
通信设备、计算机及其他电子设备制造业	708088.6	671004.7	229215.8	37083.9
仪器仪表及文化、办公用机械制造业	5474.4	4508.8	1390.4	965.6
工艺品及其他制造业	1462.2	119.1	93.4	1343.1

单位:万元

所有者权益合计	实收资本	国家资本	集体资本	法人资本	个人资本	港澳台资本	外商资本
800285.8	612683.8	3812.8	1350.0	68767.5	26376.4	329243.6	183133.5
8929.1	8506.1	2936.4		750.0		415.0	4404.7
34990.6	11667.0			11.7			11655.3
14028.6	13312.8			2076.8		5000.0	6236.0
12367.1	12520.0	876.4		11643.6			
122924.7	48598.0			3007.8	22500.0	12085.0	11005.2
95156.4	44340.1			22126.6			22213.5
2217.7	1828.0						1828.0
20891.7	18107.8		1350.0			611.6	16146.2
2532.3	5000.0			3500.0			1500.0
10405.4	7007.6			1467.0	3876.4		1664.2
2929.7	2167.5			180.0			1987.5
14592.8	20548.4			6700.0		10000.0	3848.4
32694.6	18004.0			14254.0			3750.0
404603.2	395334.5					298440.0	96894.5
19548.2	5000.0			3050.0		1950.0	
1473.7	742.0					742.0	

11-9 续表 1-2

指　标	主营业务收入	主营业务成本	主营业务税金及附加	其他业务收入
总　计	1621117.4	1472390.1	1468.5	45928.9
农副食品加工业	35862.9	31850.8		34.3
食品制造业	120341.9	101197.9	2.8	530.8
饮料制造业	92599.1	77144.9		
纺织业	7842.8	6878.8		
石油加工、炼焦及核燃料加工业	236266.1	212844.8	226.6	15103.4
化学原料及化学制品制造业	122426.7	90842.9		285.6
医药制造业	4032.1	3587.7		25.8
塑料制品业	45699.2	41646.2		400.8
非金属矿物制品业	3165.4	2814.1	20.4	
有色金属冶炼及压延加工业	16535.3	15376.4	1050.2	523.8
通用设备制造业	1811.5	1314.6	0.2	
专用设备制造业	9881.6	10406.0		41.7
交通运输设备制造业	226376.3	206235.6		311.9
通信设备、计算机及其他电子设备制造业	640422.5	623085.5		28667.9
仪器仪表及文化、办公用机械制造业	52541.4	42142.1	168.3	
工艺品及其他制造业	5312.6	5021.8		2.9

单位:万元

其他业务利润	营业费用	管理费用	税金	财务费用	利息支出	营业利润	投资收益
19178.2	41021.1	111512.7	12667.7	1836.3	14157.6	91659.6	-14850.0
34.3	1105.3	2098.7	31.4	114.7	109.2	727.5	
2.3	5061.5	8498.3	1868.8	31.1	-12.7	6986.1	
	9330.5	5778.1	1126.7	181.2	290.5	3379.3	
	126.7	442.6	47.7	861.7	761.4	-467.0	
380.1	12399.2	22532.9	5080.8	9548.5	7159.6	339.9	-14998.5
17.1	2598.3	2854.5	193.5	884.9	876.2	25392.1	142.2
	149.3	497.8	43.9	19.5	10.9	-136.2	
95.3	406.0	1577.3	52.5	-99.3	457.3	4638.3	
	408.4	436.8		171.5	171.5	-665.6	
-39.4	135.2	1024.3		82.6		-1173.2	
	37.8	178.5	0.3	8.0		93.8	
41.7	170.3	2010.9	44.6	6.7		-3155.9	
311.9	1708.5	10014.5	1266.9	988.2	2456.1	30814.1	
18334.0	6117.8	49529.2	2860.6	-10930.0	1911.1	15484.9	6.3
	1227.7	3742.3	28.4	-34.4	-34.4	8510.2	
0.9	38.6	296.0	21.6	1.4	0.9	891.3	

11-9 续表 1-3

指　标	补贴收入	营业外收入	营业外支出	利润总额	应交所得税
总　计	3052.3	-30320.1	3955.2	58357.5	15061.0
农副食品加工业		16.5	6.0	738.0	
食品制造业		-3912.0	1.4	3072.7	338.5
饮料制造业		-488.7	190.0	2700.6	549.1
纺织业			0.5	-467.5	
石油加工、炼焦及核燃料加工业	831.0	673.1	316.5	1527.5	5.6
化学原料及化学制品制造业		127.6	9.5	25652.4	6730.7
医药制造业			-78.7	-57.5	135.5
塑料制品业		-995.7	135.6	3507.0	259.8
非金属矿物制品业			-731.2	65.6	
有色金属冶炼及压延加工业		4.0	1.7	-1170.9	
通用设备制造业		2.6	0.3	96.1	
专用设备制造业		66.2	10.9	-3100.6	
交通运输设备制造业		-10862.1	380.4	19571.6	3433.6
通信设备、计算机及其他电子设备制造业	19.0	-14234.2	3681.2	-2430.5	2918.4
仪器仪表及文化、办公用机械制造业	2202.3	1.2	6.6	8504.8	671.2
工艺品及其他制造业		-718.6	24.5	148.2	18.6

单位：万元

亏损企业亏损总额	利税总额	本年应付工资总额	本年应付福利费总额	本年应交增值税	本年进项税额	本年销项税额	全部从业人员年平均人数（人）
12708.2	85125.5	210690.9	16653.1	25299.5	144597.9	170104.6	63941
	739.2	1192.2	52.6	1.2		1.2	345
	3414.0	1081.6	41.1	338.5	7848.6	9374.3	255
	5128.3	6067.6	630.4	2427.7	7709.1	9654.2	1494
467.5	–82.0	521.9	15.6	385.5	834.4	861.2	175
518.3	12487.8	13372.6	149.3	10733.7	33624.9	42514.0	3185
	33627.9	3544.9	746.9	7975.5	12895.5	20866.6	780
57.5	86.0	173.9	9.0	143.5	161.7	297.1	123
	4365.0	2195.1	18.0	858.0	2864.0	2843.1	454
	223.5	134.0		137.5			51
1170.9	–72.0	264.2		48.7	1130.5	1178.4	93
63.9	231.7	275.6		135.4	667.8	804.4	64
3100.6	–3020.2	1010.9	27.1	80.4	395.0	15.4	437
	21012.3	2464.1	93.0	1440.7	11568.4	23558.1	518
7329.5	–2282.4	167346.2	14806.0	148.1	59677.7	51683.2	55052
	9109.7	10441.5	49.3	436.6	4707.3	5872.7	810
	156.7	604.6	14.8	8.5	513.0	580.7	105

11-10 大中型工业企业

指　标	企业单位数(个)	亏损企业	工业总产值(当年价格)	工业销售产值(当年价格)	出口交货值
总　计	108	33	17772911.8	17586614.5	1339751.9
煤炭开采和洗选业	5		2476692.5	2411999.4	
农副食品加工业	2		49197.4	49269.8	
食品制造业	4		86823.8	76203.2	51.7
饮料制造业	1		32591.4	33066.1	
烟草制品业	1		263105.5	260647.4	
纺织业	1	1	12534.4	9807.3	
纺织服装、鞋、帽制造业	2	2	38343.1	38336.8	
造纸及纸制品业	1		21594.4	18023.6	
印刷业和记录媒介的复制	1	1	5479.8	3067.5	
石油加工、炼焦及核燃料加工业	14	9	2019868.2	1960585.7	24587.1
化学原料及化学制品制造业	7	1	752633.2	747145.5	786.0
医药制造业	2	1	27678.8	25743.7	
橡胶制品业	2	1	223666.7	245297.5	58308.5
塑料制品业	1		44600.0	41576.7	
非金属矿物制品业	10	2	244861.4	239392.3	
黑色金属冶炼及压延加工业	3		6734043.0	6777659.7	731999.7
有色金属冶炼及压延加工业	4	4	120793.4	120236.2	
金属制品业	5	2	57264.9	58312.4	23.0
通用设备制造业	5		120567.4	116681.5	104.2
专用设备制造业	10		1862090.2	1797010.9	115672.6
交通运输设备制造业	8	1	892610.0	886343.3	59903.1
电气机械及器材制造业	3	1	82409.3	80436.9	5112.8
通信设备、计算机及其他电子设备制造业	6	3	762249.3	752200.3	342565.8
仪器仪表及文化、办公用机械制造业	4		144788.6	141162.8	637.4
电力、热力的生产和供应业	4	4	451282.3	451282.3	
燃气生产和供应业	1		196571.9	196571.9	
水的生产和供应业	1		48570.9	48553.8	

主要经济指标

单位:万元

资产总计	流动资产合计	应收帐款	存货		固定资产合计	固定资产原价	累计折旧	固定资产净值
				产成品				
27256468.8	12516759.8	2348035.9	3155012.8	936811.8	10117310.6	15373498.3	6519107.6	8854390.7
4170601.8	2338836.4	174310.6	146947.0	53231.9	1366061.7	2347365.3	1384853.1	962512.2
30816.7	17942.2	795.0	3132.0	496.9	7960.0	12216.5	5592.7	6623.8
91342.9	48235.7	7866.5	19342.1	3346.5	34009.3	38333.4	9701.6	28631.8
33469.0	8487.7	424.3	5162.1	2504.5	24127.9	40137.5	16794.8	23342.7
243126.2	149101.5	10685.9	29295.5	3623.7	93458.9	107496.1	33298.9	74197.2
20552.7	19974.9	53.9	15362.8	10079.5	577.8	623.8	46.0	577.8
15980.7	11326.6	1997.8	3137.4	1271.5	4599.1	7008.9	2483.6	4525.3
22249.3	4597.4	84.6	2566.6	305.0	16152.9	22667.8	6582.6	16085.2
13923.3	5463.5	1529.7	1742.7	564.9	8459.7	15801.2	10099.6	5701.6
3459091.0	1873516.0	162898.7	347655.2	123032.4	1488788.7	1622408.8	455987.1	1166421.7
1230902.1	511063.5	100706.6	97017.8	48218.6	563373.4	800586.9	282640.3	517946.6
42008.2	27363.2	2137.4	10434.5	8015.2	9935.7	17318.7	8959.8	8358.9
271341.9	144598.6	26317.8	62242.5	35454.2	126372.9	98936.3	16687.3	82249.0
39825.5	8721.3	1746.3	2652.4	709.4	30977.5	29924.1	9655.7	20268.4
372297.6	169594.4	37487.8	33317.3	6871.2	183950.2	260901.1	77649.6	183251.5
9495137.4	2741587.5	406238.4	1339625.9	332350.3	3419196.3	6024185.3	2605140.9	3419044.4
140558.4	77194.5	9170.1	33705.9	9431.8	59515.8	91346.4	34575.1	56771.3
60892.4	45829.3	9381.6	28681.7	8854.7	14120.1	17102.4	6067.0	11035.4
222087.3	180801.3	24137.2	115775.2	51742.9	36780.4	50625.2	17084.9	33540.3
2876779.4	2211512.7	892459.8	455973.6	141479.9	430026.8	552683.8	214710.8	337973.0
981037.4	538290.3	136067.7	139455.7	45878.7	371514.1	468391.9	155067.2	313324.7
88030.6	55547.3	14671.4	18490.5	9203.5	21074.9	32709.5	12763.3	19946.2
1491904.0	687668.4	213683.0	172671.0	29974.6	714611.1	950960.7	276135.0	674825.7
298357.3	190164.8	62291.0	36101.2	9551.4	84543.6	116790.9	32310.0	84480.9
1014996.4	307001.2	45225.6	33186.8		683875.3	1387156.9	793077.4	594079.5
308173.7	62228.4	4166.8	796.3	618.6	245945.3	156066.3	19129.6	136936.7
220985.6	80111.2	1500.4	541.1		77301.2	103752.6	32013.7	71738.9

11-10 续表 1-1

指　标	负债合计	流动负债合计	应付账款	长期负债合计
总　计	17622289.6	11685948.0	3375611.1	5502603.6
煤炭开采和洗选业	2556399.5	1727331.7	556555.6	829067.7
农副食品加工业	16169.9	16169.9	5983.8	
食品制造业	44486.4	34501.6	4929.8	9984.8
饮料制造业	20577.2	16511.4	2948.9	4065.8
烟草制品业	61392.8	61392.8	53301.6	
纺织业	20349.1	20349.1	2.1	
纺织服装、鞋、帽制造业	10725.2	10725.2	876.8	
造纸及纸制品业	17122.4	15848.1	3711.0	1274.2
印刷业和记录媒介的复制	6816.6	6185.5	534.9	631.1
石油加工、炼焦及核燃料加工业	2502563.1	2126279.5	425493.3	376283.6
化学原料及化学制品制造业	723967.9	614703.1	139038.1	109264.8
医药制造业	23991.7	22991.7	6055.1	1000.0
橡胶制品业	199288.1	92402.5	48460.0	106885.5
塑料制品业	21646.3	21247.5	5517.9	398.8
非金属矿物制品业	213177.2	138238.2	64355.0	74939.0
黑色金属冶炼及压延加工业	5738514.2	3076793.4	578540.3	2661712.8
有色金属冶炼及压延加工业	148155.7	128372.2	17208.9	19783.5
金属制品业	39974.7	39728.5	10303.5	246.2
通用设备制造业	175298.1	150364.5	24461.3	24933.5
专用设备制造业	1837648.1	1593902.5	804484.7	238635.2
交通运输设备制造业	538030.1	384550.8	162998.4	139385.6
电气机械及器材制造业	55198.1	44877.7	21433.0	9911.6
通信设备、计算机及其他电子设备制造业	1049694.1	767039.6	251217.2	41316.0
仪器仪表及文化、办公用机械制造业	178696.5	161894.5	30353.2	965.6
电力、热力的生产和供应业	1077308.5	328282.0	137978.9	592084.7
燃气生产和供应业	250192.5	39001.6	6688.1	211190.9
水的生产和供应业	94905.6	46262.9	12179.7	48642.7

单位：万元

所有者权益合计	实收资本	国家资本	集体资本	法人资本	个人资本	港澳台资本	外商资本
9561957.0	**3733589.9**	**1457721.0**	**9914.9**	**1522469.2**	**269259.7**	**313575.0**	**160650.1**
1614202.2	789597.7	29228.7	2191.5	743410.1	14767.4		
14646.8	11008.1	2936.4	3667.0				4404.7
45476.5	13551.7			12171.7	1380.0		
12891.8	8312.8			2076.8			6236.0
181733.4	61319.6			61319.6			
203.6	1800.0				1800.0		
5255.4	977.7		489.3	488.4			
5126.8	6060.0				6060.0		
7106.7	4080.5	3536.5		544.0			
916342.8	681630.9	364562.2		105035.5	188943.0	12085.0	11005.2
506934.2	181686.6	136346.5		22126.6	1000.0		22213.5
17916.4	21749.0			21749.0			
72053.8	58068.4			58068.4			
18179.2	16146.2						16146.2
159120.2	56759.1	9811.1		28998.0	17950.0		
3756623.0	707171.9	649371.9		57800.0			
-7597.3	30419.0			21727.0	8692.0		
20917.7	6528.1	2703.3		2124.8	1700.0		
46789.2	33930.5	20502.9	2039.6	10588.0	800.0		
1008589.9	194767.0	104687.8		80159.2	9920.0		
442992.4	219271.9	93994.7		119527.2	2000.0		3750.0
32832.5	14097.4	2636.1		1179.0	10282.3		
442209.9	462134.9	5733.4		59942.0	25.0	299540.0	96894.5
119660.8	28993.4	4489.8	1527.5	17526.1	3500.0	1950.0	
-62312.1	70178.8	6381.0		63797.8			
57981.2	37550.0	5000.0		32110.0	440.0		
126080.0	15798.7	15798.7					

11-10 续表 1-2

指　标	主营业务收入			其他业务收入
		主营业务成本	主营业务税金及附加	
总　计	**18351095.9**	**15498895.4**	**225355.9**	**815183.5**
煤炭开采和洗选业	2336814.0	1359252.7	55201.1	74479.1
农副食品加工业	51901.3	44400.1	207.5	34.3
食品制造业	76741.6	55536.2	313.9	
饮料制造业	55973.9	41949.9		
烟草制品业	263637.3	100865.5	112123.3	164.1
纺织业	9807.3	9783.4	7.6	
纺织服装、鞋、帽制造业	37633.5	37470.0	335.1	3048.0
造纸及纸制品业	18023.6	15843.2	100.5	
印刷业和记录媒介的复制	7392.7	6004.3	30.6	380.4
石油加工、炼焦及核燃料加工业	1933645.2	1701423.6	24608.3	43888.7
化学原料及化学制品制造业	820603.1	731097.6	1377.3	1872.1
医药制造业	21819.7	18741.5	78.4	3089.0
橡胶制品业	230196.3	215800.0	406.4	1597.7
塑料制品业	43527.7	40012.1		400.8
非金属矿物制品业	229352.7	192502.5	1419.0	7642.7
黑色金属冶炼及压延加工业	7489394.6	6690795.0	12037.9	579305.2
有色金属冶炼及压延加工业	132283.0	126401.2	1136.2	2578.8
金属制品业	53260.6	49359.5	90.0	132.0
通用设备制造业	108828.3	90552.7	280.3	5428.4
专用设备制造业	1826050.2	1522428.0	9232.7	11203.5
交通运输设备制造业	913941.5	810997.5	2129.3	23106.1
电气机械及器材制造业	78970.7	64356.9	128.4	537.7
通信设备、计算机及其他电子设备制造业	785744.8	750089.7	242.5	28767.9
仪器仪表及文化、办公用机械制造业	145662.0	109623.0	941.0	3274.2
电力、热力的生产和供应业	443776.6	513582.5	2047.3	23912.0
燃气生产和供应业	187570.9	160116.1	589.5	
水的生产和供应业	48542.8	39910.7	291.8	340.8

单位：万元

其他业务利润	营业费用	管理费用	税金	财务费用	利息支出	营业利润	投资收益
47816.0	378042.3	1562823.3	74629.9	350873.1	343229.3	789481.1	-23129.7
253.6	24197.3	511330.0	8568.7	33503.4	33011.0	329354.6	3314.9
34.3	3100.2	3064.8	31.4	96.2	69.6	1070.0	
	9516.9	4395.9	262.1	701.0	657.5	9288.0	
	9330.5	3345.5	274.6	181.2	290.5	1426.9	
28.6	3552.1	18965.8	665.3	-423.7	-423.7	28582.8	
		315.1		2.3	2.3	-27.5	-1396.8
	31.9	2897.7	10.3	-4.8	-5.3	-1186.5	
	114.4	568.7	61.5	449.2	449.2	947.4	
	49.1	1456.4	14.2	53.3	53.0	-169.7	9.8
-519.2	81514.2	159028.7	32474.7	49646.1	46069.5	25500.9	-75359.2
87.0	11831.0	47279.6	1243.6	5966.6	5824.3	14757.4	142.2
197.8	2113.5	2196.5	58.6	102.7	3.2	-1024.6	74.6
520.3	7411.9	2396.4	27.9	1682.9	1604.5	2818.9	
95.3	399.4	1405.2	52.3	-138.5	418.0	4487.5	
3137.2	7414.7	14402.3	602.9	2376.2	2045.9	18742.5	3.7
	121435.3	460148.2	16292.4	167709.7	151670.6	259060.8	40876.0
736.4	1066.1	4450.3	637.5	3710.5	3555.3	-2772.2	-830.3
39.6	770.8	5747.9	504.0	-3.8	0.3	671.5	
701.7	4360.7	11413.9	589.6	1181.8	1129.6	1574.8	
840.1	48723.3	114651.0	3406.4	18028.1	17104.3	122418.0	1284.9
1627.2	13535.6	75907.5	2935.5	5161.0	5984.4	39804.7	411.8
285.8	1507.9	8541.8	320.7	308.1	281.1	4395.3	
18434.0	8268.3	67788.8	3483.8	4464.0	17278.7	-1264.7	179.2
	3210.6	14873.9	500.9	1957.2	1923.1	17160.8	341.7
20975.5		13300.6	1121.8	42632.4	42320.5	-94241.1	
	11896.5	4242.5	136.4	8780.1	8780.1	6969.8	1215.9
340.8	2690.1	8708.3	352.8	2749.9	3131.8	1134.8	6601.9

11-10 续表 1-3

指　标	补贴收入	营业外收入	营业外支出	利润总额	应交所得税
总　计	**26615.4**	**26949.8**	**52221.7**	**765296.7**	**172485.7**
煤炭开采和洗选业	7709.0	15129.8	17612.5	326871.9	86118.7
农副食品加工业		18.4	11.5	1076.9	
食品制造业		74.9	327.6	9035.3	1274.7
饮料制造业		280.4	190.0	1517.3	549.1
烟草制品业		600.4	308.9	28874.3	7074.8
纺织业				-27.5	
纺织服装、鞋、帽制造业	639.4	793.1	96.3	-489.7	35.0
造纸及纸制品业	20.0	20.3	95.3	872.4	7.4
印刷业和记录媒介的复制		0.7	5.8	-174.8	0.8
石油加工、炼焦及核燃料加工业	871.7	2324.2	5326.9	23329.2	18492.6
化学原料及化学制品制造业		6311.1	767.9	20442.8	7633.6
医药制造业			219.8	-1244.4	2.0
橡胶制品业	24.5	123.1	23.3	2918.7	0.2
塑料制品业		-995.9	61.0	3430.6	251.9
非金属矿物制品业	80.0	1717.1	1547.5	18912.1	2908.1
黑色金属冶炼及压延加工业		7273.4	7355.2	258979.0	25028.4
有色金属冶炼及压延加工业	22.1	371.8	5.0	-2405.4	
金属制品业		115.3	69.7	717.1	279.3
通用设备制造业	368.7	201.7	288.8	1487.7	253.9
专用设备制造业	1390.5	4340.0	6646.2	120111.8	7689.5
交通运输设备制造业	4799.4	-9728.9	743.0	29332.8	5952.6
电气机械及器材制造业	1873.1	29.7	142.5	4282.5	383.4
通信设备、计算机及其他电子设备制造业	19.0	-11922.1	9610.6	-22683.1	3127.6
仪器仪表及文化、办公用机械制造业	2202.3	618.4	146.0	17633.2	2771.1
电力、热力的生产和供应业	6195.7	8801.2	375.6	-85815.5	392.4
燃气生产和供应业		49.0	6.2	7012.6	2258.6
水的生产和供应业	400.0	402.7	238.6	1298.9	

单位：万元

亏损企业亏损总额	利税总额	本年应付工资总额	本年应付福利费总额	本年应交增值税	本年进项税额	本年销项税额	全部从业人员年平均人数（人）
169154.7	**1625789.8**	**1796251.2**	**55404.6**	**635137.2**	**2338420.8**	**2869329.7**	**294950**
	619565.1	678519.0	2173.4	237492.1	258492.3	496580.7	73510
	2706.0	4149.3	105.8	1421.6	2323.0	3984.2	1274
	11844.4	8578.7	118.4	2495.2	7625.6	10620.5	2508
	3462.4	5803.7	630.4	1945.1	7709.1	9654.2	1445
	169304.3	14902.9	1019.4	28306.7	18407.4	44891.9	1192
27.5	11.0	794.0		30.9	1637.5	1667.2	450
489.7	2078.7	3280.2	254.3	2233.3	4331.6	6620.3	1709
	1784.3	560.5		811.4	2252.6	3064.0	440
174.8	–141.9	1185.6	73.9	2.3	867.0	1164.2	674
31585.0	154321.1	165644.3	7345.5	106383.6	251696.0	311507.2	30481
7859.7	35779.1	67237.5	2288.8	13959.0	29260.2	37594.6	17067
1251.4	–514.6	3029.8		651.4	3563.2	4214.6	1356
227.1	4485.3	7748.5	410.6	1160.2	56646.3	57805.1	2783
	4191.0	1962.9	16.0	760.4	2789.8	2679.2	370
2910.9	30981.9	21156.5	951.8	10650.8	20020.0	25551.7	6984
	378394.8	322107.5	14119.3	107377.9	1259828.5	1337878.2	30878
2405.4	226.1	13462.7	234.4	1495.3	17814.9	19378.1	2877
366.2	1586.4	9639.7	1447.8	779.3	6533.8	7817.1	3743
	4691.0	11541.8	363.2	2923.0	15270.0	18241.0	4459
	204884.4	120075.8	3369.5	75539.9	184503.5	257790.7	21930
3387.5	45921.9	54504.5	2957.5	14459.8	38139.7	51851.1	13581
2395.4	5045.5	9904.1	630.3	634.6	12355.1	13472.4	1895
30258.6	–20590.5	185316.7	15554.8	1850.1	70657.5	64178.3	59642
	21512.2	25753.4	174.7	2938.0	11059.9	13570.8	4221
85815.5	–72407.9	42245.5	565.0	11360.3	35340.2	40664.7	6592
	12164.5	8454.3	416.4	4562.4	19296.1	23975.1	580
	4503.3	8691.8	183.4	2912.6		2912.6	2309

11-11　民用汽车拥有量

单位:辆

指　标	2010	2009	比2009年增长（%）
总　计	**642550**	**549755**	**16.9**
一、汽车	605271	510779	18.5
# 载客汽车	494701	409106	20.9
载货汽车	95554	86179	10.9
其他汽车	15016	15494	-3.1
# 个人汽车	460558	374565	23.0
二、电车	172	187	-8.0
三、摩托车	22107	25833	-14.4
四、拖拉机	8030	7702	4.3
五、挂车	6762	5035	34.3
六、其他类型	208	219	-5.0

11-12　公路运输线路长度

单位:公里

指　标	2010	2009
公路线路里程	**6181**	**6093**
#等级公路	6047	5937
#晴雨通车里程	6104	5978
#高速公路	222	165
小 店 区	943	940
迎 泽 区	106	105
杏花岭区	266	285
尖草坪区	494	489
万柏林区	351	342
晋 源 区	375	362
清 徐 县	1198	1187
阳 曲 县	963	926
娄 烦 县	588	576
古 交 市	897	880
每百平方公里平均里程	88.5	87.2

11-13 旅客运输量及周转量

指 标	2010	比 2009 年增长（%）
旅客发送量总计（万人）	4799.9	3.7
铁 路	2209.6	17.3
公 路	2065.0	-9.4
民 航	525.3	13.4
旅客周转量总计（百万人公里）	10767.7	3.9
铁 路	5450.8	19.5
公 路	5316.9	-8.3

11-14 货物运输量及周转量

指 标	2010	比 2009 年增长（%）
货物运输量总计（万吨）	13851.1	2.2
铁 路	5064.0	2.2
公 路	8783.0	2.1
民 航	4.1	20.6
货物周转量总计（百万吨公里）	45284.4	3.5
铁 路	34899.0	5.5
公 路	10385.4	-2.9

11-15 全社会公路分货类运输量

单位：万吨

指 标	2010	2009
总 计	8783.00	8600.00
煤炭及制品	3667.78	3763.36
石油天然气及制品	65.87	47.30
金属矿石	32.50	27.52
钢 铁	346.93	253.70
矿建材料	870.40	835.06
水 泥	1241.04	1258.18
木 材	64.12	62.78
非金属矿石	9.66	9.46
化肥及农药	22.84	22.36
盐	25.47	16.34
粮 食	89.59	96.32
机械、设备、电器	252.07	212.42
化工原料及制品	69.39	67.94
有色金属	13.17	8.60
轻工、医药产品	37.77	36.98
农林牧渔业产品	247.68	190.92
其他	1726.72	1690.76

11-16 铁路线路长度

线路名称	起始地点	营业里程（公里）	延展里程（公里）
太原铁路局		**2760.40**	**7427.35**
京包线	郭磊庄	155.50	435.63
太焦线	修文	190.80	233.13
南同蒲线	榆次	478.72	1258.19
侯西线	侯马	76.11	131.82
侯月线	侯马北	150.60	423.32
北同蒲线	大同	335.48	1132.62
京原线	灵丘	184.58	264.51
石太线	赛鱼	123.94	530.70
口泉支线	平旺	9.73	101.01
宁岢支线	宁武	95.37	152.58
忻河线	忻州	39.96	57.91
兰村支线	汾河	12.66	17.06
太岚支线	太北一场	55.36	113.53
西山支线	太北四场	23.60	92.64
介西支线	介休	46.91	118.18
二峰山支线	翼城东	4.23	7.49
礼垣支线	礼元	44.28	52.53
大秦线	韩家岭	652.00	1802.43

11-17 邮电局(所)邮电线路及通信工具拥有量

指 标	单 位	2010	2009	比2009年增长%
邮电局所总数（包括代办点）	个	1197	1178	1.6
设在农村	个	652	594	9.8
邮路总条数	条	67	63	6.3
邮路总长度	公里	57285	42611	34.4
汽车邮路	公里	11675	9559	22.1
铁路邮路	公里	4835	7650	-36.8
航空邮路	公里	40775	25050	62.8
已通电话的行政村	个	980	971	0.9
局用电话交换机容量	门	1453722	1449756	0.3
接入网交换机容量	门	215951	236248	-8.6
软交换接入设备容量	门	240495	175340	37.2

11-18 邮电业务量

指 标	单 位	2010	2009	比2009年增长%
邮电业务总量	**万 元**	**1452903**	**1306282**	**11.2**
函 件	万 件	13176.8	13987.7	-5.8
包 裹	万 件	253.3	258.4	-2.0
特快专递	万 件	999.4	1017.8	-1.8
汇票	万 笔	161.9	174.1	-7.0
订销报纸	万 份	8240.6	8353.2	-1.3
订销杂志	万 份	629.9	666.6	-5.5
长途电话通话时长	万分钟	53846	64038	-15.9
固定电话用户	户	1344717	1340963	0.3
# 住宅电话	户	865166	862935	0.3
无线市话	户	237070	287762	-17.6
公用电话	部	188585	181897	3.7
# IC 电话	部	13521	14856	-9.0
移动电话用户	户	4860210	4098427	18.6

注：邮电业务总量按2010年不变价计算。

第十二篇

企业调查

QIYEDIAOCHA

资料整理、审核

魏纪元　　武景萍

12-1 企业家信心指数

分 类	一季度	二季度	三季度	四季度
企业家信心指数	**138.21**	**135.32**	**141.44**	**140.71**
按行业门类分				
工业	131.39	117.54	123.20	132.19
建筑业	140.94	164.36	151.34	150.05
交通运输、仓储和邮政业	111.91	94.88	133.02	126.05
批发和零售业	163.13	163.35	170.82	168.72
房地产业	133.33	119.05	119.05	114.29
社会服务业	141.18	150.00	143.75	150.00
信息传输、计算机服务和软件	180.19	180.19	179.39	171.06
住宿和餐饮业	127.78	150.00	161.11	116.67
按企业登记注册类型分				
国有企业	126.80	124.04	137.82	129.22
集体企业	87.50	100.00	87.50	125.00
股份合作企业	100.00	100.00	100.00	100.00
有限责任公司	144.66	143.67	142.27	141.29
股份有限公司	135.79	130.51	135.82	165.98
私营企业	125.00	125.00	150.00	150.00
港、澳、台投资企业	109.75	93.08	109.75	93.08
外商投资企业	140.43	118.21	115.13	122.22
按企业规模分				
大中型	149.91	147.24	146.76	149.59
大型	158.45	146.71	150.11	161.63
中型	142.05	147.73	143.68	138.64
小型	116.00	113.13	124.49	120.62
特殊分组				
国家重点企业	195.01	140.61	140.61	143.29
国家试点企业集团成员	158.77	100.00	100.00	141.23
出口企业	153.95	138.55	143.10	144.68
上市公司	130.38	121.49	124.84	159.60
国有控股企业	137.98	134.83	139.06	138.96

12-2 企业景气指数

分　类	一季度	二季度	三季度	四季度
企业景气指数	128.23	130.88	136.89	133.57
按行业门类分				
工业	115.55	119.34	123.56	124.03
建筑业	120.55	150.02	159.99	158.26
交通运输、仓储和邮政业	130.67	117.87	132.39	136.65
批发和零售业	162.82	154.88	157.80	134.76
房地产业	123.81	104.76	100.00	109.52
社会服务业	147.06	137.50	143.75	143.75
信息传输、计算机服务和软件	146.85	162.72	157.54	157.54
住宿和餐饮业	116.67	111.11	127.78	116.67
按企业登记注册类型分				
国有企业	110.52	126.26	123.40	121.96
集体企业	112.50	100.00	150.00	112.50
股份合作企业	100.00	100.00	100.00	100.00
有限责任公司	131.87	134.13	139.36	142.13
股份有限公司	136.33	127.15	135.19	129.04
私营企业	100.00	100.00	75.00	75.00
港、澳、台投资企业	143.08	109.75	126.42	73.58
外商投资企业	155.56	133.33	136.88	118.20

12-2 续表 1-1

分　类	一季度	二季度	三季度	四季度
按企业规模分				
大中型	133.80	142.94	143.91	140.27
大型	143.37	147.67	154.15	149.58
中型	125.00	138.64	134.48	131.82
小型	113.00	105.05	117.35	119.59
特殊分组				
国家重点企业	154.40	142.92	140.61	145.60
国家试点企业集团成员	158.77	100.00	100.00	100.00
出口企业	127.17	143.83	133.61	140.93
上市公司	123.65	115.34	122.19	119.88
国有控股企业	120.23	131.43	132.63	132.28
生产总量景气指数	100.54	135.03	135.98	134.68
盈利（亏损）变化景气指数	94.81	107.16	117.03	110.83
流动资金景气指数	78.80	78.16	80.59	75.85
货款拖欠景气指数	100.91	94.05	92.96	94.48
劳动力需求景气指数	99.22	118.79	114.59	106.27
固定资产投资景气指数	89.32	116.43	115.92	117.49

12-3 国民经济各行业企业景气指数

分　类	一季度	二季度	三季度	四季度
一、工业	115.55	119.34	123.56	124.03
煤炭开采和洗选业	92.67	166.34	199.68	199.61
非金属矿采选业	100.00	100.00	100.00	100.00
农副食品加工业	100.00	100.00	150.00	200.00
食品制造业	66.67	100.00	133.33	133.33
饮料制造业	100.00	100.00	100.00	100.00
烟草制品业	200.00	100.00	100.00	100.00
纺织业	100.00	100.00	100.00	100.00
家具制造业	100.00	100.00	100.00	100.00
造纸及纸制品业	100.00	100.00	100.00	100.00
印刷业和记录媒介的复制	100.00	100.00	100.00	100.00
文教体育用品制造业	100.00	100.00	100.00	100.00
石油加工及炼焦业	93.66	127.14	97.63	124.77
化学原料及化学制品制造业	134.29	116.78	116.67	130.13
医药制造业	120.00	80.00	120.00	140.00
橡胶制品业	100.00	100.00	100.00	100.00
塑料制品业	100.00	100.00	100.00	100.00
非金属矿物制品业	128.57	100.00	116.67	114.29
黑色金属冶炼及压延加工业	158.77	100.00	100.00	100.00
有色金属冶炼及压延加工业	80.00	120.00	80.00	80.00

12-3 续表 1-1

分　类	一季度	二季度	三季度	四季度
金属制品业	50.00	200.00	100.00	100.00
通用设备制造业	152.92	133.16	133.16	133.16
专用设备制造业	126.83	130.72	136.21	136.21
交通运输设备制造业	133.33	159.68	163.28	163.28
电气机械及器材制造业	100.00	133.33	133.33	166.67
通信设备、计算机及其他电子设备制造业	63.64	77.92	85.71	93.51
仪器仪表及文化、办公用机械制造业	150.00	175.00	150.00	175.00
工艺品及其他制造业	200.00	200.00	200.00	200.00
电力、热力的生产和供应业	81.04	98.76	98.76	83.27
水的生产和供应业	100.00	100.00	100.00	100.00
二、建筑业	**120.55**	**150.02**	**159.99**	**158.26**
房屋和土木工程建筑业	121.51	152.34	162.78	158.64
建筑安装业	100.00	100.00	100.00	150.00
建筑装饰业	100.00	100.00	100.00	100.00
其他建筑业	100.00	100.00	100.00	100.00
三、交通运输、仓储及邮政业	**130.67**	**117.87**	**132.39**	**136.65**
铁路运输业	200.00	200.00	200.00	200.00
道路运输业	60.00	40.00	50.00	75.00

12-3 续表 1-2

分 类	一季度	二季度	三季度	四季度
航空运输业	150.00	200.00	200.00	100.00
仓储业	160.00	100.00	120.00	140.00
邮政业	200.00	100.00	100.00	100.00
四、批发和零售业	**162.82**	**154.88**	**157.80**	**134.76**
批发业	158.04	171.97	164.83	138.08
零售业	169.32	149.46	159.30	155.30
五、房地产业	**123.81**	**104.76**	**100.00**	**109.52**
房地产业	123.81	104.76	100.00	109.52
六、社会服务业	**147.06**	**137.50**	**143.75**	**143.75**
租赁业	100.00	100.00	100.00	100.00
商务服务业	161.54	150.00	150.00	150.00
公共设施管理业	100.00	100.00	100.00	100.00
居民服务业	100.00	66.67	100.00	100.00
七、信息传输和计算机服务及软件业	**146.85**	**162.72**	**157.54**	**157.54**
信息传输业	118.50	143.50	150.00	150.00
计算机服务业	100.00	100.00	100.00	100.00
软件业	162.50	162.50	150.00	150.00
八、住宿和餐饮业	**116.67**	**111.11**	**127.78**	**116.67**
住宿业	121.43	114.29	128.57	135.71
餐饮业	100.00	100.00	125.00	50.00

第十三篇

国内外贸易和旅游

GUONEIWAIMAOYIHELVYOU

资料整理、审核

师　超　　李红令

郑慧华　　陶姝钰

13-1 社会消费品零售总额

单位:万元

指　标	2010	2009	比 2009 年增长(%)
社会消费品零售额	8258458	7000426	18.0
一、按销售地区分			
城镇	8056091	6834222	17.9
乡村	202367	166204	21.8
二、按行业分			
批发、零售贸易业	7647024	6443229	18.7
住宿和餐饮业	611434	557197	9.7

13-2 限额以上连锁零售餐饮业经营情况

指　标	单　位	总　计		
			直营店	加盟店
绝对量				
门店总数	个	1745	844	901
营业面积	平方米	592048	538592	53456
从业人员	人	23296	17524	5772
销售总额	万元	1527164	1439198	87966
#零售	万元	1348740	1260773	87966
比 2009 年增长速度				
门店总数	%	28.7	43.8	17.2
营业面积	%	15.6	16.4	7.9
从业人员	%	30.0	35.2	16.4
销售总额	%	30.3	30.9	22.0
#零售	%	40.9	42.4	22.0

13-3 限额以上批发零售贸易业

指　标	法人企业数（人）	年末从业人数（人）	商品购进总额
总　计	401	60113	15046212.7
一、批发业	169	29602	11258302.0
1. 按批发行业小类分组			
农畜产品批发	4	229	24371.9
谷物、豆及薯类批发	4	229	24371.9
食品、饮料及烟草制品批发	22	3115	635159
糕点、糖果及糖批发	1	16	2141.9
果品、蔬菜批发	1	90	2713.4
肉、禽、蛋及水产品批发	1	17	1433.6
盐及调味品批发	3	939	24941
饮料及茶叶批发	10	1143	279670.1
烟草制品批发	1	739	295197
其他食品批发	5	171	29062
纺织、服装及日用品批发	8	885	61680.5
服装批发	4	792	48579.6
鞋帽批发	1	22	2272.6
其他日用品批发	3	71	10828.3
文化、体育用品及器材批发	3	506	174794.8
体育用品批发	1	21	23654.6
图书批发	2	485	151140.2
医药及医疗器材批发	22	1457	360567.6
西药批发	11	831	290252.7
中药材及中成药批发	10	606	65233.5
医疗用品及器材批发	1	20	5081.4
矿产品、建材及化工产品批发	86	20034	9192960.9
煤炭及制品批发	28	17578	3862024.7
石油及制品批发	9	799	508906.4
非金属矿及制品批发	1	16	1742.3
金属及金属矿批发	33	1013	4002738.1
建材批发	10	359	621319
化肥批发	1	166	150150.3
其他化工产品批发	4	103	46080.1

商品购进、销售、库存总额

单位：万元

进口额	商品销售总额	批发额		零售额	年末商品库存总额
			出口额		
2585699.4	22083781.6	18200858.5	153400.2	3882923.1	1363041.1
2537003.2	17642187.9	17606142.1	153400.2	36045.8	927505.8
	24730.4	24730.4			4875.1
	24730.4	24730.4			4875.1
	819857.6	808378	1821	11479.6	47244
	2577.4	2577.4			242.6
	2702	1351.1		1350.9	223.9
	1538.2	1538.2			1004.5
	42452.6	42452.6			6671.5
	331414.2	323760.3	1821	7653.9	17490.2
	408843.3	408843.3			15734.2
	30329.9	27855.1		2474.8	5877.1
	76459	76459	2685.1		15086.8
	62869.4	62869.4			13003
	2123.3	2123.3			472.5
	11466.3	11466.3	2685.1		1611.3
	171039.1	168930	24978.6	2109.1	20323.4
	24978.6	24978.6	24978.6		0.1
	146060.5	143951.4		2109.1	20323.3
	397805.1	394632	5736.5	3173.1	34610.3
	304528.2	304523.2		5	20136.4
	87565.1	84397	5736.5	3168.1	14471.6
	5711.8	5711.8			2.3
2431258.3	15482448.2	15463573.3	68960.6	18874.9	554091.9
271753.6	9851960.3	9838579	67097.4	13381.3	177903.5
	532589.4	527916.3		4673.1	134091.8
106.6	1371.3	1371.3	1279.4		371
2145063.5	4075556.3	4074735.8	583.8	820.5	140895.9
14334.6	792223.4	792223.4			67895.7
	181639.8	181639.8			30352
	47107.7	47107.7			2582

13-3 续表 1-1

指　标	法人企业数（人）	年末从业人数（人）	商品购进总额
机械设备、五金交电及电子产品批发	16	3023	570460.1
农业机械批发	1	138	22236.1
五金、交电批发	2	61	6529.6
家用电器批发	6	846	191291.5
计算机、软件及辅助设备批发	1	9	3940.2
通讯及广播电视设备批发	1	66	40980.3
其他机械设备及电子产品批发	5	1903	305482.4
贸易经纪与代理	1	114	174073.6
其他批发	7	239	64233.6
再生物资回收与批发	2	32	3021.2
其他未列明的批发	5	207	61212.4
2. 按登记注册类型分组			
内资企业	167	28929	11202843.6
国有企业	34	20103	6037419.7
集体企业	3	734	18431.9
股份合作企业	1	17	2151.7
有限责任公司	34	3047	2420713
国有独资公司	5	687	285164.1
其他有限责任公司	29	2360	2135548.9
股份有限公司	11	1313	637890.7
私营企业	84	3715	2086236.6
私营独资企业	1	12	189
私营合伙企业	1	228	9379.9
私营有限责任公司	79	3321	2018430.1
私营股份有限公司	3	154	58237.6
港、澳、台商投资企业	2	673	55458.4
合资经营企业（港或澳、台资）	1	226	43063.4
港、澳、台商独资经营企业	1	447	12395
3. 按控股情况分组			
国有控股	50	21719	7031726.7
集体控股	7	1107	425706.1

单位:万元

进口额	商品销售总额	批发额	出口额	零售额	年末商品库存总额
	390948.7	390539.6	7512.5	409.1	211603.1
	26257	26257			576.2
	6772.9	6752.6		20.3	532.7
	195993.3	195604.5		388.8	6393.4
	4125.4	4125.4			165.8
	38480.3	38480.3			4682.8
	119319.8	119319.8	7512.5		199252.2
105744.9	201132.2	201132.2	41705.9		34254
	77767.6	77767.6			5417.2
	3181.6	3181.6			281
	74586	74586			5136.2
2537003.2	17585651.9	17549606.1	153400.2	36045.8	922228.7
2329178.8	11990153.6	11978387.5	1821	11766.1	352222.6
	34532.1	34532.1			6883
	2290.1	2290.1			0.1
128394.3	2482307.5	2473873.8	44974.8	8433.7	225986.8
	302326.9	298161.6	583.8	4165.3	43065.8
128394.3	2179980.6	2175712.2	44391	4268.4	182921
64704.5	722406.3	719789.4	57649.3	2616.9	144512.5
14725.6	2353962.3	2340733.2	48955.1	13229.1	192623.7
	2007.4	2007.4			403.7
	9092.6	9092.6			287.3
7656.8	2291902.3	2278708.6	43218.6	13193.7	177784.3
7068.8	50960	50924.6	5736.5	35.4	14148.4
	56536	56536			5277.1
	45396.5	45396.5			15
	11139.5	11139.5			5262.1
2393883.3	13042341.7	13026410.3	60054.1	15931.4	502431
105744.9	500492.8	500492.8	41705.9		71500.1

13-3 续表 1-2

指　标	法人企业数（人）	年末从业人数（人）	商品购进总额
私人控股	86	4045	1852478.7
港澳台商控股	2	673	55458.4
其他	24	2058	1892932.1
4. 按经营形式分组			
独立门店	111	10907	7189195.8
连锁门店	1	44	3553
其他	57	18651	4065553.2
二、零售业	**232**	**30511**	**3787910.7**
1. 按零售行业小类分组			
综合零售	22	9204	570657.3
百货零售	13	2829	212786.1
超级市场零售	7	5573	261009.3
其他综合零售	2	802	96861.9
食品、饮料及烟草制品专门零售	16	1278	55034.3
粮油零售	5	632	8785.1
糕点、面包零售	1	140	3805.3
果品、蔬菜零售	1	56	300
饮料及茶叶零售	5	85	8299.1
烟草制品零售	1	94	9235.7
其他食品零售	3	271	24609.1
纺织、服装及日用品专门零售	15	1767	146870.3
纺织品及针织品零售	1	260	8553
服装零售	12	1273	131060.2
钟表、眼镜零售	2	234	7257.1
文化、体育用品及器材专门零售	15	1073	205489.4
体育用品零售	1	12	1720
图书零售	6	560	16784.9
珠宝首饰零售	4	414	180049.3
照相器材零售	2	45	4886.6
其他文化用品零售	2	42	2048.6
医药及医疗器材专门零售	12	3942	257493.3
药品零售	12	3942	257493.3

单位：万元

进口额	商品销售总额	批发额	出口额	零售额	年末商品库存总额
14725.6	2162398.8	2147325.8	51640.2	15073	170825.4
	56536	56536			5277.1
22649.4	1880418.6	1875377.2		5041.4	177472.2
2416817.1	7328647.1	7307394.7	83031.5	21252.4	635806.2
	3297.9	3297.9			255.1
120186.1	10310242.9	10295449.5	70368.7	14793.4	291444.5
48696.2	4441593.7	594716.4		3846877.3	435535.3
	718808.6	30		718778.6	36953.2
	346914.8			346914.8	10076
	273608.7	30		273578.7	23617.8
	98285.1			98285.1	3259.4
	125670.9	43284.8		82386.1	6951.7
	10040.4	3259.1		6781.3	1996.7
	3574.5			3574.5	230.8
	62759.1	18833.4		43925.7	100
	11384	6369.7		5014.3	1338.4
	10302.3			10302.3	2179.5
	27610.6	14822.6		12788	1106.3
	123197.6	4222.9		118974.7	64312.4
	3403.8	2457.8		946	5149.2
	112618.2	1765.1		110853.1	58313.9
	7175.6			7175.6	849.3
	211615.4	137830.3		73785.1	12132.1
	1610	990		620	320
	17533.3	2460.9		15072.4	6225.1
	185131.1	133481.4		51649.7	4005.8
	4874.2			4874.2	589.4
	2466.8	898		1568.8	991.8
	289788.2	75961.1		213827.1	35906.4
	289788.2	75961.1		213827.1	35906.4

13-3 续表 1-3

指　标	法人企业数（人）	年末从业人数（人）	商品购进总额
汽车、摩托车、燃料及零配件专门零售	128	10740	2187285.6
汽车零售	98	7844	1751940.8
汽车零配件零售	1	301	2994
机动车燃料零售	29	2595	432350.8
家用电器及电子产品专门零售	16	2093	298133.1
家用电器零售	5	1547	244115
计算机、软件及辅助设备零售	5	174	22107.2
通信设备零售	5	340	27409.7
其他电子产品零售	1	32	4501.2
五金、家具及室内装修材料专门零售	2	81	2470.7
五金零售	1	56	749.7
其他室内装修材料零售	1	25	1721
无店铺及其他零售	6	333	64476.7
其他未列明的零售	6	333	64476.7
2. 按登记注册类型分组			
内资企业	229	30195	3773336.8
国有企业	21	2300	220263.3
集体企业	11	695	66438.6
股份合作企业	1	140	3805.3
有限责任公司	52	6076	903825.6
国有独资公司			
其他有限责任公司	52	6076	903825.6
股份有限公司	13	8134	613182.2
私营企业	130	12841	1965271.3
私营独资企业	5	382	18120.5
私营合伙企业	1	38	1874.8
私营有限责任公司	121	12256	1917279.7
私营股份有限公司	3	165	27996.3
其他企业	1	9	550.5

单位:万元

进口额	商品销售总额	批发额	出口额	零售额	年末商品库存总额
45019.2	2564574.4	282033.9		2282540.5	228554.3
45019.2	1863677.1	128590.2		1735086.9	188415
	3031			3031	103
	697866.3	153443.7		544422.6	40036.3
3677	307805.2	51353.4		256451.8	27048
	228970.1	19679.3		209290.8	23959.2
3677	36378.3	22093.9		14284.4	1781
	30235.4	1158.7		29076.7	964
	12221.4	8421.5		3799.9	343.8
	2907.6			2907.6	210
	851.4			851.4	119.3
	2056.2			2056.2	90.7
	97225.8			97225.8	23467.2
	97225.8			97225.8	23467.2
48696.2	4418569	594716.4		3823852.6	429801
	233034.7	10886.8		222147.9	19983.1
	74604	10167.8		64436.2	6115.1
	3574.5			3574.5	230.8
43784.4	1045482	166075.7		879406.3	83789.3
43784.4	1045482	166075.7		879406.3	83789.3
	951485.6	226697.8		724787.8	49632.7
4911.8	2109809.9	180888.3		1928921.6	269999.7
	19994.1	30		19964.1	576.7
	1710.2			1710.2	164.6
4911.8	2059029.1	180858.3		1878170.8	266523.1
	29076.5			29076.5	2735.3
	578.3			578.3	50.3

13-3 续表 1-4

指　标	法人企业数（人）	年末从业人数（人）	商品购进总额
港、澳、台商投资企业	3	316	14573.9
合资经营企业（港或澳、台资）	1	15	8151.8
港、澳、台商独资经营企业	1	110	6422.1
港、澳、台商投资股份有限公司	1	191	
3. 按控股情况分组			
国有控股	27	6112	701671.6
集体控股	14	1113	186681.6
私人控股	155	21062	2509342.7
港澳台商控股	2	301	6422.1
外商控股	1	30	10826
其他	33	1893	372966.7
4. 按经营形式分组			
独立门店	147	10543	1423531
连锁总店	21	14277	1055332.6
连锁门店	3	96	4035.6
其他	61	5595	1305011.5
5. 按零售业态分组			
有店铺零售	232	30511	3787910.7
便利店	3	821	97364
折扣店			
超市	13	6475	385309.5
大型超市	2	131	1874.3
百货店	16	3471	329082.6
专业店	92	11354	1775237.9
专卖店	101	8125	1187844.1
家居建材商店	1	13	1478.5
厂家直销中心	4	121	9719.8

单位：万元

进口额	商品销售总额	批发额	出口额	零售额	年末商品库存总额
	23024.7			23024.7	5734.3
	2423.5			2423.5	5728.3
	6417.1			6417.1	5
	14184.1			14184.1	1
	1001578.4	234583.4		766995	70680.1
	193602	79237.9		114364.1	15449.6
11510.7	2841016.4	269584.7		2571431.7	308165.6
	20601.2			20601.2	6
	15685			15685	1527
37185.5	369110.7	11310.4		357800.3	39707
37301.7	1689929.9	291246.9		1398683	190479.2
	1411001.7	172529.7		1238472	90641.4
	3997.5			3997.5	445.7
11394.5	1336664.6	130939.8		1205724.8	153969
48696.2	4441593.7	594716.4		3846877.3	435535.3
	98803.7			98803.7	3274.3
	385667.8	19679.3		365988.5	40620.7
	1741.3	30		1711.3	422
	418593.2	6391.4		412201.8	56854.1
216.7	2157737.2	431663.2		1726074	142598.5
48479.5	1367618.7	136952.5		1230666.2	190570.2
	1156.4			1156.4	322.1
	10275.4			10275.4	873.4

13-4 限额以上住宿业和

指　标	法人企业数（个）	年末从业人员数（人）	营业额	客房收入
总　计	201	36416	490412.6	124505.7
一、住宿业	80	14498	154649.5	85717.1
1. 按住宿行业小类分组				
旅游饭店	58	12290	131440.4	69671.9
一般旅馆	18	1599	20031.6	13815.1
其他住宿服务	4	609	3177.5	2230.1
2. 按登记注册类型分组				
内资企业	76	13442	144081.4	80126.6
国有企业	27	5311	57088.8	32963
集体企业	4	534	1989.7	1350.2
股份合作企业	1	530	7254.7	3942.6
有限责任公司	12	2482	33992.5	17604.2
其他有限责任公司	12	2482	33992.5	17604.2
股份有限公司	3	582	5983.1	2417
私营企业	29	4003	37772.6	21849.6
私营独资企业	1	70	818.8	818.8
私营合伙企业	1	28	441.8	423.2
私营有限责任公司	26	3803	34833.6	19810.7
私营股份有限公司	1	102	1678.4	796.9
港、澳、台商投资企业	2	485	3327.4	2117.6
合资经营企业（港或澳、台资）	2	485	3327.4	2117.6
外商投资企业	2	571	7240.7	3472.9
中外合资经营企业	1	383	4327	2527
中外合作经营企业	1	188	2913.7	945.9
国有控股	28	6338	76934	44113.2

餐饮业经营情况

单位:万元

			客房间数(间)	床位数(个)
餐费收入	商品销售收入	其他收入		
339741.7	6302.4	19862.8	15581	26673
54319.8	2992	11620.6	11219	19347
49147.1	2787.4	9834	9151	15619
5137.1	121.7	957.7	1763	3219
35.6	82.9	828.9	305	509
50234.7	2910	10810.1	10668	18440
17844.6	1161.4	5119.8	4178	7303
594.7	20.8	24	564	1126
3312.1			295	490
14191.6	625.1	1571.6	1698	2765
14191.6	625.1	1571.6	1698	2765
2334.5	79.5	1152.1	364	540
11957.2	1023.2	2942.6	3569	6216
			60	104
18.6			129	258
11307.7	1023.2	2692	3190	5646
630.9		250.6	190	208
345.3	82	782.5	275	460
345.3	82	782.5	275	460
3739.8		28	276	447
1772		28	206	317
1967.8			70	130
26215.4	1161.4	5444	4811	8211

13-4 续表 1-1

指　标	法人企业数（个）	年末从业人员数（人）	营业额	客房收入
集体控股	5	614	3900.3	1996.2
私人控股	32	4975	47065.9	25642.8
港澳台商控股	2	473	4857	2955
外商控股	1	188	2913.7	945.9
其他	12	1910	18978.6	10064
4. 按经营形式分组				
独立门店	70	12426	134634.2	73694.6
其他	10	2072	20015.3	12022.5
5. 按星级分组				
五星	5	2910	44045.8	25869.7
四星	13	2850	27650.4	14958.7
三星	31	5053	48999	26963
二星	13	1678	14152.8	7327.6
其他	18	2007	19801.5	10598.1
二、餐饮业	**121**	**21918**	**335763.1**	**38788.6**
1. 按餐饮行业小类分组				
正餐服务	120	21315	279242.2	38788.6
快餐服务	1	603	56520.9	
2. 按登记注册类型分组				
内资企业	111	19584	261658	36997.5
国有企业	13	1946	22620.4	3811.3
股份合作企业	1	316	3283	1058
有限责任公司	20	2884	37283.5	12284.5
其他有限责任公司	20	2884	37283.5	12284.5

单位：万元

餐费收入	商品销售收入	其他收入	客房间数(间)	床位数(个)
1448.4	100.3	355.4	643	1240
15971.4	1150.4	4301.3	4140	7134
1792	82	28	236	377
1967.8			70	130
6924.8	497.9	1491.9	1319	2255
48278.2	2455.8	10205.6	9729	16915
6041.6	536.2	1415	1490	2432
16027.3	10.5	2138.3	1577	2441
9947.9	165.2	2578.6	2042	3452
14714.4	2720.2	4601.4	4415	7798
6313	37.6	474.6	1594	3046
7317.2	58.5	1827.7	1591	2610
285421.9	3310.4	8242.2	4362	7326
228901	3310.4	8242.2	4362	7326
56520.9				
214606.1	3178.4	6876	4112	6998
14391.5	1166.7	3250.9	867	1739
1230	42	953	150	150
23998.6	52.4	948	1173	1905
23998.6	52.4	948	1173	1905

13-4 续表 1-2

指　标	法人企业数（个）	年末从业人员数（人）	营业额	客房收入
股份有限公司	6	766	9692.9	170.9
私营企业	68	12002	176718.1	18818.1
私营独资企业	8	585	6336.3	549.2
私营有限责任公司	58	10726	147970	15654.8
私营股份有限公司	2	691	22411.8	2614.1
其他企业	3	1670	12060.1	854.7
港、澳、台商投资企业	4	951	8496.8	1791.1
合资经营企业（港或澳、台资）	2	312	2913.3	
港、澳、台商独资经营企业	1	235	1115.7	331.1
港、澳、台商投资股份有限公司	1	404	4467.8	1460
外商投资企业	6	1383	65608.3	
中外合资经营企业	4	670	6621.4	
外资企业	2	713	58986.9	
3. 按控股情况分组				
国有控股	15	2780	39669.1	12508.2
集体控股	1	387	3423	606
私人控股	79	13609	187444.9	22430.7
港澳台商控股	1	235	1115.7	331.1
外商控股	6	1383	65608.3	
其他	19	3524	38502.1	2912.6
4. 按经营形式分组				
独立门店	89	13880	189515	30717.9
连锁总店	3	3465	72614.9	
连锁门店	4	385	5436.1	854.7
其他	25	4188	68197.1	7216

单位:万元

			客房间数(间)	床位数(个)
餐费收入	商品销售收入	其他收入		
9507.8	12.8	1.4	118	229
154272.8	1904.5	1722.7	1649	2715
5479.6	270.5	37	110	208
130395.5	609	1310.7	1339	2177
18397.7	1025	375	200	330
11205.4			155	260
6150.9	132	422.8	250	328
2913.3				
784.6			35	50
2453	132	422.8	215	278
64664.9		943.4		
5678		943.4		
58986.9				
22331.8	1183.3	3645.8	1366	2446
2817			256	421
160204.2	1959.3	2850.7	2154	3467
784.6			35	50
64664.9		943.4		
34619.4	167.8	802.3	551	942
149621.1	2957	6219	3433	5827
72614.9				
4581.4			155	260
58604.5	353.4	2023.2	774	1239

13-5 限额以上批发和零售业

指 标	法人企业数(个)	执行《2006年企业会计准则》企业数(个)	年初存货	流动资产合计	应收帐款
总 计	401	269	1165536.2	8241761.9	1055271.0
一、批发业	169	118	860558.6	6529108.6	930521.7
1. 按批发行业小类分组					
农畜产品批发	4	2	9722.3	15894.2	921.6
谷物、豆及薯类批发	4	2	9722.3	15894.2	921.6
食品、饮料及烟草制品批发	22	12	36715.1	206793.2	11232.3
糕点、糖果及糖批发	1		523.3	529.8	274.3
果品、蔬菜批发	1	1	212.5	245.6	10.7
肉、禽、蛋及水产品批发	1	1	1016.7	1215.4	6.9
盐及调味品批发	3		7559.0	24988.2	4511.3
饮料及茶叶批发	10	7	11395.1	75398.9	2688.8
烟草制品批发	1		14746.7	98613.5	
其他食品批发	5	3	1261.8	5801.8	3740.3
纺织、服装及日用品批发	8	6	8396.1	36483.2	8163.7
服装批发	4	3	7731.3	32256.0	5950.5
鞋帽批发	1	1	97.0	2033.9	1244.0
其他日用品批发	3	2	567.8	2193.3	969.2
文化、体育用品及器材批发	3	3	7629.4	90491.4	24017.2
体育用品批发	1	1		23302.2	13198.8
图书批发	2	2	7629.4	67189.2	10818.4
医药及医疗器材批发	22	17	30431.7	172618.1	99940.2
西药批发	11	10	25265.4	106028.4	55516.4
中药材及中成药批发	10	7	5129.5	62569.3	40986.8
医疗用品及器材批发	1		36.8	4020.4	3437.0
矿产品、建材及化工产品批发	86	61	652721.2	5804539.8	774292.5
煤炭及制品批发	28	18	288381.6	4111320.5	608415.6
石油及制品批发	9	5	119587.0	178119.1	31110.5
非金属矿及制品批发	1	1	89.3	1068.0	381.1
金属及金属矿批发	33	28	160907.2	1110071.4	95547.0
建材批发	10	5	51210.7	350492.1	24532.5

法人企业财务状况(一)

单位:万元

存货	流动资产年平均余额	长期投资合计	固定资产合计	固定资产原价	累计折旧	本年折旧	资产总计	流动负债合计
1397642.5	3630093.5	542053.9	1130042.4	1444737.2	360852.7	32777.3	11138318.2	6747907.5
1046250.5	2864804.5	488831.9	915112.5	1150075.1	250934.8	16685.9	8908199.3	4988950.0
9410.6	10405.4	277.5	11176.5	17197.6	6021.1	227.6	37474.5	18823.7
9410.6	10405.4	277.5	11176.5	17197.6	6021.1	227.6	37474.5	18823.7
44948.5	143553.3	5972.0	46579.4	70186.9	23607.5	3992.3	279048.5	80862.8
242.6			1.8	5.6	3.8	0.5	531.6	482.0
223.9	251.6		368.2	465.8	97.6	13.2	613.8	169.6
1004.5	1348.7	3264.7	17.5	163.5	146.0	15.0	4497.6	387.1
8935.0	5975.7	2530.9	16257.8	28630.3	12372.5	1690.8	46532.4	11640.2
19591.7	43690.8	176.4	4927.5	9581.5	4654.0	1008.4	85812.6	44068.9
13448.0	91437.2		24695.6	30797.0	6101.4	1172.0	134934.3	20071.8
1502.8	849.3		311.0	543.2	232.2	92.4	6126.2	4043.2
13878.6	29633.4	1095.7	5741.0	7459.4	1813.2	820.4	74371.8	34214.4
12898.3	28687.4	1064.1	5149.8	6686.2	1536.5	765.7	69023.8	30727.1
474.3			214.5	249.2	34.7	24.5	2248.4	1743.0
506.0	946.0	31.6	376.7	524.0	242.0	30.2	3099.6	1744.3
11076.5	71730.7	5017.6	17345.6	20417.0	3222.3	763.6	117304.7	81646.1
	22691.6	3025.0	910.7	829.8	70.0	43.6	27729.0	24827.9
11076.5	49039.1	1992.6	16434.9	19587.2	3152.3	720.0	89575.7	56818.2
26413.8	76529.3	5010.5	6863.3	9898.0	3153.5	359.6	199123.4	135964.2
18863.5	51672.8	204.9	2991.1	4164.9	1191.7	235.2	110979.7	84503.0
7527.3	20940.0	4805.6	3854.3	5710.5	1957.1	121.7	84105.4	47638.9
23.0	3916.5		17.9	22.6	4.7	2.7	4038.3	3822.3
868149.0	2503584.3	459098.7	718568.1	909292.1	206278.7	10078.2	7874602.6	4357599.7
526419.4	1275834.6	198132.6	627586.1	758468.2	143203.7	3672.3	5695830.9	2669361.1
107246.4	145509.5	11648.4	50682.2	94865.6	47050.0	4475.1	366800.4	206576.8
113.4	1184.2	220.0	141.2	328.5	187.3	17.0	1429.2	1210.8
150584.5	801590.9	243819.8	27284.9	39000.6	11818.3	1007.6	1385318.9	1112511.1
67961.5	278957.9	4584.3	12019.9	15651.8	3631.9	835.7	368082.7	321090.4

13-5 续表 1-1

指　标	法人企业数（个）	执行《2006年企业会计准则》企业数(个)	年初存货	流动资产合计	应收帐款
化肥批发	1	1	30352.0	46699.2	13652.2
其他化工产品批发	4	3	2193.4	6769.5	653.6
机械设备、五金交电及电子产品批发	16	13	43485.5	82382.4	7688.6
农业机械批发	1	1	1383.5	3619.8	340.5
五金、交电批发	2	1	548.5	2307.8	957.0
家用电器批发	6	5	28962.3	61114.0	3777.5
计算机、软件及辅助设备批发	1	1	351.0	1791.0	831.1
通讯及广播电视设备批发	1	1	2182.8	9051.3	
其他机械设备及电子产品批发	5	4	10057.4	4498.5	1782.5
贸易经纪与代理	1	1	35397.9	103484.8	
其他批发	7	3	36059.4	16421.5	4265.6
再生物资回收与批发	2	1	255.9	1969.3	511.5
其他未列明的批发	5	2	35803.5	14452.2	3754.1
2. 按登记注册类型分组					
内资企业	167	117	860558.6	6516283.9	929153.7
国有企业	34	20	431044.3	4362648.3	496143.6
集体企业	3	2	7661.9	22838.3	3910.9
股份合作企业	1		0.5	1503.6	92.9
有限责任公司	34	24	102238.6	867537.9	159951.9
国有独资公司	5	3	18787.3	132921.6	15226.1
其他有限责任公司	29	21	83451.3	734616.3	144725.8
股份有限公司	11	7	150877.2	297046.1	110201.5
私营企业	84	64	168736.1	964709.7	158852.9
私营独资企业	1		334.3	1737.7	564.9
私营合伙企业	1		330.9	3048.5	640.5
私营有限责任公司	79	62	164439.7	941886.9	152442.8
私营股份有限公司	3	2	3631.2	18036.6	5204.7
港、澳、台商投资企业	2	1		12824.7	1368.0
合资经营企业(港或澳、台资)	1	1		5606.5	1083.5
港、澳、台商独资经营企业	1			7218.2	284.5

单位：万元

存货	流动资产年平均余额	长期投资合计	固定资产合计	固定资产原价	累计折旧	本年折旧	资产总计	流动负债合计
13331.6		0.9	20.5	39.9	19.4	19.4	46720.6	39767.8
2492.2	507.2	692.7	833.3	937.5	368.1	51.1	10419.9	7081.7
32743.8	23434.3	24.8	96213.3	98743.9	2583.6	206.2	179217.3	169166.5
	25.4		4115.9	5307.5	1191.6	55.9	7735.7	4359.5
522.7	1570.2		137.7	175.0	90.2	15.3	2823.2	1295.4
25939.0	11588.0	1.0	754.2	1268.6	514.5	91.3	62005.7	69536.0
165.8							1791.0	983.6
4682.8	6754.7		22.5	39.7	17.2	4.9	9073.8	8614.2
1433.5	3496.0	23.8	91183.0	91953.1	770.1	38.8	95787.9	84377.8
34254.0		9644.9	10751.2	13553.7	2802.5		123881.0	93484.9
5375.7	5933.8	2690.2	1874.1	3326.5	1452.4	238.0	23175.5	17187.7
118.1	1488.5	1235.7	794.8	980.1	185.3	71.1	4703.9	2307.0
5257.6	4445.3	1454.5	1079.3	2346.4	1267.1	166.9	18471.6	14880.7
1040988.3	2853424.0	488831.9	914282.3	1148719.9	250409.7	16189.0	8866925.2	4968932.9
511091.3	1519644.9	190395.5	751034.4	894894.4	155806.7	4460.4	6030464.3	3046579.8
8949.4	4246.0	3605.6	14978.5	27371.1	12392.6	1656.1	44177.9	12723.6
0.3	1598.1		496.7	837.1	340.4	15.0	2000.3	947.7
189510.8	587401.2	239156.9	65576.7	87596.7	23929.3	3190.9	1211577.0	795965.9
31022.4	111300.9	6351.1	20390.0	23603.9	4740.9	1090.9	165586.0	124859.1
158488.4	476100.3	232805.8	45186.7	63992.8	19188.4	2100.0	1045991.0	671106.8
124054.2	206726.6	34735.8	47814.5	92237.7	44520.6	3958.4	506643.9	296269.0
207382.3	533807.2	20938.1	34381.5	45782.9	13420.1	2908.2	1072061.8	816446.9
403.7	1316.0		28.2	88.0	59.8	1.6	1766.0	1386.8
231.5	2976.2		2003.9	2100.7	96.8	96.8	5052.4	140.8
199632.8	519937.4	20938.1	31965.2	42681.7	12735.2	2784.4	1043966.4	795199.2
7114.3	9577.6		384.2	912.5	528.3	25.4	21277.0	19720.1
5262.2	11380.5		830.2	1355.2	525.1	496.9	41274.1	20017.1
	5052.8		135.1	148.9	13.9	11.4	5741.6	6294.8
5262.2	6327.7		695.1	1206.3	511.2	485.5	35532.5	13722.3

13-5 续表 1-2

指 标	法人企业数（个）	执行《2006年企业会计准则》企业数(个)	年初存货	流动资产合计	应收帐款
3. 按控股情况分组					
国有控股	50	30	562261.7	4779120.3	637561.4
集体控股	7	4	73412.3	335883.1	29197.8
私人控股	86	65	157611.5	866799.6	156057.7
港澳台商控股	2	1		12824.7	1368.0
其他	24	18	67273.1	534480.9	106336.8
4. 按经营形式分组					
独立门店	111	80	361506.0	2058025.6	394651.0
连锁门店	1	1	312.1	1422.2	
其他	57	37	498740.5	4469660.8	535870.7
二、零售业	**232**	**151**	**304977.6**	**1712653.3**	**124749.3**
1. 按零售行业小类分组					
综合零售	22	14	44507.8	276221.6	10359.3
百货零售	13	9	19842.6	47322.9	3138.6
超级市场零售	7	3	21668.0	214834.3	6610.7
其他综合零售	2	2	2997.2	14064.4	610.0
食品、饮料及烟草制品专门零售	16	9	7217.3	26636.1	2583.5
粮油零售	5	4	2606.6	8137.4	774.0
糕点、面包零售	1	1	205.0	6374.0	818.8
果品、蔬菜零售	1		8.7	1102.2	5.2
饮料及茶叶零售	5	3	1231.7	3041.3	713.3
烟草制品零售	1		1528.7	4199.5	30.7
其他食品零售	3	1	1636.6	3781.7	241.5
纺织、服装及日用品专门零售	15	12	7962.0	76427.3	2479.6
纺织品及针织品零售	1	1	1290.7	6391.3	627.0
服装零售	12	9	6377.6	68717.4	1450.6
鞋帽零售					
钟表、眼镜零售	2	2	293.7	1318.6	402.0
文化、体育用品及器材专门零售	15	11	32840.4	22946.4	1933.0
体育用品零售	1		310.0	385.0	2.0

单位：万元

存货	流动资产年平均余额	长期投资合计	固定资产合计	固定资产原价	累计折旧	本年折旧	资产总计	流动负债合计
644971.2	1873023.4	226599.3	812897.7	1005060.5	206015.3	10226.7	6701137.2	3481610.2
56535.3	155860.9	216923.6	42528.8	64257.3	21728.5	1690.5	598091.2	344198.7
186869.1	560494.1	18775.7	36164.4	47601.0	13096.2	2959.4	974722.3	736108.8
5262.2	11380.5		830.2	1355.2	525.1	496.9	41274.1	20017.1
152612.7	264045.6	26533.3	22691.4	31801.1	9569.7	1312.4	592974.5	407015.2
369997.4	1486699.9	83225.6	216614.5	250071.1	47373.0	7823.6	2469193.5	1822205.3
255.1	94.4		69.6	118.6	49.0		1491.8	1019.9
675998.0	1378010.2	405606.3	698428.4	899885.4	203512.8	8862.3	6437514.0	3165724.8
351392.0	765289.0	53222.0	214929.9	294662.1	109917.9	16091.4	2230118.9	1758957.5
34012.1	121892.3	25983.6	67787.6	105940.0	38313.7	3151.4	529943.1	412050.7
7885.7	45939.4	6273.1	30836.8	49031.2	18279.7	2766.0	208516.3	119456.3
22867.0	68265.3	16042.8	32218.3	51392.6	19250.3	134.9	293816.1	273577.2
3259.4	7687.6	3667.7	4732.5	5516.2	783.7	250.5	27610.7	19017.2
10032.5	15935.2	1037.7	12678.1	17153.0	6186.3	1274.9	45033.5	29568.8
3526.7	2449.0		5847.8	7582.6	2088.1	83.2	16181.3	11139.4
1105.0	6702.2	1022.6	3351.4	2787.9	752.1	211.6	12036.4	10166.9
9.6			1787.9	2621.3	833.4	173.6	2890.1	1421.4
1193.5	384.3	15.0	428.3	505.1	119.3	50.5	3484.7	2793.5
2179.5	3856.5		211.7	494.8	283.1	283.1	4411.2	322.2
2018.2	2543.2	0.1	1051.0	3161.3	2110.3	472.9	6029.8	3725.4
11750.0	8970.1	431.9	7688.6	2265.0	1067.9	216.2	85990.3	52195.0
2135.9		31.9	6470.2				12893.4	15119.6
9321.2	8071.4	400.0	691.2	1560.7	890.8	200.2	70722.3	36034.8
292.9	898.7		527.2	704.3	177.1	16.0	2374.6	1040.6
9572.5	10006.1	872.9	11722.7	10271.4	5496.8	367.4	39339.7	25026.5
320.0	380.0		59.0	59.0	42.0	5.1	444.0	270.0

13-5 续表 1-3

指　标	法人企业数（个）	执行《2006年企业会计准则》企业数(个)	年初存货	流动资产合计	应收帐款
图书零售	6	4	24262.4	9444.2	771.4
珠宝首饰零售	4	4	6764.9	9751.6	757.1
照相器材零售	2	2	577.3	1141.1	294.9
其他文化用品零售	2	1	925.8	2224.5	107.6
医药及医疗器材专门零售	12	8	24509.7	109722.5	45141.4
药品零售	12	8	24509.7	109722.5	45141.4
汽车、摩托车、燃料及零配件专门零售	128	82	153646.8	957046.9	46697.3
汽车零售	98	57	132192.3	594873.9	44929.5
汽车零配件零售	1	1	3181.5	5147.7	8.6
机动车燃料零售	29	24	18273.0	357025.3	1759.2
家用电器及电子产品专门零售	16	9	22187.5	176816.4	9766.8
家用电器零售	5	2	20060.7	151275.1	1277.3
计算机、软件及辅助设备零售	5	3	1466.1	13605.3	6449.8
通信设备零售	5	3	399.8	10874.7	1936.6
其他电子产品零售	1	1	260.9	1061.3	103.1
五金、家具及室内装修材料专门零售	2	1	143.9	1991.4	1210.1
五金零售	1	1	61.8	671.7	30.7
其他室内装修材料零售	1		82.1	1319.7	1179.4
无店铺及其他零售	6	5	11962.2	64844.7	4578.3
其他未列明的零售	6	5	11962.2	64844.7	4578.3
2. 按登记注册类型分组					
内资企业	229	148	304954.2	1701993.6	124385.9
国有企业	21	16	31909.1	343506.3	3605.9
集体企业	11	8	7154.2	19243.0	5122.7
股份合作企业	1	1	205.0	6374.0	818.8
有限责任公司	52	35	67119.3	373001.2	51055.3
国有独资公司					
其他有限责任公司	52	35	67119.3	373001.2	51055.3
股份有限公司	13	9	34477.5	146745.2	10933.7
私营企业	130	78	164049.1	813061.5	52849.5

单位：万元

存货	流动资产年平均余额	长期投资合计	固定资产合计	固定资产原价	累计折旧	本年折旧	资产总计	流动负债合计
3665.0	8163.8	5.0	3486.7	6878.1	3391.4	294.3	14632.1	12396.5
4006.3		867.9	8112.1	3127.7	1915.6	41.2	20832.9	10711.2
589.4	786.1		57.0	172.6	115.6	24.5	1198.3	477.2
991.8	676.2		7.9	34.0	32.2	2.3	2232.4	1171.6
29027.2	91735.7	1633.9	3279.3	7095.8	4084.5	730.1	123282.5	98494.8
29027.2	91735.7	1633.9	3279.3	7095.8	4084.5	730.1	123282.5	98494.8
205645.2	386413.3	21384.1	102842.6	137884.2	49647.0	9270.9	1141713.0	901572.8
167791.3	361266.5	17146.2	73885.9	93214.0	33671.6	7042.0	733794.4	556904.8
3140.2		1465.0	582.5	1438.6	856.2	144.2	7272.4	4504.2
34713.7	25146.8	2772.9	28374.2	43231.6	15119.2	2084.7	400646.2	340163.8
27131.9	120077.2	1277.9	3366.2	6880.8	3514.6	612.0	191172.0	173230.9
24576.8	110476.2	1045.0	3068.9	6378.4	3309.5	551.6	165044.6	152346.1
1722.9	5653.1	232.9	73.4	182.7	109.3	29.7	13911.7	11121.5
488.4	3947.9		188.2	257.5	69.3	30.7	11118.7	9756.7
343.8			35.7	62.2	26.5		1097.0	6.6
210.0			445.3	576.2	130.9	31.6	2436.8	1224.3
119.3			443.3	547.7	104.4	27.3	1115.0	740.7
90.7			2.0	28.5	26.5	4.3	1321.8	483.6
24010.6	10259.1	600.0	5119.5	6595.7	1476.2	436.9	71208.0	65593.7
24010.6	10259.1	600.0	5119.5	6595.7	1476.2	436.9	71208.0	65593.7
350770.7	765289.0	53222.0	214818.4	294393.6	109760.9	16091.4	2219022.8	1748560.4
12145.0	14474.3	102.0	17308.7	16802.3	6364.8	447.5	369643.7	358896.3
8140.6	7320.2	1020.4	6113.2	10561.0	4447.8	424.0	27800.6	16297.7
1105.0	6702.2	1022.6	3351.4	2787.9	752.1	211.6	12036.4	10166.9
80608.7	167360.1	8647.6	25339.7	39424.6	15639.8	2402.0	454966.7	390114.5
80608.7	167360.1	8647.6	25339.7	39424.6	15639.8	2402.0	454966.7	390114.5
50895.4	117758.6	22887.5	52994.9	71347.4	25428.5	2399.3	335758.0	196786.4
197825.2	451673.6	19541.9	109619.5	153291.5	57040.0	10190.3	1018664.0	776209.4

13-5 续表 1-4

指 标	法人企业数（个）	执行《2006年企业会计准则》企业数(个)	年初存货	流动资产合计	应收帐款
私营独资企业	5	3	298.4	8573.5	153.3
私营合伙企业	1	1	124.6	136.2	
私营有限责任公司	121	72	161395.7	796444.2	50950.4
私营股份有限公司	3	2	2230.4	7907.6	1745.8
其他企业	1	1	40.0	62.4	
港、澳、台商投资企业	3	3	23.4	10659.7	363.4
合资经营企业(港或澳、台资)	1	1		6098.2	341.9
港、澳、台商独资经营企业	1	1	11.0	436.3	21.5
港、澳、台商投资股份有限公司	1	1	12.4	4125.2	
3. 按控股情况分组					
国有控股	27	21	59075.4	464984.5	43761.5
集体控股	14	9	12037.0	33603.7	5717.3
私人控股	155	99	206733.7	1094540.9	67153.0
港澳台商控股	2	2	23.4	4561.5	21.5
外商控股	1	1	950.0	2090.0	890.0
其他	33	19	26158.1	112872.7	7206.0
4. 按经营形式分组					
独立门店	147	117	158864.0	633934.3	75892.2
连锁总店	21	13	67708.7	659170.0	14221.2
连锁门店	3	3	574.6	626.6	197.5
其他	61	18	77830.3	418922.4	34438.4
5. 按零售业态分组					
有店铺零售	232	151	304977.6	1712653.3	124749.3
便利店	3	3	3028.6	14567.5	1080.7
超市	13	6	34217.1	341112.8	8048.5
大型超市	2	2	194.8	197.4	31.3
百货店	16	8	21714.1	93081.6	3414.5
专业店	92	61	109667.8	768760.1	68292.5
专卖店	101	68	135106.1	488122.3	41233.5
家居建材商店	1		13.6	483.0	7.1
厂家直销中心	4	3	1035.5	6328.6	2641.2

单位：万元

存货	流动资产年平均余额	长期投资合计	固定资产合计	固定资产原价	累计折旧	本年折旧	资产总计	流动负债合计
432.5	3947.9		213.9	279.7	65.8	37.1	9205.4	8544.8
136.2		12.4	19.2	6.8	0.6	0.6	167.8	
194532.2	442863.0	19529.5	108738.6	151871.7	56488.0	9814.8	1000735.4	761300.1
2724.3	4862.7		647.8	1133.3	485.6	337.8	8555.4	6364.5
50.8			91.0	178.9	87.9	16.7	153.4	89.2
621.3			111.5	268.5	157.0		11096.1	10397.1
572.8							6098.2	6060.2
35.0			71.7	161.0	89.3		790.2	788.7
13.5			39.8	107.5	67.7		4207.7	3548.2
60322.2	119204.4	2678.0	41636.0	54573.3	20221.4	2605.7	542168.3	471739.1
12812.9	11899.8	1393.9	4934.1	10379.1	5445.0	538.6	41413.6	26885.6
239500.0	596751.8	45372.2	134433.6	185698.1	72568.1	10049.0	1432957.9	1127596.9
48.5			111.5	268.5	157.0		4997.9	4336.9
1200.0			2.5	3.5	1.0	0.3	2092.5	1932.5
37508.4	37433.0	3777.9	33812.2	43739.6	11525.4	2897.8	206488.7	126466.5
148068.2	259446.1	15454.8	89977.0	120845.5	47266.1	7692.3	819602.3	618155.9
91547.3	240025.8	29792.6	70106.3	107201.2	38486.4	2813.2	885734.1	747459.8
423.5	136.5	12.4	122.2	165.9	56.7	19.3	761.2	412.8
111353.0	265680.6	7962.2	54724.4	66449.5	24108.7	5566.6	524021.3	392929.0
351392.0	765289.0	53222.0	214929.9	294662.1	109917.9	16091.4	2230118.9	1758957.5
3291.8	8197.6	3667.7	5040.0	6128.5	1088.5	250.6	28488.6	21569.4
38944.3	178822.4	16555.2	32935.0	52633.4	19787.3	248.3	430801.5	399774.5
137.9	135.9		90.0	131.2	41.3	18.1	324.3	248.0
10701.2	43667.5	6813.9	30608.8	48748.4	18211.9	3144.5	254240.2	136450.2
138091.2	327233.2	14923.1	86301.3	112040.4	46199.1	7318.5	905259.4	720005.4
159353.1	206990.9	10862.1	59658.8	74333.0	24231.2	5078.6	603087.9	474089.3
13.6	241.5						483.0	375.7
858.9		400.0	296.0	647.2	358.6	32.8	7434.0	6445.0

13-5 限额以上批发和零售业

指标	应付帐款	长期负债合计	负债合计	所有者权益合计	实收资本
总　计	1462805.7	547031.9	9195411.3	1942906.9	1358748.7
一、批发业	1118240.6	460948.2	7305778.6	1602420.7	600542.0
1. 按批发行业小类分组					
农畜产品批发	4204.5	5244.0	24067.8	13406.7	12826.9
谷物、豆及薯类批发	4204.5	5244.0	24067.8	13406.7	12826.9
食品、饮料及烟草制品批发	27915.5	3566.1	87815.0	191233.5	28323.8
糕点、糖果及糖批发			482.0	49.6	50.0
果品、蔬菜批发	141.8	30.0	199.6	414.2	120.0
肉、禽、蛋及水产品批发	50.1		626.4	3871.2	1000.0
盐及调味品批发	7605.4	3164.6	17951.6	28580.8	14890.2
饮料及茶叶批发	13100.5	371.5	44440.4	41372.2	9130.3
烟草制品批发	6100.7		20071.8	114862.5	1683.8
其他食品批发	917.0		4043.2	2083.0	1449.5
纺织、服装及日用品批发	16905.7		34214.4	40157.4	28147.5
服装批发	15542.8		30727.1	38296.7	26292.5
鞋帽批发	378.1		1743.0	505.4	500.0
其他日用品批发	984.8		1744.3	1355.3	1355.0
文化、体育用品及器材批发	52030.8	5700.0	87346.1	29958.6	18260.4
体育用品批发	20105.6		24827.9	2901.1	3000.0
图书批发	31925.2	5700.0	62518.2	27057.5	15260.4
医药及医疗器材批发	66951.9	4588.0	157147.2	41976.2	30657.3
西药批发	43378.6	400.0	89103.7	21876.0	20618.0
中药材及中成药批发	20207.5	4188.0	64221.2	19884.2	9939.3
医疗用品及器材批发	3365.8		3822.3	216.0	100.0
矿产品、建材及化工产品批发	882889.6	440481.0	6633566.5	1241036.1	456835.4
煤炭及制品批发	616588.9	285506.3	4768392.0	927438.9	212844.2
石油及制品批发	130529.5	139775.6	346365.7	20434.7	22633.9
非金属矿及制品批发	250.0		1210.8	218.4	500.0
金属及金属矿批发	101874.3	14995.5	1127708.0	257610.9	180143.6
建材批发	18251.0	203.6	343040.5	25042.2	31436.0

法人企业财务状况(二)

单位:万元

						主营业务收入	主营业务成本	主营业务税金及附加
1. 国家资本	2. 集体资本	3. 法人资本	4. 个人资本	5. 港澳台资本	6. 外商资本			
329956.4	98050.4	182865.0	725684.4	22142.5	50.0	21906072.1	20473096.8	79737.8
299592.1	91439.7	57551.3	130416.4	21542.5		17659082.9	16529634.7	69815.8
12826.9						21762.6	20128.0	274.7
12826.9						21762.6	20128.0	274.7
4663.2	14693.1	7904.0	1063.5			788014.6	623743.8	27739.9
50.0						2577.4	2412.1	3.7
			120.0			2702.0	2034.6	21.1
		1000.0				1538.2	1445.9	3.8
	14480.2	360.0	50.0			70723.9	51725.9	328.0
2929.4	212.9	5624.0	364.0			331437.7	285556.1	6682.6
1683.8						349438.7	252964.7	20640.9
		920.0	529.5			29596.7	27604.5	59.8
		230.0	6875.0	21042.5		78896.8	61047.1	275.0
		200.0	5050.0	21042.5		65307.2	48739.1	261.3
			500.0			2123.3	1896.1	2.3
		30.0	1325.0			11466.3	10411.9	11.4
15260.4		3000.0				130804.6	116391.1	150.9
		3000.0				24978.6	24190.0	
15260.4						105826.0	92201.1	150.9
4664.4		10413.9	15579.0			397857.1	364513.2	434.2
3631.0		9178.0	7809.0			304184.2	278960.8	274.1
1033.4		1135.9	7770.0			87961.1	80457.1	132.1
		100.0				5711.8	5095.3	28.0
248979.4	71202.0	33168.0	103486.0			15577998.3	14743108.7	31820.7
173689.2	2382.0	11823.0	24950.0			9908861.0	9203335.5	23922.7
14823.9			7810.0			532869.2	506853.9	223.7
			500.0			1371.3	1257.0	
58166.3	65312.3	15665.0	41000.0			4153046.7	4072183.4	7502.8
		5680.0	25756.0			752981.5	736804.2	151.5

13-5 续表 2-1

指　标	应付帐款	长期负债合计	负债合计	所有者权益合计	实收资本
化肥批发	14741.3		39767.8	6952.8	5927.7
其他化工产品批发	654.6		7081.7	3338.2	3350.0
机械设备、五金交电及电子产品批发	19269.7	815.0	170394.8	8822.5	16892.9
农业机械批发	2179.2		4359.5	3376.2	1344.6
五金、交电批发	998.0	644.8	2353.3	469.9	452.9
家用电器批发	14133.1	170.2	69706.3	-7700.6	2005.0
计算机、软件及辅助设备批发	683.3		983.6	807.4	807.4
通讯及广播电视设备批发	549.8		8614.3	459.5	783.0
其他机械设备及电子产品批发	726.3		84377.8	11410.1	11500.0
贸易经纪与代理	43262.2		93484.9	30396.1	5000.0
其他批发	4810.7	554.1	17741.9	5433.6	3597.8
再生物资回收与批发	304.5	471.6	2778.7	1925.2	1544.6
其他未列明的批发	4506.2	82.5	14963.2	3508.4	2053.2
2. 按登记注册类型分组					
内资企业	1101252.7	460948.2	7285761.5	1581163.7	578999.5
国有企业	605997.1	204215.1	4993442.6	1037021.7	255451.7
集体企业	7322.4	3616.2	16339.9	27838.0	15500.8
股份合作企业			1272.9	727.4	500.0
有限责任公司	221169.3	105662.5	901967.7	309609.3	141468.1
国有独资公司	31670.1	6828.5	131687.6	33898.4	17755.4
其他有限责任公司	189499.2	98834.0	770280.1	275710.9	123712.7
股份有限公司	166033.3	141691.6	438623.4	68020.5	27601.7
私营企业	100730.6	5762.8	934115.0	137946.8	138477.2
私营独资企业	717.7		1386.8	379.2	360.0
私营合伙企业	140.8		3287.6	1764.8	50.0
私营有限责任公司	95137.7	5484.8	909442.5	134523.9	136508.0
私营股份有限公司	4734.4	278.0	19998.1	1278.9	1559.2
港、澳、台商投资企业	16987.9		20017.1	21257.0	21542.5
合资经营企业(港或澳、台资)	3400.6		6294.8	-553.2	500.0
港、澳、台商独资经营企业	13587.3		13722.3	21810.2	21042.5

单位：万元

1. 国家资本	2. 集体资本	3. 法人资本	4. 个人资本	5. 港澳台资本	6. 外商资本	主营业务收入	主营业务成本	主营业务税金及附加
	3507.7		2420.0			181689.2	176355.7	5.4
2300.0			1050.0			47179.4	46319.0	14.6
11444.6		2635.4	2312.9	500.0		391996.6	361202.2	3174.8
1344.6						25106.1	23641.6	21.3
			452.9			6772.9	6460.9	6.5
100.0		155.0	1250.0	500.0		197452.6	183762.9	200.0
		807.4				4202.7	4125.4	0.9
		783.0				38977.2	38160.3	16.1
10000.0		890.0	610.0			119485.1	105051.1	2930.0
	5000.0					201132.2	174073.6	5853.9
1753.2	544.6	200.0	1100.0			70620.1	65427.0	91.7
	544.6		1000.0			4171.0	3565.6	
1753.2		200.0	100.0			66449.1	61861.4	91.7
299592.1	91439.7	57551.3	130416.4			17600510.7	16475409.0	69807.7
251595.7	1406.0	700.0	1750.0			12009447.2	11184885.9	44578.0
	15500.8					63823.9	46139.0	294.1
	500.0					2290.1	2151.7	11.7
38214.4	70525.2	22230.0	10498.5			2463765.1	2357549.9	10174.7
17755.4						261965.8	247770.0	243.4
20459.0	70525.2	22230.0	10498.5			2201799.3	2109779.9	9931.3
9751.0	3507.7	3873.0	10470.0			748003.1	707692.2	2714.6
31.0		30748.3	107697.9			2313181.3	2176990.3	12034.6
		360.0				2007.4	1807.0	1.4
			50.0			9092.6	7493.4	42.0
31.0		28929.1	107547.9			2251121.3	2120497.9	11952.4
		1459.2	100.0			50960.0	47192.0	38.8
				21542.5		58572.2	54225.7	8.1
				500.0		45275.9	43063.4	8.1
				21042.5		13296.3	11162.3	

13-5 续表 2-2

指　标	应付帐款	长期负债合计	负债合计	所有者权益合计	实收资本
3. 按控股情况分组					
国有控股	811625.0	349737.4	5573093.4	1128043.8	305636.3
集体控股	69124.3	17442.2	361966.2	236125.0	97655.8
私人控股	104571.8	5845.3	847591.0	127131.3	114435.2
港澳台商控股	16987.9		20017.1	21257.0	21542.5
其他	115931.6	87923.3	503110.9	89863.6	61272.2
4. 按经营形式分组					
独立门店	461522.4	102475.0	2020852.3	448341.2	266874.5
连锁门店			1019.9	471.9	500.0
其他	656718.2	358473.2	5283906.4	1153607.6	333167.5
二、零售业	**344565.1**	**86083.7**	**1889632.7**	**340486.2**	**758206.7**
1. 按零售行业小类分组					
综合零售	142530.4	68106.9	480163.5	49779.6	47094.7
百货零售	73825.5	66800.3	186256.6	22259.7	19859.6
超级市场零售	59106.6	337.9	273915.1	19901.0	22735.1
其他综合零售	9598.3	968.7	19991.8	7618.9	4500.0
食品、饮料及烟草制品专门零售	3082.1	5450.5	35019.4	10014.1	7721.7
粮油零售	685.2	2770.6	13910.0	2271.3	3940.9
糕点、面包零售	247.5	1861.9	12028.8	7.6	1062.9
果品、蔬菜零售	291.3		1421.4	1468.7	500.0
饮料及茶叶零售	545.5	70.8	2864.3	620.4	1001.2
烟草制品零售	283.8		322.3	4088.9	220.5
其他食品零售	1028.8	747.2	4472.6	1557.2	996.2
纺织、服装及日用品专门零售	27842.9	6589.8	83979.2	2011.1	22840.5
纺织品及针织品零售	1958.8	6480.9	21600.5	-8707.1	5175.4
服装零售	25357.9		60989.1	9733.2	17443.0
鞋帽零售					
钟表、眼镜零售	526.2	108.9	1389.6	985.0	222.1
文化、体育用品及器材专门零售	8703.0	725.0	25751.5	13588.2	7676.8
体育用品零售	268.0		270.0	174.0	100.0

单位：万元

						主营业务收入	主营业务成本	主营业务税金及附加
1. 国家资本	2. 集体资本	3. 法人资本	4. 个人资本	5. 港澳台资本	6. 外商资本			
298216.5	1618.9	1444.9	4356.0			13050478.5	12179190.1	47430.5
	89820.8	5415.0	2420.0			530873.8	479618.6	6175.8
31.0		29863.3	84540.9			2122159.0	1962871.9	15562.2
				21542.5		58572.2	54225.7	8.1
1344.6		20828.1	39099.5			1896999.4	1853728.4	639.2
125668.0	4765.2	40038.9	96402.4			7269399.0	6954824.8	38574.9
		500.0				3297.9	3078.5	33.2
173924.1	86674.5	17012.4	34014.0	21542.5		10386386.0	9571731.4	31207.7
30364.3	**6610.7**	**125313.7**	**595268.0**	**600.0**	**50.0**	**4246989.2**	**3943462.1**	**9922.0**
3108.2	2081.8	37702.8	4201.9			666360.2	584682.9	3954.6
1371.8	2081.8	15216.0	1190.0			294466.4	251605.9	2436.8
1736.4		20478.2	520.5			273608.7	237354.6	1272.5
		2008.6	2491.4			98285.1	95722.4	245.3
4011.1	1657.8	341.0	1711.8			125020.2	114203.1	850.8
3799.9		141.0				10080.9	9602.3	69.9
	1062.9					3574.5	640.0	55.4
			500.0			62759.1	62625.3	1.6
201.2		200.0	600.0			11544.6	10279.3	126.2
	220.5					10302.3	8628.7	24.9
10.0	374.4		611.8			26758.8	22427.5	572.8
5175.4	38.0	14505.0	2522.1	600.0		112120.7	93597.4	647.8
5175.4						3403.8	1395.3	83.9
	38.0	14500.0	2305.0	600.0		101261.4	85969.5	551.0
		5.0	217.1			7455.5	6232.6	12.9
738.3	499.6	2638.0	3800.9			208796.1	203886.4	1051.3
			100.0			1610.0	1592.0	7.0

13-5 续表 2-3

指　标	应付帐款	长期负债合计	负债合计	所有者权益合计	实收资本
图书零售	8014.7		12396.5	2235.6	738.3
珠宝首饰零售	292.1	725.0	11436.2	9396.7	5188.5
照相器材零售	128.2		477.2	721.1	600.0
其他文化用品零售			1171.6	1060.8	1050.0
医药及医疗器材专门零售	49417.0	3229.4	101724.3	21558.2	20041.4
药品零售	49417.0	3229.4	101724.3	21558.2	20041.4
汽车、摩托车、燃料及零配件专门零售	80518.1	1805.3	922768.9	218944.1	637170.9
汽车零售	79328.4	1555.5	576237.3	157557.1	621743.9
汽车零配件零售	211.2	2.0	4506.2	2766.2	3000.0
机动车燃料零售	978.5	247.8	342025.4	58620.8	12427.0
家用电器及电子产品专门零售	25005.7	176.8	173407.9	17764.1	9511.0
家用电器零售	12912.9	150.0	152496.1	12548.5	4658.0
计算机、软件及辅助设备零售	3414.1		11121.6	2790.1	2640.0
通信设备零售	8674.1	26.8	9783.6	1335.1	1213.0
其他电子产品零售	4.6		6.6	1090.4	1000.0
五金、家具及室内装修材料专门零售	764.7		1224.3	1212.5	1022.5
五金零售	281.1		740.7	374.3	522.5
其他室内装修材料零售	483.6		483.6	838.2	500.0
无店铺及其他零售	6701.2		65593.7	5614.3	5127.2
其他未列明的零售	6701.2		65593.7	5614.3	5127.2
2. 按登记注册类型分组					
内资企业	335129.0	86083.7	1879235.6	339787.2	757568.7
国有企业	11009.2	9395.8	369905.9	-262.2	12739.0
集体企业	11266.6	1213.2	17511.0	10289.6	3800.2
股份合作企业	247.5	1861.9	12028.8	7.6	1062.9
有限责任公司	100521.7	5607.4	395728.0	59238.7	49662.5
国有独资公司					
其他有限责任公司	100521.7	5607.4	395728.0	59238.7	49662.5
股份有限公司	63897.4	25614.9	226010.9	109747.1	30304.0
私营企业	148099.1	42290.5	857861.8	160802.2	659936.1

单位：万元

						主营业务收入	主营业务成本	主营业务税金及附加
1. 国家资本	2. 集体资本	3. 法人资本	4. 个人资本	5. 港澳台资本	6. 外商资本			
738.3						14552.4	11096.0	42.4
	499.6	2638.0	2050.9			185099.0	184093.9	994.5
			600.0			5067.9	4789.4	4.7
			1050.0			2466.8	2315.1	2.7
11698.4		2119.0	6224.0			236807.7	211620.1	521.4
11698.4		2119.0	6224.0			236807.7	211620.1	521.4
5129.9	2233.5	61534.9	568222.6		50.0	2506858.9	2387076.3	2438.8
500.0	1886.9	60043.0	559264.0		50.0	1875026.7	1799302.3	1968.9
			3000.0			3045.5	2462.2	10.6
4629.9	346.6	1491.9	5958.6			628786.7	585311.8	459.3
		5473.0	4038.0			290891.7	262184.1	395.0
		4360.0	298.0			213839.1	193640.7	321.6
		500.0	2140.0			34344.1	33194.4	19.9
		613.0	600.0			30487.1	23405.9	50.3
			1000.0			12221.4	11943.1	3.2
503.0		500.0	19.5			2907.6	2409.8	18.4
503.0			19.5			851.4	688.8	1.8
		500.0				2056.2	1721.0	16.6
	100.0	500.0	4527.2			97226.1	83802.0	43.9
	100.0	500.0	4527.2			97226.1	83802.0	43.9
30364.3	6572.7	125313.7	595268.0		50.0	4226014.2	3926187.5	9857.7
12719.5			19.5			221536.2	201198.4	378.3
10.0	3730.2		60.0			77413.3	69679.4	673.5
	1062.9					3574.5	640.0	55.4
17634.8	1779.6	13726.0	16472.1		50.0	977404.5	917373.8	1908.5
17634.8	1779.6	13726.0	16472.1		50.0	977404.5	917373.8	1908.5
		23659.0	6645.0			859316.4	783979.2	3346.0
		87928.7	572007.4			2086191.0	1952776.9	3495.7

13-5 续表 2-4

指　标	应付帐款	长期负债合计	负债合计	所有者权益合计	实收资本
私营独资企业	7803.5		8544.8	660.6	743.7
私营合伙企业				167.8	100.0
私营有限责任公司	139332.9	42279.4	842941.4	157794.0	657124.4
私营股份有限公司	962.7	11.1	6375.6	2179.8	1968.0
其他企业	87.5	100.0	189.2	-35.8	64.0
港、澳、台商投资企业	9436.1		10397.1	699.0	638.0
合资经营企业(港或澳、台资)	5819.5		6060.2	38.0	38.0
港、澳、台商独资经营企业	732.6		788.7	1.5	100.0
港、澳、台商投资股份有限公司	2884.0		3548.2	659.5	500.0
3. 按控股情况分组					
国有控股	61871.7	12701.4	486054.3	56114.0	29075.6
集体控股	21204.7	1089.2	27974.9	13438.7	4776.3
私人控股	230531.4	30896.4	1201470.9	231487.0	701225.2
港澳台商控股	3616.6		4336.9	661.0	600.0
外商控股	1932.5	110.0	2042.5	50.0	50.0
其他	25408.2	41286.7	167753.2	38735.5	22479.6
4. 按经营形式分组					
独立门店	148618.4	56416.0	704750.3	114852.0	119324.9
连锁总店	131920.4	28252.0	775717.7	110016.4	50645.3
连锁门店	411.4		412.8	348.4	380.0
其他	63614.9	1415.7	408751.9	115269.4	587856.5
5. 按零售业态分组					
有店铺零售	344565.1	86083.7	1889632.7	340486.2	758206.7
便利店	9681.1	1029.2	22604.5	5884.1	4766.2
超市	67571.7	284.7	400059.2	30742.3	25590.8
大型超市	211.8	53.2	301.2	23.1	80.7
百货店	87401.9	66889.8	226715.1	27525.1	33673.9
专业店	92527.6	5403.3	743002.1	162257.3	104896.5
专卖店	82922.0	12423.5	490129.9	112958.0	588488.6
家居建材商店	67.7		375.7	107.3	110.0
厂家直销中心	4181.3		6445.0	989.0	600.0

单位：万元

						主营业务收入	主营业务成本	主营业务税金及附加
1. 国家资本	2. 集体资本	3. 法人资本	4. 个人资本	5. 港澳台资本	6. 外商资本			
		563.0	180.7			20135.3	18443.1	65.8
			100.0			1710.2	1475.7	64.8
		86987.5	570136.9			2035466.7	1905933.4	3321.1
		378.2	1589.8			28878.8	26924.7	44.0
			64.0			578.3	539.8	0.3
	38.0			600.0		20975.0	17274.6	64.3
	38.0					2423.5	2314.0	
				100.0		6417.1	4621.5	
				500.0		12134.4	10339.1	64.3
27782.1			1293.5			866638.6	793902.3	1569.4
10.0	4218.3		548.0			194331.0	184177.4	798.2
		117462.7	583762.5			2782545.1	2593336.4	6706.1
				600.0		18551.5	14960.6	64.3
					50.0	15685.0	14785.0	6.0
2572.2	2392.4	7851.0	9664.0			369238.0	342300.4	778.0
24151.7	4453.4	33839.1	56330.7	500.0	50.0	1617360.9	1522290.9	4005.8
4962.4	1062.9	38554.6	5965.4	100.0		1294857.5	1165407.9	3491.6
100.0			280.0			3997.5	3449.0	136.0
1150.2	1094.4	52920.0	532691.9			1330773.3	1252314.3	2288.6
30364.3	6610.7	125313.7	595268.0	600.0	50.0	4246989.2	3943462.1	9922.0
266.2		2008.6	2491.4			98803.7	96188.8	246.2
1842.8		22028.2	1719.8			385809.0	340240.6	1527.9
			80.7			1741.3	1249.8	23.9
1105.6	2302.3	28066.0	1700.0	500.0		353155.6	301321.1	2693.6
16401.9	2517.8	47601.9	38274.9	100.0		2022996.3	1902138.6	3766.6
10747.8	1610.6	25079.0	551001.2		50.0	1373173.1	1292217.5	1637.1
		110.0				1034.8	988.4	0.6
	180.0	420.0				10275.4	9117.3	26.1

13-5 限额以上批发和零售业

指　标	主营业务利润	其他业务收入	其他业务利润	营业费用	管理费用
总　计	1334298.3	123209.9	104044.3	557310.4	334553.3
一、批发业	1040228.7	69311.0	59731.7	379566.3	244212.7
1. 按批发行业小类分组					
农畜产品批发	1259.7			889.2	1146.3
谷物、豆及薯类批发	1259.7			889.2	1146.3
食品、饮料及烟草制品批发	145510.8	1598.1	1300.3	20633.4	34473.5
糕点、糖果及糖批发	161.6			112.6	9.3
果品、蔬菜批发	586.3			209.0	113.9
肉、禽、蛋及水产品批发	88.5	99.5	34.6	98.7	164.4
盐及调味品批发	18670.0	931.1	823.7	6101.3	10859.6
饮料及茶叶批发	48239.1	452.5	327.0	9572.3	4454.6
烟草制品批发	75833.1	115.0	115.0	3218.8	18280.1
其他食品批发	1932.2			1320.7	591.6
纺织、服装及日用品批发	17574.3	91.5	91.5	6428.4	3974.5
服装批发	16306.7	64.1	64.1	5267.6	3782.6
鞋帽批发	224.9			141.8	37.8
其他日用品批发	1042.7	27.4	27.4	1019.0	154.1
文化、体育用品及器材批发	14262.6	362.0	291.8	5703.7	6204.4
体育用品批发	788.7			382.3	274.5
图书批发	13473.9	362.0	291.8	5321.4	5929.9
医药及医疗器材批发	15973.1	773.3	116.3	10436.0	5839.2
西药批发	8241.4	631.8	32.0	6038.6	2975.1
中药材及中成药批发	7143.2	141.5	84.3	3969.5	2782.7
医疗用品及器材批发	588.5			427.9	81.4
矿产品、建材及化工产品批发	800300.2	65643.8	57391.2	304476.6	184012.1
煤炭及制品批发	682574.1	61734.3	54097.6	261830.7	160312.5
石油及制品批发	25791.4			16570.7	3421.2
非金属矿及制品批发	114.3			106.8	56.5
金属及金属矿批发	72394.0	3285.1	3002.0	15896.9	12411.1
建材批发	13192.7	207.7	-113.6	6593.6	5694.4

法人企业财务状况(三)

单位:万元

税金	差旅费	工会经费	财务费用	利息支出	营业利润	投资收益	执行《2006 企业会计准则》企业的投资收益	补贴收入
10021.3	10545.5	1788.4	151736.0	104569.1	447376.9	2335.8	2335.8	5292.4
6993.0	8070.0	1187.7	124780.4	88938.8	386360.5	2335.8	2335.8	3858.4
2.6	11.1	0.7	242.6	51.9	−1018.4			1517.2
2.6	11.1	0.7	242.6	51.9	−1018.4			1517.2
805.4	475.5	233.3	1820.3	1529.2	96718.2			80.0
			0.1		39.6			
	75.8		2.8	2.8	260.6			30.0
			33.7		−173.7			
398.8	86.5	57.4	147.3	111.7	2385.5			
78.9	183.8	2.1	1644.3	1503.8	39729.2			
326.3	74.4	173.6	−101.7	−101.7	54550.9			50.0
1.4	55.0	0.2	93.8	12.6	−73.9			
164.3	358.5	31.5	602.2	553.9	6638.4			23.0
163.2	313.0	29.4	556.0	513.6	6739.7			
0.9	10.0	0.6	42.1	42.1	8.0			
0.2	35.5	1.5	4.1	−1.8	−109.3			23.0
294.5	37.0	67.7	394.1	114.4	3233.7			
12.7	14.3		404.5	159.4	−272.6			
281.8	22.7	67.7	−10.4	−45.0	3506.3			
900.0	335.0	61.3	987.5	714.3	3506.4			55.0
128.6	209.2	43.6	575.2	502.9	3239.4			
771.4	125.3	16.8	412.3	211.4	187.8			55.0
	0.5	0.9			79.2			
3870.4	5970.5	736.2	118358.9	85748.0	271999.0	2335.8	2335.8	2045.8
2108.5	4835.0	629.5	88680.2	67393.7	227219.0	468.3	468.3	1046.4
406.8	366.8	39.6	1842.6	1552.2	3955.8			
2.0			2.7		−50.7			1.1
1076.2	379.9	47.4	19337.4	11609.0	44844.2	1861.0	1861.0	17.3
202.5	251.3	5.8	7953.6	5197.9	−4471.6	6.5	6.5	328.0

13-5 续表 3-1

指　标	主营业务利润	其他业务收入	其他业务利润	营业费用	管理费用
化肥批发	5388.0	87.4	87.4	3021.7	1598.6
其他化工产品批发	845.7	329.3	317.8	456.2	517.8
机械设备、五金交电及电子产品批发	27569.8	541.1	281.9	20310.5	4098.7
农业机械批发	1629.2			682.3	875.3
五金、交电批发	307.4			88.7	200.4
家用电器批发	13222.0	541.1	281.9	16232.0	1145.0
计算机、软件及辅助设备批发	76.4			45.9	16.7
通讯及广播电视设备批发	800.8			447.7	188.8
其他机械设备及电子产品批发	11534.0			2813.9	1672.5
贸易经纪与代理	14036.0			8582.2	2497.2
其他批发	3742.2	301.2	258.7	2106.3	1966.8
再生物资回收与批发	57.7	170.0	170.0	31.8	200.6
其他未列明的批发	3684.5	131.2	88.7	2074.5	1766.2
2. 按登记注册类型分组					
内资企业	1035890.4	69126.3	59547.0	376338.3	243410.6
国有企业	788835.8	60761.4	53392.9	277182.2	174568.4
集体企业	16821.5	1101.1	993.7	4496.6	10837.0
股份合作企业	126.7			67.8	86.4
有限责任公司	86607.7	5050.6	3798.4	41011.9	29986.4
国有独资公司	13952.3	1208.0	1085.3	6585.1	7760.6
其他有限责任公司	72655.4	3842.6	2713.1	34426.8	22225.8
股份有限公司	37676.6	1336.0	1279.6	21131.0	8703.4
私营企业	105822.1	877.2	82.4	32448.8	19229.0
私营独资企业	199.0			187.0	3.5
私营合伙企业	1557.2			1438.0	227.8
私营有限责任公司	100336.7	795.9	1.1	28333.5	18011.6
私营股份有限公司	3729.2	81.3	81.3	2490.3	986.1
港、澳、台商投资企业	4338.3	184.7	184.7	3228.0	802.1
合资经营企业(港或澳、台资)	2204.3	120.6	120.6	2096.0	152.0
港、澳、台商独资经营企业	2134.0	64.1	64.1	1132.0	650.1

单位：万元

税金	差旅费	工会经费	财务费用	利息支出	营业利润	投资收益	执行《2006企业会计准则》企业的投资收益	补贴收入
38.0	100.1	10.5	300.8		554.4			653.0
36.4	37.4	3.4	241.6	-4.8	-52.1			
512.9	607.5	2.0	1627.2	230.3	2334.3			39.0
95.4	519.4		70.7	68.4	0.9			
	6.1	1.1	10.4	-0.1	7.9			4.6
381.8	18.4		242.7	83.5	-3675.5			
			19.4		7.7			
8.4	12.8		75.4	74.5	88.9			
27.3	50.8	0.9	1208.6	4.0	5904.4			34.4
122.0	82.3	19.3	589.6		2367.0			
320.9	192.6	35.7	158.0	-3.2	581.9			98.4
	18.0	18.0	7.4		-12.1			98.4
320.9	174.6	17.7	150.6	-3.2	594.0			
6985.7	8027.4	1178.1	124773.8	88939.4	385722.1	2335.8	2335.8	3858.4
3428.1	5260.7	790.9	95092.0	70543.8	320233.2	44.5	44.5	2608.6
398.8	86.5	57.0	140.6	111.7	2396.8			98.4
0.8	7.0	0.4	-1.0	-1.0	-26.5			
1206.9	788.6	197.6	10598.0	8029.0	11439.0	2284.8	2284.8	21.6
418.6	72.4	79.1	1281.5	1122.7	-479.3	1924.5	1924.5	
788.3	716.2	118.5	9316.5	6906.3	11918.3	360.3	360.3	21.6
518.8	773.6	70.8	2302.0	1565.1	6385.1			653.0
1432.3	1111.0	61.4	16642.2	8690.8	45294.5	6.5	6.5	476.8
		0.4	0.1		8.4			
			8.6		-117.2			
916.9	1088.8	55.7	16470.2	8562.8	45374.6	6.5	6.5	421.8
515.4	22.2	5.3	163.3	128.0	28.7			55.0
7.3	42.6	9.6	6.6	-0.6	638.4			
			6.9		222.1			
7.3	42.6	9.6	-0.3	-0.6	416.3			

13-5 续表 3-2

指　标	主营业务利润	其他业务收入	其他业务利润	营业费用	管理费用
3. 按控股情况分组					
国有控股	830409.5	65191.6	56962.7	301397.7	189577.7
集体控股	37401.3	1199.7	1092.3	16168.3	19455.6
私人控股	126244.1	722.8	144.4	38201.0	21421.7
港澳台商控股	4338.3	184.7	184.7	3228.0	802.1
其他	41835.5	2012.2	1347.6	20571.3	12955.6
4. 按经营形式分组					
独立门店	254624.0	9789.8	8136.9	65740.7	72845.2
连锁门店	216.2			5.7	209.5
其他	785388.5	59521.2	51594.8	313819.9	171158.0
二、零售业	**294069.6**	**53898.9**	**44312.6**	**177744.1**	**90340.6**
1. 按零售行业小类分组					
综合零售	75873.3	29546.8	27071.0	55481.2	19212.6
百货零售	37206.7	13357.9	12571.1	24366.3	13702.2
超级市场零售	34722.3	11368.8	11306.7	28311.5	2663.7
其他综合零售	3944.3	4820.1	3193.2	2803.4	2846.7
食品、饮料及烟草制品专门零售	8915.5	1103.4	1021.0	5143.3	4996.6
粮油零售	358.1	105.2	83.0	561.4	538.6
糕点、面包零售	2879.0	191.5	191.5	2517.8	1255.7
果品、蔬菜零售	132.2			8.0	129.0
饮料及茶叶零售	139.0	6.7	6.7	414.7	364.4
烟草制品零售	1648.7	372.9	372.9	178.5	1011.7
其他食品零售	3758.5	427.1	366.9	1462.9	1697.2
纺织、服装及日用品专门零售	13518.6	3292.5	2688.5	10072.6	8445.9
纺织品及针织品零售	-1846.6			690.4	3082.0
服装零售	14525.1	3292.5	2688.5	9168.8	4840.0
鞋帽零售					
钟表、眼镜零售	840.1			213.4	523.9
文化、体育用品及器材专门零售	6519.1	625.1	479.0	4833.0	2441.9
体育用品零售	11.0			3.0	2.0

单位:万元

			财务费用		营业利润	投资收益		补贴收入
税金	差旅费	工会经费		利息支出			执行《2006企业会计准则》企业的投资收益	
4056.4	5375.8	929.1	99143.0	73913.9	324527.3	1969.0	1969.0	2608.6
585.6	410.3	108.1	1229.6	223.9	1696.0			751.4
1635.1	1417.6	83.7	14561.9	8744.0	59041.1	6.5	6.5	481.1
7.3	42.6	9.6	6.6	-0.6	638.4			
708.6	823.7	57.2	9839.3	6057.6	457.7	360.3	360.3	17.3
3816.7	2665.1	428.7	30621.3	19729.3	120765.4	380.2	380.2	1430.4
			-0.7	-0.7	1.7			
3176.3	5404.9	759.0	94159.8	69210.2	265593.4	1955.6	1955.6	2428.0
3028.3	2475.5	600.7	26955.6	15630.3	61016.4			1434.0
1130.3	356.0	66.0	10029.5	6642.9	21098.9			263.7
671.0	291.7	50.8	7378.1	5532.5	7349.9			
174.2	40.1	7.3	2426.6	995.2	12651.7			263.7
285.1	24.2	7.9	224.8	115.2	1097.3			
693.0	136.4	35.7	978.2	786.1	182.6			1152.2
106.1	12.0	0.7	171.7	108.9	-487.8			814.7
522.7	54.7	7.1	658.9	649.7	-340.5			337.5
					-4.8			
0.5	57.2	0.1	89.2	10.0	-722.6			
5.4		8.7	23.7		807.7			
58.3	12.5	19.1	34.7	17.5	930.6			
116.1	87.2	35.9	1446.3	887.7	185.9			
			-1.3	-1.3	-1846.6			
108.5	82.3	32.7	1433.7	889.0	1999.7			
7.6	4.9	3.2	13.9		32.8			
54.9	43.2	23.8	331.6	29.9	855.5			
1.0	0.5	0.1	0.1		5.9			

13-5 续表 3-3

指　标	主营业务利润	其他业务收入	其他业务利润	营业费用	管理费用
图书零售	3402.8	615.9	469.8	2736.9	1113.3
珠宝首饰零售	2683.3	9.2	9.2	1792.7	1232.9
照相器材零售	273.7			186.0	68.8
其他文化用品零售	148.3			114.4	24.9
医药及医疗器材专门零售	24662.3	708.5	620.5	13118.1	9265.3
药品零售	24662.3	708.5	620.5	13118.1	9265.3
汽车、摩托车、燃料及零配件专门零售	128162.3	5492.3	1908.9	60101.3	35593.5
汽车零售	84965.9	2592.0	1934.1	42430.3	29916.9
汽车零配件零售	572.7			388.9	260.5
机动车燃料零售	42623.7	2900.3	-25.2	17282.1	5416.1
家用电器及电子产品专门零售	22538.7	12952.5	10345.9	16713.0	8311.0
家用电器零售	19816.8	12307.4	9888.5	14460.3	7444.9
计算机、软件及辅助设备零售	1142.4			543.5	481.0
通信设备零售	1304.5	638.3	457.4	1572.9	280.5
其他电子产品零售	275.0	6.8		136.3	104.6
五金、家具及室内装修材料专门零售	479.4	177.8	177.8	221.3	310.3
五金零售	160.8			7.9	250.4
其他室内装修材料零售	318.6	177.8	177.8	213.4	59.9
无店铺及其他零售	13400.4			12060.3	1763.5
其他未列明的零售	13400.4			12060.3	1763.5
2. 按登记注册类型分组					
内资企业	290433.7	53355.7	43786.4	174356.3	89647.4
国有企业	15689.3	2132.7	592.3	10561.4	6743.5
集体企业	6839.0	847.3	783.9	2579.3	3672.2
股份合作企业	2879.0	191.5	191.5	2517.8	1255.7
有限责任公司	62023.2	12396.6	11602.2	36803.5	29250.5
国有独资公司					
其他有限责任公司	62023.2	12396.6	11602.2	36803.5	29250.5
股份有限公司	74605.9	12800.9	11038.7	39145.1	8358.9
私营企业	128359.1	24986.7	19577.8	82711.2	40365.9

单位：万元

税金	差旅费	工会经费	财务费用	利息支出	营业利润	投资收益	执行《2006企业会计准则》企业的投资收益	补贴收入
53.9	5.1	22.5	28.4	28.4	-4.9			
	13.7	1.1	295.8	-1.7	833.5			
	0.9		2.8		16.1			
	23.0	0.1	4.5	3.2	4.9			
178.4	310.6	82.5	1542.1	1055.3	1357.3			8.2
178.4	310.6	82.5	1542.1	1055.3	1357.3			8.2
740.1	1183.6	354.6	11159.8	6100.5	29649.0			9.3
519.3	1115.4	340.3	10568.0	5622.4	10031.4			9.3
	22.1		14.1		-90.7			
220.8	46.1	14.3	577.7	478.1	19708.3			
89.1	113.5	0.9	814.9	-149.8	7376.5			0.6
42.1	74.9		684.4	-136.8	7115.7			0.6
40.6	11.4		56.7	-13.0	80.7			
6.4	27.2	0.9	62.0		157.8			
			11.8		22.3			
			1.3	-2.0	124.4			
			-2.0	-2.0	-95.4			
			3.3		219.8			
26.4	245.0	1.3	651.9	279.7	186.3			
26.4	245.0	1.3	651.9	279.7	186.3			
2976.5	2461.0	597.4	26870.9	15630.3	60989.4			1434.0
271.1	70.7	24.5	323.6	199.4	2969.9			814.7
75.2	57.3	15.8	85.5	35.2	1446.0			
522.7	54.7	7.1	658.9	649.7	-340.5			337.5
713.1	681.8	350.8	7966.1	5666.7	4606.1			269.7
713.1	681.8	350.8	7966.1	5666.7	4606.1			269.7
305.3	324.8	27.2	3991.5	2449.7	35595.2			3.0
1088.5	1271.7	172.0	13845.2	6629.6	16711.0			9.1

13-5 续表 3-4

指 标	主营业务利润	其他业务收入	其他业务利润	营业费用	管理费用
私营独资企业	1462.3	462.8	457.4	1464.9	261.5
私营合伙企业	166.1			13.2	19.0
私营有限责任公司	124820.6	24470.5	19117.9	79924.4	39592.9
私营股份有限公司	1910.1	53.4	2.5	1308.7	492.5
其他企业	38.2			38.0	0.7
港、澳、台商投资企业	3635.9	543.2	526.2	3387.8	693.2
合资经营企业(港或澳、台资)	109.4				30.6
港、澳、台商独资经营企业	1795.5			1767.5	228.8
港、澳、台商投资股份有限公司	1731.0	543.2	526.2	1620.3	433.8
3. 按控股情况分组					
国有控股	66712.4	4655.3	1576.4	35784.2	15898.9
集体控股	9133.9	1215.6	1127.9	3481.3	4855.1
私人控股	187705.5	44235.5	38025.5	117660.6	61972.9
港澳台商控股	3526.5	543.2	526.2	3387.8	662.6
外商控股	894.0			560.0	190.0
其他	26097.3	3249.3	3056.6	16870.2	6761.1
4. 按经营形式分组					
独立门店	90391.0	12309.4	10735.6	56682.1	39370.6
连锁总店	127595.2	33708.5	26425.4	76736.9	25426.6
连锁门店	408.9			72.0	54.6
其他	75674.5	7881.0	7151.6	44253.1	25488.8
5. 按零售业态分组					
有店铺零售	294069.6	53898.9	44312.6	177744.1	90340.6
便利店	3995.6	4820.1	3193.2	2853.3	2925.6
超市	44025.9	23065.1	21373.0	35372.1	7760.3
大型超市	208.3			96.0	86.7
百货店	48816.9	16912.5	15521.7	28914.0	18217.4
专业店	114697.3	6148.4	2138.8	58180.7	29239.8
专卖店	81158.7	2952.8	2085.9	51619.1	31673.3
家居建材商店	45.8			13.3	29.8
厂家直销中心	1121.1			695.6	407.7

单位:万元

税金	差旅费	工会经费	财务费用	利息支出	营业利润	投资收益	执行《2006企业会计准则》企业的投资收益	补贴收入
7.2	27.3	0.9	46.9		109.4			
					1.0			
1029.4	1237.6	171.1	13728.7	6608.8	16510.4			9.1
51.9	6.8		69.6	20.8	90.2			
0.6			0.1		1.7			
51.8	14.5	3.3	84.7		27.0			
30.5					109.4			
17.0			14.3		–215.1			
4.3	14.5	3.3	70.4		132.7			
504.4	350.3	115.6	2690.7	1587.9	18343.6			414.7
128.2	65.9	24.8	135.6	65.3	1937.2			
1547.1	1733.9	425.9	20991.2	11641.8	36891.7			16.3
21.3	14.5	3.3	84.7		–82.4			
10.0	30.0	3.0	3.0	3.0	141.0			
817.3	280.9	28.1	3050.4	2332.3	3785.3			1003.0
1499.6	1023.2	400.2	11584.2	7629.0	9477.3			823.8
1209.9	464.3	66.8	6576.2	3215.5	46100.3			601.8
	6.3		10.0	10.0	146.4			
318.8	981.7	133.7	8785.2	4775.8	5292.4			8.4
3028.3	2475.5	600.7	26955.6	15630.3	61016.4			1434.0
285.1	24.2	8.0	225.0	115.2	1018.7			
192.3	75.5	10.0	2299.9	863.7	19890.4			263.7
0.8	0.5	0.8	0.2		1.5			
772.5	309.0	88.3	8538.9	6406.0	9025.2			
605.5	864.4	199.4	7788.1	2790.6	26621.0			372.5
1168.9	1089.5	294.2	8047.9	5416.8	4461.5			797.8
	17.6				2.7			
3.2	94.8		55.6	38.0	–4.6			

13-5 限额以上批发和零售业

指　标	营业外收入	利润总额	应交所得税	劳动、失业保险费	养老保险和医疗保险费
总　计	17257.9	529978.8	117840.1	8821.0	49220.0
一、批发业	15372.5	463764.7	107550.2	6804.9	23078.9
1. 按批发行业小类分组					
农畜产品批发	10.0	-16.5		15.3	402.9
谷物、豆及薯类批发	10.0	-16.5		15.3	402.9
食品、饮料及烟草制品批发	486.4	96115.8	18918.4	1443.8	2533.8
糕点、糖果及糖批发		48.6	13.2		4.9
果品、蔬菜批发		290.6			
肉、禽、蛋及水产品批发		110.8		0.4	12.5
盐及调味品批发	71.8	2536.7	667.3	1199.0	
饮料及茶叶批发	15.2	40089.5	4545.7	188.5	263.0
烟草制品批发	96.0	52670.3	13583.9	52.5	2188.8
其他食品批发	303.4	369.3	108.3	3.4	64.6
纺织、服装及日用品批发	162.9	6456.2	1607.8	8.7	195.0
服装批发	159.2	6439.2	1604.2	8.7	175.5
鞋帽批发	0.6	7.3	1.8		7.6
其他日用品批发	3.1	9.7	1.8		11.9
文化、体育用品及器材批发	164.1	2403.9	630.9	41.8	682.6
体育用品批发	152.4	-120.2		0.5	18.0
图书批发	11.7	2524.1	630.9	41.3	664.6
医药及医疗器材批发	306.1	3945.4	1228.6	36.7	334.5
西药批发	302.8	3712.5	999.6	33.5	201.2
中药材及中成药批发	3.3	156.9	227.1	2.8	126.4
医疗用品及器材批发		76.0	1.9	0.4	6.9
矿产品、建材及化工产品批发	14110.2	338606.4	82102.1	579.2	12470.6
煤炭及制品批发	10675.4	216797.4	80124.9	438.6	10734.5
石油及制品批发	161.5	3427.2	470.6	50.9	627.5
非金属矿及制品批发		-49.6			11.5
金属及金属矿批发	3209.4	121458.7	1152.8	51.5	771.2
建材批发	54.6	-4187.7	47.9	36.5	82.1

法人企业财务状况(四)

单位:万元

住房公积金和住房补贴	本年应付工资总额	# 主营业务应付工资总额	本年应付福利费总额	# 主营业务应付福利费总额	本年应交增值税	全部从业人员年平均人数(人)	资产减值损失
5964.2	174218.0	90150.9	14612.5	6771.3	316141.5	59602	563.5
5004.8	113519.4	40586.8	11656.3	4424.5	202197.0	29296	562.6
29.8	379.9	379.9			23.0	229	
29.8	379.9	379.9			23.0	229	
1311.2	12090.3	11972.1	1594.0	1569.6	26774.7	3135	
	49.6	39.3	1.9	1.9	24.3	16	
	11.2	11.2			540.4	90	
	23.9	23.9	23.9		16.6	17	
	2750.3	2750.3	433.3	433.3	9297.0	939	
166.7	2743.0	2669.9	277.9	277.9	1789.8	1159	
1142.6	6100.0	6100.0	850.0	850.0	14772.2	744	
1.9	412.3	377.5	7.0	6.5	334.4	170	
43.0	2240.6	1866.7	129.6	101.6	2329.3	813	92.8
43.0	2024.2	1771.1	125.5	101.6	2206.3	720	92.8
	32.1		4.1		23.2	22	
	184.3	95.6			99.8	71	
298.0	660.2	660.2	68.5	68.5	1417.7	481	
	120.2	120.2				21	
298.0	540.0	540.0	68.5	68.5	1417.7	460	
58.5	3853.0	1766.7	424.8	152.9	3111.5	1377	26.7
47.0	2138.3	1241.3	337.0	114.5	2061.1	744	
11.5	1674.7	485.4	76.3	26.9	819.9	613	26.7
	40.0	40.0	11.5	11.5	230.5	20	
2866.0	89222.2	19905.9	9321.3	2428.3	164850.0	19969	443.1
2250.8	79486.6	11208.6	6938.5	592.7	129243.3	17462	415.3
211.5	3353.3	3353.3	1438.7	1438.7	1888.9	804	
1.4	64.8	64.8	4.4	4.4	0.4	16	
345.8	5019.1	4127.8	776.4	323.4	24853.9	1031	27.8
6.4	793.9	793.9	69.1	69.1	7754.2	359	

13-5 续表 4-1

指　标	营业外收入	利润总额	应交所得税	劳动、失业保险费	养老保险和医疗保险费
化肥批发		1206.0	302.2		218.0
其他化工产品批发	9.3	-45.6	3.7	1.7	25.8
机械设备、五金交电及电子产品批发	15.2	4370.0	76.0	4596.3	6300.9
农业机械批发		-2.4	0.8		107.2
五金、交电批发		14.9	3.7		2.1
家用电器批发	15.2	-3208.0	30.8	12.6	226.7
计算机、软件及辅助设备批发		7.7	1.4		
通讯及广播电视设备批发		88.9	24.3	0.6	11.2
其他机械设备及电子产品批发		7468.9	15.0	4583.1	5953.7
贸易经纪与代理	59.9	11153.4	2817.7		
其他批发	57.7	730.1	168.7	83.1	158.6
再生物资回收与批发		85.4	14.0	41.7	16.7
其他未列明的批发	57.7	644.7	154.7	41.4	141.9
2. 按登记注册类型分组					
内资企业	15359.8	463425.5	107524.1	6790.8	22904.9
国有企业	7653.9	307546.0	96757.6	5124.8	19192.8
集体企业	71.8	2491.1	665.2	1240.7	16.7
股份合作企业		-29.1			78.4
有限责任公司	6511.5	43878.1	6720.8	289.1	2347.4
国有独资公司	3135.0	4403.5	858.2	58.2	841.0
其他有限责任公司	3376.5	39474.6	5862.6	230.9	1506.4
股份有限公司	587.8	5424.2	2507.7	35.9	830.9
私营企业	534.8	104115.2	872.8	100.3	438.7
私营独资企业		8.5	2.1		
私营合伙企业					
私营有限责任公司	532.8	104043.7	847.7	100.3	438.7
私营股份有限公司	2.0	63.0	23.0		
港、澳、台商投资企业	12.7	339.2	26.1	14.1	174.0
合资经营企业(港或澳、台资)	12.7	234.8		10.5	68.4
港、澳、台商独资经营企业		104.4	26.1	3.6	105.6

单位：万元

住房公积金和住房补贴	本年应付工资总额	# 主营业务应付工资总额	本年应付福利费总额	# 主营业务应付福利费总额	本年应交增值税	全部从业人员年平均人数(人)	资产减值损失
37.4	128.7		94.2		941.8	194	
12.7	375.8	357.5			167.5	103	
363.1	3825.4	2812.5	43.7	29.2	2202.2	2937	
34.6	303.4	176.7	27.7	16.1	183.3	138	
	133.9	44.4			52.5	65	
0.2	2811.4	2133.8	13.1	13.1	1576.1	753	
	14.8				0.9	9	
	152.2	152.2			139.8	66	
328.3	409.7	305.4	2.9		249.6	1906	
	562.7	562.7			45.0	114	
35.2	685.1	660.1	74.4	74.4	1443.6	241	
	34.7	9.7	3.3	3.3	662.0	32	
35.2	650.4	650.4	71.1	71.1	781.6	209	
5004.8	111988.0	39914.3	11632.4	4424.5	201644.9	28721	562.6
3828.8	85323.5	17732.1	8264.9	1928.8	146325.3	19983	13.7
	2321.6	2281.6	435.8	435.8	9171.5	734	
3.5	18.7	18.7			116.9	17	
893.2	11187.2	8498.4	1178.9	445.9	25798.3	2981	456.1
371.6	1397.8	1397.8	154.0	154.0	1214.7	686	14.1
521.6	9789.4	7100.6	1024.9	291.9	24583.6	2295	442.0
244.1	5080.2	4104.9	1541.2	1447.0	4554.6	1266	92.8
35.2	8056.8	7278.6	211.6	167.0	15678.3	3740	
	18.0	18.0			1.5	12	
	450.7	450.7			352.0	228	
35.2	7375.4	6597.2	200.7	156.1	15184.3	3346	
	212.7	212.7	10.9	10.9	140.5	154	
	1531.4	672.5	23.9		552.1	575	
	605.8				394.5	200	
	925.6	672.5	23.9		157.6	375	

13-5 续表 4-2

指　标	营业外收入	利润总额	应交所得税	劳动、失业保险费	养老保险和医疗保险费
3. 按控股情况分组					
国有控股	11346.6	316195.5	99679.1	5380.7	20816.1
集体控股	2747.5	28298.1	3816.3	1271.8	713.1
私人控股	404.9	61365.5	2320.3	77.0	492.1
港澳台商控股	12.7	339.2	26.1	14.1	174.0
其他	860.8	57566.4	1708.4	61.3	883.6
4. 按经营形式分组					
独立门店	2263.4	174637.6	20488.7	5029.5	11669.6
连锁门店		1.3	0.3		
其他	13109.1	289125.8	87061.2	1775.4	11409.3
二、零售业	**1885.4**	**66214.1**	**10289.9**	**2016.1**	**26141.1**
1. 按零售行业小类分组					
综合零售	847.5	22542.8	4124.0	170.9	1525.6
百货零售	147.0	8225.7	2490.5	139.3	1054.3
超级市场零售	698.7	13233.3	1344.4	22.7	354.2
其他综合零售	1.8	1083.8	289.1	8.9	117.1
食品、饮料及烟草制品专门零售	1.2	939.6	314.4	28.5	980.8
粮油零售		-27.5	6.0	7.5	266.1
糕点、面包零售	0.4	-2.5			277.2
果品、蔬菜零售		-4.8			
饮料及茶叶零售		-728.1	4.3	0.6	20.8
烟草制品零售	0.7	841.0	205.8	6.7	115.6
其他食品零售	0.1	861.5	98.3	13.7	301.1
纺织、服装及日用品专门零售	48.4	223.5	636.1	39.7	271.0
纺织品及针织品零售	13.0	-1854.7			
服装零售	26.0	2041.3	572.3	37.2	131.8
鞋帽零售					
钟表、眼镜零售	9.4	36.9	63.8	2.5	139.2
文化、体育用品及器材专门零售	127.0	819.3	324.3	16.8	387.7
体育用品零售		5.4	1.4		

单位:万元

住房公积金和住房补贴	本年应付工资总额	# 主营业务应付工资总额	本年应付福利费总额	# 主营业务应付福利费总额	本年应交增值税	全部从业人员年平均人数(人)	资产减值损失
4479.5	91009.5	21992.8	10023.7	3382.2	143393.5	21616	132.2
284.6	4541.0	4372.3	692.9	598.7	26732.0	1135	
76.3	9222.2	8430.8	384.2	351.8	17900.0	3983	92.8
	1531.4	672.5	23.9		552.1	575	
164.4	7215.3	5118.4	531.6	91.8	13619.4	1987	337.6
2362.0	26439.0	20282.2	2457.0	1468.1	52288.5	10842	518.1
	55.0	55.0			5.0	44	
2642.8	87025.4	20249.6	9199.3	2956.4	149903.5	18410	44.5
959.4	60698.6	49564.1	2956.2	2346.8	113944.5	30306	0.9
147.4	17979.8	15722.8	298.2	297.6	21303.1	9250	
50.2	4992.5	4609.6	77.6	77.0	9220.5	2818	
97.2	11100.9	10663.6	209.1	209.1	11534.2	5568	
	1886.4	449.6	11.5	11.5	548.4	864	
233.3	2961.5	2342.0	249.3	121.9	4718.9	1260	
0.7	263.5	190.0			49.1	632	
61.6	1220.2	974.2	134.3	14.2	396.9	140	
	24.3				1.6	51	
4.8	173.6	66.5	38.2	30.9	106.6	78	
47.5	559.0	559.0			286.4	94	
118.7	720.9	552.3	76.8	76.8	3878.3	265	
23.5	3637.9	2662.8	377.3	366.7	23389.0	1741	0.9
	924.3				27.3	260	
	2255.2	2255.2	333.0	333.0	20764.5	1247	0.9
23.5	458.4	407.6	44.3	33.7	2597.2	234	
114.2	2858.0	2444.7	257.1	257.1	1787.8	1065	
	2.4	2.4			9.0	12	

13-5 续表 4-3

指　标	营业外收入	利润总额	应交所得税	劳动、失业保险费	养老保险和医疗保险费
图书零售	55.2	48.5	54.1	11.1	360.4
珠宝首饰零售	71.8	751.7	264.7	4.1	14.2
照相器材零售		16.0	3.9	0.9	12.9
其他文化用品零售		-2.3	0.2	0.7	0.2
医药及医疗器材专门零售	68.5	4000.1	560.8	57.5	3918.2
药品零售	68.5	4000.1	560.8	57.5	3918.2
汽车、摩托车、燃料及零配件专门零售	658.6	29691.9	3026.0	1676.2	18484.0
汽车零售	650.6	10433.0	2685.7	1621.2	17657.7
汽车零配件零售	7.1	-103.3	2.2		2.4
机动车燃料零售	0.9	19362.2	338.1	55.0	823.9
家用电器及电子产品专门零售	114.6	7762.4	1203.3	23.3	501.8
家用电器零售	112.9	7548.1	1146.4	23.3	451.4
计算机、软件及辅助设备零售		85.8	23.0		9.2
通信设备零售	1.7	107.6	26.9		19.2
其他电子产品零售		20.9	7.0		22.0
五金、家具及室内装修材料专门零售		69.2	54.9	3.2	48.0
五金零售		-95.7		2.0	37.2
其他室内装修材料零售		164.9	54.9	1.2	10.8
无店铺及其他零售	19.6	165.3	46.1		24.0
其他未列明的零售	19.6	165.3	46.1		24.0
2. 按登记注册类型分组					
内资企业	1883.1	65977.7	10256.7	1978.9	26106.9
国有企业	68.2	3335.1	292.0	33.3	942.7
集体企业	2.5	1539.3	315.3	14.3	245.3
股份合作企业	0.4	-2.5			277.2
有限责任公司	763.6	7735.2	1250.5	209.8	1935.5
国有独资公司					
其他有限责任公司	763.6	7735.2	1250.5	209.8	1935.5
股份有限公司	261.7	36231.4	3688.1	43.7	615.5
私营企业	786.7	17139.0	4710.8	1677.8	22090.7

单位:万元

住房公积金和住房补贴	本年应付工资总额	# 主营业务应付工资总额	本年应付福利费总额	# 主营业务应付福利费总额	本年应交增值税	全部从业人员年平均人数(人)	资产减值损失
86.5	1601.3	1516.8	175.8	175.8	348.1	552	
27.7	1113.2	799.5	81.3	81.3	1371.4	414	
	72.1	57.0			39.4	45	
	69.0	69.0			19.9	42	
141.5	6049.1	5937.5	428.5	401.3	10769.6	3749	
141.5	6049.1	5937.5	428.5	401.3	10769.6	3749	
246.7	20894.9	18240.0	1132.1	839.2	13842.6	10737	
43.4	16368.3	14432.5	925.6	658.5	12014.3	7842	
	242.5	178.7			92.1	300	
203.3	4284.1	3628.8	206.5	180.7	1736.2	2595	
42.2	5414.4	1321.7	181.0	46.9	37688.8	2057	
42.2	4705.9	702.5	123.4	3.6	37198.4	1513	
	364.4	351.8	4.5	4.2	171.1	172	
	288.7	212.0	53.1	39.1	292.0	340	
	55.4	55.4			27.3	32	
10.6	164.7	154.3	29.0	12.4	94.6	81	
9.8	100.7	90.3	14.8	12.4	17.9	56	
0.8	64.0	64.0	14.2		76.7	25	
	738.3	738.3	3.7	3.7	350.1	366	
	738.3	738.3	3.7	3.7	350.1	366	
959.4	60305.0	49170.5	2644.9	2035.5	112143.9	29998	0.9
133.8	4894.7	3459.3	236.3	233.9	1541.0	2288	
105.2	1597.7	1326.8	16.7	4.4	4363.8	701	
61.6	1220.2	974.2	134.3	14.2	396.9	140	
298.2	13393.2	11235.5	933.4	892.0	15797.2	5993	0.9
298.2	13393.2	11235.5	933.4	892.0	15797.2	5993	0.9
216.4	13139.4	12555.0	330.0	327.1	11843.8	8125	
144.2	26045.2	19605.1	994.2	563.9	78196.5	12741	

13-5 续表 4-4

指　标	营业外收入	利润总额	应交所得税	劳动、失业保险费	养老保险和医疗保险费
私营独资企业	1.7	109.7	23.7		19.2
私营合伙企业		1.0			
私营有限责任公司	784.9	16945.4	4671.6	1677.8	22071.5
私营股份有限公司	0.1	82.9	15.5		
其他企业		0.2			
港、澳、台商投资企业	2.3	236.4	33.2	37.2	34.2
合资经营企业(港或澳、台资)		109.4			
港、澳、台商独资经营企业	2.3			35.6	
港、澳、台商投资股份有限公司		127.0	33.2	1.6	34.2
3. 按控股情况分组					
国有控股	86.7	20681.0	601.6	109.1	2215.4
集体控股	103.3	2072.5	447.3	144.1	591.0
私人控股	1218.8	38255.2	8024.8	1705.5	22226.6
港澳台商控股	2.3	127.0	33.2	37.2	34.2
外商控股		141.0	35.3	5.0	8.0
其他	474.3	4937.4	1147.7	15.2	1065.9
4. 按经营形式分组					
独立门店	736.4	9706.3	3027.9	251.5	3480.0
连锁总店	847.1	50765.1	5251.2	155.8	5092.7
连锁门店		146.4	3.2		6.9
其他	301.9	5596.3	2007.6	1608.8	17561.5
5. 按零售业态分组					
有店铺零售	1885.4	66214.1	10289.9	2016.1	26141.1
便利店	1.8	1005.2	289.1	8.9	117.1
超市	795.2	20847.4	2495.8	25.0	638.9
大型超市		1.5			
百货店	171.8	9803.0	2979.5	147.6	1142.6
专业店	138.9	26119.2	2231.3	223.1	5667.5
专卖店	776.3	8479.5	2292.0	1610.1	18559.2
家居建材商店		2.7	0.2		
厂家直销中心	1.4	-44.4	2.0	1.4	15.8

单位:万元

住房公积金和住房补贴	本年应付工资总额	# 主营业务应付工资总额	本年应付福利费总额	# 主营业务应付福利费总额	本年应交增值税	全部从业人员年平均人数(人)	资产减值损失
	303.5	99.2	53.1	39.1	219.8	377	
	7.8				3.0	38	
144.2	25384.7	19225.7	936.3	524.8	77664.5	12161	
	349.2	280.2	4.8		309.2	165	
	14.6	14.6			4.7	10	
	393.6	393.6	311.3	311.3	1800.6	308	
	15.0	15.0	301.4	301.4	30.5	15	
	33.0	33.0			0.1	110	
	345.6	345.6	9.9	9.9	1770.0	183	
407.2	10128.3	8653.3	781.5	750.4	7027.2	5898	
175.9	2348.0	1842.1	351.5	339.2	5181.2	1118	
264.5	42826.1	34067.6	1499.9	1089.0	96285.5	21106	0.9
	378.6	378.6	9.9	9.9	1770.1	293	
10.0	105.0	10.0	6.0	6.0	30.0	30	
101.8	4912.6	4612.5	307.4	152.3	3650.5	1861	
479.0	23391.8	20821.0	1674.7	1618.2	39881.5	10531	0.9
375.7	26875.1	20383.4	564.5	281.9	58214.2	14139	
	56.3	46.3	0.6		23.0	96	
104.7	10375.4	8313.4	716.4	446.7	15825.8	5540	
959.4	60698.6	49564.1	2956.2	2346.8	113944.5	30306	0.9
	1916.5	479.7	11.5	11.5	555.4	883	
102.2	13719.0	11667.1	229.9	215.1	47669.4	6441	
	54.2	38.2	0.2	0.2	13.8	126	
97.7	6755.5	6382.6	90.4	90.4	29264.1	3434	
484.0	19544.4	14330.0	1468.0	1037.6	25807.2	11126	
267.1	18452.4	16495.4	1141.0	991.2	10447.6	8162	0.9
	22.2	22.2	0.8	0.8	5.7	13	
8.4	234.4	148.9	14.4		181.3	121	

13-6 限额以上住宿和餐饮业

指标	法人企业数(个)	执行《2006年企业会计准则》企业数(个)	年初存货	流动资产合计	应收帐款
总　计	201	137	587261.0	253447.3	32816.5
一、住宿业	80	55	574939.5	89919.2	10741.2
1. 按住宿行业小类分组					
旅游饭店	58	39	561355.8	68300.2	9205.0
一般旅馆	18	13	11522.3	17581.5	1413.2
其他住宿服务	4	3	2061.4	4037.5	123.0
2. 按登记注册类型分组					
内资企业	76	52	19027.5	84545.5	8838.6
国有企业	27	19	3342.4	33565.4	4144.0
集体企业	4	2	102.9	1476.5	98.4
股份合作企业	1		53.2	1020.7	587.6
有限责任公司	12	10	1283.3	10531.7	860.5
国有独资公司					
其他有限责任公司	12	10	1283.3	10531.7	860.5
股份有限公司	3	3	510.8	2368.1	486.1
私营企业	29	18	13734.9	35583.1	2662.0
私营独资企业	1	1	10482.3	5484.9	
私营合伙企业	1	1		185.3	1.2
私营有限责任公司	26	16	3093.5	25705.9	2644.5
私营股份有限公司	1		159.1	4207.0	16.3
港、澳、台商投资企业	2	1	76.0	4216.2	1520.6
合资经营企业(港或澳、台资)	2	1	76.0	4216.2	1520.6
外商投资企业	2	2	555836.0	1157.5	382.0
中外合资经营企业	1	1	272.3	542.2	250.6
中外合作经营企业	1	1	555563.7	615.3	131.4
3. 按控股情况分组					
国有控股	28	20	3744.9	35633.4	4815.1
集体控股	5	3	225.4	1806.7	278.4
私人控股	32	22	14000.7	37041.6	3451.8
港澳台商控股	2	1	285.8	668.0	278.9
外商控股	1	1	555563.7	615.3	131.4
其他	12	8	1119.0	14154.2	1785.6
4. 按经营形式分组					
独立门店	70	54	572490.1	85121.1	9793.4
其他	10	1	2449.4	4798.1	947.8
5. 按星级分组					
五星	5	5	2300.0	14065.2	815.8
四星	13	7	13170.5	19747.4	4121.4

法人企业财务状况(一)

单位:万元

存货	流动资产年平均余额	长期投资合计	固定资产合计	固定资产原价	累计折旧	本年折旧	资产总计	流动负债合计
22418.5	131174.8	15119.6	403021.7	566332.0	178655.6	22813.2	829499.1	411349.6
7928.2	40222.6	2437.1	303595.8	421371.4	131790.6	13195.4	480177.0	220627.2
6126.6	31233.7	2437.1	227563.2	325865.8	107635.9	11696.0	372347.5	192560.7
1427.8	7882.9		75789.7	94665.4	23537.4	1413.7	103474.4	21900.6
373.8	1106.0		242.9	840.2	617.3	85.7	4355.1	6165.9
7339.1	33652.6	2065.6	279149.8	385924.9	120790.1	11800.3	447003.6	210339.5
3361.5	11633.8	492.0	99522.0	158705.6	59225.5	4928.8	162416.3	51501.5
61.4			11828.3	4630.2	1459.5	259.8	13742.8	5725.7
64.0	924.6		4968.0	6357.4	1389.4	295.0	7454.1	3746.3
1350.2	6639.7	1543.6	59429.6	75163.8	15751.7	2897.3	75277.7	54820.9
1350.2	6639.7	1543.6	59429.6	75163.8	15751.7	2897.3	75277.7	54820.9
527.6	2207.2	30.0	11319.1	21906.8	10587.7	803.0	27271.7	29623.6
1974.4	12247.3		92082.8	119161.1	32376.3	2616.4	160841.0	64921.5
497.2			4997.3	6830.9	1841.6		10482.3	6092.6
	246.6		28.2	63.4	35.2	15.3	235.5	391.4
1446.5	12000.7		86925.6	112080.3	30444.7	2562.3	145773.4	56017.7
30.7			131.7	186.5	54.8	38.8	4349.8	2419.8
119.9	4013.5	371.5	20026.9	29087.5	9060.6	1039.4	24910.4	8020.5
119.9	4013.5	371.5	20026.9	29087.5	9060.6	1039.4	24910.4	8020.5
469.2	2556.5		4419.1	6359.0	1939.9	355.7	8263.0	2267.2
291.6	2556.5		4218.1	5706.2	1488.1	310.0	7113.6	2267.2
177.6			201.0	652.8	451.8	45.7	1149.4	
3786.9	13545.5	492.0	153347.4	220893.4	67587.9	6819.5	221560.1	96301.8
175.9			11878.9	4722.4	1501.1	259.8	14123.6	6105.7
2311.0	21550.9	1824.0	115675.8	155503.8	45126.0	3770.6	187954.6	73360.9
306.9	2566.9		4237.3	5776.9	1539.6	321.3	7419.8	2661.2
177.6			201.0	652.8	451.8	45.7	1149.4	
1169.9	2559.3	121.1	18255.4	33822.1	15584.2	1978.5	47969.5	42197.6
7538.4	37204.6	2437.1	278547.5	389388.9	124853.9	11417.7	439116.8	186815.3
389.8	3018.0		25048.3	31982.5	6936.7	1777.7	41060.2	33811.9
2312.6	3635.3		91980.2	115322.8	23342.6	2692.6	131865.2	58839.2
1614.8	13166.8	401.5	56570.4	94308.7	37746.3	2995.2	113960.7	71081.0

13-6 续表 1-1

指　标	法人企业数（个）	执行《2006 年企业会计准则》企业数（个）	年初存货	流动资产合计	应收帐款
三星	31	21	2465.8	23481.1	2734.2
二星	13	9	511.6	12038.8	2284.0
其他	18	13	556491.6	20586.7	785.8
二、餐饮业	**121**	**82**	**12321.5**	**163528.1**	**22075.3**
1. 按餐饮行业小类分组					
正餐服务	120	81	11043.6	158899.0	22007.1
快餐服务	1	1	1277.9	4629.1	68.2
内资企业	111	74	10228.8	152596.0	20188.0
国有企业	13	10	629.5	6485.8	521.3
股份合作企业	1		78.2	69.7	
有限责任公司	20	15	1031.5	19615.2	2101.7
国有独资公司					
其他有限责任公司	20	15	1031.5	19615.2	2101.7
股份有限公司	6	3	657.1	4237.1	1004.7
私营企业	68	43	7615.5	116886.6	16306.1
私营独资企业	8	5	106.6	811.8	330.6
私营有限责任公司	58	36	6915.1	110032.6	15346.7
私营股份有限公司	2	2	593.8	6042.2	628.8
其他企业	3	3	217.0	5301.6	254.2
港、澳、台商投资企业	4	3	192.2	2236.7	736.9
合资经营企业（港或澳、台资）	2	1	22.0	415.9	62.0
港、澳、台商独资经营企业	1	1		184.9	4.2
港、澳、台商投资股份有限公司	1	1	170.2	1635.9	670.7
外商投资企业	6	5	1900.5	8695.4	1150.4
中外合资经营企业	4	3	256.1	3336.6	1021.7
外资企业	2	2	1644.4	5358.8	128.7
3. 按控股情况分组					
国有控股	15	10	709.9	18063.8	1066.0
集体控股	1	1		1142.5	526.9
私人控股	79	51	8562.3	120908.7	15040.2
港澳台商控股	1	1		184.9	4.2
外商控股	6	5	1900.5	8695.4	1150.4
其他	19	14	1148.8	14532.8	4287.6
4. 按经营形式分组					
独立门店	89	69	7701.7	128589.1	11688.0
连锁总店	3	3	1604.0	14582.8	517.7
连锁门店	4	4	26.7	1077.2	74.7
其他	25	6	2989.1	19279.0	9794.9

单位:万元

存货	流动资产年平均余额	长期投资合计	固定资产合计	固定资产原价	累计折旧	本年折旧	资产总计	流动负债合计
2277.2	12638.7	1814.5	75794.2	106794.9	39643.9	4464.3	111066.8	55946.2
713.9	1877.3	91.1	13029.8	22457.8	9504.2	1355.6	26757.1	17879.7
1009.7	8904.5	130.0	66221.2	82487.2	21553.6	1687.7	96527.2	16881.1
14490.3	90952.2	12682.5	99425.9	144960.6	46865.0	9617.8	349322.1	190722.4
12608.7	87180.3	12682.5	93311.9	137679.3	45697.7	9040.5	329023.2	182441.6
1881.6	3771.9		6114.0	7281.3	1167.3	577.3	20298.9	8280.8
11036.0	81601.1	12642.5	90619.9	130978.7	41616.2	8650.7	318317.5	166003.1
730.0	3937.8	30.4	6815.0	8957.1	2388.6	442.6	17944.1	11945.1
69.7			1170.6	1550.0	379.4	379.4	11223.7	347.3
1693.3	12114.8	1180.2	23311.5	30999.1	7689.2	1854.8	69107.3	19472.6
1693.3	12114.8	1180.2	23311.5	30999.1	7689.2	1854.8	69107.3	19472.6
479.2	2169.6		4774.8	4126.7	266.8	77.4	9506.5	3390.2
7839.1	60312.4	11431.9	53681.5	83902.2	30273.5	5766.8	204058.2	128771.4
118.0	340.0		1215.8	1497.2	301.2	135.5	2170.1	1221.2
6812.5	59894.7	5479.9	46112.5	73269.1	27189.6	4527.2	182895.1	112817.9
908.6	77.7	5952.0	6353.2	9135.9	2782.7	1104.1	18993.0	14732.3
224.7	3066.5		866.5	1443.6	618.7	129.7	6477.7	2076.5
711.2	1792.7		1656.3	2406.4	818.1	206.1	4972.3	5908.0
167.0	396.6		1215.3	1869.0	653.7	140.0	2312.2	4097.0
45.8			441.0	537.4	164.4	66.1	1024.2	463.5
498.4	1396.1						1635.9	1347.5
2743.1	7558.4	40.0	7149.7	11575.5	4430.7	761.0	26032.3	18811.3
369.5	3154.1	40.0	936.8	3894.6	2962.7	112.1	4864.4	9869.2
2373.6	4404.3		6212.9	7680.9	1468.0	648.9	21167.9	8942.1
1233.4	14101.9	30.4	20688.0	26979.7	6538.2	1681.1	62433.8	18524.5
116.7			5081.4	6233.4	1153.6	421.6	7776.0	5265.0
8742.0	62685.5	12603.9	60161.7	92003.5	31915.5	6311.7	226524.7	139837.5
45.8			441.0	537.4	164.4	66.1	1024.2	463.5
2743.1	7558.4	40.0	7149.7	11575.5	4430.7	761.0	26032.3	18811.3
1609.3	6606.4	8.2	5904.1	7631.1	2662.6	376.3	25531.1	7820.6
9179.8	71807.1	8935.1	71059.2	103521.1	32625.7	5872.9	251379.1	144896.1
2219.0	13264.9	800.0	8810.3	14568.6	5758.3	956.7	36258.6	19287.8
196.2	662.8		1429.4	1877.5	489.7	169.3	3357.6	4247.4
2895.3	5217.4	2947.4	18127.0	24993.4	7991.3	2618.9	58326.8	22291.1

13-6 限额以上住宿和餐饮业

指标	应付帐款	长期负债合计	负债合计	所有者权益合计	实收资本
总　计	89281.9	74480.2	626070.6	203428.5	315951.6
一、住宿业	34962.2	63896.1	346802.2	133374.8	187920.5
1. 按住宿行业小类分组					
旅游饭店	32567.6	62868.9	270381.4	101966.1	149617.1
一般旅馆	2165.9	1027.2	70254.9	33219.5	36855.4
其他住宿服务	228.7		6165.9	-1810.8	1448.0
2. 按登记注册类型分组					
内资企业	34076.0	59037.2	331422.1	115581.5	172970.5
国有企业	14637.5	26783.4	78678.1	83738.2	94621.3
集体企业	1074.4	6395.0	12374.9	1367.9	2433.3
股份合作企业	496.7		3746.3	3707.8	3105.4
有限责任公司	5204.0	2026.7	56910.3	18367.4	13808.1
国有独资公司					
其他有限责任公司	5204.0	2026.7	56910.3	18367.4	13808.1
股份有限公司	6483.8	14494.0	44117.6	-16845.9	210.6
私营企业	6179.6	9338.1	135594.9	25246.1	58791.8
私营独资企业	110.4		6092.6	4389.7	5800.0
私营合伙企业	37.4		391.4	-155.9	30.0
私营有限责任公司	5946.1	9338.1	126691.1	19082.3	50961.8
私营股份有限公司	85.7		2419.8	1930.0	2000.0
港、澳、台商投资企业	539.8	4858.9	12879.4	12031.0	6050.0
合资经营企业(港或澳、台资)	539.8	4858.9	12879.4	12031.0	6050.0
外商投资企业	346.4		2500.7	5762.3	8900.0
中外合资经营企业	346.4		2267.2	4846.4	8000.0
中外合作经营企业			233.5	915.9	900.0
3. 按控股情况分组					
国有控股	17862.0	26783.4	123314.6	98245.5	98656.7
集体控股	1205.4	6395.0	12754.9	1368.7	2433.9
私人控股	5902.7	14197.0	147126.2	40828.4	69191.8
港澳台商控股	569.7		2661.2	4758.6	8050.0
外商控股			233.5	915.9	900.0
其他	9422.4	16520.7	60711.8	-12742.3	8688.1
4. 按经营形式分组					
独立门店	32951.4	63896.1	312990.3	126126.5	180297.1
其他	2010.8		33811.9	7248.3	7623.4
5. 按星级分组					
五星	7984.3	14702.8	73551.1	58314.1	51344.6
四星	9210.7	30384.6	114334.1	-373.4	35322.8

法人企业财务状况(二)

单位:万元

						主营业务收入	主营业务成本	主营业务税金及附加
1. 国家资本	2. 集体资本	3. 法人资本	4. 个人资本	5. 港澳台资本	6. 外商资本			
159577.7	6403.4	81840.5	52323.3	8790.0	7016.7	489009.4	201174.3	28370.1
99067.7	2738.4	57090.2	19365.2	7700.0	1959.0	154177.7	56688.2	7739.9
91712.2	2466.2	35546.7	10233.0	7700.0	1959.0	130541.2	44371.3	6395.3
7355.5	167.7	20458.0	8874.2			20513.2	11360.4	1162.3
	104.5	1085.5	258.0			3123.3	956.5	182.3
98626.7	2738.4	51790.2	19365.2	450.0		143614.4	53470.5	7188.8
94621.3						57355.1	22617.2	2478.8
	2433.3					1989.7	472.7	107.4
3105.4						7254.7	6537.6	399.0
900.0	200.0	8608.7	4099.4			33967.6	7829.9	1805.4
900.0	200.0	8608.7	4099.4			33967.6	7829.9	1805.4
	105.1	105.5				5394.0	1725.1	212.8
		43076.0	15265.8	450.0		37653.3	14288.0	2185.4
			5800.0			762.1	746.7	42.8
			30.0			441.2	41.5	24.8
		41076.0	9435.8	450.0		34771.6	12786.2	1965.2
		2000.0				1678.4	713.6	152.6
		4500.0		50.0	1500.0	3322.5	257.0	167.6
		4500.0		50.0	1500.0	3322.5	257.0	167.6
441.0		800.0		7200.0	459.0	7240.8	2960.7	383.5
		800.0		7200.0		4327.0	1792.3	218.9
441.0					459.0	2913.8	1168.4	164.6
98556.7		100.0				77200.3	30941.6	3551.4
	2433.9					3923.3	1206.0	127.5
		50138.0	17103.8	450.0	1500.0	46974.9	15974.9	2653.9
		800.0		7250.0		4852.2	1822.6	245.1
441.0					459.0	2913.8	1168.4	164.6
70.0	304.5	6052.2	2261.4			18313.2	5574.7	997.4
95962.3	2738.4	56528.2	15459.2	7650.0	1959.0	134167.2	47237.3	6695.2
3105.4		562.0	3906.0	50.0		20010.5	9450.9	1044.7
43144.6		1000.0		7200.0		44042.4	13751.8	1971.4
7820.8		17914.0	8088.0		1500.0	26981.0	13599.7	1466.6

13-6 续表 2-1

指　标	应付帐款	长期负债合计	负债合计	所有者权益合计	实收资本
三星	8059.2	17739.2	73905.6	37161.2	51296.2
二星	8387.8	30.3	19939.7	6817.4	15825.0
其他	1320.2	1039.2	65071.7	31455.5	34131.9
二、餐饮业	**54319.7**	**10584.1**	**279268.4**	**70053.7**	**128031.1**
1. 按餐饮行业小类分组					
正餐服务	52161.8	10584.1	270446.6	58576.6	126292.6
快餐服务	2157.9		8821.8	11477.1	1738.5
内资企业	46952.6	10349.7	253773.7	64543.8	120406.6
国有企业	2007.4	1218.3	13302.7	4641.4	7020.3
股份合作企业	286.8		11109.6	114.1	110.0
有限责任公司	8494.9	3720.0	56672.7	12434.6	63646.9
国有独资公司					
其他有限责任公司	8494.9	3720.0	56672.7	12434.6	63646.9
股份有限公司	1382.2	733.6	6820.9	2685.6	1230.0
私营企业	34168.2	3935.5	163048.9	41009.3	47724.4
私营独资企业	649.9		1221.2	948.9	1803.0
私营有限责任公司	25841.7	3935.5	147095.4	35799.7	43621.4
私营股份有限公司	7676.6		14732.3	4260.7	2300.0
其他企业	613.1	742.3	2818.9	3658.8	675.0
港、澳、台商投资企业	682.5	234.4	6142.4	-1170.1	2193.1
合资经营企业(港或澳、台资)	367.4		4097.0	-1784.8	700.0
港、澳、台商独资经营企业	50.5	234.4	697.9	326.3	770.0
港、澳、台商投资股份有限公司	264.6		1347.5	288.4	723.1
外商投资企业	6684.6		19352.3	6680.0	5431.4
中外合资经营企业	4508.5		9869.2	-5004.8	3592.9
外资企业	2176.1		9483.1	11684.8	1838.5
3. 按控股情况分组					
国有控股	3955.7	4938.3	57082.1	5351.7	59972.7
集体控股	3641.0		5265.0	2511.0	1100.0
私人控股	37569.7	3935.5	179989.3	46535.4	52086.9
港澳台商控股	50.5	234.4	697.9	326.3	770.0
外商控股	6684.6		19352.3	6680.0	5431.4
其他	2418.2	1475.9	16881.8	8649.3	8670.1
4. 按经营形式分组					
独立门店	39149.5	9108.2	213077.8	38301.3	51254.0
连锁总店	3758.5		19828.8	16429.8	5013.5
连锁门店	430.5	742.3	4989.7	-1632.1	1120.0
其他	10981.2	733.6	41372.1	16954.7	70643.6

单位：万元

1. 国家资本	2. 集体资本	3. 法人资本	4. 个人资本	5. 港澳台资本	6. 外商资本	主营业务收入	主营业务成本	主营业务税金及附加
39132.1	1100.6	4372.7	6640.8	50.0		49379.4	17209.6	2396.9
5566.7	1533.3	5050.0	3225.0	450.0		13939.6	5080.6	693.2
3403.5	104.5	28753.5	1411.4		459.0	19835.3	7046.5	1211.8
60510.0	**3665.0**	**24750.3**	**32958.1**	**1090.0**	**5057.7**	**334831.7**	**144486.1**	**20630.2**
60510.0	3665.0	24750.3	32958.1	1090.0	3319.2	278310.8	126217.1	17760.8
					1738.5	56520.9	18269.0	2869.4
60136.3	3665.0	23897.2	32708.1			260732.6	118335.5	16923.5
7020.3						22535.6	11619.0	1145.7
			110.0			2998.2	541.9	167.2
53116.0	565.0	6759.4	3206.5			37352.4	10721.6	2028.5
53116.0	565.0	6759.4	3206.5			37352.4	10721.6	2028.5
		150.0	1080.0			9692.9	4546.7	749.2
	3100.0	16761.8	27862.6			176093.4	84861.0	11368.0
		103.0	1700.0			6299.3	2817.3	1181.6
	3100.0	15658.8	24862.6			147382.3	72027.6	9002.4
		1000.0	1300.0			22411.8	10016.1	1184.0
		226.0	449.0			12060.1	6045.3	1464.9
		853.1	250.0	1090.0		8496.8	2463.6	426.0
		130.0	250.0	320.0		2913.3	1111.9	146.5
				770.0		1115.7	301.1	56.3
		723.1				4467.8	1050.6	223.2
373.7					5057.7	65602.3	23687.0	3280.7
373.7					3219.2	6621.4	3803.3	285.6
					1838.5	58980.9	19883.7	2995.1
59972.7						39669.5	14910.2	2141.4
	565.0	535.0				3423.0	1129.3	131.9
	3100.0	16447.8	32289.1	250.0		187255.2	88198.3	11205.9
				770.0		1115.7	301.1	56.3
373.7					5057.7	65602.3	23687.0	3280.7
163.6		7767.5	669.0	70.0		37766.0	16260.2	3814.0
8578.4	3665.0	16316.3	18605.1	770.0	3319.2	189625.2	85337.7	11853.6
		176.0	3099.0		1738.5	72614.9	26501.0	3682.7
			870.0	250.0		5436.1	1981.3	1042.9
51931.6		8258.0	10384.0	70.0		67155.5	30666.1	4051.0

13-6 限额以上住宿和餐饮业

指　标	主营业务利润	其他业务收入	其他业务利润	营业费用	管理费用
总　计	229986.6	2604.5	1583.4	153993.5	113095.9
一、住宿业	85198.5	1351.4	1028.1	51183.1	37905.9
1. 按住宿行业小类分组					
旅游饭店	76017.9	1092.3	793.6	44996.7	33007.9
一般旅馆	7136.1	204.9	180.3	4712.4	4007.2
其他住宿服务	2044.5	54.2	54.2	1474.0	890.8
2. 按登记注册类型分组					
内资企业	78404.1	1349.4	1026.7	48025.7	33249.8
国有企业	31297.8	472.2	245.7	22143.2	10643.5
集体企业	1409.6	36.2		1102.8	341.1
股份合作企业	318.1			6.7	110.5
有限责任公司	24332.1	54.2	54.2	10789.2	9575.6
国有独资公司					
其他有限责任公司	24332.1	54.2	54.2	10789.2	9575.6
股份有限公司	2381.5	612.2	577.0	1580.4	3894.4
私营企业	18665.0	174.6	149.8	12403.4	8684.7
私营独资企业	32.8			23.6	11.0
私营合伙企业	23.9			350.9	50.6
私营有限责任公司	17796.1	174.6	149.8	11279.5	8504.7
私营股份有限公司	812.2			749.4	118.4
港、澳、台商投资企业	2898.0	2.0	1.4	1092.0	2471.7
合资经营企业(港或澳、台资)	2898.0	2.0	1.4	1092.0	2471.7
外商投资企业	3896.4			2065.4	2184.4
中外合资经营企业	2315.8			740.2	2064.4
中外合作经营企业	1580.6			1325.2	120.0
3. 按控股情况分组					
国有控股	41746.0	472.2	245.7	24488.1	15398.1
集体控股	1515.2	36.2		1690.1	850.0
私人控股	25831.1	176.3	150.9	16723.8	12020.2
港澳台商控股	2784.5	0.3	0.3	1127.1	2175.8
外商控股	1580.6			1325.2	120.0
其他	11741.1	666.4	631.2	5828.8	7341.8
4. 按经营形式分组					
独立门店	76375.9	1351.1	1027.8	45446.2	35703.8
其他	8822.6	0.3	0.3	5736.9	2202.1
5. 按星级分组					
五星	28319.2	4.3		16250.9	8201.6
四星	9903.0	613.9	578.1	5422.2	10241.7

法人企业财务状况(三)

单位:万元

税金	差旅费	工会经费	财务费用	利息支出	营业利润	投资收益	执行《2006企业会计准则》企业的投资收益	补贴收入
2686.6	3959.0	305.6	11617.8	2999.7	36943.3	27.5	27.5	379.3
1676.1	382.0	191.6	5768.9	1104.4	5938.6	27.5	27.5	89.0
1506.0	340.9	105.6	4943.0	1021.9	-308.6	27.5	27.5	39.8
170.1	37.3	86.0	692.6	0.9	637.6			49.2
	3.8		133.3	81.6	5609.6			
1462.7	378.9	185.5	5590.7	1104.4	5458.5	27.5	27.5	89.0
476.7	98.8	53.3	1496.9	623.1	-478.7			
4.8	0.3		4.4		-2.5			
41.1	1.3		18.8		182.1			
645.2	130.3	47.0	379.5	164.0	9744.9	27.5	27.5	29.0
645.2	130.3	47.0	379.5	164.0	9744.9	27.5	27.5	29.0
5.1	65.4	6.6	1782.2		-3291.7			10.8
289.8	82.8	78.6	1908.9	317.3	-695.6			49.2
		1.0	2.1		-3.9			
			2.3		-29.0			
289.8	82.8	77.6	1902.7	315.5	-605.3			49.2
			1.8	1.8	-57.4			
203.2	0.5	0.4	125.3		766.5			
203.2	0.5	0.4	125.3		766.5			
10.2	2.6	5.7	52.9		-286.4			
10.2	2.6	5.7	38.9		-527.7			
			14.0		241.3			
1031.0	140.0	80.7	1677.6	633.0	2689.3			
9.9	14.4	1.5	12.6		5.5			10.8
588.5	96.9	77.4	2122.5	471.5	170.5			49.2
10.2	3.1	6.1	40.3		-558.4			
			14.0		241.3			
36.5	127.6	25.9	1901.9	-0.1	3390.4	27.5	27.5	29.0
1506.2	363.9	185.3	5240.5	848.1	5583.1	27.5	27.5	89.0
169.9	18.1	6.3	528.4	256.3	355.5			
534.1	103.0	41.7	905.0	563.7	2993.1			29.0
368.9	84.2	30.9	3503.3	222.6	-3601.5			

13-6 续表 3-1

指　标	主营业务利润	其他业务收入	其他业务利润	营业费用	管理费用
三星	27042.4	403.7	256.0	17877.8	9890.7
二星	8168.3	180.3	58.9	4565.8	4314.6
其他	11765.6	149.2	135.1	7066.4	5257.3
二、餐饮业	**144788.1**	**1253.1**	**555.3**	**102810.4**	**75190.0**
1. 按餐饮行业小类分组					
正餐服务	129371.4	1253.1	917.2	82844.5	70980.3
快餐服务	15416.7		-361.9	19965.9	4209.7
内资企业	120512.5	1253.1	917.2	76657.6	68367.7
国有企业	9324.4	272.1	4.8	4771.7	2029.5
股份合作企业	2289.1			1048.7	1207.7
有限责任公司	22266.9	407.4	407.4	10325.1	12869.8
国有独资公司					
其他有限责任公司	22266.9	407.4	407.4	10325.1	12869.8
股份有限公司	4396.9			2893.0	429.3
私营企业	77780.3	573.6	505.0	55068.9	51101.6
私营独资企业	3055.5			2200.2	760.5
私营有限责任公司	63613.1	573.6	505.0	48999.3	49085.6
私营股份有限公司	11111.7			3869.4	1255.5
其他企业	4454.9			2550.2	729.8
港、澳、台商投资企业	5607.1			2951.3	1758.3
合资经营企业(港或澳、台资)	1654.9			1059.9	471.0
港、澳、台商独资经营企业	758.2			513.5	259.0
港、澳、台商投资股份有限公司	3194.0			1377.9	1028.3
外商投资企业	18668.5		-361.9	23201.5	5064.0
中外合资经营企业	2532.2			2982.6	453.0
外资企业	16136.3		-361.9	20218.9	4611.0
3. 按控股情况分组					
国有控股	21869.1	679.5	412.2	7340.2	12274.2
集体控股	2161.8			997.3	425.8
私人控股	83682.4	573.6	505.0	59912.1	52845.6
港澳台商控股	758.2			513.5	259.0
外商控股	18668.5		-361.9	23201.5	5064.0
其他	17648.1			10845.8	4321.4
4. 按经营形式分组					
独立门店	87997.3	1219.4	917.2	53230.3	62560.8
连锁总店	22365.4		-361.9	24794.5	4858.0
连锁门店	3172.2			2282.7	730.7
其他	31253.2	33.7		22502.9	7040.5

单位：万元

			财务费用		营业利润	投资收益		补贴收入
税金	差旅费	工会经费		利息支出			执行《2006企业会计准则》企业的投资收益	
694.7	159.9	40.4	829.9	331.3	1106.8			10.8
77.3	4.9	7.3	174.8		−881.8			
1.1	30.0	71.3	355.9	−13.2	6322.0	27.5	27.5	49.2
1010.5	**3577.0**	**114.0**	**5848.9**	**1895.3**	**31004.7**			**290.3**
1010.5	3577.0	114.0	5792.7	1864.4	20215.9			290.3
			56.2	30.9	10788.8			
974.2	3543.9	107.7	5583.4	1839.1	18987.1			290.3
121.5	17.8	23.4	90.1	3.6	3136.2			104.6
			27.7		5.0			
47.5	64.9	37.1	244.6	3.4	1733.1			145.6
47.5	64.9	37.1	244.6	3.4	1733.1			145.6
35.9	20.1	6.4	602.3	2.8	479.5			
769.3	3435.9	22.8	4585.5	1829.1	12891.6			40.1
94.7	8.1	0.3	49.3		30.9			
674.6	3427.8	22.5	4403.1	1811.5	6628.4			40.1
			133.1	17.6	6232.3			
	5.2	18.0	33.2	0.2	741.7			
14.1	19.3	6.3	54.6	25.3	842.9			
14.1	13.5	0.9	23.5		100.5			
	0.4		5.8		−20.1			
	5.4	5.4	25.3	25.3	762.5			
22.2	13.8		210.9	30.9	11174.7			
15.4	4.8		120.9		354.4			
6.8	9.0		90.0	30.9	10820.3			
148.9	26.9	56.4	140.9	3.6	3224.3			104.6
19.8	28.8	2.1	101.4		637.3			
819.4	3460.1	25.8	4443.5	1835.3	14835.4			176.1
	0.4		5.8		−20.1			
22.2	13.8		210.9	30.9	11174.7			
0.2	47.0	29.7	946.4	25.5	1153.1			9.6
271.0	3493.7	87.2	4232.4	1536.3	18715.9			260.2
		3.3	562.5	333.9	11454.3			
14.3	11.4	11.7	62.4		−0.5			
725.2	71.9	11.8	991.6	25.1	835.0			30.1

13-6 限额以上住宿和餐饮业

指标	营业外收入	利润总额	应交所得税	劳动、失业保险费	养老保险和医疗保险费
总计	3038.0	27303.2	6585.3	495.2	3556.8
一、住宿业	2067.2	-4775.8	953.4	463.6	2524.5
1. 按住宿行业小类分组					
旅游饭店	1179.2	-4429.5	868.7	114.7	2305.6
一般旅馆	549.9	93.3	83.4	346.9	207.5
其他住宿服务	338.1	-439.6	1.3	2.0	11.4
2. 按登记注册类型分组					
内资企业	1627.0	-5756.6	796.9	445.4	2179.5
国有企业	1016.7	-1269.7	439.9	414.3	1652.5
集体企业		-3.0	5.0		0.2
股份合作企业	12.8	193.4	48.3	2.1	0.5
有限责任公司	58.3	565.9	144.5	21.1	380.8
国有独资公司					
其他有限责任公司	58.3	565.9	144.5	21.1	380.8
股份有限公司	15.9	-3301.3	0.2	4.9	73.8
私营企业	523.3	-1941.9	159.0	3.0	71.7
私营独资企业					
私营合伙企业	0.1	13.5	11.6		4.6
私营有限责任公司	523.2	-1898.0	144.7	3.0	67.1
私营股份有限公司		-57.4	2.7		
港、澳、台商投资企业	10.7	839.0		8.3	150.4
合资经营企业(港或澳、台资)	10.7	839.0		8.3	150.4
外商投资企业	429.5	141.8	156.5	9.9	194.6
中外合资经营企业	49.5	-478.5		9.9	194.6
中外合作经营企业	380.0	620.3	156.5		
3. 按控股情况分组					
国有控股	1067.1	-720.7	488.2	430.3	1807.6
集体控股	9.7	-3.0	5.2	1.0	15.4
私人控股	529.5	-517.5	297.3	14.5	356.6
港澳台商控股	60.2	-458.5		9.9	194.6
外商控股	380.0	620.3	156.5		
其他	20.7	-3696.4	6.2	7.9	150.3
4. 按经营形式分组					
独立门店	2015.4	-4633.8	819.9	457.7	2448.1
其他	51.8	-142.0	133.5	5.9	76.4
5. 按星级分组					
五星	602.8	396.4	398.1	45.4	857.6
四星	72.8	-4330.6	105.0	34.2	607.0

法人企业财务状况(四)

单位:万元

住房公积金和住房补贴	本年应付工资总额	# 主营业务应付工资总额	本年应付福利费总额	# 主营业务应付福利费总额	全部从业人员年平均人数(人)	资产减值损失
1021.8	63555.4	58467.0	2797.1	1527.7	35838	2.3
729.5	27533.4	22853.7	1917.3	796.0	14381	2.3
677.6	23729.1	19104.3	1889.1	774.7	12153	2.3
51.9	2722.8	2667.9	28.2	21.3	1619	
	1081.5	1081.5			609	
729.5	25053.4	21443.5	1873.7	752.4	13396	2.3
626.5	10444.9	8512.9	714.0	289.2	5289	2.3
	476.8	476.8			552	
9.6	714.5	189.0			530	
53.9	5670.8	5373.5	935.8	352.9	2461	
53.9	5670.8	5373.5	935.8	352.9	2461	
33.5	1304.6	679.8	88.2		587	
6.0	6441.8	6211.5	135.7	110.3	3977	
	139.7	139.7			70	
	79.6	79.6			28	
6.0	5995.6	5765.3	135.7	110.3	3777	
	226.9	226.9			102	
	815.7	213.9			423	
	815.7	213.9			423	
	1664.3	1196.3	43.6	43.6	562	
	1270.9	802.9			382	
	393.4	393.4	43.6	43.6	180	
636.1	12658.2	10200.7	714.0	289.2	6308	2.3
24.5	781.9	500.8	27.3		632	
59.9	9155.9	8395.8	377.7	362.4	4956	
	1384.9	916.9			472	
	393.4	393.4	43.6	43.6	180	
9.0	3159.1	2446.1	754.7	100.8	1833	
697.5	23750.3	19683.4	1733.3	636.7	12279	2.3
32.0	3783.1	3170.3	184.0	159.3	2102	
215.6	7268.0	4681.6	928.4	121.6	2901	
159.8	5067.4	3501.5	173.3	84.8	2837	

13-6 续表 4-1

指　标	营业外收入	利润总额	应交所得税	劳动、失业保险费	养老保险和医疗保险费
三星	106.9	-614.2	232.0	38.5	662.7
二星	35.2	-844.6	22.0	1.7	159.0
其他	1249.5	617.2	196.3	343.8	238.2
二、餐饮业	**970.8**	**32079.0**	**5631.9**	**31.6**	**1032.3**
1. 按餐饮行业小类分组					
正餐服务	953.6	21340.1	2947.2	29.7	987.9
快餐服务	17.2	10738.9	2684.7	1.9	44.4
内资企业	521.3	19669.9	2930.4	27.8	717.1
国有企业	20.5	1611.2	166.4	13.9	286.5
股份合作企业	0.2	5.4	1.3		
有限责任公司	308.1	1806.0	111.2	6.4	182.6
国有独资公司					
其他有限责任公司	308.1	1806.0	111.2	6.4	182.6
股份有限公司	2.3	854.2	187.0	0.8	25.6
私营企业	185.2	14648.0	2235.6	6.2	209.6
私营独资企业	33.4	51.7	27.1		
私营有限责任公司	151.8	8366.8	1953.2	6.2	178.9
私营股份有限公司		6229.5	255.3		30.7
其他企业	5.0	745.1	228.9	0.5	12.8
港、澳、台商投资企业	6.4	849.6			245.9
合资经营企业(港或澳、台资)	3.9	107.4			
港、澳、台商独资经营企业	0.6	-20.2			
港、澳、台商投资股份有限公司	1.9	762.4			245.9
外商投资企业	443.1	11559.5	2701.5	3.8	69.3
中外合资经营企业	425.9	790.7		1.9	24.9
外资企业	17.2	10768.8	2701.5	1.9	44.4
3. 按控股情况分组					
国有控股	223.4	2134.8	167.1	20.3	345.4
集体控股		637.3	5.2		118.9
私人控股	159.3	15588.0	2203.6	6.2	217.6
港澳台商控股	0.6	-20.2			
外商控股	443.1	11559.5	2701.5	3.8	69.3
其他	144.4	2179.6	554.5	1.3	281.1
4. 按经营形式分组					
独立门店	857.1	18729.5	1823.0	25.0	895.0
连锁总店	46.1	11429.0	3089.7	2.7	59.7
连锁门店	37.3	20.1	11.3		
其他	30.3	1900.4	707.9	3.9	77.6

单位:万元

住房公积金和住房补贴	本年应付工资总额	# 主营业务应付工资总额	本年应付福利费总额	# 主营业务应付福利费总额	全部从业人员年平均人数（人）	资产减值损失
288.4	9275.9	8856.3	472.9	268.0	5054	2.3
8.5	2234.9	2182.0	28.4	14.2	1625	
57.2	3687.2	3632.3	314.3	307.4	1964	
292.3	36022.0	35613.3	879.8	731.7	21457	
76.9	34896.0	34487.3	879.8	731.7	21035	
215.4	1126.0	1126.0			422	
70.5	31584.9	31300.5	836.2	688.5	19318	
31.9	2600.5	2586.5	153.9	139.9	1932	
	420.0	420.0			316	
29.0	5616.5	5616.5	62.6	54.9	2879	
29.0	5616.5	5616.5	62.6	54.9	2879	
	1485.9	1442.5	54.3	43.7	733	
9.6	19313.9	19086.9	518.6	403.2	11846	
	690.3	690.3	1.0	1.0	573	
9.6	17189.5	16962.5	517.6	402.2	10563	
	1434.1	1434.1			710	
	2148.1	2148.1	46.8	46.8	1612	
	2011.6	1887.3	43.6	43.2	930	
	631.5	631.5	39.8	39.8	312	
	277.4	277.4			214	
	1102.7	978.4	3.8	3.4	404	
221.8	2425.5	2425.5			1209	
6.4	1041.8	1041.8			707	
215.4	1383.7	1383.7			502	
60.9	4823.5	4809.5	162.9	148.9	2765	
	611.2	611.2			387	
9.6	21973.6	21703.2	585.0	451.3	13426	
	277.4	277.4			214	
221.8	2425.5	2425.5			1209	
	5910.8	5786.5	131.9	131.5	3456	
61.3	23754.1	23554.4	583.4	487.4	13744	
215.4	4142.5	4142.5			3224	
	751.2	751.2	44.6	44.6	388	
15.6	7374.2	7165.2	251.8		4101	

13-7 对外贸易进出口情况(海关数)

单位:万美元

指　标	2010	2009	比2009年增长(%)
地区进出口总额	791250	591231	33.8
出口总额	313841	194425	61.4
进口总额	477409	396806	20.3

注:地区外贸进出口总额为不含阳城电厂口径。

13-8 三资企业情况

指　标	单　位	2010	2009	比2009年增长(%)
年内新批三资企业	个	19	25	-24.0
总投资额	万美元	111930	77855	43.8
合同外资额	万美元	68955	27633	149.5
直接到位外资额	万美元	28343	26163	8.3

13-9 旅游人数及收入

指 标	2010	2009
一、海外旅游人数（人次）	283194	225446
外国人	197616	158412
香港同胞	49466	38905
澳门同胞	6028	5057
台湾同胞	30084	23072
二、国内旅游人数（万人次）	1994.53	1865.20
三、旅游外汇收入（万美元）	16376.56	13384.00
四、国内旅游收入（亿元）	219.27	186.00

13-10 出境旅游人数

单位:人次

指　标	2010
出境旅游人数	41094
# 出国游	15845
香港游	17882
澳门游	1352
台湾游	6015
首站前往国家	
日本	2106
泰国	2350
韩国	3720
德国	946
澳大利亚	482
新加坡	499
马来西亚	302
印度尼西亚	188
法国	500
其他	4752

第十四篇

财政、金融、税务和保险

CAIZHENGJINRONGSHUIWUHEBAOXIAN

资料整理、审核

师　超　　李红令

陶姝钰　　郑慧华

14-1 财政一般预算收入

单位：万元

指 标	2010	2009
收入合计	1384809	1175322
增值税	208400	197018
营业税	373516	266169
企业所得税	164691	136181
个人所得税	56221	48590
资源税	17226	19713
城市维护建设税	107934	109461
房产税	46681	41994
印花税	36655	29155
城镇土地使用税	35118	41809
土地增值税	12175	7154
车船税	15420	8671
耕地占用税	3787	3319
契税	37670	25792
国有资本经营收入	-3542	-7030
国有资源（资产）有偿使用收入	32700	10679
行政事业性收费收入	79676	80223
罚没收入	49358	57663
专项收入	107890	94722
其他收入	3233	4039

14-2 财政一般预算支出

单位:万元

指标	2010	2009
支出合计	1896358	1599051
一般公共服务	197546	185512
公共安全	155123	121589
教育	359491	287394
科学技术	47015	37219
文化体育与传媒	25122	24119
社会保障和就业	296215	321352
医疗卫生	101174	102674
环境保护	82217	51797
城乡社区事务	268875	217965
农林水事务	88095	72661
交通运输	44624	20152
采掘电力信息等事务	44968	23957
粮油物资储备管理等事务	7848	13286
金融监管支出	12489	51705
地震灾后恢复重建支出	8301	11692
国债还本付息支出	14880	1684
其他支出	142375	54293

14-3 财政收入分级情况

单位：万元

指 标	全 市	市 级	县 区
财政总收入合计			
增值税	208400	111199	97201
营业税	373516	150028	223488
企业所得税	164691	130020	34671
个人所得税	56221	37701	18520
资源税	17226	10411	6815
城市维护建设税	107934	60581	47353
房产税	46681	26014	20667
印花税	36655	19538	17117
城镇土地使用税	35118	16807	18311
土地增值税	12175	3415	8760
车船税	15420	241	15179
耕地占用税	3787		3787
契税	37670	30682	6988
国有资本经营收入	-3542	-7442	3900
国有资源（资产）有偿使用收入	32700	13978	18722
行政事业性收费收入	79676	49690	29986
罚没收入	49358	24436	24922
专项收入	107890	51739	56151
其他收入	3233	2225	1008
一般预算收入小计	**1384809**	**731263**	**653546**

14-4 财政支出分级情况

单位:万元

指 标	全 市	市 级	县 区
支出合计	1896358	905476	990882
一般公共服务	197546	65351	132195
公共安全	155123	116542	38581
教育	359491	142265	217226
科学技术	47015	17169	29846
文化体育与传媒	25122	19321	5801
社会保障和就业	296215	140917	155298
医疗卫生	101174	45629	55545
环境保护	82217	59575	22642
城乡社区事务	268875	117675	151200
农林水事务	88095	15110	72985
交通运输	44624	27839	16785
采掘电力信息等事务	44968	33655	11313
粮油物资储备管理等事务	7848	6684	1164
金融监管支出	12489	10039	2450
地震灾后恢复重建支出	8301	4708	3593
国债还本付息支出	14880	704	14176
其他支出	17021	7362	9659

14-5　金融机构(含外资)本外币信贷收支

单位:万元

指　标	年末余额
资金来源	
一、各项存款	70080844
1. 企事业单位存款	25828864
(1) 活期存款	18128482
(2) 定期存款	7700382
2. 储蓄存款	24127366
(1) 活期储蓄	8235155
(2) 定期储蓄	15892211
3. 委托存款	1415422
4. 其他存款	18711193
二、所有者权益	1549149
# 实收资本	560151
三、其他	-18331395
资金运用	
一、各项贷款	51251042
1. 短期贷款	13483014
2. 中长期贷款	35326796
3. 委托贷款	533900
4. 其他贷款	576099
5. 票据融资	1303683
6. 各项垫款	27550
二、有价证券及投资	2049556

14-6 金融机构(含外资)人民币信贷收支

单位:万元

指　标	年末余额
资金来源	
一、各项存款	69651916
1. 企业存款	25683831
(1) 活期存款	17990550
(2) 定期存款	7693280
2. 财政存款	3692989
3. 机关团体存款	8576164
4. 储蓄存款	23867861
(1) 活期储蓄	8171630
(2) 定期储蓄	15696231
5. 农业存款	752440
6. 委托存款	1404787
7. 其他存款	5673844
二、金融债券	30
三、应付及暂收款	1125388
四、同业往来（来源方）	1477558
五、各项准备	983392
六、所有者权益	1531352
# 实收资本	555184
七、其他	-4937285
资金运用	
一、各项贷款	50547492
1. 短期贷款	13471267
(1) 个人贷款及透支	766048

14-6 续表 1-1

单位:万元

指　标	年末余额
(2) 单位普通贷款及透支	11890964
(3) 普通并购贷款	220000
(4) 银团贷款	45050
(5) 贸易融资	549205
2. 中长期贷款	35113551
(1) 个人贷款及透支	2023234
(2) 单位普通贷款及透支	28372475
(3) 普通并购贷款	280505
(4) 银团贷款	4437337
3. 融资租赁	97724
4. 委托贷款	533900
5. 票据融资	1303683
6. 各项垫款	27367
二、有价证券及投资	2049556
三、应收及预付款	410930
四、同业往来(运用方)	6124
五、行内资金往来（运用方）	16007805
六、外汇占款	–530
七、固定资产	557317
八、库存现金	252329
九、投资性房地产	1326

14-7 金融机构现金收支

单位:万元

指 标	2010
一、现金收入合计	60520545
1. 商品销售收入	4485592
2. 服务业收入	1522613
3. 行政税费收入	374043
4. 城乡个体经营收入	648610
5. 储蓄存款收入	43723831
6. 其他金融机构收入	103131
7. 居民归还贷款收入	159097
8. 汇兑收入	470596
9. 有价证券及其他投资性收入	104064
10. 其他收入	8928968
二、现金支出合计	58711575
1. 工资性支出	4082031
2. 农副产品采购支出	399854
3. 工矿及其他产品采购支出	246290
4. 行政企事业管理费支出	2054293
5. 城乡个体经营支出	1302699
6. 储蓄存款支出	422559722
7. 其他金融机构支出	101522
8. 居民提取贷款支出	41435
9. 汇兑支出	252227
10. 有价证券及其他投资性支出	302915
11. 其他支出	7368588

14-8 国税系统税收入库情况

单位:万元

指标	2010	2009
合计	1810870	1607231
一、按税种分		
国内增值税	1203876	1136315
国内消费税	115078	93845
企业所得税	373283	281997
储蓄利息个人所得税	3830	12945
车辆购置税	114803	82129
二、按经济类型分		
国有企业	169263	64568
集体企业	21158	16776
股份公司	977888	832559
私营企业	269588	270145
外商投资企业	227513	211949
个体	36501	24327

14-9 国税系统县(市、区)税收入库情况

单位:万元

指 标	2010	2009
合 计	**1810870**	**1607231**
市直分局	917416	853312
高 新 区	151317	117599
经 济 区	84379	63206
民 营 区	20557	14716
小 店 区	122940	94339
迎 泽 区	84497	77945
杏花岭区	105880	75791
尖草坪区	42224	44477
万柏林区	43686	34844
晋 源 区	45587	36681
古 交 市	61408	67641
清 徐 县	87560	85589
阳 曲 县	12502	14234
娄 烦 县	30917	26857

14-10 地税系统(分税种)税收

单位:万元

指 标	2010	2009
合 计	1047141	848811
营业税	477747	345041
企业所得税	112729	107648
个人所得税	177175	142445
资源税	10669	11798
城市维护建设税	96569	102241
房产税	41025	35758
印花税	34046	26022
城镇土地使用税	32334	38171
土地增值税	11238	6675
车船使用税	15363	8502
耕地占用税	2648	1225
契税	35598	23285

14-11 地税系统(分企业)税收

单位:万元

指 标	2010	2009
合 计	1047141	848811
国有企业	182621	134220
集体企业	29024	21504
股份合作企业	1216	1919
联营企业	471	401
股份有限公司	656034	537624
私营企业	48763	40648
其他企业	59311	46009
个体	37806	30032
港澳台投资企业	5080	4792
外商投资企业	26815	31662

14-12 地税系统县(市、区)税收

单位:万元

指 标	2010	2009
合 计	**1047141**	**848811**
市直分局	489340	403356
不锈钢分局	7001	
迎 泽 区	99495	84358
杏花岭区	92490	75300
万柏林区	64196	50603
小 店 区	114001	91002
尖草坪区	37267	32300
晋 源 区	15000	9810
古 交 市	43991	38276
清 徐 县	30300	27078
阳 曲 县	18224	12156
娄 烦 县	16829	14571
民 营 区	19007	10001

14-13 保险事业基本情况

单位:万元

项目	原保险保费收入		赔付支出	
	金额	增长(%)	金额	增长(%)
合 计	**857966.98**	**23.8**	**169350.67**	**-3.2**
国寿股份	178442.17	11.0	32634.38	-12.9
国寿存续	8703.31	-1.4	9187.14	-8.6
太保寿险	55569.39	2.8	13223.90	-4.7
平安人寿	103960.73	18.1	6354.31	-45.9
新华人寿	61662.33	12.2	3903.63	-23.7
泰康人寿	101676.54	38.5	5816.74	72.3
太平人寿	21733.05	33.0	721.15	767.5
人保寿险	53999.02	58.2	354.33	-96.4
嘉禾人寿	11155.26	25.7	79.76	-26.4
人保健康	5983.81	-50.0	4918.79	331.5
合众人寿	8545.57	115.7	78.30	394.2
英大人寿	18252.01	32.3	1039.61	303.3
民生人寿	3503.73	216.0	6.66	411.5
平安养老	3919.04	353.2	813.04	1312.0
中国人保	70109.34	30.4	32899.08	-4.1
太保产险	29330.73	51.0	9421.21	61.6
永安公司	7904.24	-22.5	4921.24	-36.0
平安产险	34348.21	39.7	13386.27	68.1
天安产险	1683.30	58.9	1044.18	60.5
大地产险	10932.87	11.4	4731.61	-6.1
太平保险	6605.27	81.3	1516.71	11.6
华安产险	3495.99	100.7	1010.57	259.7
安邦保险	547.66	-18.9	433.66	-35.5
永诚保险	10409.64	12.5	5162.28	-3.8
阳光产险	6843.95	15.2	2936.70	62.8
国寿产险	21583.86	36.9	8980.00	4.8
渤海保险	-1.17	-100.7	132.29	-71.3
都邦保险	2715.69	17.6	818.41	10.9
华泰保险	8315.03	70.0	2112.48	87.1
出口信用	1357.23		712.22	
阳光人寿	7653.36			

14–14 上市公司主要经济指标

指　标	营业收入（万元）	净利润（万元）	每股收益（元）	总股本（万元）	每股净资产（元）	每股经营现金流（元）	净资产收益率（%）
合　计	17440624.06	515856.90	0.29	1774915.38	3.18	0.80	9.2
太原刚玉	74095.54	1007.86	0.04	27680.00	0.89	–0.41	4.2
煤气化	352343.77	23487.17	0.46	51374.70	5.71	0.20	8.0
西山煤电	1694235.32	264437.01	0.84	315120.00	4.01	1.07	23.4
太原重工	965373.60	65177.59	0.91	80798.50	6.64	0.60	19.3
ST 天龙	3890.64	–639.35	–0.04	14460.42	–1.22	0.04	–3.6
太工天成	36615.87	–8819.14	–0.56	15660.00	2.59	0.29	–3.8
晋西车轴	173709.09	4370.68	0.14	30223.80	4.60	0.30	3.2
通宝能源	211889.54	3099.27	0.04	87294.10	1.93	0.61	1.9
太钢不锈	8719780.00	137231.12	0.24	569624.78	3.84	0.74	2.0
狮头股份	44611.58	118.28	0.01	23000.00	3.82	–0.05	0.1
漳泽电力	424827.85	–74921.65	–0.57	132372.50	1.14	–0.10	–39.8
太化股份	311015.68	–22310.73	–0.34	51440.20	1.63	0.27	–7.4
美锦能源	136785.21	851.74	0.06	13959.92	3.22	0.34	1.1
山煤国际	3864417.54	75576.54	1.01	75000.00	4.33	1.49	26.2
山西三维	278452.64	3338.34	0.07	46926.46	4.65	–0.14	0.1

第十五篇

科教、文卫、体育和民政

KEJIAOWENWEITIYUHEMINZHENG

资料整理、审核

王翠莲　　宋　薇　　刘红芳

15-1 规模以上工业企业R&D人员情况

指 标	企业数（个）	R&D人员合计（人）	#1. 参加项目人员	2. 管理和服务人员	#女性	#研究人员
总 计	480	13138	11948	1190	2396	6167
一、按企业规模分组						
大中型企业	110	12471	11356	1115	2246	5877
大型企业	23	11468	10474	994	1959	5465
中型企业	87	1003	882	121	287	412
小型企业	370	667	592	75	150	290
二、按登记注册类型分组						
内资企业	451	12880	11691	1189	2396	6164
港、澳、台商投资企业	5					
外商投资企业	24	258	257	1		3
三、按国民经济行业分组						
采矿业	43	4509	4414	95	320	2147
制造业	429	8582	7490	1092	2073	4002
电力、燃气及水的生产和供应业	8	47	44	3	3	18
四、按隶属关系分组						
中央	25	1834	1582	252	579	1314
地方	455	11304	10366	938	1817	4853

15-1 续表 1-1

指　标	#1. 全时人员	2. 非全时人员	R&D 人员折合全时当量合计(人年)	# 研究人员	# 应用研究人员	试验发展人员
总　计	6120	7018	10957.5	5227.8	539.2	10418.3
一、按企业规模分组						
大中型企业	5656	6815	10550.0	5080.0	494.0	10056.0
大型企业	5131	6337	9893.7	4760.4	485.5	9408.2
中型企业	525	478	656.3	320.1	8.4	647.9
小型企业	464	203	407.5	147.3	45.3	362.2
二、按登记注册类型分组						
内资企业	6022	6858	10807.6	5226.8	539.2	10268.4
港、澳、台商投资企业						
外商投资企业	98	160	149.9	1.0		149.9
三、按国民经济行业分组						
采矿业	979	3530	3681.6	1750.0	6.0	3675.6
制造业	5135	3447	7238.3	3463.3	533.2	6705.1
电力、燃气及水的生产和供应业	6	41	37.6	14.4		37.6
四、按隶属关系分组						
中央	1217	617	1755.7	1260.3	108.4	1647.3
地方	4903	6401	9201.8	3967.5	430.8	8771.0

15-2 规模以上工业企业R&D经费支出

单位:万元

指　标	R&D经费内部支出合计	(一)按活动类型分组		(二)按支出用途分组				
		应用研究支出	试验发展支出	1.经常费支出	#人员劳务费	2.资产性支出	#①土建工程	②仪器设备
总　计	344668.0	58949.3	285718.7	274549.5	33078.7	70118.5	4490.9	65627.6
一、按企业规模分组								
大中型企业	336043.4	58036.2	278007.2	267069.2	31033.2	68974.2	4444.9	64529.3
大型企业	318992.8	56854.9	262137.9	254966.4	27635.3	64026.4	4377.0	59649.4
中型企业	17050.6	1181.3	15869.3	12102.8	3397.9	4947.8	67.9	4879.9
小型企业	8624.6	913.1	7711.5	7480.3	2045.5	1144.3	46.0	1098.3
二、按登记注册类型分组								
内资企业	342360.9	58949.3	283411.6	272242.4	32288.0	70118.5	4490.9	65627.6
外商投资企业	1393.2		1393.2	1393.2	459.8			
三、按国民经济行业分组								
采矿业	22352.9	634.0	21718.9	21492.3	5894.7	860.6	56.2	804.4
制造业	322160.3	58315.3	263845.0	252902.4	27030.0	69257.9	4434.7	64823.2
四、按隶属关系分组								
中央	65913.4	3126.0	62787.4	54144.7	6875.5	11768.7	307.1	11461.6
地方	278754.6	55823.3	222931.3	220404.8	26203.2	58349.8	4183.8	54166.0

15-2 续表 1-1

单位:万元

指 标	(三)按资金来源分组			R&D 经费外部支出	对境内研究机构支出	对境内高等学校支出	对境外支出
	政府资金	企业资金	其他资金				
总 计	10658.9	333578.9	430.2	3847.7	1729.3	1733.6	8.5
一、按企业规模分组							
大中型企业	9735.9	325902.8	404.7	3674.9	1668.4	1622.2	8.0
大型企业	9577.9	309010.2	404.7	3511.1	1589.1	1537.7	8.0
中型企业	158.0	16892.6		163.8	79.3	84.5	
小型企业	923.0	7676.1	25.5	172.8	60.9	111.4	0.5
二、按登记注册类型分组							
内资企业	10658.9	331271.8	430.2	3847.7	1729.3	1733.6	8.5
外商投资企业		2307.1					
三、按国民经济行业分组							
采矿业	65.3	22287.6		1445.3	830.7	614.6	
制造业	10593.6	311213.9	352.8	2402.4	898.6	1119.0	8.5
四、按隶属关系分组							
中央	8943.0	56893.0	77.4	1330.6	316.2	638.3	
地方	1715.9	276685.9	352.8	2517.1	1413.1	1095.3	8.5

15-3 各级各类学校基本情况

单位：人

指　标	学校数（所）	在校学生数	招生数	毕业生数	教职工数	#专任老师数
高等教育	53	442945	147661	129311	37385	23229
研究生教育		19832	6761	5097		
普通高等教育	42	329712	105520	97398	33562	20912
成人高等教育	11	93401	35380	26816	2361	1595
中等职业教育	61	164858	76897	54277	6536	3981
中等技术教育	30	76540	25608	26875	3814	2266
成人中等专业教育	12	46411	27391	20803	1654	867
职业高中学校	19	41907	23898	6599	1068	848
技工学校	46	38567	14264	15224	2099	1694
普通中学	230	239953	78036	71310	21082	17134
高中	88	82252	28032	24950		5868
初中	142	157701	50004	46360		11266
小学	607	267325	42150	52792	18967	17079
幼儿园	784	95352	37656	30919	10684	6436
特殊教育	5	992	160	164	243	197
工读学校	1	83	347	76	79	63

另：高等教育中有民办高等教育机构 40 个，教职工 1462 人，专任教师 722 人。

15-4 研究生基本情况

单位：人

指　标	在校学生数	招生数	毕业生数
总　计	19832	6761	5097
山西大学	4828	1656	1251
太原科技大学	1346	458	289
中北大学	2749	883	651
太原理工大学	4895	1617	1257
山西医科大学	3257	1024	971
山西财经大学	2523	1026	625
山西中医学院	98	49	
中国辐射防护研究院	33	14	12
中国日化工业研究院	36	12	12
山西省中医药研究院	67	22	29

15-5 普通高等教育基本情况

单位：人

指 标	学校数（所）	在校学生数	招 生 数	毕业生数	教职工数	# 专任教师数
总 计	42	329712	105520	97398	33562	20912
本科院校	9	139159	38274	38469	19151	10865
山西大学	1	18255	5082	4269	3639	1987
太原科技大学	1	12824	3361	3895	1666	1043
中北大学	1	25970	7250	8944	2713	1747
太原理工大学	1	22871	6449	7230	4219	2095
山西医科大学	1	18078	4577	6209	2075	1221
太原师范学院	1	14015	3796	3117	1733	830
山西财经大学	1	10432	2538	2400	1845	1059
山西中医学院	1	6143	1453	1645	593	424
太原工业学院	1	10571	3768	760	668	459
专科院校	27	121197	46616	43098	10663	7193
太原电力高等专科学校	1	3620	1819	1042	386	183
太原大学	1	10115	4206	4535	1158	787
山西省财政税务专科学校	1	4554	1811	1738	384	236
山西警官高等专科学校	1	4726	1575	2444	578	331
山西艺术职业学院	1	1886	696	470	310	185
山西建筑职业技术学院	1	7437	2835	2910	499	372
山西生物应用职业技术学院	1	4365	1620	1739	308	201
山西工程职业技术学院	1	6187	2345	1882	373	247
山西交通职业技术学院	1	3920	1468	1245	304	230
山西兴华职业学院	1	4781	1692	1497	312	195
山西戏剧职业学院	1	1150	373	487	269	142
山西财贸职业技术学院	1	4490	1580	1620	222	175
山西林业职业技术学院	1	5034	1752	1563	304	206
山西综合职业技术学院	1	8949	3461	4577	880	738
山西煤炭职业技术学院	1	5764	2344	2757	384	274
山西金融职业学院	1	3485	1174	1225	222	162
太原城市职业技术学院	1	4169	1694	1987	383	244

15-5 续表 1-1

单位:人

指　标	学校数（所）	在校学生数	招 生 数	毕业生数	教职工数	# 专任教师数
山西工商职业学院	1	7165	2431	1783	706	423
山西体育职业学院	1	1577	737	670	204	138
山西警官职业学院	1	2329	907	977	280	160
山西国际商务职业学院	1	1841	738	598	146	103
太原旅游职业学院	1	3710	1480	1266	376	278
山西旅游职业学院	1	5579	2177	1334	322	248
山西电力职业技术学院	1	6002	2013	1606	535	374
山西老区职业技术学院	1	2525	917	341	229	177
山西经贸职业学院	1	3700	1495	805	375	245
山西轻工职业技术学院	1	2137	1276		214	139
独立学院	**6**	**54825**	**15446**	**10789**	**3748**	**2854**
山西大学商务学院	1	13715	3638	3123	1076	763
太原理工大学现代科技学院	1	9749	3485	1930	703	546
中北大学信息商务学院	1	11843	3440	1697	456	430
太原科技大学华科学院	1	7991	1985	1483	510	455
山西医科大学晋祠学院	1	3657	791	888	489	260
山西财经大学华商学院	1	7870	2107	1668	514	400
其他学院		**14531**	**5184**	**5042**		
广播电影电视管理干部学院		4716	1630	1195		
山西职工医学院		2303	741	996		
山西兵器工业职工大学				197		
山西省广播电视大学				100		
山西煤炭管理干部学院		3049	1170	1228		
山西青年管理干部学院		2377	793	746		
山西政法管理干部学院		2086	850	580		

15-6　成人高等教育基本情况

单位：人

指　标	学校数（所）	在校学生数	招生数	毕业生数	教职工数	#专任教师数
总　计	11	93401	35380	26816	2361	1595
山西大学		13082	4626	5132		
太原科技大学		8968	3752	1686		
中北大学		4127	1538	957		
太原理工大学		20705	8527	4878		
山西医科大学		6890	2672	2519		
太原师范学院		4641	1728	1791		
山西财经大学		9248	2686	2268		
太原电力高等专科学校		887	132	159		
山西中医学院		2403	807	924		
太原大学		7		11		
山西省财政税务专科学校		940	210	303		
山西警官高等专科学校		280	140	67		
山西艺术职业学院		36	6	34		
山西建筑职业技术学院		202	52	44		
山西工程职业技术学院				64		
山西兴华职业学院		42	31	15		
山西戏剧职业学院		158	13	24		

15-6 续表 1-1

单位:人

指　标	学校数(所)	在校学生数	招生数	毕业生数	教职工数	#专任教师数
山西林业职业技术学院		69	27	12		
太原城市职业技术学院		176	76	55		
山西工商职业学院		1889	566			
山西旅游职业学院		63	52			
太原工业学院		2738	1379	631		
山西经贸职业学院		372	14	428		
广播电影电视管理干部学院	1	74	33	48	368	314
太原化学工业集团有限公司职工大学	1	722	216	119	60	42
山西机电职工学院	1	943	232	347	249	137
太原钢铁(集团)有限公司职工钢铁学院	1	707	178	258	94	44
山西职工医学院	1	3470	1401	1458	371	231
山西兵器工业职工大学	1	678	411	182	243	167
山西省职工工艺美术学院	1	625	344	69	70	45
山西省广播电视大学	1	1884	664	705	231	121
山西煤炭管理干部学院	1	5836	2559	1466	287	203
山西青年管理干部学院	1	492	285	131	178	126
山西政法管理干部学院	1	47	23	31	210	165

15-7 中等职业教育基本情况

单位:人

指　标	学校数（所）	在校学生数	招生数	毕业生数	教职工数	# 专任教师
总　计	61	164858	76897	54277	6536	3981
一、中等技术教育	30	76540	25608	26875	3814	2266
太原城市职业技术学院—中专部		236	30	386		
太原大学外语师范学院—中专部		1513	527	363		
山西省经贸学校	1	2309	764	618	109	52
太原铁路机械学校	1	5592	1794	1678	302	167
山西省邮电学校	1				78	34
山西煤炭职业技术学院—中专部		123	70			
山西建筑职业技术学院—中专部		613		926		
山西交通职业技术学院—中专部		818	299	387		
山西广播电视学校	1	281	201	147	71	30
山西职业技术学院—中专部		1804	513	1639		
山西生物应用职业技术学院—中专部		482	182	235		
太原市卫生学校	1	3476	1177	1379	141	99
山西省特殊教育中等专业学校	1	462	137	115	75	23
山西财贸职业技术学院—中专部		28		87		
山西旅游职业学院—中专部		195	35	75		
山西省商务学校	1	1247	448	425	182	74
太原市财贸学校	1	1285	367	676	123	94
山西省工业管理学校	1	4199	1590	1211		
山西省司法学校	1	2353	1085	966	136	76
山西省体育职业学院—中专部		835	395	242		
山西工商职业学院—中专部		155	155	341		
山西省政法管理干部学院—中专部		249	155	220		
山西税务学校	1				75	48
山西省建筑工程技术学校	1	3514	1362	463	113	68

15-7 续表 1-1

单位：人

指　标	学校数（所）	在校学生数	招生数	毕业生数	教职工数	# 专任教师
太原旅游职业学院—中专部		1309	426	835		
山西兴华职业学院—中专部		571	24	418		
山西国际商务职业学院—中专部		87	50	63		
山西省中医学校	1	1679	555	644		
山西省贸易学校	1	4307	1583	1392	146	88
山西省物流技术学校	1	361	25	169	131	77
太原市文化艺术学校	1	762	270	125	128	95
山西艺术职业学院—中专部		649		252		
山西艺术职业学院附属中等学校		263	263			
太原广播电视中等专业学校		267	75	164		
太原市体育运动学校	1	388	120	139	97	43
山西戏剧职业学院—中专部		799	215	406		
太原市财政金融学校	1	1179	575		240	196
山西兵器工业职工大学—中专部		242	54			
山西农业广播电视学校—中专部		219	104			
山西轻工职业技术学院—中专部		60		51		
太原市交通学校	1	2279	547	719	169	108
山西省现代经贸学校	1	1660	472	245	36	19
山西省城乡建设学校	1	4981	1710	1221	125	58
山西金融职业学院—中专部		93	26			
山西林业职业技术学院—中专部		35		40		
山西老区职业技术学院—中专部		302	34	303		
山西省畜牧兽医学校	1	839	271	337	158	86
山西警官高等专科学校—中专部		240				
山西省人民武装学校	1					
山西省应用技术学校	1	887	270	297	93	40

15-7 续表 1-2

单位:人

指　标	学校数（所）	在校学生数	招生数	毕业生数	教职工数	# 专任教师
山西省大众传媒学校	1	250	36	344	33	21
山西煤炭职工联合大学太原分校—中专部		693	171	414		
山西省好艺中等专业学校	1	1179	447	367	63	45
山西广播电视大学—中专部		953	360	139		
太原生态工程学校	1	971	491	533	216	132
山西省四方中等技术学校	1	4061	1098	750	172	102
山西省工贸学校	1	4019	1213	1350	146	115
太原幼儿师范学校	1	8187	2837	2579	456	276
二、成人中等专业教育	**12**	**46411**	**27391**	**20803**	**1654**	**867**
太原铁路机械学校—成人中专全日制		950	264	703		
太原市小店区教师进修学校	1				40	26
山西省煤炭职业中等专业学校	1	15000	15000	14963	118	27
太原市迎泽区教师进修学校	1				11	9
太原广播电视中等专业学校	1				82	45
太原市杏花岭区教师进修学校	1				22	20
山西省农业广播电视学校	1	30461	12127	5137	1238	622
太原市尖草坪区教师进修学校	1				22	19
太原市万柏林区教师进修学校	1				16	13
清徐县教师进修学校	1				26	22
阳曲县教师进修学校	1				28	20
娄烦县教师进修学校	1				27	26
古交市教师进修学校	1				24	18
三、职业高中教育	**19**	**41907**	**23898**	**6599**	**1068**	**848**
太原市综合高级中学		1696	543	461		

15-7 续表 1-3

单位:人

指　标	学校数（所）	在校学生数	招生数	毕业生数	教职工数	# 专任教师
太原市小店区第一高级职业中学	1	1210	635	243	51	46
太原风潮文化艺术学校				43		
太原现代美术职业学校				109		
山西大昌汽车专业学校	1	2151	1017		66	44
太原市盲人职业高中(班)	1	28	10	12	3	3
太原第七职业中学	1	1060	327	518	102	85
太原大学附属职业中学	1	420	136	84	56	46
太原市商贸经济职业中专学校	1	320				
太原市第八职业中学	1	1526	531	527	89	61
太原市财政金融学校	1	1931	208	577		
太原广播电视大学附中职高班		227	98	106		
太原市杏花岭区中等职业技术学校	1	425	207		33	30
山西长安综合高级中学职高班		244	35	36		
山西省农业广播电视学校职高班		5650	5650			
太原市第四职业中学	1	519	154	161	79	63
太原市尖草坪区第一职业中学	1	2568	1205	1098	101	96
太原市第十职业中学	1	650	141	240	33	27
太原市第五职业中学	1	1423	759	248	100	68
太原生态工程学校职高班		14056	10000			
太原市信息技术学校	1	1559	698	921	49	49
太原市晋源区高级职业中学	1	309	38		15	5
太原市口腔卫生学校	1	662		375	75	48
清徐县职业教育中心	1	1689	712	448	104	93
阳曲县高级职业中学	1	1222	634	277	61	49
古交市职业中学	1	362	160	115	51	35

15-8 技工学校基本情况

单位:人

指 标	在校学生数	招生数	毕业生数	教职工数	# 专任教师
总 计	**38567**	**14264**	**15224**	**2099**	**1694**
山西省民爆技工学校				58	58
新华化工有限责任公司技工学校	120		11	16	7
山西汾西重工有限责任公司技工学校				5	5
晋西机器工业集团有限责任公司技工学校	242	65	118	49	36
山西冶金高级技工学校	8165	3470	4038	183	142
山西省水利技工学校	285	135	140	28	21
山西省商业技工学校	346			30	24
山西五一技工学校	395			22	16
山西电子高级技工学校	1630	348	1615	167	147
山西矿机技工学校	420	119	124	18	14
山西机械高级技工学校	5136	1472	2285	214	165
山西纺织印染技校	104	39	87	16	13
山西盛世餐饮旅游技校	396	198	18	36	9
太原化肥厂技工学校	403	198	18	21	9
山西普华技工学校				6	6
山西三飞技工学校	723	395	311	27	21
山西省劳动保障技术学校	1720	441	1034	44	44
太原市高级技工学校	4666	2132	1600	157	157
山西省林业技工学校	200	65		69	40
太原市粮食技工学校	1323	472	600	56	27
太原塑料工业技工学校	129	31	34	20	20
山西老区医学院技工部					42

注:慈善学校是新成立的。

15-8 续表 1-1

单位:人

指　标	在校学生数	招 生 数	毕业生数	教职工数	# 专任教师
山西省工业管理学校技工部				54	28
山西烹饪技工学校	493	195	176	5	5
西山煤电(集团)有限责任公司技工学校	1600	270	98	84	84
山西省冶金建筑技工学校				11	11
山西国防军星技工学校	724	224	397	28	28
山西工业造型设计技工学校	2087	637	576	54	33
山西通用技术学校	842	512	314	22	16
江阳化工厂技工学校	45	45	62	18	18
山西省建筑安装技工学校	2240	1422	119	68	68
山西省东华技工学校				37	37
太原化工技校				20	20
山西晋阳技工学校	525	184		27	27
太原煤炭气化(集团)有限责任公司技工学校	831	387	323	36	32
山西省现代人力技工学校	421		95	12	12
山西光彩惠民机电技工学校	381	246	260	32	32
山西省城乡建设职工中等专业学校技工部				110	71
山西新华印刷技工学校	334	116	64	12	12
山西经济专修学院技工部				17	6
山西省劳动技术学校	964	393	707	51	51
山西康华医学专修学校技工部				12	12
山西新世纪晋直技工学校				20	15
山西现代经贸技工学校	677	53		53	53
山西高新技工学校					
太原市慈善技工学校					

15-9 普通中学

指 标	学校数（所）	班数（个）			在校学生数		
			高 中	初 中		高 中	初 中
总 计	230	4745	1648	3097	239953	82252	157701
#教育部门和集体办	181	3744	1175	2569	189438	58927	130511
社会力量办	47	982	464	518	49892	22980	26912
其它部门办	2	19	9	10	623	345	278
在总计中:城市	136	3176	1379	1797	157250	68376	88874
县镇	30	766	231	535	42518	12008	30510
农村	64	803	38	765	40185	1868	38317
在总计中:清徐县	21	488	131	357	26639	6897	19742
阳曲县	14	178	40	138	8688	1819	6869
娄烦县	10	136	30	106	7588	1704	5884
古交市	20	329	72	257	15860	3514	12346
迎泽区	21	625	243	382	33702	12956	20746
杏花岭区	41	839	319	520	39974	15281	24693
万柏林区	30	633	246	387	30805	12062	18743
小店区	40	823	308	515	41377	14938	26439
尖草坪区	22	414	172	242	19775	8422	11353
晋源区	11	280	87	193	15545	4659	10886

基本情况

单位：人

招生数			毕业生数			教职工数		代课教师	兼任教师
	高中	初中		高中	初中		# 专任教师		
78036	28032	50004	71310	24950	46360	21082	17134	375	85
60461	19517	40944	57085	19140	37945	17512	14620	312	14
17381	8410	8971	13797	5598	8199	3487	2437	63	71
194	105	89	428	212	216	83	77		
51940	23293	28647	47192	20607	26585	14381	11202	131	85
14010	4089	9921	12366	3789	8577	3207	2746	123	
12086	650	11436	11752	554	11198	3494	3186	121	
8664	2407	6257	7598	2068	5530	2017	1753		
2663	561	2102	2827	548	2279	661	557		
2492	595	1897	2620	530	2090	687	590		
5206	1175	4031	5134	1255	3879	1503	1261	107	
11102	4557	6545	10461	3967	6494	2667	2075	7	13
13260	5338	7922	11884	4661	7223	3610	2784	93	23
10275	4096	6179	9213	3468	5745	3098	2539	22	49
12413	4682	7731	12274	4748	7526	3970	3110		
6926	3095	3831	5594	2573	3021	1772	1548	14	
5035	1526	3509	3705	1132	2573	1097	917	132	

15-10 小学基本情况

单位:人

指　标	学校数(所)	班数(个)	在校学生数	招生数	毕业生数	教职工数	# 专任教师	代课教师	兼任教师
总　计	**607**	**7069**	**267325**	**42150**	**52792**	**18967**	**17079**	**674**	**14**
# 教育部门和集体办	585	6636	250965	39405	49364	17363	15943	597	14
社会力量办	12	335	11590	1946	2350	1323	882	72	
其他部门办	10	98	4770	799	1078	281	254	5	
在总计中：城市	164	3370	158934	25612	29388	10633	9349	285	13
县镇	34	646	30150	4670	5543	1952	1800	45	
农村	409	3053	78241	11868	17861	6382	5930	344	1
在总计中：清徐县	117	912	26219	3697	6257	1795	1609		
阳曲县	56	394	9509	1360	1999	761	704		
娄烦县	38	405	10566	1614	2117	876	833	18	
古交市	62	669	22003	3368	4282	1862	1698	107	
迎泽区	36	715	33695	5419	6517	2169	1933	16	
杏花岭区	59	924	40976	6263	7899	2436	2150	278	12
万柏林区	57	975	43097	7094	7959	3640	3242	19	
小店区	72	970	43669	7122	8272	2738	2415		
尖草坪区	62	651	22048	3688	4206	1648	1527		
晋源区	48	454	15543	2525	3284	1042	968	236	2

15-11 幼儿园基本情况

单位:人

指 标	幼儿园数（所）	班数（个）	在园幼儿数	教职工数	# 教 师	保健员
总 计	784	3776	95352	10684	6436	446
# 教育部门办	28	309	11366	1205	834	42
集体办	510	1469	30192	2320	1687	58
社会力量办	156	1283	30351	4215	2301	202
其它部门办	90	715	23443	2944	1614	144
在总计中:城市	260	2125	59049	7878	4316	369
县镇	33	271	8679	780	589	22
农村	491	1380	27624	2026	1531	55
在总计中:清徐县	129	448	9488	740	590	18
阳曲县	61	119	2251	76	70	1
娄烦县	36	55	1080	39	30	3
古交市	59	184	5835	484	284	16
迎泽区	50	467	11720	1519	848	75
杏花岭区	89	600	15575	1679	921	48
万柏林区	73	526	15764	1946	1127	106
小店区	139	677	17183	2236	1317	105
尖草坪区	82	406	10500	1249	759	49
晋源区	66	294	5956	716	490	25

15-12 艺术、文物及群众文化事业情况

指 标	单 位	2010	2009
一、艺术事业			
电影院数	个	10	12
电影院座位	座	9444	7038
剧团数	个	14	14
剧团职工人数	人	1448	1620
二、文物事业			
博物馆	个	12	12
三、文化事业			
图书馆	个	12	10
# 市属图书馆	个	1	1
图书馆藏书量	万册	398	373
# 市属图书馆	万册	133	87
四、群众文化事业			
文化宫	个	4	4
文化馆（包括群众艺术馆）	个	12	12
少年宫	个	3	3

15-13 艺术表演团体情况

剧团名称	演出场次（场）	演出收入（万元）	观众人数（万人次）	总支出（万元）	职工人数（人）	全部职工工资（万元）
总计	**1818**	**3509.2**	**287.7**	**11779.9**	**1448**	**2828.8**
山西省京剧院	78	195.3	4.8	1601.2	160	441.1
山西省晋剧院	312	306.0	30.0	2227.0	252	430.0
山西省歌舞剧院	147	1031.9	36.0	3339.4	296	679.6
山西省话剧院	57	331.7	68.4	1500.8	125	274.0
山西省曲艺团	48	10.0	5.0	122.0	28	70.0
山西华晋舞剧团	56	545.3	6.3	545.8	26	59.7
山西华夏之根艺术团	200	200.0	50.0	150.0	120	39.2
太原市实验晋剧院	253	199.5	65.3	425.2	131	211.5
太原市杂技团	583	205.2	17.5	1313.5	160	400.1
太原市话剧团	84	484.3	4.4	459.5	46	130.0
小店区晋剧团				13.4	5	13.4
尖草坪区晋剧团				29.2	41	27.3
清徐县晋剧团				36.9	38	36.9
阳曲县晋剧团				16.0	20	16.0

15-14 电影票房收入情况

	座位数（座）	影厅数（个）	票房收入（万元）	观众人数（万人次）
总 计	9444	56	7945	198.62
中影国际新影都	1017	6	1860	46.5
横店影视电影城	713	7	1580	39.5
太原奥斯卡国际影城	1453	10	914	22.85
太原影都	1500	7	854	21.35
山西剧院	1200	8	660	16.5
解放数码	1055	6	605	15.12
太原星美电影城	530	4	580	14.5
长风剧场	982	3	530	13.25
宽影幕电影院	844	3	360	9
尖草坪柴村影院	150	2	2	0.05

15-15 图书出版情况

指 标	新出				重印	
	图书种数（种）	总印数（万册）	总印张（千印张）	定价总金额（万元）	图书种数（种）	总印数（万册）
使用《中国标准编号》部分合计	1837	3127.30	286814.82	47931.13	1394	5805.22
A. 马列主义、毛泽东思想	1	0.50	44.94	9.00	3	1.77
B. 哲学	26	12.73	1791.61	348.20	2	0.70
C. 社会科学总论	17	11.44	1916.85	771.87	2	1.00
D. 政治、法律	55	44.62	6971.61	1401.55	20	27.63
E. 军事	4	1.00	99.9	20.82	1	1.20
F. 经济	133	63.59	10484.41	3460.78	13	5.47
G. 文化、科学、教育、体育	923	2679.89	219300.29	29336.34	1085	5629.09
H. 语言、文字	19	10.72	2228.06	350.69	13	5.70
I. 文学	165	87.12	11713.09	2528.04	20	10.00
J. 艺术	85	56.02	3512.49	1862.58	22	11.50
K. 历史、地理	194	85.54	17474.94	4918.97	52	23.79
N. 自然科学总论	3	1.50	79.09	14.90	2	3.00
O. 数学科学、化学	8	1.01	95.12	30.74		
P. 天文学、地理科学	10	6.08	644.28	207.24	11	8.72
Q. 生物科学	2	0.20	40.59	18.8		
R. 医药、卫生	123	38.11	5498.92	1049.59	66	39.85
S. 农业科学	15	10.10	1347.51	239.80	70	30.50
T. 工业技术	28	9.06	1718.8	564.02	10	4.90
U. 交通运输	2	0.15	35.63	6.71		
V. 航空、航天						
X. 环境科学	9	3.15	389.91	106.53		
Z. 综合性图书	15	4.77	1426.78	683.96	2	0.40

注：全市图书出版种类合计 3645 种。总印数 14132.95 万册。总印张 1082145.78 千印张。定价总金额 135713.31 万元。

15-15 续表 1-1

指 标	重印		租型			
	总印张（千印张）	定价总金额（万元）	图书种数（种）	总印数（万册）	总印张（千印张）	定价总金额（万元）
使用《中国标准编号》部分合计	434058.03	53069.62	414	5200.43	361272.95	34712.56
A. 马列主义、毛泽东思想	262.80	42.65				
B. 哲学	93.68	12.90				
C. 社会科学总论	102.52	14.00				
D. 政治、法律	1711.59	251.39				
E. 军事	133.27	41.40				
F. 经济	792.13	171.56				
G. 文化、科学、教育、体育	414448.50	49373.16	413	5200.23	361262.87	34708.56
H. 语言、文字	985.08	188.00				
I. 文学	1156.53	241.12	1	0.20	10.08	4.00
J. 艺术	2440.26	375.45				
K. 历史、地理	2729.87	761.18				
N. 自然科学总论	270.00	59.40				
O. 数学科学、化学						
P. 天文学、地理科学	456.39	76.92				
Q. 生物科学						
R. 医药、卫生	5038.58	847.61				
S. 农业科学	2541.46	464.48				
T. 工业技术	808.87	132.80				
U. 交通运输						
V. 航空、航天						
X. 环境科学						
Z. 综合性图书	86.50	15.60				

15-16 报纸出版情况

指　标	种　数	刊　期	实际出版期数	期印数(份)		总印数（万份）	总印张（千印张）
				平　均	期　末		
总　计	51		8557	19893808	18916089	186449.49	2753347.75
1. 综合报	11		2579	1365960	1370534	34038.07	1299833.24
2. 专业报	31		5698	18481848	17499555	152271.87	1452571.76
3. 高校校报	9		280	46000	46000	139.55	942.75
一、省级报纸	46		7398	19499251	18523549	176721.49	2350771.97
1. 综合报	8		1815	1020403	1025037	25003.77	902587.96
山西日报		日刊	365	165028	166710	6023.52	180705.66
山西政协报		周二刊	100	13615	13567	136.15	1361.50
三晋都市报		周六刊	294	120000	123000	3528.00	141120.00
人民代表报		周三刊	156	78000	78000	1216.80	24336.00
山西晚报		日刊	346	255760	255760	8849.30	442464.80
山西商报		日刊	350	50000	50000	1750.00	35000.00
发展导报		周二刊	100	38000	38000	380.00	15200.00
良友周报		周二刊	104	300000	300000	3120.00	62400.00
2. 专业报	29		5303	18432848	17452512	151578.17	1447241.26
山西农民报		周二刊	96	44311	42649	425.39	8507.71
山西工人报		日刊	341	72000	72000	2455.2	24552
山西妇女报		周三刊	148	12000	12000	177.6	2376
现代消费导报		周三刊	138	20000	20000	276	2760
山西法制报		周五刊	252	51000	51000	1285.2	25704
山西经济日报		日刊	347	31165	33219	1081.43	21628.51
山西科技报		周六刊	281	25000	25000	702.5	14050
老友报		周二刊	95	65500	65500	622.25	6222.5
山西广播电视报		周一刊	52	200000	200000	1040	52000
山西邮电报		周一刊	0	1	1	0	0
健康生活报		周五刊	250	23540	23540	588.5	11770
科学导报		周四刊	196	73000	85000	1430.8	28616
市场信息报		周三刊	150	30000	30438	450	18000
人民摄影		周一刊	52	30000	30000	156	6240
生活晨报		周六刊	295	32570	31235	960.82	31226.49

15-16 续表 1-1

指 标	种 数	刊 期	实际出版期数	期印数(份)		总印数（万份）	总印张（千印张）
				平 均	期 末		
铁路工程报		周一刊	51	10000	10000	51	510
同煤日报		周六刊	294	35000	35000	1029	10290
瓜果蔬菜报		周二刊	50	31000	31000	155	1550
生活文摘报		周二刊	104	201058	195886	2091	41820.06
山西集邮报社		周二刊	100	13000	13090	130	5200
德育报		周二刊	100	100000	100000	1000	10000
山西市场导报		周二刊	90	40000	40000	360	7200
山西青年报		日刊	312	100000	100000	3120	187200
作文周刊		周六刊	312	41000	40000	1279.2	25584
学英语报		周三刊	156	716700	718400	11180.52	111805.2
语文报		日刊	365	330000	330000	12045	120450
英语周报		周一刊	52	14230336	13196887	73997.75	369988.74
学习方法报		周一刊	52	900000	900000	4680	157950
数理报		周五刊	260	308000	354000	8008	40040
学习报		周六刊	312	666667	666667	20800.01	104000.05
3. 高校校报	9		280	46000	46000	139.55	942.75
山西大学报		周一刊	48	5000	5000	24	120
太原理工大学校报		周一刊	38	5000	5000	19	95
山西财经大学报		周一刊	40	3000	3000	12	120
山西医科大学报		旬刊	26	6000	6000	15.6	78
中北大学校报		旬刊	25	10000	10000	25	250
太原科技大学校报		旬刊	24	3500	3500	8.4	42
太原师范学院报		旬刊	30	5000	5000	15	75
山西中医学院报		半月刊	19	4500	4500	8.55	42.75
山西党校报		旬刊	30	4000	4000	12	120
二、市级报纸	**5**		**1159**	**394557**	**392540**	**9728**	**402575.78**
1. 综合报	3		764	345557	345497	9034.30	397245.28
太原日报		日刊	350	50320	50280	1761.20	52836.00
太原晚报		日刊	350	188237	188217	6588.30	296473.28
太原广播电视报		周一刊	64	107000	107000	684.80	47936.00
2. 专业报	2		395	49000	47043	693.70	5330.50
太钢日报		周六刊	299	11000	9043	328.9	1644.5
山西电力报		周二刊	96	38000	38000	364.80	3686.00

15-17 杂志出版情况

期刊类别	期刊名称	种类	刊期	实际出版期数	平均期印数（册）	期末期印数（册）	总印数（万册）	总印张数（千印张）
	总 计	174		2512	1798923	2123703	3875.02	222844.98
B:哲学宗教	五台山研究	1	季刊	4	10000	10000	4.00	201.60
		14		182	262753	266110	405.46	21116.99
C:社会科学总论	理论探索		双月刊	6	1700	1700	1.02	91.80
C:社会科学总论	小学生		旬刊	36	8099	7480	29.16	874.69
C:社会科学总论	青少年日记		半月刊	24	20000	23630	48	1484.80
C:社会科学总论	山西老年		月刊	12	195254	195600	234.3	13074.21
C:社会科学总论	山西青年		月刊	10	6000	6000	6	372.00
C:社会科学总论	生活潮		旬刊	36	22300	22300	80.28	4479.62
C:社会科学总论	晋阳学刊		双月刊	6	1500	1500	0.9	90.72
C:社会科学总论	山西大学学报(哲学社会科学版)		双月刊	6	1800	1800	1.08	122.47
C:社会科学总论	山西高等学校社会科学学报		月刊	12	1100	1100	1.32	124.74
C:社会科学总论	太原城市职业技术学院学报		月刊	12	1000	1000	1.2	196.56
C:社会科学总论	太原理工大学学报(社会科学版)		季刊	4	1000	1000	0.4	27.72
C:社会科学总论	太原师范学院学报(社会科学版)		双月刊	6	1000	1000	0.6	83.16
C:社会科学总论	中北大学学报(社会科学版)		双月刊	6	1000	1000	0.6	49.14
C:社会科学总论	中北大学学报(自然科学版)		双月刊	6	1000	1000	0.6	45.36
		15		183	115700	116000	246.59	11260.48
D:政治、法律	党史文汇		月刊	12	26000	26000	31.2	1248
D:政治、法律	法制博览		旬刊	36	23500	23500	84.6	4230
D:政治、法律	山西经济年鉴		年刊	1	2300	2300	0.23	79.06
D:政治、法律	山西警官高等专科学校学报		季刊	4	900	900	0.36	21.6
D:政治、法律	山西青年管理干部学院学报		季刊	4	1000	1000	0.4	28
D:政治、法律	山西政报		半月刊	24	9500	9500	22.8	570
D:政治、法律	山西社会主义学院学报		季刊	4	1000	1000	0.4	23.2
D:政治、法律	政府法制		旬刊	36	20000	20000	72	3340.8
D:政治、法律	前进		月刊	12	21000	21300	25.2	1093.68
D:政治、法律	山西煤炭管理干部学院学报		季刊	4	500	500	0.2	34.72
D:政治、法律	太原市人民政府公报		半月刊	24	2000	2000	4.8	238.08
D:政治、法律	中共山西省直机关党校学报		双月刊	6	1500	1500	0.9	44.64
D:政治、法律	山西省政法管理干部学院学报		季刊	4	2000	2000	0.8	70.56

15-17 续表 1-1

期刊类别	期刊名称	种类	刊期	实际出版期数	平均期印数（册）	期末期印数(册）	总印数（万册）	总印张数（千印张）
D:政治、法律	中共山西省委党校学报		双月刊	6	3000	3000	1.8	181.44
D:政治、法律	中共太原市委党校学报		双月刊	6	1500	1500	0.9	56.7
		14		170	78900	78900	107.28	9069.76
F:经济	当代金融家		月刊	12	5000	5000	6	525
F:经济	经济师		月刊	12	6500	6500	7.8	1443
F:经济	银行家		月刊	12	13000	13000	15.6	1404
F:经济	山西财税		月刊	12	21200	21200	25.44	885.31
F:经济	生产力研究		月刊	12	2500	2500	3	556.8
F:经济	山西财经大学学报		月刊	12	2000	2000	2.4	234.24
F:经济	会计之友		旬刊	36	6000	6000	21.6	2142.72
F:经济	品牌		半月刊	17	8000	8000	13.6	843.2
F:经济	新晋商		月刊	11	5000	5000	5.5	545.6
F:经济	山西财政税务专科学校学报		双月刊	6	1200	1200	0.72	45.36
F:经济	山西经济管理干部学院学报		季刊	4	1000	1000	0.4	44.1
F:经济	山西农经		双月刊	6	5000	5000	3	151.2
F:经济	技术经济与管理研究		双月刊	6	1300	1300	0.78	100.62
F:经济	经济问题		月刊	12	1200	1200	1.44	148.61
		26		538	405930	675430	1233.39	58910.22
G:文化、科学、教育、体育	新课程		旬刊	36	31500	31500	113.4	11975.04
G:文化、科学、教育、体育	教学与管理		旬刊	36	10000	10000	36	1800
G:文化、科学、教育、体育	山西档案		双月刊	8	6750	8500	5.4	216
G:文化、科学、教育、体育	新闻采编		双月刊	6	3000	3000	1.8	54
G:文化、科学、教育、体育	新作文		旬刊	36	110000	105000	396	8662.5
G:文化、科学、教育、体育	NBA 特刊		月刊	12	35000	38000	42	2923.2
G:文化、科学、教育、体育	都市生活		周刊	32	10000	10000	32	1484.8
G:文化、科学、教育、体育	教育		旬刊	36	6200	6050	22.32	1035.65
G:文化、科学、教育、体育	教育理论与实践		旬刊	36	3000	3000	10.8	501.12
G:文化、科学、教育、体育	山西教育		旬刊	36	13100	13000	47.16	2188.22
G:文化、科学、教育、体育	小学教学设计		旬刊	36	35200	34900	126.72	4409.86
G:文化、科学、教育、体育	映像		双月刊	6	2500	2500	1.5	156.6
G:文化、科学、教育、体育	山西财经大学学报(高等教育版)		季刊	4	1000	1000	0.4	29.28

15-17 续表 1-2

期刊类别	期刊名称	种类	刊期	实际出版期数	平均期印数（册）	期末期印数(册)	总印数（万册）	总印张数（千印张）
G:文化、科学、教育、体育	语文教学通讯		旬刊	36	29800	298000	107.28	5235.26
G:文化、科学、教育、体育	编辑之友		月刊	12	5000	5000	6	595.2
G:文化、科学、教育、体育	山西广播电视大学学报		双月刊	6	3500	3500	2.1	182.28
G:文化、科学、教育、体育	文化产业		月刊	12	5000	5000	6	520.8
G:文化、科学、教育、体育	搏击		旬刊	36	12000	12000	43.2	2721.6
G:文化、科学、教育、体育	记者观察		半月刊	24	15000	15000	36	2268
G:文化、科学、教育、体育	晋图学刊		双月刊	6	1200	1200	0.72	45.36
G:文化、科学、教育、体育	科学技术哲学研究		双月刊	6	2180	2180	1.31	115.37
G:文化、科学、教育、体育	世界高尔夫		月刊	12	10000	12000	12	1549.8
G:文化、科学、教育、体育	太原大学教育学院学报		季刊	4	800	800	0.32	31.25
G:文化、科学、教育、体育	太原大学学报		季刊	4	800	800	0.32	36.29
G:文化、科学、教育、体育	小学语文教学		旬刊	36	45400	45000	163.44	8237.38
G:文化、科学、教育、体育	中学课程辅导		半月刊	24	8000	8500	19.2	1935.36
H:语言、文字	**语文研究**	**1**	**季刊**	**4**	**3000**	**3000**	**1.2**	**59.52**
		11		**243**	**220700**	**245450**	**611.58**	**26736.16**
I:文学	都市		月刊	12	5000	5000	6	300
I:文学	对联·民间对联故事		半月刊	24	19000	19000	45.6	1710
I:文学	黄河		双月刊	6	2300	2300	1.38	172.5
I:文学	火花		月刊	9	800	1000	0.72	36
I:文学	开心世界		半月刊	24	20000	20000	48	2400
I:文学	民间传奇故事		旬刊	36	60000	60000	216	9720
I:文学	山西文学		月刊	12	9200	9300	11.04	662.4
I:文学	童话大王		半月刊	24	27500	51950	66	2640
I:文学	中外故事		半月刊	24	50000	50000	120	3600
I:文学	中外童话故事		旬刊	36	20000	20000	72	2678.4
I:文学	名作欣赏		旬刊	36	6900	6900	24.84	2816.86
		5		**84**	**105500**	**96000**	**228.3**	**20907**
J:艺术	美术与市场		双月刊	6	30000	20000	18	720
J:艺术	新美域		双月刊	6	500	1000	0.3	30
J:艺术	黄河之声		半月刊	24	30000	30000	72	6681.6
J:艺术	影视圈		月刊	12	10000	10000	12	1190.4

15-17 续表 1-3

期刊类别	期刊名称	种类	刊期	实际出版期数	平均期印数（册）	期末期印数(册)	总印数（万册）	总印张数（千印张）
J:艺术	娱乐		旬刊	36	35000	35000	126	12285
		5		60	60800	60800	77.28	6940.62
K:历史	文物世界		双月刊	6	2800	2800	1.68	84
K:历史	文史月刊		月刊	12	14000	14000	16.8	974.4
K:历史	旅游时代		月刊	12	30000	30000	36	3129.3
K:历史	沧桑		双月刊	6	6000	6000	3.6	725.4
K:历史	走遍世界		半月刊	24	8000	8000	19.2	2027.52
		10		127	32200	31900	59.85	6354.09
N:自然科学总论	科幻大王		月刊	12	8100	7700	9.72	413.1
N:自然科学总论	科技创新与生产力		月刊	12	3300	3300	3.96	277.2
N:自然科学总论	山西科技		双月刊	6	3500	3500	2.1	240.87
N:自然科学总论	科技情报开发与经济		旬刊	36	5300	5300	19.08	3485.92
N:自然科学总论	科学之友		旬刊	36	6100	6200	21.96	1660.18
N:自然科学总论	山西大学学报(自然科学版)		季刊	4	1500	1500	0.6	68.04
N:自然科学总论	太原科技大学学报		双月刊	6	1100	1100	0.66	41.58
N:自然科学总论	太原理工大学学报		双月刊	7	1500	1500	1.05	92.61
N:自然科学总论	太原师范学院学报(自然科学版)		季刊	4	1000	1000	0.4	50.4
N:自然科学总论	系统科学学报		季刊	4	800	800	0.32	24.19
		2		40	31300	31300	111.4	11222.27
O:数理科学和化学	量子光学学报		季刊	4	400	400	0.16	9.28
O:数理科学和化学	新课程学习		旬刊	36	30900	30900	111.24	11212.99
		2		8	5800	5800	2.32	76.6
P:天文学、地球科学	山西地震		季刊	4	800	800	0.32	12.1
P:天文学、地球科学	华北国土资源		季刊	4	5000	5000	2	64.5
		22		376	97667	103566	150.29	10774.08
R:医药、卫生	护理研究		旬刊	36	1540	1540	5.54	332.64
R:医药、卫生	山西职工医学院学报		季刊	4	4000	4000	1.6	96
R:医药、卫生	健康向导		双月刊	6	6000	6000	3.6	167.04
R:医药、卫生	山西医药杂志		半月刊	24	3600	3600	8.64	601.34
R:医药、卫生	山西中医		月刊	12	3000	3000	3.6	167.04
R:医药、卫生	实用医技杂志		月刊	12	4000	4000	4.8	334.08

15-17 续表 1-4

期刊类别	期刊名称	种类	刊期	实际出版期数	平均期印数（册）	期末期印数(册）	总印数（万册）	总印张数（千印张）
R:医药、卫生	校园心理		双月刊	6	4500	4500	2.7	140.94
R:医药、卫生	中国保健营养		半月刊	24	11666	12500	28	2598.25
R:医药、卫生	中华风湿病学杂志		月刊	12	4500	4500	5.4	281.88
R:医药、卫生	临床医药实践		月刊	12	4000	4000	4.8	297.6
R:医药、卫生	人人健康		半月刊	24	18000	20000	43.2	2410.56
R:医药、卫生	山西中医学院学报		双月刊	6	8000	8000	4.8	297.6
R:医药、卫生	实用骨科杂志		月刊	12	4000	4000	4.8	297.6
R:医药、卫生	中西医结合心脑血管病杂志		月刊	12	2970	3100	3.56	353.55
R:医药、卫生	母婴世界		月刊	12	10000	12000	12	1360.8
R:医药、卫生	全科护理		旬刊	36	1300	1700	4.68	353.81
R:医药、卫生	世界华人消化杂志		旬刊	36	465	1000	1.67	145.01
R:医药、卫生	世界胃肠病学杂志(英文版）		周刊	48	126	126	0.6	60.96
R:医药、卫生	中国中西医结合肾病杂志		月刊	12	2500	2500	3	226.8
R:医药、卫生	山西医科大学学报		月刊	12	1000	1000	1.2	92.88
R:医药、卫生	山西医科大学学报(基础医学教育版）		月刊	12	1000	1000	1.2	108.36
R:医药、卫生	实用医学影像杂志		双月刊	6	1500	1500	0.9	49.34
		7		106	68356	93000	139.88	7331.8
S:农业科学	当代农机		月刊	12	17000	17000	20.4	1264.8
S:农业科学	山西林业科技		季刊	4	1500	1500	0.6	29.76
S:农业科学	村委主任		半月刊	24	30000	30000	72	3175.2
S:农业科学	山西林业		双月刊	6	3000	3000	1.8	56.7
S:农业科学	山西农业科学		月刊	12	1500	1500	1.8	136.08
S:农业科学	种子科技		月刊	12	5000	5000	6	264.6
S:农业科学	农产品加工		旬刊	36	10356	35000	37.28	2404.66
		36		344	288317	294447	475.5	30303.27
T:工业技术	大众标准化		月刊	12	46667	46667	56	2520.02
T:工业技术	电力学报		双月刊	6	4000	4000	2.4	120
T:工业技术	山西焦煤科技		月刊	12	1500	1500	1.8	63
T:工业技术	先锋队		半月刊	24	70000	70000	168	6720
T:工业技术	机械管理开发		双月刊	6	3000	3000	1.8	240.98
T:工业技术	电脑开发与应用		月刊	12	3000	3000	3.6	208.8
T:工业技术	火力与指挥控制		月刊	12	2000	2000	2.4	313.2

15-17 续表 1-5

期刊类别	期刊名称	种类	刊期	实际出版期数	平均期印数（册）	期末期印数(册)	总印数（万册）	总印张数（千印张）
T:工业技术	汽车时代		月刊	3	26000	26000	7.8	497.64
T:工业技术	山西电力		双月刊	6	4000	4000	2.4	131.76
T:工业技术	农业技术与装备		半月刊	24	3000	9000	7.2	446.4
T:工业技术	烹调知识		旬刊	36	40000	40000	144	8928
T:工业技术	燃料化学学报		双月刊	6	1000	1000	0.6	59.52
T:工业技术	新探索		双月刊	3	2000	2000	0.6	37.2
T:工业技术	新型炭材料		双月刊	6	1000	1000	0.6	37.2
T:工业技术	测试技术学报		双月刊	6	1000	1000	0.6	45.36
T:工业技术	电子工艺技术		双月刊	6	8000	8000	4.8	241.92
T:工业技术	机械工程与自动化		双月刊	6	4000	4000	2.4	415.8
T:工业技术	建材技术与应用		月刊	12	5000	5000	6	226.8
T:工业技术	煤化工		双月刊	6	4500	4500	2.7	119.07
T:工业技术	煤炭转化		季刊	4	1500	1500	0.6	45.36
T:工业技术	日用化学工业		双月刊	6	6000	6000	3.6	419.58
T:工业技术	日用化学品科学		月刊	12	7250	7180	8.7	726.23
T:工业技术	山西电子技术		双月刊	6	3000	3000	1.8	136.08
T:工业技术	山西化工		双月刊	6	4500	4500	2.7	136.08
T:工业技术	山西建筑		旬刊	36	6000	6200	21.6	6259.68
T:工业技术	山西煤炭		月刊	12	5500	5500	6.6	415.8
T:工业技术	山西水利		月刊	12	2000	2000	2.4	120.96
T:工业技术	山西水利科技		季刊	4	2000	2000	0.8	60.48
T:工业技术	山西水土保持科技		季刊	4	2600	2600	1.04	39.31
T:工业技术	山西冶金		双月刊	6	3000	3000	1.8	113.4
T:工业技术	食品工程		季刊	4	4100	4100	1.64	82.66
T:工业技术	铸造设备与工艺		双月刊	6	5000	5000	3	141.75
T:工业技术	测试科学与仪器(英文版)		季刊	4	1000	1000	0.4	33.54
T:工业技术	辐射防护		双月刊	6	1200	1200	0.72	37.15
T:工业技术	辐射防护通讯		双月刊	6	1000	1000	0.6	23.22
T:工业技术	山西能源与节能		双月刊	6	3000	3000	1.8	139.32
U:交通运输	山西交通科技	1	双月刊	6	4000	4000	2.4	166.32
		2		37	8000	8000	18.30	1414.20
Z:综合	太原年鉴		年刊	1	3000	3000	0.3	75
Z:综合	山西画报		旬刊	36	5000	5000	18	1339.2

15-18 广播电视主要指标(一)

指标	广播电台	电视台	广播电视台	中短波转播发射台		电视转播发射台		广播人口覆盖率	电视人口覆盖率	有线广播电视用户	数字电视用户	有线广播电视传输网络干线总长
单位	座	座	座	座	千瓦	座	千瓦	%	%	户	户	公里
合计	1	1	6	13	349	10	110.4	99.24	99.63	820169	749369	10972.33
省级			2	12	339	5	104			1169	1169	6333.53
市级	1	1		1	10	1	2	99.24	99.63	725000	670000	3200
县级			4			4	4.4			94000	78200	1438.8

广播电视主要指标(二)

指标	单位	合计	中国黄河电视台 山西广播电视台	太原电视台 太原教育电视台	县级电视台
节目套数	**套**	20	13	6	1
全年播出节目时间	**时、分**	113934:00	57202:00	50552:00	6180:00:00
新闻咨询类节目	时、分	11140:28	6293:28	4300:00	547:00:00
专题服务类节目	时、分	8841:45:00	3625:45	4562:00	654:00:00
综艺益智类节目	时、分	7372:45:00	1843:45	4799:00	730:00:00
影视剧类节目	时、分	45082:18	21779:18	19694:00	3609:00:00
广告类节目	时、分	15321:35	9639:35	5042:00	640:00:00
其它类节目	时、分	26175:09	14020:09	12155:00	

广播电视主要指标(三)

指标	单位	合计	黄河电视台文艺广播 山西广播电视台	太原人民广播电台	县级广播电台
节目套数	**套**	12	7	3	2
全年播出节目时间	**时、分**	89669:08	57670:00	26068:05	5931:03:00
新闻咨询类节目	时、分	11316:30	4113:30:00	6873:00	330:00:00
专题服务类节目	时、分	18726:38	15301:30	3097:05	328:03:00
综艺益智类节目	时、分	24831:50	13948:50	7280:00	3603:00:00
广播剧类节目	时、分	6342:00:00	1766:00:00	2906:00:00	1670:00:00
广告类节目	时、分	13714:40	9262:40:00	4452:00	
其它类节目	时、分	14737:30	13277:30	1460:00	

15-19 卫生机构、

指 标	机构数（个）	床位数（张）	合 计	人		
				卫		生
				小 计	执业医师	执业助理医师
总 计	2527	27771	48285	39930	14851	1215
一、医 院	191	24703	34903	28529	9830	549
综合医院	103	15349	24155	20152	6820	325
中医医院	35	2380	3081	2408	976	62
中西医结合医院	5	235	498	368	113	14
专科医院	48	6739	7169	5601	1921	148
口腔医院	4	20	416	322	129	32
眼科医院	2	280	420	296	119	
耳鼻喉科医院	2	70	75	57	18	5
肿瘤医院	1	1531	1285	1050	491	6
心血管病医院	1	280	490	392	133	1
妇产（科）医院	3	164	149	115	32	6
儿童医院	1	800	1299	1125	403	3
精神病医院	4	1230	565	410	90	27
传染病医院	1	450	646	528	106	2
皮肤病医院	1	24	21	15	5	
结核病医院	1	500	394	287	87	3
骨科医院	5	188	200	148	37	14

床位和人员情况

员	数	(人)					
技术人员					其他技术人员	管理人员	工勤人员
注册护士	药剂人员	技师(士)	#检验师	其他			
16469	**2084**	**2186**	**1551**	**3125**	**2261**	**2805**	**3284**
12964	1615	1614	1086	1957	1743	2241	2390
9384	1104	1124	759	1395	932	1544	1527
861	206	149	91	154	235	194	244
150	17	29	21	45	37	59	34
2569	288	312	215	363	539	444	585
89		2		70	21	34	39
119	17	12	10	29	43	58	23
22	3	1	1	8	12	5	1
398	50	61	30	44	113	38	84
203	17	28	19	10	42	6	50
44	5	9	6	19	5	14	15
602	55	62	54		100	30	44
237	18	21	11	17	34	43	78
287	34	26	23	73	37	42	39
6	3	1	1			4	2
153	19	23	15	2	48		59
43	10	13	7	31	8	20	24

15-19 续表 1-1

指标	机构数（个）	床位数（张）	合计	人		
				小计	卫生	
					执业医师	执业助理医师
康复医院	4	677	429	318	108	21
整形外科医院	1	10	42	24	6	1
美容医院	2	40	65	44	12	3
其他专科医院	15	475	673	470	145	24
二、疗养院	4	1150	423	178	60	3
三、社区卫生服务中心（站）	273	498	3114	2755	1053	166
四、卫生院	67	1045	970	765	210	134
五、门诊部	9	7	70	60	30	4
六、诊所、卫生所、医务室	1923		5315	5034	2824	286
七、急救中心（站）	1		244	174	109	1
八、采供血机构	1		130	85	20	1
九、妇幼保健院（所、站）	11	358	758	604	220	21
十、专科疾病防治院（所、站）	1	10	64	55	22	1
十一、疾病预防控制中心	15		998	783	307	38
十二、卫生监督所（中心）	12		488	404		
十三、医学科学研究机构	1		42	32		
十四、健康教育所（站、中心）	1		23	14		
十五、其他卫生机构	17		743	458	166	11

员		数			(人)		
技术人员					其他技术人员	管理人员	工勤人员
注册护士	药剂人员	技师(士)	#检验师	其他			
123	14	11	9	41	16	48	47
13	2	2	1		12	3	3
17	3	3	2	6	7	8	6
213	38	37	26	13	41	91	71
79	9	9	6	18	18	85	142
1115	179	121	80	121	96	143	120
207	76	23	15	115	121	28	56
20	6				2	5	3
1619	148	53	32	104			281
34	5	4	1	21	26	6	38
30	2	11	11	21	20	5	15
249	29	51	43	34	41	52	61
22	1	8	5	1		9	
31	12	173	166	222	72	75	68
			4	404	13	50	21
				32	10		
				14	5	4	
99	2	119	106	61	94	102	89

15-20 律师工作情况

指 标	单 位	2010	2009
律师事务所	个	118	104
律师工作人员（注册）	人	905	800
专职律师	人	863	750
兼职律师	人	42	50
聘请常年法律顾问的单位	个	662	622
民事、经济诉讼代理	件	3422	3926
刑事辩护及代理	件	2081	1011
非诉讼法律事务	件	1699	1263

15-21 公证和调解工作

指 标	单 位	2010	2009
公证工作			
公证处	个	7	7
公证员（含公证员助理）	人	95	92
办理国内民事公证	件	18668	19682
办理国内经济公证	件	11249	7715
办理涉外公证	件	19806	20412
涉港澳台公证	件	123	183
调解工作			
专职司法助理员	人	168	168
人民调解委员会	个	2651	2620
调解人员	人	18550	18442
调解各类纠纷	件	30791	28005
防止民间纠纷引起自杀	人	63	63
防止民间纠纷转化为刑事案件	件	44	41

15-22 体育后备人才及教练员项目分布情况

单位：人

指 标	合计	田径	游泳	体操	蹦床	举重	柔道	跆拳道	自行车	击剑	篮球	乒乓球	射击	射箭	网球	武术	摔跤
学生数	942	151	110(其中跳水 13)	29	29	62	44	37	47	19	92	78	56	41	18	62	67
教练员人数	67	20	10(其中跳水 2)	4	2	4	3	1	3	1	1	3	6	2	1	2	4

15-23 等级裁判员、

指 标	总计	田径	游泳	跳水	自行车	举重	射击	射箭	国际摔跤	中国摔跤
一级以上裁判员	798	58	52	7	38	15	73	45	19	
#女性	283	22	24	3	12	11	33	18	2	
国际级裁判	28	1		1	1	3	1		1	
国家级裁判	116	8	10	1	14	1	4	3	2	
一 级	654	49	42	5	23	11	68	42	16	
二级裁判员	356	75	10						3	
等级运动员	410	51	9	5	25	5	10	3	10	
#女性	158	16	2	2	9	2	4		2	
一 级	120	6	7	5	19	2	9	3	4	
二 级	290	45	2		6	3	1		6	

等级运动员

单位:人

柔道	跆拳道	拳击	体操	蹦床	武术套路	武术散打	击剑	足球	篮球	排球	沙滩排球
10	24	1	30	16	59	12	9	31	48	6	6
3	8		13	8	28	1	5	4	1	1	2
1	1		6	5	2	1				1	1
6	3				7	1	1	3	5	5	5
3	20	1	24	11	50	10	8	28	43		
	4				6			18	182	8	
13	7		7	8	13	5	6	19	86	37	2
5	4		6	5	2	3	4		32	25	2
11	4		7	8	5	2	2		16		2
2	3				8	3	4	19	70	37	

15-23 续表 1-1

指　标	乒乓球	网球	羽毛球	手球	门球	台球	中国象棋	国际象棋	围棋	健美操
一级以上裁判员	**45**	**42**	**29**		**12**	**3**	**1**	**11**	**7**	**21**
#女性	25	5	9		7	1		3	2	17
国际级裁判		1								
国家级裁判	9	10	3		2		1	1	3	2
一　级	36	31	26		10	3		10	4	19
二级裁判员	**15**	**12**	**16**				**1**		**1**	**5**
等级运动员	**38**	**11**	**4**				**14**	**15**	**7**	
#女性	18	5					4	4	2	
一　级	3							5		
二　级	35	11	4				14	10	7	

单位:人

体育舞蹈	健美	健身气功	轮滑	跳伞	拔河	毽球	健身秧歌	电子竞技	信鸽	航模	定向
8	3	6		1	1	7	2	6	30	2	2
4	1	3		1		3	2				1
	1										
2	1				1		1	1			
6	1	6		1		7	1	5	30	2	2

15-24 居民婚姻登记情况

指　标	结婚登记数（对）	初婚人数（人）	再婚人数（人）	#女	再婚中恢复结婚（对）	离婚登记数（对）
总　计	**35276**	**64949**	**5603**	**3116**	**887**	**5325**
市区小计	**26092**	**47500**	**4684**	**2594**	**823**	**4613**
市本级	9	14	4	2		1
小店区	6995	12950	1040	520	520	835
迎泽区	4609	8481	737	375	27	890
杏花岭区	5152	9213	1091	903	64	1163
尖草坪区	2532	4550	514	264	116	579
万柏林区	5124	9104	1144	502	84	915
晋源区	1671	3188	154	28	12	230
县(市)级小计	**9184**	**17449**	**919**	**522**	**64**	**712**
清徐县	2681	5036	326	187	24	185
阳曲县	1701	3203	199	131	12	127
娄烦县	1962	3813	111	58		154
古交市	2840	5397	283	146	28	246

15-25 社会救济对象人员情况

单位:人

指标	社会救济对象人数	城镇居民最低生活保障人数	农村居民最低生活保障人数	农村传统救济人数	农村临时救济人次数
总计	**140795**	**71277**	**69205**	**313**	**11342**
市区小计	**70396**	**40633**	**29575**	**188**	**1470**
小店区	11156	2931	8182	43	
迎泽区	6015	5107	908		
杏花岭区	17194	15237	1957		1300
尖草坪区	12727	7140	5522	65	
万柏林区	12990	6277	6713		170
晋源区	10314	3941	6293	80	
县(市)级小计	**70399**	**30644**	**39630**	**125**	**9872**
清徐县	19876	4189	15687		
阳曲县	13777	7330	6417	30	8735
娄烦县	13634	5813	7726	95	155
古交市	23112	13312	9800		982

15-26 优抚对象

指　标	抚恤、补助优抚对象人数	定期抚恤人数	#烈士家属	#因公牺牲军人家属	#病故军人家属	定期补助人数
总　计	9043	370	214	87	69	4533
市区小计	5035	202	119	45	38	1241
小店区	1312	36	28	4	4	297
迎泽区	1060	43	26	9	8	118
杏花岭区	1011	28	15	4	9	170
尖草坪区	448	24	9	7	8	135
万柏林区	614	23	15	6	2	140
晋源区	590	48	26	15	7	381
县(市)级小计	4008	168	95	42	31	3292
清徐县	2469	98	61	22	15	2172
阳曲县	753	17	10	2	5	603
娄烦县	426	40	19	14	7	297
古交市	360	13	5	4	4	220

优待抚恤情况

单位：人

#在乡复员军人	#带病回乡退伍军人	优待优抚对象户数	伤残人数	一级	二级	三级
1337	2244	5201	4140	23	2	64
489	125	4045	3592	21	2	54
108	10	920	979	4	1	10
50		1318	899	1		12
59	1	336	813	8	1	14
62	20	632	289	8		4
75	8	249	451			7
135	86	590	161			7
848	2119	1156	548	2		10
259	1835	197	199	1		
302	162	98	133			4
136	61	544	89	1		2
151	61	317	127			4

15-26 续表 1-1

单位：人

指 标	四级	五级	六级	七级	八级	九级	十级
总 计	35	216	737	1364	1469	166	64
市区小计	33	182	602	1190	1289	161	58
小店区	1	31	113	394	403	13	9
迎泽区	22	47	162	282	279	75	19
杏花岭区	8	56	163	225	274	44	20
尖草坪区		16	48	87	108	18	
万柏林区	1	22	79	154	175	6	7
晋源区	1	10	37	48	50	5	3
县(市)级小计	2	34	135	174	180	5	6
清徐县		10	49	65	68	1	5
阳曲县		14	26	40	47	1	1
娄烦县	2	2	21	33	26	2	
古交市		8	39	36	39	1	

第十六篇

县（市、区）经济概况

XIANSHIQUJINGJIGAIKUANG

资料整理、审核

车晓华　　李建华　　纪知明

16-1　小店区国民经济主要指标

指　标	单　位	2010
一、乡村基本情况		
乡（镇）个数	个	9
# 建制镇个数	个	1
镇区占地面积	公顷	98.00
镇区总人口	人	5200
村民委员会个数	个	61
# 自来水受益村	个	61
通电话的村	个	61
通有线电视的村	个	61
二、人口与就业		
年末总人口	万人	61.84
# 女	万人	30.80
当年出生人口	人	8141
当年死亡人口	人	3301
乡村人口	万人	11.31
年末总户数	户	147103
# 乡村户数	户	35720
年末单位从业人员数	人	12628
# 女	人	7880
# 第二产业	人	1402
第三产业	人	11106
乡村从业人员数	人	57353
# 农林牧渔业	人	30061
城镇登记失业人员数	人	240
三、综合经济		
（一）地区生产总值	万元	2218690.30

16-1 续表 1-1

指　标	单　位	2010
第一产业增加值	万元	66847.30
农业	万元	49236.00
林业	万元	2407.70
牧业	万元	13438.60
渔业	万元	65.00
农林牧渔服务业	万元	1700.00
第二产业增加值	万元	588777.00
# 工业	万元	124833.00
第三产业增加值	万元	1563066.00
（二）财政、金融		
财政总收入	万元	183815.00
# 地方财政一般预算收入	万元	97485.00
# 各项税收	万元	84689.00
地方财政一般预算支出	万元	129606.00
# 农林水事务	万元	9984.00
科学技术	万元	1681.00
医疗卫生	万元	7885.00
教育	万元	26685.00
四、农业		
（一）生产条件		
农业机械总动力	万千瓦特	16.73
化肥使用量（折纯量）	吨	3213.00
农药使用量	吨	52.00
地膜使用量	吨	59.50
有效灌溉面积	公顷	10600.00
（二）农作物总播种面积	公顷	16648.80
粮食作物播种面积	公顷	10933.50

16-1 续表 1-2

指 标	单 位	2010
# 稻谷	公顷	
小麦	公顷	763.30
玉米	公顷	9107.50
大豆	公顷	114.50
油料播种面积	公顷	10.80
棉花播种面积	公顷	3.00
蔬菜播种面积	公顷	5685.30
粮食总产量	吨	72689.40
# 稻谷	吨	
小麦	吨	2982.40
玉米	吨	65972.90
大豆	吨	300.00
油料产量	吨	8.80
棉花产量	吨	5.00
水果产量	吨	1636.49
肉类总产量	吨	6986.00
奶类产量	吨	35158.00
禽蛋产量	吨	10232.00
蔬菜产量	吨	311800.00
水产品产量	吨	100.00
五、工业及建筑业		
规模以上工业企业:		
工业企业数	个	50
工业总产值（现价）	万元	434122.50
内资企业	万元	387218.80
港、澳、台商投资企业	万元	9880.20
外商投资企业	万元	37023.50

16-1 续表 1-3

指　标	单　位	2010
从业人员年平均数	人	10966
流动资产合计	万元	261495.80
固定资产净值	万元	116071.40
主营业务收入	万元	432418.40
# 主营业务税金及附加	万元	1253.40
本年应交增值税	万元	8038.10
利润总额	万元	12981.80
建筑业：		
建筑业企业个数	个	176
期末从业人员数	人	116946
建筑业总产值	万元	3707831.00
六、交通运输、邮电通讯、能源		
境内公路里程	公里	370.28
# 高等级公路	公里	82.81
境内铁路营业里程	公里	9.00
境内火车站个数	个	1
工业用电量	万千瓦时	66800.98
农村用电量	万千瓦时	4455.00
七、贸易、外经、旅游		
社会消费品零售总额	万元	2487228.00
限额以上批发和零售业商品销售总额	万元	5787685.00
出口总额	万美元	13200.00
当年合同外资金额	万美元	8062.30
当年实际使用外资金额	万美元	8062.30
星级饭店个数	个	19

16-1 续表 1-4

指 标	单 位	2010
星级饭店客房总数	间	2491
八、固定资产投资		
城镇固定资产投资完成额	万元	1636211.00
城镇新增固定资产	万元	371601.00
城镇固定资产投资项目个数	个	118
房地产开发投资完成额	万元	882121.00
# 住宅	万元	678924.00
九、教育、科技、文化、卫生		
普通中学数	所	40
小学数	所	72
普通中学专任教师数	人	3110
小学专任教师数	人	2415
普通中学在校学生数	人	41377
# 女生	人	20687
小学在校学生数	人	43669
# 女生	人	20827
学龄儿童入学率	%	100.00
# 女童入学率	%	100.00
农业科技与服务单位个数	个	16
全年专利申请数	件	1007
体育场馆数	个	2
剧场、影剧院数	个	1
公共图书馆图书总藏量	千册	71
医院、卫生院数	所	50
医院、卫生院床位数	床	3100

16-1 续表 1-5

指 标	单 位	2010
医院、卫生院卫生技术人员数	人	3266
# 医生	人	2106
卫生防疫人员数	人	41
5 岁以下儿童死亡率	‰	4.60
婴儿死亡率	‰	3.52
产妇住院分娩比例	%	100.00
十、人民生活		
城镇在岗职工年平均人数	人	12576
城镇在岗职工工资总额	万元	30216.90
农村居民人均纯收入	元	10323
农民人均住房面积	平方米	50.61
农民文化娱乐消费比重	%	9.26
农村彩电普及率	%	100.00
农村电脑普及率	%	21.00
农村恩格尔系数	%	24.30
十一、社会保障		
各种社会福利收养性单位数	个	3
各种社会福利收养性单位床位数	床	290
参加基本养老保险职工数	人	30002
参加基本医疗保险职工数	人	127340
参加失业保险人数	人	21601
城镇居民最低生活保障人数	人	2931
农村居民最低生活保障人数	人	8182

16-1 续表 1-6

指　标	单　位	2010
农村传统救济人数	人	43
参加农村新型合作医疗人数	人	135700
参加农村社会养老保险人数	人	63264
十二、社会治安		
交通事故件数	件	334
刑事案件立案数	件	4897
犯罪人数	人	950
民事案件发案数	件	3177
十三、资源、环境与可持续发展		
行政区域土地面积	平方公里	295.00
# 建成区面积	平方公里	62.05
# 建成区绿化覆盖面积	平方公里	20.89
森林面积	公顷	1080.00
当年造林面积	公顷	158.00
年末耕地总资源	公顷	11515.75
# 水浇地	公顷	10600.00
年内减少耕地面积	公顷	301.46
环境污染治理本年完成投资总额	万元	330.10
工业二氧化硫排放量	吨	602.22
工业废水排放量达标率	%	97.49
工业烟尘排放量达标率	%	96.55
城镇生活污水处理率	%	83.86
污水处理厂数	座	3
垃圾处理站数	个	7

16-2 迎泽区国民经济主要指标

指　标	单　位	2010
一、乡村基本情况		
乡（镇）个数	个	1
# 建制镇个数	个	1
镇区占地面积	公顷	600.00
镇区总人口	人	28501
村民委员会个数	个	28
# 自来水受益村	个	28
通电话的村	个	28
通有线电视的村	个	18
二、人口与就业		
年末总人口	万人	52.23
# 女	万人	26.90
当年出生人口	人	5191
当年死亡人口	人	3424
乡村人口	万人	2.32
年末总户数	户	142656
# 乡村户数	户	8494
年末单位从业人员数	人	11469
# 女	人	6595
# 第二产业	人	2277
第三产业	人	9187
乡村从业人员数	人	12644
# 农林牧渔业	人	1425
城镇登记失业人员数	人	7881
三、综合经济		
(一) 地区生产总值	万元	3226271.00

16-2 续表 1-1

指　标	单　位	2010
第一产业增加值	万元	4001.00
农业	万元	137.70
林业	万元	3406.20
牧业	万元	433.50
渔业	万元	23.60
第二产业增加值	万元	496789.00
# 工业	万元	229741.00
第三产业增加值	万元	2725481.00
（二）财政、金融		
财政总收入	万元	157317.00
# 地方财政一般预算收入	万元	77549.00
# 各项税收	万元	70813.00
地方财政一般预算支出	万元	94018.00
# 农林水事务	万元	4174.00
科学技术	万元	1033.00
医疗卫生	万元	7015.00
教育	万元	27834.00
四、农业		
（一）生产条件		
农业机械总动力	万千瓦特	1.00
化肥使用量（折纯量）	吨	28.20
农药使用量	吨	1.00
地膜使用量	吨	1.00
有效灌溉面积	公顷	140.00
（二）农作物总播种面积	公顷	389.90
粮食作物播种面积	公顷	372.80

16-2 续表 1-2

指　标	单　位	2010
# 玉米	公顷	130.60
大豆	公顷	27.80
油料播种面积	公顷	1.90
蔬菜播种面积	公顷	0.40
粮食总产量	吨	365.70
# 玉米	吨	160.80
大豆	吨	9.10
油料产量	吨	1.40
水果产量	吨	152.50
肉类总产量	吨	405.00
禽蛋产量	吨	105.00
蔬菜产量	吨	236.00
水产品产量	吨	36.00
五、工业及建筑业		
规模以上工业企业：		
工业企业数	个	13
工业总产值（现价）	万元	471324.50
内资企业	万元	443891.40
外商投资企业	万元	27433.10
从业人员年平均数	人	7582
流动资产合计	万元	476217.80
固定资产净值	万元	309326.50
主营业务收入	万元	469184.50
# 主营业务税金及附加	万元	112632.10
本年应交增值税	万元	32299.90
利润总额	万元	-4595.20

16-2 续表 1-3

指　标	单　位	2010
建筑业：		
建筑业企业个数	个	217
期末从业人员数	人	48293
建筑业总产值	万元	2418034.00
六、交通运输、邮电通讯、能源		
境内公路里程	公里	71.29
# 高等级公路	公里	5.14
境内铁路营业里程	公里	7.00
境内火车站个数	个	1
工业用电量	万千瓦时	103948.98
农村用电量	万千瓦时	1480.20
七、贸易、外经、旅游		
社会消费品零售总额	万元	1913183.00
限额以上批发和零售业商品销售总额	万元	2089910.40
当年合同外资金额	万美元	2144.98
当年实际使用外资金额	万美元	2144.98
星级饭店个数	个	33
星级饭店客房总数	间	4705
名胜风景区和文物保护区个数	个	2
八、固定资产投资		
城镇固定资产投资完成额	万元	715257.00
城镇新增固定资产	万元	491703.00
城镇固定资产投资项目个数	个	379
房地产开发投资完成额	万元	335210.00
# 住宅	万元	234147.00

16-2 续表 1-4

指　标	单　位	2010
九、教育、科技、文化、卫生		
普通中学数	所	21
小学数	所	36
普通中学专任教师数	人	2075
小学专任教师数	人	1933
普通中学在校学生数	人	33702
# 女生	人	16788
小学在校学生数	人	33695
# 女生	人	16299
学龄儿童入学率	%	100.00
# 女童入学率	%	100.00
农业科技与服务单位个数	个	1
全年专利申请数	件	904
体育场馆数	个	1
剧场、影剧院数	个	8
公共图书馆图书总藏量	千册	6
医院、卫生院数	所	52
医院、卫生院床位数	床	7251
医院、卫生院卫生技术人员数	人	8263
# 医生	人	4116
卫生防疫人员数	人	51
5 岁以下儿童死亡率	‰	5.21
婴儿死亡率	‰	4.96
产妇住院分娩比例	%	99.98

16-2 续表 1-5

指　标	单　位	2010
十、人民生活		
城镇在岗职工年平均人数	人	11426
城镇在岗职工工资总额	万元	25660.00
农村居民人均纯收入	元	9959
农民人均住房面积	平方米	47.23
农民文化娱乐消费比重	%	16.49
农村彩电普及率	%	100.00
农村电脑普及率	%	47.00
农村恩格尔系数	%	28.90
十一、社会保障		
各种社会福利收养性单位数	个	1
各种社会福利收养性单位床位数	床	100
参加基本养老保险职工数	人	25012
参加基本医疗保险职工数	人	143230
参加失业保险人数	人	12933
城镇居民最低生活保障人数	人	5107
农村居民最低生活保障人数	人	908
参加农村新型合作医疗人数	人	20586
参加农村社会养老保险人数	人	11696
十二、社会治安		
交通事故件数	件	225
刑事案件立案数	件	7561
犯罪人数	人	831
民事案件发案数	件	2597

16-2 续表 1-6

指 标	单 位	2010
十三、资源、环境与可持续发展		
行政区域土地面积	平方公里	117.00
# 建成区面积	平方公里	20.08
# 建成区绿化覆盖面积	平方公里	7.26
森林面积	公顷	1613.00
当年造林面积	公顷	159.00
年末耕地总资源	公顷	731.46
# 水浇地	公顷	140.00
年内减少耕地面积	公顷	39.56
环境污染治理本年完成投资总额	万元	343.80
工业二氧化硫排放量	吨	1029.59
工业废水排放量达标率	%	98.28
工业烟尘排放量达标率	%	98.69
城镇生活污水处理率	%	83.86
垃圾处理站数	个	8

16-3 杏花岭区国民经济主要指标

指 标	单 位	2010
一、乡村基本情况		
乡（镇）个数	个	3
村民委员会个数	个	38
# 自来水受益村	个	37
通电话的村	个	38
通有线电视的村	个	17
二、人口与就业		
年末总人口	万人	58.64
# 女	万人	28.51
当年出生人口	人	5964
当年死亡人口	人	3500
乡村人口	万人	3.07
年末总户数	户	166515
# 乡村户数	户	10822
年末单位从业人员数	人	21184
# 女	人	10634
# 第二产业	人	4327
第三产业	人	16857
乡村从业人员数	人	15710
# 农林牧渔业	人	3810
城镇登记失业人员数	人	2958
三、综合经济		
（一）地区生产总值	万元	2712135.00

16-3 续表 1-1

指 标	单 位	2010
第一产业增加值	万元	3954.00
农业	万元	374.40
林业	万元	1978.20
牧业	万元	1601.40
第二产业增加值	万元	612423.00
# 工业	万元	198521.00
第三产业增加值	万元	2095758.00
（二）财政、金融		
财政总收入	万元	156719.00
# 地方财政一般预算收入	万元	80559.00
# 各项税收	万元	72120.00
地方财政一般预算支出	万元	114383.00
# 农林水事务	万元	1786.00
科学技术	万元	1436.00
医疗卫生	万元	6482.00
教育	万元	31366.00
四、农业		
（一）生产条件		
农业机械总动力	万千瓦特	1.73
化肥使用量（折纯量）	吨	27.10
农药使用量	吨	11.30
地膜使用量	吨	3.70
有效灌溉面积	公顷	270.00
（二）农作物总播种面积	公顷	726.20
粮食作物播种面积	公顷	654.30
# 玉米	公顷	330.50
大豆	公顷	41.40

16-3 续表 1-2

指　标	单　位	2010
油料播种面积	公顷	4.00
蔬菜播种面积	公顷	67.10
粮食总产量	吨	641.70
# 玉米	吨	347.30
大豆	吨	40.70
油料产量	吨	4.00
水果产量	吨	1129.00
肉类总产量	吨	1546.00
奶类产量	吨	54.00
禽蛋产量	吨	582.00
蔬菜产量	吨	1508.60
五、工业及建筑业		
规模以上工业企业:		
工业企业数	个	47
工业总产值（现价）	万元	607537.80
内资企业	万元	606691.60
外商投资企业	万元	846.20
从业人员年平均数	人	18663
流动资产合计	万元	574848.20
固定资产净值	万元	234444.40
主营业务收入	万元	590523.00
# 主营业务税金及附加	万元	4029.50
本年应交增值税	万元	26197.30
利润总额	万元	31400.70

16-3 续表 1-3

指 标	单 位	2010
建筑业:		
建筑业企业个数	个	151
期末从业人员数	人	51793
建筑业总产值	万元	2069955.00
六、交通运输、邮电通讯、能源		
境内公路里程	公里	150.34
# 高等级公路	公里	37.49
境内铁路营业里程	公里	11.00
境内火车站个数	个	1
工业用电量	万千瓦时	25178.67
农村用电量	万千瓦时	3192.00
七、贸易、外经、旅游		
社会消费品零售总额	万元	865855.00
限额以上批发和零售业商品销售总额	万元	4858527.20
当年合同外资金额	万美元	2729.91
当年实际使用外资金额	万美元	2729.91
星级饭店个数	个	19
星级饭店客房总数	间	2493
八、固定资产投资		
城镇固定资产投资完成额	万元	942723.00
城镇新增固定资产	万元	337463.00
城镇固定资产投资项目个数	个	118
房地产开发投资完成额	万元	492364.00
# 住宅	万元	344668.00

16-3 续表 1-4

指　标	单　位	2010
九、教育、科技、文化、卫生		
普通中学数	所	41
小学数	所	59
普通中学专任教师数	人	2784
小学专任教师数	人	2150
普通中学在校学生数	人	39974
# 女生	人	19579
小学在校学生数	人	40976
# 女生	人	19783
学龄儿童入学率	%	100.00
# 女童入学率	%	100.00
农业科技与服务单位个数	个	3
全年专利申请数	件	551
体育场馆数	个	1
剧场、影剧院数	个	2
公共图书馆图书总藏量	千册	65
医院、卫生院数	所	32
医院、卫生院床位数	床	6787
医院、卫生院卫生技术人员数	人	8272
# 医生	人	4311
卫生防疫人员数	人	41
5 岁以下儿童死亡率	‰	10.03
婴儿死亡率	‰	9.30
产妇住院分娩比例	%	99.93

16-3 续表 1-5

指　标	单　位	2010
十、人民生活		
城镇在岗职工年平均人数	人	20549
城镇在岗职工工资总额	万元	46863.00
农村居民人均纯收入	元	8787
农民人均住房面积	平方米	44.53
农民文化娱乐消费比重	%	7.23
农村彩电普及率	%	100.00
农村电脑普及率	%	26.25
农村恩格尔系数	%	50.50
十一、社会保障		
各种社会福利收养性单位数	个	3
各种社会福利收养性单位床位数	床	215
参加基本养老保险职工数	人	23066
参加基本医疗保险职工数	人	190215
参加失业保险人数	人	34937
城镇居民最低生活保障人数	人	15237
农村居民最低生活保障人数	人	1957
参加农村新型合作医疗人数	人	27298
参加农村社会养老保险人数	人	18483
十二、社会治安		
交通事故件数	件	196
刑事案件立案数	件	5187

16-3 续表 1-6

指　标	单　位	2010
犯罪人数	人	81
民事案件发案数	件	1797
十三、资源、环境与可持续发展		
行政区域土地面积	平方公里	170.00
# 建成区面积	平方公里	29.43
# 建成区绿化覆盖面积	平方公里	9.98
森林面积	公顷	1527.00
当年造林面积	公顷	393.00
年末耕地总资源	公顷	956.60
# 水浇地	公顷	270.00
年内减少耕地面积	公顷	3.38
环境污染治理本年完成投资总额	万元	783.20
工业二氧化硫排放量	吨	1901.91
工业废水排放量达标率	%	99.97
工业烟尘排放量达标率	%	96.64
城镇生活污水处理率	%	83.86
垃圾处理站数	个	17

16-4 尖草坪区国民经济主要指标

指 标	单 位	2010
一、乡村基本情况		
乡（镇）个数	个	13
# 建制镇个数	个	2
镇区占地面积	公顷	182.00
镇区总人口	人	13492
村民委员会个数	个	90
# 自来水受益村	个	88
通电话的村	个	90
通有线电视的村	个	90
二、人口与就业		
年末总人口	万人	35.90
# 女	万人	17.03
当年出生人口	人	4957
当年死亡人口	人	2107
乡村人口	万人	11.12
年末总户数	户	102083
# 乡村户数	户	35720
年末单位从业人员数	人	21594
# 女	人	9969
# 第二产业	人	12966
第三产业	人	8550
乡村从业人员数	人	55929
# 农林牧渔业	人	19678
城镇登记失业人员数	人	675
三、综合经济		
(一) 地区生产总值	万元	2390994.00

16-4 续表 1-1

指　标	单　位	2010
第一产业增加值	万元	22527.00
农业	万元	13390.50
林业	万元	3782.00
牧业	万元	5009.50
渔业	万元	70.00
农林牧渔服务业	万元	275.00
第二产业增加值	万元	1960216.00
# 工业	万元	1817916.00
第三产业增加值	万元	408251.00
（二）财政、金融		
财政总收入	万元	87230.00
# 地方财政一般预算收入	万元	42379.00
# 各项税收	万元	37943.00
地方财政一般预算支出	万元	71178.00
# 农林水事务	万元	4176.00
科学技术	万元	740.00
医疗卫生	万元	5131.00
教育	万元	20515.00
四、农业		
（一）生产条件		
农业机械总动力	万千瓦特	3.54
化肥使用量（折纯量）	吨	1719.20
农药使用量	吨	36.90
地膜使用量	吨	58.00
有效灌溉面积	公顷	4810.00

16-4 续表 1-2

指　标	单　位	2010
（二）农作物总播种面积	公顷	6376.60
粮食作物播种面积	公顷	4931.30
# 玉米	公顷	3819.20
大豆	公顷	385.70
油料播种面积	公顷	58.50
蔬菜播种面积	公顷	1290.20
粮食总产量	吨	13508.20
# 玉米	吨	11703.20
大豆	吨	418.30
油料产量	吨	45.90
水果产量	吨	17030.66
肉类总产量	吨	4183.00
奶类产量	吨	4572.00
禽蛋产量	吨	2168.00
蔬菜产量	吨	72597.20
水产品产量	吨	100.00
五、工业及建筑业		
规模以上工业企业：		
工业企业数	个	66
工业总产值（现价）	万元	7475481.30
内资企业	万元	7368478.10
外商投资企业	万元	107003.20
从业人员年平均数	人	54747

16-4 续表 1-3

指　标	单　位	2010
流动资产合计	万元	4122632.00
固定资产净值	万元	3979544.10
主营业务收入	万元	8175344.00
# 产品销售税金及附加	万元	16300.50
本年应交增值税	万元	132519.20
利润总额	万元	245873.50
建筑业:		
建筑业企业个数	个	54
期末从业人员数	人	19351
建筑业总产值	万元	430867.00
六、交通运输、邮电通讯、能源		
境内公路里程	公里	215.75
# 高等级公路	公里	45.25
境内铁路营业里程	公里	30.00
境内火车站个数	个	8
工业用电量	万千瓦时	702575.52
农村用电量	万千瓦时	3243.00
七、贸易、外经、旅游		
社会消费品零售总额	万元	452230.00
限额以上批发和零售业商品销售总额	万元	3506134.00
星级饭店个数	个	4
星级饭店客房总数	间	329
名胜风景区和文物保护区个数	个	1

16-4 续表 1-4

指　标	单　位	2010
八、固定资产投资		
城镇固定资产投资完成额	万元	597998.00
城镇新增固定资产	万元	505024.00
城镇固定资产投资项目个数	个	100
房地产开发投资完成额	万元	73699.00
# 住宅	万元	72009.00
九、教育、科技、文化、卫生		
普通中学数	所	22
小学数	所	62
普通中学专任教师数	人	1548
小学专任教师数	人	1527
普通中学在校学生数	人	19775
# 女生	人	10209
小学在校学生数	人	22048
# 女生	人	10630
学龄儿童入学率	%	100.00
# 女童入学率	%	100.00
农业科技与服务单位个数	个	24
全年专利申请数	件	1004
体育场馆数	个	1
公共图书馆图书总藏量	千册	43
医院、卫生院数	所	19
医院、卫生院床位数	床	1852

16-4 续表 1-5

指　标	单　位	2010
医院、卫生院卫生技术人员数	人	1781
# 医生	人	1244
卫生防疫人员数	人	26
5 岁以下儿童死亡率	‰	8.06
婴儿死亡率	‰	6.66
产妇住院分娩比例	%	99.93
十、人民生活		
城镇在岗职工年平均人数	人	21048
城镇在岗职工工资总额	万元	42721.30
农村居民人均纯收入	元	7286
农民人均住房面积	平方米	30.14
农民文化娱乐消费比重	%	8.32
农村彩电普及率	%	90.00
农村电脑普及率	%	20.00
农村恩格尔系数	%	36.70
十一、社会保障		
各种社会福利收养性单位数	个	4
各种社会福利收养性单位床位数	床	292
参加基本养老保险职工数	人	26251
参加基本医疗保险职工数	人	127735
参加失业保险人数	人	24734
城镇居民最低生活保障人数	人	7140
农村居民最低生活保障人数	人	5522

16-4 续表 1-6

指 标	单 位	2010
参加农村新型合作医疗人数	人	100993
参加农村社会养老保险人数	人	58660
十二、社会治安		
交通事故件数	件	165
刑事案件立案数	件	2355
犯罪人数	人	413
民事案件发案数	件	1078
十三、资源、环境与可持续发展		
行政区域土地面积	平方公里	285.00
# 建成区面积	平方公里	54.41
# 建成区绿化覆盖面积	平方公里	22.72
森林面积	公顷	4173.00
当年造林面积	公顷	2000.00
年末耕地总资源	公顷	5042.11
# 水浇地	公顷	4810.00
年内减少耕地面积	公顷	97.46
环境污染治理本年完成投资总额	万元	14930.80
工业二氧化硫排放量	吨	31663.86
工业废水排放量达标率	%	99.20
工业烟尘排放量达标率	%	94.07
城镇生活污水处理率	%	83.86
污水处理厂数	座	2
垃圾处理站数	个	8

16-5 万柏林区国民经济主要指标

指 标	单 位	2010
一、乡村基本情况		
乡（镇）个数	个	10
村民委员会个数	个	54
# 自来水受益村	个	36
通电话的村	个	54
通有线电视的村	个	30
二、人口与就业		
年末总人口	万人	56.38
# 女	万人	26.43
当年出生人口	人	5753
当年死亡人口	人	2418
乡村人口	万人	5.55
年末总户数	户	143327
# 乡村户数	户	17381
年末单位从业人员数	人	17744
# 女	人	9928
# 第二产业	人	6909
第三产业	人	10835
乡村从业人员数	人	29080
# 农林牧渔业	人	4947
城镇登记失业人员数	人	11175
三、综合经济		
（一）地区生产总值	万元	2926200.00

16-5 续表 1-1

指　标	单　位	2010
第一产业增加值	万元	7341.00
农业	万元	1263.50
林业	万元	3498.00
牧业	万元	1019.00
渔业	万元	10.50
农林牧渔服务业	万元	1550.00
第二产业增加值	万元	2216788.00
# 工业	万元	1658760.00
第三产业增加值	万元	702071.00
（二）财政、金融		
财政总收入	万元	105671.00
# 地方财政一般预算收入	万元	53976.00
# 各项税收	万元	50057.00
地方财政一般预算支出	万元	88748.00
# 农林水事务	万元	3299.00
科学技术	万元	797.00
医疗卫生	万元	4666.00
教育	万元	25976.00
四、农业		
（一）生产条件		
农业机械总动力	万千瓦特	3.88
化肥使用量（折纯量）	吨	24.50
农药使用量	吨	1.80
地膜使用量	吨	1.00
有效灌溉面积	公顷	1450.00

16-5 续表 1-2

指 标	单 位	2010
(二)农作物总播种面积	公顷	1243.20
粮食作物播种面积	公顷	929.90
# 玉米	公顷	596.70
大豆	公顷	
油料播种面积	公顷	1.00
蔬菜播种面积	公顷	253.30
粮食总产量	吨	334.70
# 玉米	吨	247.80
油料产量	吨	3.00
水果产量	吨	254.00
肉类总产量	吨	938.00
奶类产量	吨	376.00
禽蛋产量	吨	310.00
蔬菜产量	吨	9321.50
水产品产量	吨	15.00
五、工业及建筑业		
规模以上工业企业:		
工业企业数	个	50
工业总产值(现价)	万元	5069882.70
内资企业	万元	5069882.70
从业人员年平均数	人	116826
流动资产合计	万元	5071758.10
固定资产净值	万元	2003238.70
主营业务收入	万元	4922556.00
# 主营业务税金及附加	万元	70494.90
本年应交增值税	万元	346117.60
利润总额	万元	432414.30

16-5 续表 1-3

指 标	单 位	2010
建筑业：		
建筑业企业个数	个	112
期末从业人员数	人	155329
建筑业总产值	万元	4093320.00
六、交通运输、邮电通讯、能源		
境内公路里程	公里	184.31
# 高等级公路	公里	20.98
境内铁路营业里程	公里	5.00
境内火车站个数	个	4
工业用电量	万千瓦时	296917.16
农村用电量	万千瓦时	4067.50
七、贸易、外经、旅游		
社会消费品零售总额	万元	1209304.00
限额以上批发和零售业商品销售总额	万元	1099300.90
当年合同外资金额	万美元	1014.80
当年实际使用外资金额	万美元	1014.80
星级饭店个数	个	17
星级饭店客房总数	间	1878
名胜风景区和文物保护区个数	个	1
八、固定资产投资		
城镇固定资产投资完成额	万元	1151980.00
城镇新增固定资产	万元	250434.00
城镇固定资产投资项目个数	个	104
房地产开发投资完成额	万元	326400.00
# 住宅	万元	248115.00

16-5 续表 1-4

指　标	单　位	2010
九、教育、科技、文化、卫生		
普通中学数	所	30
小学数	所	57
普通中学专任教师数	人	2539
小学专任教师数	人	3242
普通中学在校学生数	人	30805
# 女生	人	15894
小学在校学生数	人	43097
# 女生	人	20764
学龄儿童入学率	%	100.00
# 女童入学率	%	100.00
农业科技与服务单位个数	个	11
全年专利申请数	件	1085
体育场馆数	个	3
剧场、影剧院数	个	2
医院、卫生院数	所	30
医院、卫生院床位数	床	3378
医院、卫生院卫生技术人员数	人	4680
# 医生	人	2572
卫生防疫人员数	人	36
5 岁以下儿童死亡率	‰	4.61
婴儿死亡率	‰	3.77
产妇住院分娩比例	%	99.93

16-5 续表 1-5

指　标	单　位	2010
十、人民生活		
城镇在岗职工年平均人数	人	17379
城镇在岗职工工资总额	万元	39656.50
农村居民人均纯收入	元	10671
农民人均住房面积	平方米	52.29
农民文化娱乐消费比重	%	9.68
农村彩电普及率	%	100.00
农村电脑普及率	%	21.00
农村恩格尔系数	%	30.60
十一、社会保障		
各种社会福利收养性单位数	个	2
各种社会福利收养性单位床位数	床	90
参加基本养老保险职工数	人	17565
参加基本医疗保险职工数	人	242083
参加失业保险人数	人	21261
城镇居民最低生活保障人数	人	6277
农村居民最低生活保障人数	人	6713
农村传统救济人数	人	65
参加农村新型合作医疗人数	人	77885
参加农村社会养老保险人数	人	29250

16-5 续表 1-6

指　标	单　位	2010
十二、社会治安		
交通事故件数	件	307
刑事案件立案数	件	7271
犯罪人数	人	648
民事案件发案数	件	2055
十三、资源、环境与可持续发展		
行政区域土地面积	平方公里	305.00
# 建成区面积	平方公里	47.64
# 建成区绿化覆盖面积	平方公里	17.61
森林面积	公顷	6427.00
当年造林面积	公顷	1662.00
年末耕地总资源	公顷	1785.95
# 水浇地	公顷	1450.00
年内减少耕地面积	公顷	32.57
环境污染治理本年完成投资总额	万元	4124.50
工业二氧化硫排放量	吨	20452.76
工业废水排放量达标率	%	99.81
工业烟尘排放量达标率	%	100.00
城镇生活污水处理率	%	83.86
污水处理厂数	座	3
垃圾处理站数	个	21

16-6 晋源区国民经济主要指标

指 标	单 位	2010
一、乡村基本情况		
乡（镇）个数	个	6
# 建制镇个数	个	3
镇区占地面积	公顷	330.00
镇区总人口	人	13941
村民委员会个数	个	90
# 自来水受益村	个	90
通电话的村	个	90
通有线电视的村	个	90
二、人口与就业		
年末总人口	万人	20.01
# 女	万人	9.91
当年出生人口	人	2830
当年死亡人口	人	1661
乡村人口	万人	12.38
年末总户数	户	58634
# 乡村户数	户	38517
年末单位从业人员数	人	4427
# 女	人	2487
# 第二产业	人	316
第三产业	人	4111
乡村从业人员数	人	63428
# 农林牧渔业	人	26376
城镇登记失业人员数	人	816
三、综合经济		
（一）地区生产总值	万元	528969.70

16-6 续表 1-1

指　标	单　位	2010
第一产业增加值	万元	26763.70
农业	万元	15738.00
林业	万元	2052.40
牧业	万元	7894.10
渔业	万元	749.20
农林牧渔服务业	万元	330.00
第二产业增加值	万元	315528.00
# 工业	万元	279511.00
第三产业增加值	万元	186678.00
(二) 财政、金融		
财政总收入	万元	37131.00
# 地方财政一般预算收入	万元	16892.00
# 各项税收	万元	14445.00
地方财政一般预算支出	万元	41016.00
# 农林水事务	万元	3771.00
科学技术	万元	232.00
医疗卫生	万元	2848.00
教育	万元	10551.00
四、农业		
(一) 生产条件		
农业机械总动力	万千瓦特	17.86
化肥使用量(折纯量)	吨	1198.10
农药使用量	吨	51.00
地膜使用量	吨	50.00
有效灌溉面积	公顷	3880.00

16-6 续表 1-2

指　标	单　位	2010
（二）农作物总播种面积	公顷	5668.50
粮食作物播种面积	公顷	3561.60
# 稻谷	公顷	246.40
小麦	公顷	156.00
玉米	公顷	2830.90
大豆	公顷	134.50
蔬菜播种面积	公顷	2106.90
粮食总产量	吨	20383.80
# 稻谷	吨	1217.50
小麦	吨	701.90
玉米	吨	17736.40
大豆	吨	121.00
水果产量	吨	2111.30
肉类总产量	吨	3919.00
奶类产量	吨	13038.00
禽蛋产量	吨	6425.00
蔬菜产量	吨	144829.00
水产品产量	吨	1192.00
五、工业及建筑业		
规模以上工业企业：		
工业企业数	个	27
工业总产值（现价）	万元	848627.00
内资企业	万元	848627.00
从业人员年平均数	人	15718
流动资产合计	万元	581218.60
固定资产净值	万元	524500.20

16-6 续表 1-3

指　标	单　位	2010
主营业务收入	万元	904913.00
# 主营业务税金及附加	万元	1558.30
本年应交增值税	万元	12463.60
利润总额	万元	-44855.40
建筑业:		
建筑业企业个数	个	14
期末从业人员数	人	1805
建筑业总产值	万元	24610.00
六、交通运输、邮电通讯、能源		
境内公路里程	公里	228.25
# 高等级公路	公里	60.29
境内铁路营业里程	公里	5.00
工业用电量	万千瓦时	173299.69
农村用电量	万千瓦时	4699.50
七、贸易、外经、旅游		
社会消费品零售总额	万元	153378.00
限额以上批发和零售业商品销售总额	万元	122107.00
当年合同外资金额	万美元	150.06
当年实际使用外资金额	万美元	150.06
星级饭店个数	个	1
星级饭店客房总数	间	300
名胜风景区和文物保护区个数	个	2
八、固定资产投资		
城镇固定资产投资完成额	万元	473478.00

16-6 续表 1-4

指　标	单　位	2010
城镇新增固定资产	万元	281746.00
城镇固定资产投资项目个数	个	176
九、教育、科技、文化、卫生		
普通中学数	所	11
小学数	所	48
普通中学专任教师数	人	917
小学专任教师数	人	968
普通中学在校学生数	人	15545
# 女生	人	8152
小学在校学生数	人	15543
# 女生	人	7571
学龄儿童入学率	%	100.00
# 女童入学率	%	100.00
农业科技与服务单位个数	个	23
全年专利申请数	件	173
公共图书馆图书总藏量	千册	2
医院、卫生院数	所	10
医院、卫生院床位数	床	431
医院、卫生院卫生技术人员数	人	577
# 医生	人	427
卫生防疫人员数	人	13
5 岁以下儿童死亡率	‰	6.09
婴儿死亡率	‰	5.58
产妇住院分娩比例	%	100.00

16-6 续表 1-5

指　标	单　位	2010
十、人民生活		
城镇在岗职工年平均人数	人	4180
城镇在岗职工工资总额	万元	11243.80
农村居民人均纯收入	元	7209
农民人均住房面积	平方米	34.69
农民文化娱乐消费比重	%	14.76
农村彩电普及率	%	100.00
农村电脑普及率	%	39.00
农村恩格尔系数	%	27.50
十一、社会保障		
各种社会福利收养性单位数	个	2
各种社会福利收养性单位床位数	床	250
参加基本养老保险职工数	人	4799
参加基本医疗保险职工数	人	35950
参加失业保险人数	人	6278
城镇居民最低生活保障人数	人	3941
农村居民最低生活保障人数	人	6293
农村传统救济人数	人	80
参加农村新型合作医疗人数	人	109004
参加农村社会养老保险人数	人	70178
十二、社会治安		
交通事故件数	件	94

16-6 续表 1-6

指　标	单　位	2010
刑事案件立案数	件	1031
犯罪人数	人	298
民事案件发案数	件	650
十三、资源、环境与可持续发展		
行政区域土地面积	平方公里	288.00
# 建成区面积	平方公里	24.39
# 建成区绿化覆盖面积	平方公里	9.14
森林面积	公顷	5247.00
当年造林面积	公顷	1609.00
年末耕地总资源	公顷	5068.84
# 水田	公顷	360.00
水浇地	公顷	3520.00
年内减少耕地面积	公顷	33.91
自然保护区个数	个	1
自然保护区面积	公顷	2867.00
环境污染治理本年完成投资总额	万元	5653.30
工业二氧化硫排放量	吨	18495.78
工业废水排放量达标率	%	98.45
工业烟尘排放量达标率	%	93.46
城镇生活污水处理率	%	83.86
污水处理厂数	座	2
垃圾处理站数	个	6

16-7 清徐县国民经济主要指标

指　标	单　位	2010
一、乡村基本情况		
乡（镇）个数	个	9
# 建制镇个数	个	4
镇区占地面积	公顷	746.00
镇区总人口	人	34005
村民委员会个数	个	192
# 自来水受益村	个	192
通电话的村	个	192
通有线电视的村	个	75
二、人口与就业		
年末总人口	万人	31.31
# 女	万人	15.65
当年出生人口	人	5371
当年死亡人口	人	3567
乡村人口	万人	26.06
年末总户数	户	105639
# 乡村户数	户	85821
年末单位从业人员数	人	11518
# 女	人	5574
# 第二产业	人	1089
第三产业	人	10352
乡村从业人员数	人	117585
# 农林牧渔业	人	69307
城镇登记失业人员数	人	640

16-7 续表 1-1

指 标	单 位	2010
三、综合经济		
(一) 地区生产总值	万元	910496.20
第一产业增加值	万元	115844.20
农业	万元	81398.00
林业	万元	1917.70
牧业	万元	29046.50
渔业	万元	698.00
农林牧渔服务业	万元	2784.00
第二产业增加值	万元	578854.00
# 工业	万元	552719.00
第三产业增加值	万元	215798.00
(二) 财政、金融		
财政总收入	万元	143960.00
# 地方财政一般预算收入	万元	62231.00
# 各项税收	万元	35675.00
地方财政一般预算支出	万元	111819.00
# 农林水事务	万元	19317.00
科学技术	万元	1229.00
医疗卫生	万元	7898.00
教育	万元	26826.00
年末金融机构各项存款余额	万元	1048191.00
# 城乡居民储蓄存款余额	万元	767085.00
年末金融机构各项贷款余额	万元	639977.00
四、农业		
(一) 生产条件		
农业机械总动力	万千瓦特	32.26

16-7 续表 1-2

指　标	单　位	2010
化肥使用量（折纯量）	吨	11977.00
农药使用量	吨	440.60
地膜使用量	吨	647.60
有效灌溉面积	公顷	24490.00
（二）农作物总播种面积	公顷	31140.90
粮食作物播种面积	公顷	20839.10
# 小麦	公顷	1692.00
玉米	公顷	16878.90
大豆	公顷	819.20
油料播种面积	公顷	86.70
棉花播种面积	公顷	73.80
蔬菜播种面积	公顷	9734.40
粮食总产量	吨	122310.40
# 小麦	吨	4637.20
玉米	吨	105904.30
大豆	吨	1239.90
油料产量	吨	166.70
棉花产量	吨	100.10
水果产量	吨	38027.25
肉类总产量	吨	21296.00
奶类产量	吨	21698.00
禽蛋产量	吨	7501.25
蔬菜产量	吨	609233.50
水产品产量	吨	1160.00

16-7 续表 1-3

指 标	单 位	2010
五、工业及建筑业		
规模以上工业企业：		
工业企业数	个	64
工业总产值（现价）	万元	1694985.40
内资企业	万元	1482737.20
外商投资企业	万元	212248.20
从业人员年平均数	人	22117
流动资产合计	万元	1607984.80
固定资产净值	万元	838735.20
主营业务收入	万元	1696125.90
# 主营业务税金及附加	万元	9805.80
本年应交增值税	万元	59768.60
利润总额	万元	14234.70
建筑业：		
建筑业企业个数	个	13
期末从业人员数	人	1586
建筑业总产值	万元	39602.00
六、交通运输、邮电通讯、能源		
境内公路里程	公里	533.93
# 高等级公路	公里	52.64
境内铁路营业里程	公里	15.00
民用汽车拥有量	辆	21000
# 个人汽车	辆	13430
邮政业务总量	万元	2052.00
电信业务总量	万元	4171.00
本地电话年末用户	户	68125

16-7 续表 1-4

指　标	单　位	2010
住宅电话年末用户	户	55373
# 乡村电话用户	户	28545
移动电话年末用户数	户	115461
国际互联网用户	户	23969
全年用电量	万千瓦时	73201.11
# 工业用电量	万千瓦时	48127.30
农村用电量	万千瓦时	19623.00
七、贸易、外经、旅游		
社会消费品零售总额	万元	255021.00
限额以上批发和零售业商品销售总额	万元	83113.10
出口总额	万美元	27900.00
当年合同外资金额	万美元	334.50
当年实际使用外资金额	万美元	334.50
星级饭店个数	个	1
星级饭店客房总数	间	110
八、固定资产投资		
城镇固定资产投资完成额	万元	299455.00
城镇新增固定资产	万元	142339.00
城镇固定资产投资项目个数	个	177
房地产开发投资完成额	万元	14028.00
# 住宅	万元	12309.00
九、教育、科技、文化、卫生		
普通中学数	所	21
小学数	所	117

16-7 续表 1-5

指　标	单　位	2010
普通中学专任教师数	人	1753
小学专任教师数	人	1609
普通中学在校学生数	人	26639
# 女生	人	13482
小学在校学生数	人	26219
# 女生	人	12723
学龄儿童入学率	%	100.00
# 女童入学率	%	100.00
农业科技与服务单位个数	个	14
全年专利申请数	件	202
体育场馆数	个	1
剧场、影剧院数	个	1
公共图书馆图书总藏量	千册	86
医院、卫生院数	所	17
医院、卫生院床位数	床	583
医院、卫生院卫生技术人员数	人	490
# 医生	人	269
卫生防疫人员数	人	62
5 岁以下儿童死亡率	‰	10.26
婴儿死亡率	‰	9.20
产妇住院分娩比例	%	99.79

16-7 续表 1-6

指标	单位	2010
十、人民生活		
城镇在岗职工年平均人数	人	11390
城镇在岗职工工资总额	万元	28214.90
农村居民人均纯收入	元	8792
农民人均住房面积	平方米	28.78
农民文化娱乐消费比重	%	11.95
农村彩电普及率	%	97.00
农村电脑普及率	%	23.00
农村恩格尔系数	%	31.10
十一、社会保障		
各种社会福利收养性单位数	个	4
各种社会福利收养性单位床位数	床	320
参加基本养老保险职工数	人	8353
参加基本医疗保险职工数	人	19601
参加失业保险人数	人	13140
城镇居民最低生活保障人数	人	4189
农村居民最低生活保障人数	人	15687
参加农村新型合作医疗人数	人	246836
参加农村社会养老保险人数	人	142373

16-7 续表 1-7

指　标	单　位	2010
十二、社会治安		
交通事故件数	件	243
刑事案件立案数	件	978
犯罪人数	人	292
民事案件发案数	件	1495
十三、资源、环境与可持续发展		
行政区域土地面积	平方公里	609.00
# 建成区面积	平方公里	8.20
# 建成区绿化覆盖面积	平方公里	2.95
森林面积	公顷	6100.00
当年造林面积	公顷	461.00
年末耕地总资源	公顷	25790.89
水田	公顷	1080.00
水浇地	公顷	23410.00
年内减少耕地面积	公顷	24.77
环境污染治理本年完成投资总额	万元	1696.80
工业二氧化硫排放量	吨	4496.02
工业废水排放量达标率	%	100.00
工业烟尘排放量达标率	%	100.00
城镇生活污水处理率	%	89.50
污水处理厂数	座	1

16-8 阳曲县国民经济主要指标

指标	单位	2010
一、乡村基本情况		
乡(镇)个数	个	10
# 建制镇个数	个	4
镇区占地面积	公顷	695.00
镇区总人口	人	27669
村民委员会个数	个	124
# 自来水受益村	个	103
通电话的村	个	124
通有线电视的村	个	36
二、人口与就业		
年末总人口	万人	14.57
# 女	万人	7.01
当年出生人口	人	2332
当年死亡人口	人	2584
乡村人口	万人	11.29
年末总户数	户	57663
# 乡村户数	户	40947
年末单位从业人员数	人	7270
# 女	人	2715
# 第二产业	人	2131
第三产业	人	4868
乡村从业人员数	人	52889
# 农林牧渔业	人	27824
城镇登记失业人员数	人	322
三、综合经济		
(一) 地区生产总值	万元	232157.70

16-8 续表 1-1

指　标	单　位	2010
第一产业增加值	万元	31719.70
农业	万元	15276.10
林业	万元	2475.30
牧业	万元	12948.50
渔业	万元	16.80
农林牧渔服务业	万元	1003.00
第二产业增加值	万元	116016.00
# 工业	万元	113042.00
第三产业增加值	万元	84422.00
（二）财政、金融		
财政总收入	万元	35235.00
# 地方财政一般预算收入	万元	19807.00
# 各项税收	万元	15298.00
地方财政一般预算支出	万元	61311.00
# 农林水事务	万元	7953.00
科学技术	万元	451.00
医疗卫生	万元	4429.00
教育	万元	11519.00
年末金融机构各项存款余额	万元	311466.00
# 城乡居民储蓄存款余额	万元	220733.00
年末金融机构各项贷款余额	万元	95906.00
四、农业		
（一）生产条件		
农业机械总动力	万千瓦特	15.04
化肥使用量（折纯量）	吨	6755.60
农药使用量	吨	113.70
地膜使用量	吨	737.70
有效灌溉面积	公顷	2700.00

16-8 续表 1-2

指　标	单　位	2010
(二) 农作物总播种面积	公顷	29019.50
粮食作物播种面积	公顷	23766.90
# 玉米	公顷	15962.50
大豆	公顷	1774.70
油料播种面积	公顷	836.40
蔬菜播种面积	公顷	2798.60
粮食总产量	吨	66464.40
# 玉米	吨	56174.50
大豆	吨	1328.30
油料产量	吨	587.50
水果产量	吨	3072.04
肉类总产量	吨	6988.00
奶类产量	吨	22615.00
禽蛋产量	吨	6859.00
蔬菜产量	吨	75011.40
水产品产量	吨	28.00
五、工业及建筑业		
规模以上工业企业:		
工业企业数	个	24
工业总产值(现价)	万元	438252.30
内资企业	万元	408094.20
外商投资企业	万元	30158.10
从业人员年平均数	人	5896
流动资产合计	万元	230627.60
固定资产净值	万元	253917.30
主营业务收入	万元	439819.40
# 主营业务税金及附加	万元	2010.70

16-8 续表 1-3

指　标	单　位	2010
本年应交增值税	万元	10871.10
利润总额	万元	24018.30
建筑业:		
建筑业企业个数	个	3
期末从业人员数	人	441
建筑业总产值	万元	5316.00
六、交通运输、邮电通讯、能源		
境内公路里程	公里	744.38
# 高等级公路	公里	79.43
境内铁路营业里程	公里	70.00
境内火车站个数	个	5
民用汽车拥有量	辆	3643
# 个人汽车	辆	2862
邮政业务总量	万元	1624.00
电信业务总量	万元	1111.00
本地电话年末用户	户	18187
住宅电话年末用户	户	16596
# 乡村电话用户	户	7926
移动电话年末用户数	户	50104
国际互联网用户	户	7218
全年用电量	万千瓦时	41491.84
# 工业用电量	万千瓦时	33180.22
农村用电量	万千瓦时	3483.60
七、贸易、外经、旅游		
社会消费品零售总额	万元	58141.00

16-8 续表 1-4

指　标	单　位	2010
限额以上批发和零售业商品销售总额	万元	5464.80
出口总额	万美元	690.00
当年合同外资金额	万美元	193.18
当年实际使用外资金额	万美元	193.18
星级饭店个数	个	1
星级饭店客房总数	间	85
名胜风景区和文物保护区个数	个	1
八、固定资产投资		
城镇固定资产投资完成额	万元	101831.00
城镇新增固定资产	万元	56033.00
城镇固定资产投资项目个数	个	89
房地产开发投资完成额	万元	3818.00
# 住宅	万元	3427.00
九、教育、科技、文化、卫生		
普通中学数	所	14
小学数	所	56
普通中学专任教师数	人	557
小学专任教师数	人	704
普通中学在校学生数	人	8688
# 女生	人	4334
小学在校学生数	人	9509
# 女生	人	4561
学龄儿童入学率	%	100.00
# 女童入学率	%	100.00
农业科技与服务单位个数	个	25
全年专利申请数	件	24

16-8 续表 1-5

指 标	单 位	2010
剧场、影剧院数	个	1
公共图书馆图书总藏量	千册	55
医院、卫生院数	所	17
医院、卫生院床位数	床	894
医院、卫生院卫生技术人员数	人	393
# 医生	人	200
卫生防疫人员数	人	15
5 岁以下儿童死亡率	‰	13.93
婴儿死亡率	‰	10.84
产妇住院分娩比例	%	98.84
十、人民生活		
城镇在岗职工年平均人数	人	7204
城镇在岗职工工资总额	万元	18947.00
农村居民人均纯收入	元	3896
农民人均住房面积	平方米	17.50
农民文化娱乐消费比重	%	2.83
农村彩电普及率	%	72.00
农村电脑普及率	%	3.00
农村恩格尔系数	%	35.90
十一、社会保障		
各种社会福利收养性单位数	个	10
各种社会福利收养性单位床位数	床	1269
参加基本养老保险职工数	人	4357
参加基本医疗保险职工数	人	9223
参加失业保险人数	人	3376

16-8 续表 1-6

指　标	单　位	2010
城镇居民最低生活保障人数	人	7330
农村居民最低生活保障人数	人	6417
参加农村新型合作医疗人数	人	105349
参加农村社会养老保险人数	人	51172
十二、社会治安		
交通事故件数	件	41
刑事案件立案数	件	283
犯罪人数	人	158
民事案件发案数	件	389
十三、资源、环境与可持续发展		
行政区域土地面积	平方公里	2059.00
# 建成区面积	平方公里	4.80
# 建成区绿化覆盖面积	平方公里	1.94
森林面积	公顷	26667.00
当年造林面积	公顷	3273.00
年末耕地总资源	公顷	27985.49
# 水浇地	公顷	2700.00
年内减少耕地面积	公顷	26.70
自然保护区个数	个	1
自然保护区面积	公顷	24867.00
环境污染治理本年完成投资总额	万元	1500.00
工业二氧化硫排放量	吨	1913.09
工业废水排放量达标率	%	87.46
工业烟尘排放量达标率	%	100.00
城镇生活污水处理率	%	16.70
污水处理厂数	座	1
垃圾处理站数	个	1

16-9 娄烦县国民经济主要指标

指　标	单　位	2010
一、乡村基本情况		
乡（镇）个数	个	8
# 建制镇个数	个	3
镇区占地面积	公顷	530.00
镇区总人口	人	25429
村民委员会个数	个	142
# 自来水受益村	个	107
通电话的村	个	142
通有线电视的村	个	107
二、人口与就业		
年末总人口	万人	12.51
# 女	万人	5.95
当年出生人口	人	2816
当年死亡人口	人	2230
乡村人口	万人	10.45
年末总户数	户	44456
# 乡村户数	户	28891
年末单位从业人员数	人	5590
# 女	人	1982
# 第二产业	人	823
第三产业	人	4720
乡村从业人员数	人	51442
# 农林牧渔业	人	32883
城镇登记失业人员数	人	525
三、综合经济		
(一) 地区生产总值	万元	107226.20

16-9 续表 1-1

指　标	单　位	2010
第一产业增加值	万元	9548.20
农业	万元	4701.60
林业	万元	2177.50
牧业	万元	2130.40
渔业	万元	58.70
农林牧渔服务业	万元	480.00
第二产业增加值	万元	46073.00
# 工业	万元	45425.00
第三产业增加值	万元	51605.00
（二）财政、金融		
财政总收入	万元	63863.00
# 地方财政一般预算收入	万元	33351.00
# 各项税收	万元	17234.00
地方财政一般预算支出	万元	68991.00
# 农林水事务	万元	8772.00
科学技术	万元	432.00
医疗卫生	万元	2972.00
教育	万元	11609.00
年末金融机构各项存款余额	万元	319341.00
# 城乡居民储蓄存款余额	万元	181750.00
年末金融机构各项贷款余额	万元	44328.00
四、农业		
（一）生产条件		
农业机械总动力	万千瓦特	9.72
化肥使用量（折纯量）	吨	758.50
农药使用量	吨	14.00

16-9 续表 1-2

指　标	单　位	2010
地膜使用量	吨	93.70
有效灌溉面积	公顷	600.00
（二）农作物总播种面积	公顷	11830.40
粮食作物播种面积	公顷	10172.70
# 玉米	公顷	1223.70
大豆	公顷	1590.40
油料播种面积	公顷	1231.40
蔬菜播种面积	公顷	336.30
粮食总产量	吨	14585.20
# 玉米	吨	3332.20
大豆	吨	1966.00
油料产量	吨	1163.20
水果产量	吨	365.83
肉类总产量	吨	1653.00
禽蛋产量	吨	348.00
蔬菜产量	吨	8436.00
水产品产量	吨	97.00
五、工业及建筑业		
规模以上工业企业：		
工业企业数	个	9
工业总产值（现价）	万元	126044.60
内资企业	万元	126044.60
从业人员年平均数	人	1386
流动资产合计	万元	67920.10
固定资产净值	万元	69099.40

16-9 续表 1-3

指　标	单　位	2010
主营业务收入	万元	113241.00
# 主营业务税金及附加	万元	2061.30
本年应交增值税	万元	7956.10
利润总额	万元	-3392.30
建筑业:		
建筑业企业个数	个	1
期末从业人员数	人	440
建筑业总产值	万元	2057.00
六、交通运输、邮电通讯、能源		
境内公路里程	公里	423.37
# 高等级公路	公里	20.48
民用汽车拥有量	辆	4521
# 个人汽车	辆	2508
邮政业务总量	万元	920.00
电信业务总量	万元	969.00
本地电话年末用户	户	16123
住宅电话年末用户	户	12928
# 乡村电话用户	户	4933
移动电话年末用户数	户	42083
国际互联网用户	户	6511
全年用电量	万千瓦时	15142.26
# 工业用电量	万千瓦时	6240.64
农村用电量	万千瓦时	703.80
七、贸易、外经、旅游		
社会消费品零售总额	万元	21974.00
限额以上批发和零售业商品销售总额	万元	3439.60

16-9 续表 1-4

指　标	单　位	2010
八、固定资产投资		
城镇固定资产投资完成额	万元	32640.00
城镇新增固定资产	万元	26934.00
城镇固定资产投资项目个数	个	37
房地产开发投资完成额	万元	111.00
九、教育、科技、文化、卫生		
普通中学数	所	10
小学数	所	38
普通中学专任教师数	人	590
小学专任教师数	人	833
普通中学在校学生数	人	7588
# 女生	人	3816
小学在校学生数	人	10566
# 女生	人	5168
学龄儿童入学率	%	100.00
# 女童入学率	%	100.00
农业科技与服务单位个数	个	23
全年专利申请数	件	8
公共图书馆图书总藏量	千册	48
医院、卫生院数	所	11
医院、卫生院床位数	床	240
医院、卫生院卫生技术人员数	人	180
# 医生	人	117

16-9 续表 1-5

指　标	单　位	2010
卫生防疫人员数	人	32
5岁以下儿童死亡率	‰	9.59
婴儿死亡率	‰	8.85
产妇住院分娩比例	%	96.53
十、人民生活		
城镇在岗职工年平均人数	人	5242
城镇在岗职工工资总额	万元	10770.60
农村居民人均纯收入	元	3109
农民人均住房面积	平方米	19.11
农民文化娱乐消费比重	%	5.96
农村彩电普及率	%	78.00
农村电脑普及率	%	5.00
农村恩格尔系数	%	53.00
十一、社会保障		
各种社会福利收养性单位数	个	4
各种社会福利收养性单位床位数	床	1005
参加基本养老保险职工数	人	2590
参加基本医疗保险职工数	人	7743
参加失业保险人数	人	5595
城镇居民最低生活保障人数	人	5813
农村居民最低生活保障人数	人	7726
农村传统救济人数	人	30
参加农村新型合作医疗人数	人	89287
参加农村社会养老保险人数	人	40776

16-9 续表 1-6

指 标	单 位	2010
十二、社会治安		
交通事故件数	件	11
刑事案件立案数	件	67
犯罪人数	人	54
民事案件发案数	件	483
十三、资源、环境与可持续发展		
行政区域土地面积	平方公里	1276.00
# 建成区面积	平方公里	2.80
# 建成区绿化覆盖面积	平方公里	0.91
森林面积	公顷	16473.00
当年造林面积	公顷	4922.00
年末耕地总资源	公顷	18620.93
# 水浇地	公顷	600.00
年内减少耕地面积	公顷	16.01
自然保护区个数	个	2
自然保护区面积	公顷	49933.00
环境污染治理本年完成投资总额	万元	5745.00
工业二氧化硫排放量	吨	814.61
工业废水排放量达标率	%	77.93
工业烟尘排放量达标率	%	100.00
城镇生活污水处理率	%	76.00

16-10 古交市国民经济主要指标

指 标	单 位	2010
一、乡村基本情况		
乡（镇）个数	个	14
# 建制镇个数	个	3
镇区占地面积	公顷	150.00
镇区总人口	人	9599
村民委员会个数	个	146
# 自来水受益村	个	127
通电话的村	个	146
通有线电视的村	个	56
二、人口与就业		
年末总人口	万人	22.09
# 女	万人	10.51
当年出生人口	人	5006
当年死亡人口	人	2486
乡村人口	万人	10.22
年末总户数	户	78624
# 乡村户数	户	35448
年末单位从业人员数	人	12481
# 女	人	5406
# 第二产业	人	2659
第三产业	人	9649
乡村从业人员数	人	35178
# 农林牧渔业	人	16942
城镇登记失业人员数	人	1210
三、综合经济		
（一）地区生产总值	万元	292076.80

16–10 续表 1–1

指　标	单　位	2010
第一产业增加值	万元	14259.80
农业	万元	6644.30
林业	万元	2575.60
牧业	万元	3230.30
渔业	万元	33.60
农林牧渔服务业	万元	1776.00
第二产业增加值	万元	154899.00
# 工业	万元	137933.00
第三产业增加值	万元	122918.00
（二）财政、金融		
财政总收入	万元	138153.00
# 地方财政一般预算收入	万元	71869.00
# 各项税收	万元	38901.00
地方财政一般预算支出	万元	101558.00
# 农林水事务	万元	8737.00
科学技术	万元	883.00
医疗卫生	万元	5960.00
教育	万元	22445.00
年末金融机构各项存款余额	万元	1223545.00
# 城乡居民储蓄存款余额	万元	927223.00
年末金融机构各项贷款余额	万元	380620.00
四、农业		
（一）生产条件		
农业机械总动力	万千瓦特	18.53
化肥使用量（折纯量）	吨	768.60

16-10续表1-2

指　标	单　位	2010
农药使用量	吨	17.60
地膜使用量	吨	115.50
有效灌溉面积	公顷	300.00
（二）农作物总播种面积	公顷	10505.80
粮食作物播种面积	公顷	8619.30
# 玉米	公顷	879.00
大豆	公顷	1407.60
油料播种面积	公顷	883.00
蔬菜播种面积	公顷	617.50
粮食总产量	吨	10301.90
# 玉米	吨	1659.50
大豆	吨	1126.10
油料产量	吨	740.00
水果产量	吨	486.39
肉类总产量	吨	2061.00
奶类产量	吨	112.00
禽蛋产量	吨	1884.00
蔬菜产量	吨	42669.30
水产品产量	吨	52.00
五、工业及建筑业		
规模以上工业企业：		
工业企业数	个	24
工业总产值（现价）	万元	417465.30
内资企业	万元	417465.30
从业人员年平均数	人	7983
流动资产合计	万元	521933.20

16-10 续表 1-3

指 标	单 位	2010
固定资产净值	万元	256656.40
主营业务收入	万元	367482.00
# 主营业务税金及附加	万元	11398.00
本年应交增值税	万元	25265.70
利润总额	万元	2930.80
建筑业：		
建筑业企业个数	个	6
期末从业人员数	人	2363
建筑业总产值	万元	122310.00
六、交通运输、邮电通讯、能源		
境内公路里程	公里	699.27
# 高等级公路	公里	2.13
境内铁路营业里程	公里	54.00
境内火车站个数	个	4
民用汽车拥有量	辆	8289
# 个人汽车	辆	6379
邮政业务总量	万元	4641.88
电信业务总量	万元	3214.00
本地电话年末用户	户	47864
住宅电话年末用户	户	36900
# 乡村电话用户	户	12515
移动电话年末用户数	户	104434
国际互联网用户	户	21871
全年用电量	万千瓦时	23869.80

16-10 续表 1-4

指 标	单 位	2010
# 工业用电量	万千瓦时	15378.98
农村用电量	万千瓦时	3456.80
七、贸易、外经、旅游		
社会消费品零售总额	万元	262154.00
限额以上批发和零售业商品销售总额	万元	54664.70
星级饭店个数	个	1
星级饭店客房总数	间	102
八、固定资产投资		
城镇固定资产投资完成额	万元	324285.00
城镇新增固定资产	万元	191943.00
城镇固定资产投资项目个数	个	165
房地产开发投资完成额	万元	23541.00
# 住宅	万元	20751.00
九、教育、科技、文化、卫生		
普通中学数	所	20
小学数	所	62
普通中学专任教师数	人	1261
小学专任教师数	人	1698
普通中学在校学生数	人	15860
# 女生	人	7920
小学在校学生数	人	22003
# 女生	人	10311
学龄儿童入学率	%	100.00
# 女童入学率	%	100.00
农业科技与服务单位个数	个	32
全年专利申请数	件	61

16-10 续表 1-5

指　标	单　位	2010
体育场馆数	个	1
剧场、影剧院数	个	1
公共图书馆图书总藏量	千册	36
医院、卫生院数	所	20
医院、卫生院床位数	床	1232
医院、卫生院卫生技术人员数	人	1392
# 医生	人	704
卫生防疫人员数	人	29
5 岁以下儿童死亡率	‰	11.38
婴儿死亡率	‰	10.93
产妇住院分娩比例	%	99.41
十、人民生活		
城镇在岗职工年平均人数	人	12393
城镇在岗职工工资总额	万元	35044.30
农村居民人均纯收入	元	7481
农民人均住房面积	平方米	29.42
农民文化娱乐消费比重	%	7.84
农村彩电普及率	%	95.00
农村电脑普及率	%	3.00
农村恩格尔系数	%	46.40
十一、社会保障		
各种社会福利收养性单位数	个	2
各种社会福利收养性单位床位数	床	558
参加基本养老保险职工数	人	10560
参加基本医疗保险职工数	人	22278
参加失业保险人数	人	35474

16-10 续表 1-6

指 标	单 位	2010
城镇居民最低生活保障人数	人	13312
农村居民最低生活保障人数	人	9800
农村传统救济人数	人	95
参加农村新型合作医疗人数	人	71151
参加农村社会养老保险人数	人	37420
十二、社会治安		
交通事故件数	件	50
刑事案件立案数	件	951
犯罪人数	人	290
民事案件发案数	件	565
十三、资源、环境与可持续发展		
行政区域土地面积	平方公里	1584.00
# 建成区面积	平方公里	15.80
# 建成区绿化覆盖面积	平方公里	5.89
森林面积	公顷	21020.00
当年造林面积	公顷	4342.00
年末耕地总资源	公顷	19231.15
# 水浇地	公顷	300.00
年内减少耕地面积	公顷	176.72
环境污染治理本年完成投资总额	万元	6200.00
工业二氧化硫排放量	吨	12863.44
工业废水排放量达标率	%	99.54
工业烟尘排放量达标率	%	100.00
城镇生活污水处理率	%	86.30
污水处理厂数	座	1
垃圾处理站数	个	1

中国统计出版社最新图书简目

（仅供参考，以最后出书为准）

统计资料

中国统计年鉴 –2011
2011 中国发展报告
中国劳动统计年鉴 –2011
中国建筑业统计年鉴 –2011
中国商品交易市场统计年鉴 –2011
中国民政统计年鉴 –2011
中国科技统计年鉴 –2011
中国高技术产业统计年鉴 –2011
全国农产品成本收益资料汇编 –2011
大中型批发零售和住宿餐饮企业统计年鉴 –2011
中国县(市)社会经济统计年鉴 –2011
第二次全国 R&D 资源清查资料汇编 – 综合卷

中国统计摘要 –2011
中国第三产业统计年鉴 –2011
中国社会统计年鉴 –2011
中国人口和就业统计年鉴 –2011
中国房地产统计年鉴 –2011
中国贸易外经统计年鉴 –2011
中国农村统计年鉴 –2011
中国教育经费统计年鉴 –2010
中国科学技术协会统计年鉴 –2011
中国农村住户调查年鉴 –2011(中、英文)
第二次全国 R&D 资源清查资料汇编 – 工业企业卷

国际统计年鉴 –2011
中国区域经济统计年鉴 –2011
中国城市统计年鉴 –2009
中国工业经济统计年鉴 –2011
中国能源统计年鉴 –2011
2011 中国地区经济监测报告
中国农产品价格调查年鉴 –2011
中国农村贫困监测报告 –2011
工业企业科技活动资料 –2011
中国城市(镇)生活与价格年鉴 –2011
中国农村全面建设小康监测报告 –2011
中国零售和餐饮连锁企业统计年鉴 –2011
2010 年中国第六次人口普查公报

2011 年省级综合统计年鉴系列

北京　天津　河北　山西　内蒙古
河南　湖北　湖南　广东　广西
新疆　新疆生产建设兵团
辽宁　吉林　黑龙江　上海　江苏
海南　重庆　四川　贵州　云南
浙江　安徽　福建　江西　山东
西藏　陕西　甘肃　青海　宁夏

2011 年市(县)级综合统计年鉴系列

天津滨海新区
运城　忻州　临汾　呼和浩特
上海浦东新区
杭州　宁波　绍兴　台州　温州
厦门经济特区　南昌　上饶
十堰　荆州　咸宁　长沙　广州
贵阳　昆明　庆阳　西安
石家庄　唐山　邯郸　太原　大同
包头　沈阳　大连　长春　吉林市
苏州　无锡　常州　徐州　南通
金华　嘉兴　衢州　济南　青岛
潍坊　郑州　东莞　惠州　深圳
桂林　南宁　兰州　银川
乌鲁木齐
长治　阳泉　晋城　朔州　晋中
四平　哈尔滨　黑龙江垦区
盐城　镇江　江阴　丹阳　福州
福州经济技术开发区
洛阳　三门峡　南阳　武汉　宜昌
柳州　来宾　河池　海口　成都　绵阳

“十一五”规划教材

非参数统计　医学统计学
多元统计分析　经济计量学教程
统计数据处理概论
企业经营管理统计
统计学：从数据到结论
概率论与数理统计　统计学
应用时间序列分析
质量管理统计方法　社会统计学
市场调查与预测
国民经济核算教程(国民经济统计学)
现代金融投资统计分析
统计指数理论及应用
多元统计分析实验
统计学原理(非统计专业使用)
概率论与数理统计(经济、管理类专业使用)

重点图书

挑大学选专业 2010—高考志愿填报指南
挑大学选专业 2010—考研择校指南